新编应用写作简明教程

粟 斌 主编

科学出版社

北 京

内 容 简 介

本书从教学实践及便于学生训练角度出发,共分九章,分别是绪论、行政公文、事务文书、礼仪文书、个人职场文书、传播文书、教学及研究性文书、经济文书和诉讼文书。文后有附录。本书在编排上颇具特色,如单列出个人职场文书、将教学文书与研究性文书放入一类,比较新颖,非常切合大学生尤其是师范院校学生的未来发展需要。在撰写中,除了学理性内容以外,本书对涉及的多数文种都专门辟出"常见错误"与"写作要点",旨在从正反两个方面纠正学生在许多具体文种的写作中存在的错误。由于这一部分在同类型教材中少有提及,因此,也成为本书的一大特点。

本书适用于高职高专院校开设的公共基础课程"应用写作",也可作为本科部分专业的选修课程"实用文体写作"的配套教材,还可供不同专业的本科学生自学使用。

图书在版编目 CIP 数据

新编应用写作简明教程/粟斌主编. —北京:科学出版社,2012

ISBN 978-7-03-034936-1

Ⅰ.①新… Ⅱ.①粟… Ⅲ.①汉语-应用文-写作-教材 Ⅳ.①H152.3

中国版本图书馆 CIP 数据核字（2012）第 131779 号

责任编辑:胡云志 任俊红 王昌凤/责任校对:张子霞
责任印制:徐晓晨/封面设计:华路天然工作室

科 学 出 版 社 出版

北京东黄城根北街 16 号
邮政编码:100717

http://www.sciencep.com

北京厚诚则铭印刷科技有限公司 印刷

科学出版社发行 各地新华书店经销

*

2012 年 6 月第 一 版 开本:787×1092 1/16
2018 年 7 月第六次印刷 印张:19
字数:498 000

定价:59.00元

（如有印装质量问题,我社负责调换）

本书编委会

主　编　粟　斌
编　者　（按姓氏拼音排序）
　　　　曹译文　陈伶俐　陈云芊
　　　　程　磊　杜兆娟　李新道
　　　　廖　瑜　孟　川　粟　斌

前　言

　　《新编应用写作简明教程》的编写工作终于完成。本书从酝酿到付梓，一年有余，历经暑寒，有望于2012年秋奉献给读者。

　　执教写作多年，常常感到写作教学与写作评价体系之间存在诸多矛盾，尤其是社会评价标准在许多时候又被赋予强烈的应用性色彩时，这种矛盾表现尤为明显。是以文学院常有本科生甚至研究生出现这样的状况：写不好一份申请、一份证明，不敢承担实习单位交付的文书任务，甚至在应聘时，出现成绩优异的本科毕业生不能利用用人单位提供的背景信息撰写好一份招聘启事而被拒的情况。因此，在"普通写作学"之外开设"应用写作"、"实用文体写作"课程，成为许多高等院校培养学生应用写作能力的必然选择。本书是为高职高专院校开设的公共基础课程"应用写作"而编写的教材，也可作为本科部分专业的选修课程"实用文体写作"的配套教材，还可供不同专业的本科学生自学使用。

　　本书共分九章，分别是绪论、行政公文、事务文书、礼仪文书、个人职场文书、传播文书、教学及研究性文书、经济文书和诉讼文书。其中，对个人职场文书和教学文书的分类在编排上比较新颖，非常切合大学生尤其是师范院校学生未来的发展需要。

　　本书各章涉及如下内容：该文种的概念、特点和种类；该文种的格式；该文种写作的常见错误和写作要点；该文种的例文。对于多数应用文种，本书除了学理性的认识以外，专门辟出"常见错误"，旨在纠正学生在许多具体文种的写作过程中存在的错误。由于这一部分在许多同类型的教材中少有提及，故而编者倾注了大量心血，这也成为本书的一大特点。

　　此外，编者尽量选用近年来较新并便于学生参照模仿的例文。各章练习题也注重正反观念的认识、判断，注重写作的实践训练。各章还附有本章的参考文献，文后另有附录，便于学生根据自己的兴趣，进行拓展阅读，进一步提升自己的应用写作能力。

　　本书由西华师范大学文学院写作教研室编撰。粟斌任主编，各章编写人员如下：第一章，粟斌；第二章第一至三节，孟川，第四节，粟斌；第三章一至三节，粟斌，四至九节，廖瑜；第四章，程磊；第五章，李新道；第六章，曹译文；第七章，陈伶俐；第八章，陈云芊；第九章，杜兆娟。初稿完成后，由主编负责各章的审查、统稿，有的章节还进行了较大的修改，并增补了有关例文、练习题等内容。

　　一年多来，文学院写作教研室的教师，除在外读博的以外，全部参加了本书一至八章的编写工作。本书的编写不仅是教研工作任务，也成为同事间联系、交流感情的有力纽带。大家的团结一致、精诚合作，在相互交流、切磋过程中的真知睿见，必将成为我们教学生涯中永远的美好回忆！我的研究生、有应用写作教学实践经验的杜兆娟同志积极承担了第九章的撰稿任务，周丽珍、涂春蓉等同学也为多章的校对贡献了力量。没有他们的努力和奉献，本书不会如期顺利地完成。在此，我向我的同事们及其他直接参与者表示深深的感谢！

作为西华师范大学教研项目"应用性写作课程的'项目设置教学模式'研究"的成果，本书在编写过程中，得到文学院分管教学的先后两任副院长程丽蓉教授、傅学敏教授的大力支持；西华师范大学教务处也视本书为该校"教学质量工作"建设中的组成部分，给予了许多助力；科学出版社的刘志男同志一直负责与我联系工作，并提出诸多有益的意见；我院的其他领导以及关注本书进展的老师们也给予了我们许多良好的建议与帮助。在此，一并致以诚挚的谢意！

结束本书的编写工作之时，正值年尾。川北的冬天，暗沉而阴冷。在细细的冷雨中，短暂的白天总是让人提不起精神。编写工作之余，总会想起多年以前，在收集资料、打印及编辑极不方便的时候，许多前辈曾付出大量的精力，而终其一生，只有一本教材或著述面世。斗转星移，我辈虽不敢自美于人前，但仅以所付精力与成书效果而论，又岂非享新时代新技术之福？况所在大学、出版社等外部环境积极鼓励，学院领导与同事切切叮嘱，又安敢不潜心编撰，为莘莘学子所学、所用静思而述之？

唯编者学识侧陋，水平有限，加之成书过程诸事冗杂，颇有间断，不足之处在所难免，诚望方家同仁以及使用教材的同学们不吝指正，惠赐良教！

栗　斌

2012 年 1 月 19 日于四川南充

目　录

第一章　绪　　论

第一节　　应用文概述

一、应用文的演化与沿革

人类最早的写作是为了解决社会生活中各种实际需要而进行的。我国应用文写作历史悠久，源远流长。《尚书·序》说："古者伏牺氏之王天下也，即画八卦，造书契，以代结绳之政，由是文籍生焉。"在殷墟甲骨文中，多数是生活、生产中某些事项的记载，主要是占卜记录，涉及占卜的时间、原因、应验等内容。这可以算是我国最早的应用文。它们和商周时期的钟鼎铭文，《周易》中的卦辞、爻辞等，都是应用文的早期形态。至于记载有虞、夏、商、周的祝辞、誓词、诰言、法令、盟约等文书的《尚书》，则可以说是我国最早的应用文专集。

战国中后期以来，随着时代的发展和变化，应用文中的主体形式即公文的文体分类和公文格式已基本形成，有了上行文和下行文的区别。秦始皇时期，还对公文作了许多具体规定。皇帝制作的公文"命曰制，令曰诏"，面向臣的圣旨有制、诏、策、戒。臣下的上书称"奏"。还制定了"避讳""抬头""用印"等制度，规定了开头、结尾等书写规范。如开头用"臣××言"，结尾用"臣××诚惶诚恐，顿首顿首，死罪死罪"。遇有"皇帝"字样时，另起一行，顶格书写，此乃"抬头"。此外，臣下向皇上的文书还有章、表、议等。刘勰在《文心雕龙·章表》中曾归纳"章以谢恩，奏以按劾，表以陈情，议以执异"。这些体式对后世的写作影响深远。

从写作实践和理论上看，魏晋南北朝时期是推动应用文发展的重要时期。曹操、曹丕父子亲自动手写过不少公文。曹丕在《典论·论文》中把文章分为 4 类 8 种：奏议、书论、铭诛、诗赋，其中有 6 种属应用文体。刘勰的《文心雕龙》把文章分为 33 类，其中 21 类属应用文。萧统编的《昭明文选》也有 20 多类应用文。

唐宋以来，在科举选士的要求上，应用文写作因其乃政事之先务，成为考试的主要科目之一。应用写作队伍壮大，写作水平有极大提高。许多人既是著名的文学家，也是应用文写作的高手。如唐宋八大家的许多知名作品就有不少为应用文。至明清时期，应用文的文体分类更加详备，各体格式趋于定型，公文的管理制度愈加系统严密，应用文理论研究也进一步发展。明代王志坚《四六法海》、吴纳的《文章辨体》、徐师曾的《文体明辨》、清代姚鼐的《古文辞类纂》，都收集了许多应用文。清代学者刘熙载在《艺概·文概》中正式提出"应用文"名称，指出应用文有上行、平行、下行的分别，以及重辞、重实的写作特征。

纵观古代的应用文写作，佳篇随处可见。如李斯的《谏逐客疏》、贾谊的《过秦论》、晁错的《论贵粟疏》、司马迁的《报任安书》、曹操的《让县自明本志令》、诸葛亮的《前出师表》和《后出师表》、李密的《陈情表》、魏征的《谏太宗十思疏》、骆宾王的《讨武曌檄文》、韩愈的《祭十二郎文》、范仲淹的《岳阳楼记》、李清照的《金石录后序》、宗臣的《报刘一丈书》和林觉民的《与妻书》等，皆是应用文中的佳作，也是文学史上的奇葩。

1912 年，随着清帝的退位，带有浓重封建等级色彩的公文体制也退出了历史舞台。南京临时政府颁布了《新公文程式》，规定政府公文为令、谕、咨、呈、示、公布、状等形式，并取消了"老爷"、"大人"等称呼，代之以"先生"或以职务相称。1916 年 7 月 26 日，北洋政府公布的《新公文程式》中，类增至 13 种，并明确规定"凡处理公事之文件为公文"，对公文概念作出了明确界定。新文化运动之后，随着白话文在各个领域的推广，公文写作也进一步融入到现代白话文之中。白话语体也取代古文语体，在其他应用文体中广泛运用。1928 年以后，国民政府曾三次颁布《公文程式条例》，对白话文和新式标点符号进行专门规定。中国共产党领导下的革命根据地也进行了公文和其他应用文的改革。

1949 年后，新中国的应用文写作有了符合时代发展方向的长足进展。从 1951 年到 2000 年，针对公文写作，党和政府先后发布了十多个关于机关公文写作的文件和法规。经过长期的探索和实践，1996 年 5 月 3 日，中共中央办公厅颁布了《中国共产党机关公文处理条例》，规定了党的机关公文共 14 种；1999 年，国家质量技术监督局公布了《中华人民共和国国家标准·国家行政机关公文格式》；2000 年 8 月 24 日，国务院发布《国家行政机关公文处理办法》，规定了行政机关公文共 13 种。这些文件和法规使公文写作走上了规范化、科学化、系统化的道路，标志着我国以公文体式为中心的应用文写作进入了一个崭新的阶段。

二、应用文的含义与作用

（一）应用文的含义

在现代生活中，应用文的使用非常广泛，涉及各个领域、各个部门、各个阶层和每个个人。党和政府的机关以及事业单位指导工作、交流信息、汇报情况，都需要用各类公文和事务文书；工商企业经营，需要用各类经济文书；打官司，需要用诉状文书；教学科研单位的人员，需要写作教案及学术论文；社会中的各类交往，需要写相应的礼仪性文书；具体到个人，诸如生病、借钱，也需要写请假条、借据……应用文，已经无所不在。相对于文学类文体来说，应用文的使用频率要高得多。应用文是任何机构和个人在日常工作、生活中不可缺少的一个重要工具。

与社会的实际需求相适应，应用文的写作在不同的社会领域呈现出不同的特征。随着新兴行业的产生，应用文的种类还会不断地增加，其内容也会不断地更新。

综而述之，应用文是国家机关、企事业单位、社会团体和个人在处理各项公务和日常事务时所使用的，解决实际问题并具有一定惯用体式的实用性文章的总称。

（二）应用文的作用

1. 指导公务，进行行政管理

应用文的一大主要类别就是公务文书。它们在传达与贯彻党和国家的各项方针政策和法规，处理各类公务事项中发挥着巨大的作用。上级机关要指导、规划、推动、协调下级机关工作，需要发出有关指示和号召，各类社会团体和广大的人民群众也需要通过各类公务文书了解有关的方针政策和指示决定。

2. 沟通信息，交流联系

当代社会中，各类机构、群体和个人的交往和联系正处于空前广泛的时期。这些多种多样的交流方式大多离不开应用文。尤其是在各类公务活动中，机构、群体和个人，不论级别高低、范围广狭，彼此之间都需要进行信息交流，掌握必要的信息和有关动态，从而为有关事务的决策、协调和解决提供依据。

3. 宣传教育，促进发展

在现代文明社会中，国家依靠法律手段维护其正常的政治、经济和社会秩序，保证社会的稳定和发展。而国家意志和法律权威正是以一系列公务文书、法律文书为载体来传达和体现的。除此以外，许多经济文书、传播文书，甚至礼仪文书都在其特定的领域，反映出符合时代潮流精神的意识形态内容，通过对现实事务的处理和有关事务的褒贬评判，宣传新的方针政策、好人好事、有关事务的法律精神等，促进各个领域在政治、经济和文化方面的正面发展。

4. 凭据作用，资料价值

各类公务文书是党政机关、企事业单位、社会团体进行有关行政活动的依据。许多事务文书，如计划、总结、调查报告、规章制度等，也有作为具体行政活动的依据的功能。尤其是各类条据，凭证的特征最为明显。经济文书和有关法律文书是当事机构或个人双方确保其经济权益、法律权益的凭证。至于传播文书和礼仪文书也多具有很强的资料价值。许多应用文，除了当时发挥作用以外，往往作为档案保存下来，有重要的历史资料价值。

三、应用文的特点与种类

（一）应用文的特点

相比带有欣赏价值的文学性作品，应用文由于其性质、内容、功能、形式等方面存在着特殊性，因而具有自身的特点。

1. 实用性

实用性是应用文最本质的特点。与文学作品在写作中重视审美、超越功利性和实用性、重点关注人的精神和情感不同，应用文是为解决实际存在的问题，为达到某一特定的目的而写的。因此，它总是强调写作要直接作用于特定的读者层面，并注重文章有效而具体的反馈。如函件要达到相关的机构和个人，专业文书达于特定的行业领域，合同直接作用于当事人双方，传播文书直接作用于受众对象等。这种直接作用越强，反馈越及时具体，实现其写作目的的可能性就越大。

2. 真实性

真实性是指应用文写作的内容必须真实确凿。应用文写作的实用性，决定了应用文写作的真实性。应用文中运用的材料必须保持绝对的真实，写作材料中涉及的时间、地点、当事机构或当事人、事件（发生的直接原因、过程、结果以及直接影响的各个方面）都不允许有丝毫的杜撰和虚构。尤其是涉及有关的统计数字、典型事例、法律法规、有关史料等方面，都要在写作过程中进行核实，保证内容的准确无误。在对有关事实进行叙述的方式和评论结果方面，文字表述也应该做到恰如其分，不隐恶、不虚美，不得进行各种形式的弄虚作假。

3. 规范性

各类应用文一般都有惯用的格式。应用文在使用和发展过程中，形成了相对稳定的规范格式和语言。各种文体都有特定的适用范围，不可随意更改或交换使用。否则，就不合体式，削弱应用文文体的表现力度和应用价值。

应用文的规范性表现在两个方面：一是内容构成上通常有固定的项目；二是有文面形式上的惯用格式。如公文中的报告，其内容通常由报告缘由、报告事项、报告结语三部分组成；其文本格式由标题、主送机关、正文、署名、日期等组成，其各部分的位置依据公文的行文格式而固定；至于其外在的公文格式，又遵循眉首、主体、版记三大版块的组成要求。

4. 时效性

由于应用文首先强调其应用性，而不是文章的美感效应，其写作内容或是新近发生的事实，或是针对现实中需要解决的具体问题，所以必须在一定的时间限度内完成，限时发挥文本的作用。否则时过境迁，会失去直接的社会应用价值。行政公文中注明的紧急程度就是对其时间性的强调和重视。诉讼文书的写作更是要遵循法律规定的程序和时限。此外，合同、新闻消息、教研论文、讲话稿等文书的写作也都具有明显的时效性。

5. 简明性

简明性首先意味着应用文的主旨单一、明晰，不能像文学作品那样，追求作品内涵的丰富性、主题的多重性以及表达方式上的含蓄和委婉。一篇应用文只表达一个主旨，不枝不蔓，一贯到底，重点突出。同时，主旨的表达要清晰明白，态度鲜明，出现的观点、见解要直截了当。

其次，简明性还意味着语言表达上的简洁、明确和清楚。不能走文学性语言充满想象和情感的路子，不能堆砌辞藻，不能进行比喻、比拟性修辞，不能使用象征、夸张、变形等艺术表现手法。在写作中，遣词造句要准确地反映客观事物的实际，用最简洁、平实、通俗易懂的语言明白无误地表达文章作者的思想和意图，让人不折不扣地了解文章到底说的是什么。

（二）应用文的种类

随着社会的发展，人们的社会活动领域不断拓宽，应用文的使用范围也日益广泛，有的应用文体不合时宜，渐趋消亡，而新的应用文体又不断涌现。目前，应用文的分类尚难统一，各类教程中的分类结果也多不相同。通用的分法是按应用文的适用范围，将其分为公务文书和私务文书。公务文书又分为通用文书和专用文书。

通用文书是指人们在日常的工作、学习、生产和生活中普遍使用的应用文。它又分为法定公文和事务文书。法定公文，即《国家行政机关公文处理办法》中规定的 13 种公文文种；事务文书，则包含计划、总结、调查报告、简报、规章制度等。

专用文书是指具有一定专业性的应用文。它包括礼仪文书、传播文书、经济文书、教学及研究性文书、诉讼文书等。

尽管对于各类应用文文体不能全部穷尽，但本书尽可能地针对适用范围广、使用频率高的常用应用文文体进行收集和分类。本书分类中除上述通用文书、专用文书以外，新辟"个人职场文书"一类，以期对即将步入社会的青年在生活和工作中有所裨益。

第二节　应用文写作的表达方式

叙述、描写、抒情、议论、说明是文章写作的五种基本表达方式。应用文也不例外。一篇文章究竟以何种表达方式为主，这主要看文章写作目的、文种的表达规范。一般来说，叙述、议论和说明是应用文写作常用的表达方式。

一、叙述

（一）叙述的含义及要素

叙述，是写作中最基本最常见的表达方式，是对文章中人物经历和事物发展所作的述说和交代。

通常人们将叙述的要素归纳为五个 W，即 when、where、who、what、why，也就是通常所说的时间、地点、人物、事件、原因，有时还加上一个 H 和 M，即 how 和 meaning，也就是需要在叙述中展现事件或事物发展的过程，以及该事件或事物的后续影响。这几个要素的展现，给读者以清晰完整的印象。当然，在不影响读者理解的情况下，一篇文章并不需要将所有的要素都加以一一交代，可以视情况加以减省。

（二）应用文写作中叙述的注意点

1. 应用文写作中叙述的人称及方式

叙述的人称，是作者认识事物和表现事物的角度和立足点。应用文写作与文学写作在叙述的人称上有较大的差异。在文学写作中，作品不论虚构与否，作者都可以以当事人或目击者的身份出现，以"我"或"我们"的口吻叙述，便于进行带有个性化的思想和情感的表达。文学写作中广泛使用的第三人称，在广阔的时间和空间范围内反映人物和事件，又多使用人物的对话或独白，表达心意，抒发感情。

与此形成较强反差的是，在应用文写作中，除了部分着眼于介绍自身言行、沟通情感、表达社交礼仪诉求的函件及言辞以外，一般不使用第一人称。多数应用文使用客观的第三人称。在行政公文、事务文书以及许多专业文书中，即使使用第一人称，也多摒弃"我"、"我们"这样的文字，而代之以"我部"、"我局"、"本单位"等诸如此类的称谓。

在叙述的方式上，应用文写作多是采用顺叙的方式，即按照事物或事件的发生、发展的先后顺序来叙述。在具体表达方式上，有的是按照时间的先后顺序叙述，有的是按照与事件相关的机构或事主的行动来叙述，有的是按照事件的发展进行叙述，还有的是按照写作者认识的变化过程加以叙述。另外，多数叙述方式呈现出概叙的特征，视角开阔，注重给人整体认识，介绍总的方面的情况。

2. 对叙述要素的掌握要充分

前文已经提到叙述的要素，一般将之归纳为五个 W，也有的还加上一个 H 和 M。但就其性质而言，其中时间、地点、人物、事件、原因所包含的进程等要素所带有的客观性质明显。而原因这一要素，在行文表述中会出现客观原因和主观原因的区别。应用文写作中涉及叙述的要素，表面上看起来比较单纯，但其中任何一项，在现实生活中都有可能出现"变量"的形式。

以单一句式为例："昨晚在学术一厅举行的学术报告会，小王因故缺席。"这看起来是一个包含有完整五要素的叙述。但其中的要素呈现比较模糊。实际上的情形是这样：昨天下午四点，小王与小李、小张在学校室内运动场打篮球的时候，不小心伤了脚踝。小李、小张将他送至校医院包扎，医生劝告小王最好休养几日。小王向辅导员告假后，晚七时没有出席在学术一厅举行的"关于当代网络文学的发展走向"的学术报告会。在今天早上一二节课的课堂讨论中，小王没有发言。也就是说，在实际情形中出现的时间、地点、相关的人物、事件（事件的起因、发展过程、结果以及最终影响）这些要素，都不一定以单纯的形式出现。这就要求充分掌握叙述要素。

除此以外，在纷繁复杂的社会生活中，应用文写作者对中心事件的叙述，至少还要考虑以下几个因素：

谁（机构或个人）是事件中有关行为的施动者（即谓语动词的执行者）？

哪些因素对事件中有关行为的发出有直接或间接的影响？

谁（机构、个人或某些方面）是事件中有关行为的受动者（即谓语动词的被执行者）？

哪些因素是事件中有关行为的被影响者？

写作前对这几个因素深入了解，往往可以理清头绪，避开一些枝蔓材料的干扰，收到事半功倍之效。

3. 注意与文学叙述的区别

应用文的叙述主要是使接受对象对所叙述的人物或事件有一个全面的概括的了解，因此要与文学叙述的常见手法区别开来。

一是应用文多采用概叙的方式，往往是平铺直叙。文学叙述中所展现的时间的顺序有多种形式。而应用文的概叙避免了接受心理上对于静态时间以及非常态时间的关注，也就是说其概叙中一般不包含静态时间内的描写、抒情，没有对话与独白，也不采用意识流、蒙太奇等着重非常态时间的叙述方式。此外，对于倒叙、插叙、平叙等增加文章生动性和曲折性的叙述手法也不予采用。

二是应用文叙述中避免情感的渗入。除少部分要求情感抒发的特定的应用文以外，绝大多数的应用文都需要用客观叙述的方式，避免情感性的修辞和句式。

二、议论

（一）议论的含义与作用

议论是通过逻辑推理和事实材料表明写作主体的观点和态度，达到明辨是非和阐明事理的目的。

从逻辑上说，议论反映的是事物之间所存在的因果联系。一般认为，完整的议论有三个要素，即论点、论据和论证方式。论点是文章中的观点、主张。论据是文章中证明论点的事实和道理，是建立论点的依据，故谓论据。而论证方式，则是用论据证明论点的过程的形式，要求合乎逻辑。

议论的作用十分广泛。在应用文写作中，它评价人物或有关事实，点明文章在思想和情感上的某种倾向；它点明事物的内蕴，突出对某些事物的重视程度，便于认识上的统一；它运用概念、判断、推理和证明的思维形式阐明事理，在讲究实证的各个专业领域进行议论说理。

（二）应用文写作中议论的注意点

1. 确定论点与论据之间存在着必然的逻辑联系

不论立论还是驳论，首先要对论点与论据之间是否存在必然的逻辑联系有清晰的认识。不然，即使以外在的论证形式来表现其论证过程，其合理性仍然不能建立起来，也达不到证明论点存在必然性的目的。

以下列文字为例："四川的私塾在清政府灭亡后有扩大的趋势。究其原因，有以下几个方面：第一是因为清政府宣布改制，所涉及的学校是官学，而私塾不在清政府的管辖范围内；第二是在四川省的广大农村，由于当时省内的人口急剧增长，还需要私塾这种形式；第三私塾作为官学的补充，填补了童蒙教育的空白。"

表面上看，这一段文字通过三个方面的论据证明其论点。但究其各个论据的内容实质而言，与论点"四川的私塾在清政府灭亡后有扩大的趋势"无关。论点的关键词集中于"扩大"

二字，而第一条论据只是说明私塾没有受改制冲击的影响，而且其事实所在的时间是在清政府存续期间，不能说明清政府灭亡后四川私塾的发展状态。第二条论据只能说明四川私塾在当时继续存在，并没有证明其扩大的态势，而且人口急剧增长与教育事业的积极发展并不存在着必然的正相关联系，这已为人类社会的历史发展所证明。至于第三条论据，更是可有可无。它说的是私塾的功能，而这一功能在清政府存续时期和灭亡后，并没有发生什么改变。所证明的是私塾的存在，并不能证明"扩大"这一中心命题。

许多专业性强的议论文讲究实证和学理，因此，特别需要对核心事物的有关概念和判断有清晰的认识，要求文字严密，能够包含事物的内涵与外延，其陈述便于以逻辑思维进行相应的推理。

2. 根据文种，选择议论的方式，并控制议论的深入程度及详略篇幅

不同应用文写作中的议论方式和呈现内容是不一样的，写作者需要根据文种来确定自己行文上的这种差异。

在一些并不强调专业性，同时讲究引诱群体性认识并进行情感诉求的应用文写作中，比如讲话稿、新闻评论等，其议论的方式最为自由灵活。写作者可以根据实际情况自由地选择议论的方式和论证方法，甚至可以在议论中表达相应的个体情绪，也容许出现比喻性和形象化的论证方式。

以专业性强的应用文来说，绝大多数选择立论的方式，并选用常见的举例、分析、归纳、演绎以及对比等方法进行论证。一些以反驳为目的的应用文，如批判对方观点的学术性论文或诉讼文书，则往往采用驳论的方式。这些类型的应用文，往往在议论中放弃对形象化和主体情绪的表达，不采用类比等方式进行议论。议论的实证性或学理性的特征比较强，即客观性明显。议论比较深入，往往能够从多个方面进行比较全面的论证，文字篇幅也比较详细。

在行政公文和事务文书中，议论这一表达方式在文字内容的扩展程度上是比较有限的，与叙述、说明相比，处于次要位置，其行文也受到很强的控制。议论性文字的出现，往往立意高远，视野广阔，不从一己之视角出发。议论的内容并不追求论据的丰富和论证过程的严密，而是或着眼于评价人物或事件，或强化事物的意义，或提升文章的主题精神，其画龙点睛的功能明显。反映在文章里，这些议论性文字多言简意赅，点到即止。

三、说明

（一）说明的含义

说明是用简明的文字将事物的形状、性质、构成、功用等方面的内容加以客观地解说和阐释。作为基本的写作表达方式之一，涉及有关定义的界定、名词的解说、原理的诠释等，都需要说明的方式。

（二）说明的方法

1. 定义和诠释

定义是用简明扼要的文字，揭示概念内涵，明确概念。下定义的过程如下：首先找出被定义者临近的属概念；其次找出该概念与同一属概念下几个同级概念在内涵也就是本质属性上的差别；最后通过文字把定义项联结起来。如给"文学"下一个定义，其过程如下：

被定义者：文学

其属概念：艺术

"文学"与同一属概念下几个同级概念如"音乐"、"舞蹈"、"绘画"相比，所体现的本质属性是：以语言为工具和手段。

最后，其定义表述为"文学是以语言为工具和手段的艺术"。

诠释则是对事物的概念、性质、特点、功能、原理等进行详细解释。它与定义不同，在行文的内容和形式上不像定义那样严格，可以只揭示事物某一方面的内涵。诠释和定义都采用"什么是什么"或"什么怎么样"的句型，但定义的"是"字两边是可以互换的，而诠释的"是"字两边不可以互换。二者结合起来使用，可以使读者既有理性的认识，又有形象具体的了解。

2. 分类与分解

分类是根据事物的形状、性质、成因、功能等属性的异同将其分成若干类，再依据类别分别加以说明。分解则是把被说明的事物分成若干部分逐一进行说明。两者的区别在于，前者的大类与小类是属与种的关系；而后者是整体与内在必要组成部分的关系。

3. 举例与引用

举例是通过个别事物的举例，把抽象的道理、复杂事物的特征、功能、原理等表述得具体形象，通俗易懂。引用在于引证资料，使说明对象具有可靠的根据，便于读者进一步了解。

4. 比较和比喻

比较是用熟知的事物与陌生的事物作比照。比喻则多用熟知的事物比喻不常见或不易懂的事物或道理。二者都注重由此及彼，帮助读者理解。

5. 数字和图表

有的事物、事理有时从其他角度很难说得清楚，一旦运用数字和图表进行说明，便会使人感到直观，易于理解。这两种方法在应用文写作中运用得尤其普遍。

（三）应用文写作中说明的注意点

第一，根据不同的行文目的、文体和读者对象选择相应的说明方法，并根据上下行文需要选择说明的时机。

行文目的、文体和读者对象的差异对说明方法的影响很大。比如，为了传播科技知识，在科普性的说明文中，面对普通受众，可以自如地运用多种说明方法。其中分类、诠释、举例、比喻、图表等相对形象化的说明方法运用得较为普遍一些，行文也要求更为通俗易懂。而专业性很强的应用文中，其说明的方式，更侧重于定义和对事物要素的分解，在运用其他说明方法如比较、数字和图表时，行文的内容及其表达方式也倾向于集中于专业领域之内。在具体行文过程中，也往往通过读者与被说明对象之间认识上的亲疏关系，来确定是否进行说明。

第二，说明性文字的表达要有客观性，要科学、准确地把握其内容。

写作者在行文前，要熟悉和了解被说明对象，充分认识其有关内容要素及对其产生影响的相关因素。在行文中，有关概念的表述，文字上要准确严密，仔细把握其内涵和外延，在解说事物和事理时，要说对、说准，甚至援引的文字和数据也都必须是准确无误的。另外在行文中，不要把自己的主观意志和情感加入到说明性文字中，要站在客观的立场上，解说事物，阐明事理。

除以上三种表达方式以外，应用文写作并不是绝对地排斥抒情和描写这两种表达方式。即使在非常严肃的公文文书中，也有它们存在的空间。比如在情况报告中，有可能出现寥寥数笔的白描式描写；在表彰或批评性的通报中，也有可能出现个别带有强烈倾向性色彩的抒情语句。在一些反映社会现状的传播类文书和社会调查报告，以及根据社交平台的性质表达主观思想和情感诉求的一些礼仪类文书中，写作者使用这些表达方式的机会也是不少的。但总的来说，应用文写作仍以叙述、议论、说明这三种表达方式为主。

第三节 应用文写作的语言要求

一、准确

语言准确是写作的普通要求，但对应用文写作来讲显得更为重要。所谓准确，即能恰到好处地表述作者的思想、观点或要求，正确并清楚明白地传递写作者意欲表达的信息，不出现歧义，不模棱两可，不含糊笼统。要使语言准确，需要做到以下几点：

（1）用恰当的词语表述写作对象的实际，防止歧义，避免误用。尤其是用词语表达概念的时候，要讲究其客观性。如《××县人民政府关于认真贯彻××省5号文件的通知》，这个"5号文件"指的是哪一年的呢？指代不明。在对有关写作对象的措辞方面，也要注意其在意识形态中的思想和情感倾向。比如，对同一对象，使用"暴徒"、"武装分子"、"恐怖分子"、"不同政见力量"、"解放组织"有可能导致对该对象及有关事件明显不同的价值判断。

（2）语句需要合乎语法规范，句子结构完整，没有成分残缺、搭配不当、结构杂糅等语病。

（3）上下文语句的表达内容要合乎事理逻辑，不要顾此失彼。比如"全班同学都到齐了，只有个别同学还没来"。这就是明显的自相矛盾。

（4）根据表达需要，对于在感情色彩、适用范围、语义轻重、表现程度深浅上有细微差别的同义词和近义词要小心使用，防止混淆不当。比如"严峻""严厉""严酷"、"破除""废除""解除"等词语之间的差别。

二、简明

简明，即简洁了之意。为了解决实际问题，应用文的语言在信息传递的密度上比较大，从而提高接受信息和解决问题的效率。简洁的语言最能体现应用文实用性和时效性的特征。要做到语言简明，需要注意以下几点：

（1）在写作中力求简短扼要，言简意赅。根据"有话则长，无话则短"的原则，语句的表达要抓住事物、事理的要害，浓缩有关信息。文字不拖泥带水，不造冗长句子，不使用欧化句型，不堆砌华丽的辞藻。只有部分传播文书和以认识上的引导或情感沟通为目的的讲话稿和演讲词等类文书，为增强生动性和感染力，可以在这方面放宽要求。

（2）文字上贵精要，以少胜多。因此需要将可有可无的字、词、句、段尽可能删去。比如套话、空话，不能说明问题的语段，过度修饰的词句，都在删除之列，力避冗长、啰嗦重复。另外，在应用文尤其是公文的写作实践中，出现的一些习惯用语和缩略语，其使用频率高，语义约定俗成，也有明显的简练之效。

（3）语言的简洁是建立在明了事实的基础上的。应用文需要明白晓畅，不应当使人在信息接受中产生误会或猜测。因此，一定要避免故作高深，选用一些冷僻生造的词语，而要使用含义确定、清楚明白、社会接受度高的词语。

三、得体

语言得体，意味着根据实际工作或生活中的应用场合和接受对象，选用恰当的文种，在写作的思想内容、情感诉求，甚至称谓措辞等方面表达得恰如其分，符合人们对发文机构或个人有关其写作立场和写作目的等方面的社会期待。

绝大多数应用文如公务文书、各类专业文书、学术论文等，语言是否得体，主要是与其庄重规范联系在一起的，即做到严肃、端庄、符合变通的基本规定。这需要注意以下几点：

（1）确定恰当的文种。尤其是行政公文中，文种选用是否恰当，对于写作机关而言是得体与否的重要体现。比如，同样是请求批准的文书，对上级机关和不相隶属机关的不同方向的行文，将分别选择请求和函两个文种。另外，各个文种在内容上的内在规定性，也将反映其语言得体与否。比如，多数公文文种在写作结构上都涉及发文缘由这一内容，但是一些来自高层机构的文书如命令，则不需要讲述有关的缘由，直接发布有关命令事项即可。这是由这些机构在行政架构上的地位所决定的。

（2）行文内容在有关措辞和语气的表达上，讲究礼貌，合乎写作者（机构或个人）相应的社会地位和身份。上行文不宜卑躬屈膝，下行文不得盛气凌人，平行或不相隶属的机构之间的文书往来讲究平等，相互尊重。

（3）采用现代白话书面语言，在规定的写作结构中使用带有程式性特征的词汇和短语。比如，请示有"妥否，请批复"这样的惯用结语类型，就不能用日常生活中的随意性语言，如"前面说的内容如果没有什么不妥当的话，请上级给个批复"。为此，要熟悉常用的程式性词汇和短语。如文章开头使用的"兹"、"兹有"，用于信函结尾的"为荷"、"为盼"，表示收到或知悉意义的"悉"、"收悉"、"欣悉"，以及某些文种专用的结尾语"特此通知"、"特此报告"、"以上内容如无不妥，请批转各地执行"等。

（4）慎用日常生活中的口语、俗语，忌用方言土语。比如，在正式场合或严肃性行文中，"夫人"一词就不宜换用为口语中的"老婆"、"堂客"。至于各地的方言土语，其意义的地域性强，除了影响人们对有关内容的接受以外，也使得语言过于俚俗化，不适宜于正式庄重的场合，显得不够得体。

至于在各类礼仪文书、部分事务文书和部分传播文书中，评价文章的得体与否，可以不仅仅遵循庄重体面的单一标准。比如，有些广告、海报、启事、讲话稿（尤其是民间日常场合中的各类讲话稿）也不必一本正经，可以呈现出轻俏活泼、幽默风趣等不同风格。但总的来说，即使在多种风格的背后，也应当注意文章与应用场合、写作者和接受对象之间所存在的关系，避免出现不该出现的文字，避免有失写作者（不论机构还是个人）的社会身份。

四、质朴

质朴是用平实朴素的语言，真实、自然、恰如其分地表达有关的内容。应用文语言一般不采用文学语言。文辞以达意为主。其表达方式往往集中于叙述、议论、说明这三种，很少出现描写、抒情的表现手法。

比如在叙述的使用中，多用平实的语言叙述过程，一般不追求曲折、设置波澜。因此，应用文中的叙述多是顺叙，除了部分文种有特定的表达需要，往往不用倒叙、插叙，不采用"花开两朵，各表一枝"的手法，拒绝意识流等先锋叙事手法。其语句对内容的概括程度也比较高，往往不使用比喻、象征、夸张、仿拟等积极的修辞，避免语句中的富丽辞藻。这就意味着在形式上往往不采用欧化的句子，在行文中放弃与叙述对象有关的描写，放弃写作者对相关情绪的表达，也放弃重叠、复沓等语言表现方式。

应用文的议论表达方式也同样追求质朴的效果。它往往不以形象化的方式来进行论点的论证，即放弃使用讲故事的类比或讽喻的手法。在议论性语句的行文方面，尤其是涉及对有关对象的评判的时候，要实事求是，符合议论对象所表现出来的有关状态。措辞方面讲究客观、中正、公允、平和，行文中避免渗入程度激烈的个体化了的情感，不采用抒情性议论的方式。

总之，在写作实践中，采用平实的语言叙述过程、说明事物、阐明事理，进行深入浅出的表达，较之文学化的表达方式，需要更多的综合概括能力，也需要在实践过程中不断付出艰苦的努力。

除以上要求外，值得注意的还有以下方面：为使文气贯通，拟稿时要一气呵成。文稿完成后，需要从整体角度进行修改润色。比如，是否变动表达角度；是否订正有关观点以及调整结构；是否增删有关材料。这些综合因素对应用文语言的表达有重要影响。

第四节 学习应用文写作的意义及方法

一、学习应用文写作的意义

在当今这个文字密集的社会里，人们比先辈更需要具备基本的读写技巧。学习应用文主要有以下意义。

（一）增强个人文化素质，优化知识结构

写作内容不但是信息传播的载体，写作活动本身也是人们生活、工作、学习的一部分。应用文写作就是通过满足人们思想和情感交流的需要，来推动社会的文明和进步的。当今时代，随着社会经济、政治和文化的不断发展，尤其是信息网络的系统化、全球化，使得应用文写作在写作工具、形式和内容上，都呈现出多元化的态势。信息传播比以前更快速、便捷，各类行政工作的规范化和自动化程度越来越高，这对写作者提出了更高、更现实、更迫切的需求。学习应用文写作，便于提升个人文化素质，优化写作者的知识结构。

（二）提升个人竞争能力

拥有较强的应用写作能力，历来是各个历史时期社会管理阶层必备的文化技能之一。目前，中国国家公务员的考试、工商管理硕士入学考试等，都对应用写作的知识与能力有了较为规范的命题和测试方式。各类行政公文、事务文书、经济文书、教研文书在工作中的写作需求，为活跃于各个职场岗位上的人们提供了一个可以展现自身能力、提升个人竞争能力的舞台。拥有写作能力也在很大程度上成为当代从业人员生存竞争的重要条件之一。

二、学习应用文写作的方法

就写作的动态过程来说，应用文写作者必须具备并强化几种能力：信息搜集能力、材料的选择和组织能力、对文种的把握和构建能力、对问题的归纳和演绎能力、语言的表达能力。

从应用文的客观要求来看，还必须掌握以下几种方法。

（一）提升理论水平，学习党和国家的政策法规，增强政治敏锐性，立足自身的工作业务，提高对政策的把握和运用能力

写作人员只有加强对辩证唯物主义和历史唯物主义的学习和理解，确立正确的世界观和方法论，才能在认识和分析现实问题时作出科学合理的判断，才能对具体问题和材料进行理论概括和抽象。许多行政公文和事务文书要直接传达贯彻党和国家的方针政策，或以党和国家的方

针政策为依据。应用文写作人员还需要具备自己所在的行业和领域的相关业务知识，不断进行自我更新，填补知识的空白点，跟上时代步伐，才能具备较强的政治敏锐性。针对新情况、新问题，在现行政策和法规的前提下，创造性地提出合理化建议和有实践价值的解决办法。

（二）学习应用文写作理论，阅读应用文范文，掌握多种应用文的写作模式，增强模仿和创新能力

应用文写作理论，对主旨提炼、材料选择、结构安排、写作思路、表达方式、语言和文风等都提出了具体要求。各个文种的范文，便于初学者积累感性知识，掌握其写作模式。通过已有成果的模仿、应用、融合，写作者能够进一步提升应用写作水平，实现技法的创新与超越。

（三）勤于练笔，在修改中提升应用写作能力

勤于练笔，强化写作训练，对于写作人员来说，一是可以熟悉多个应用文文体的结构组成、文体特点、写作方式，掌握写作的基本功；二是可以在模仿和创新中训练写作人员的思维方式，有意识地培养看问题的视角、分析问题的层面等。

应用文写作不是单纯的文体写作，它是作者思想水平、知识结构和写作技巧等因素的综合反映。润色和修改作为写作过程中的必要组成部分，是对文章的主旨、材料、结构、语言等方面进行全面的审查和修改。只有在应用写作的具体实践中，才能真正提升应用写作水平。

练习题

一、填空题

1. 应用文的作用主要体现为_____、_____、_____、_____。

2. 应用文的语言要求可概括为_____、_____、_____、_____。

二、判断题

1. 应用文主要是行政机关的工作人员所使用的。（   ）

2. 公务文书有严格的格式，个人文书没有统一的格式要求。（   ）

3. 应用文写作不能使用描写、抒情的表达方式。（   ）

4. 行政公文中的议论与一般议论文中的议论存在着较大差异。（   ）

5. 应用文写作在语言表达上往往追求创造性和个性化。（   ）

三、请根据应用文语言的特点，修改以下语句

1. 如果得到贵单位协助，我们深表谢意。

2. 我们特别地向上级做出这份报告。

3. 特别地将有关事项通报在下列内容中。

4. 我们急切的盼望你们的迅速研究并复函。

5. 对于我们这个小单位来说，这回真是碰上大麻烦了。贵校府高庭阔，又深具救人于危难的美德。帮助解决我们的困难，对你们来说，也不过是区区小事。请你们看在我们两校多年友谊以及两边领导长年打交道的情分上，一定要拉兄弟院校一把。在下周内把帮我们解决问题的方案拿出来，也便于我们迅速投入工作。贵校的滴水之情，他日定当涌泉相报。

四、简答题

1. 怎样理解应用文的特点？

2. 应用文中的叙述与文学叙述有何不同？

本章参考资料

［1］靳能法. 应用文写作［M］. 北京：北京工业大学出版社，2009.

［2］杨文丰. 高职应用写作［M］. 北京：高等教育出版社，2006.

［3］严廷德，喻克明，董小伟. 大学生应用文写作［M］. 天津：南开大学出版社，2011.

［4］张兵，罗玉林. 高职应用文写作［M］. 北京：北京师范大学出版社，2009.

［5］张文英. 新编应用文写作教程［M］. 天津：南开大学出版社，2010.

［6］张耀辉，谢福铨. 应用写作［M］. 上海：华东师范大学出版社，2006.

第二章 行政公文

第一节 行政公文概述

一、行政公文的概念

行政公文有广义和狭义之分。广义的行政公文，是指依法确立的国家党政机关、社会团体、企事业单位在公务活动中所形成的具有一定惯用体式的文字材料。狭义的公文，专指国家行政机关制发的公务文书，是国家行政机关在行政管理过程中形成的具有法定效力和规范体式的文书，是依法行政和进行公务活动的重要工具。本章以国家行政机关的公文为讲解范围，社会团体、企事业单位在处理公务活动时可以以此为参照。

二、行政公文的特点

（一）作者的特定性

行政公文的作者，必须是依法成立并能以自己的名义行使职权和担负义务的机关、组织或法人代表。他们有特定的职权范围，能根据自身的权限撰写和发布公文。

（二）法定的权威性

行政公文代表制发机关的职权，反映和传达制发机关对于某项工作或某个问题的决策、意见或态度，是国家各级行政机关的指挥意志、行动措施、公务往来的规范记录和反映。它直接反映国家政权的政治意向和根本利益。因此，行政公文具有法定的权威性和约束力。在特定的时间、范围内，对公文的受文对象具有强制阅读、强制执行或强制复文等效力，任何受文对象不得自行改变或曲解其内容。

（三）很强的时效性

行政公文是为了解决实际工作问题而制发的，因此时效性特别强，尤其是一些处理紧急情况的"急件"、"特急件"，对时间性的要求更高。同时，行政公文的效用与时间密切相连，一份公文所规定的内容，只会在一定的时间内有效，随着形势的发展、情况的变化，旧的公文就会被新的公文所代替。

（四）体式的规范性

为了维护公文的权威性、严肃性、完整性，规范公文的处理，提高办文效率，国家规定了规范化和标准化的统一的公文格式，包括公文的种类、名称、格式、行文关系、处理程序等，任何制发公文的机关都必须严格遵守。

（五）严格的程式性

公文的制发和办理都必须经过规定的处理程序。公文的发文办理包括草拟、审核、签发、复核、缮印、用印、等级、分发等程序；公文的收文办理包括签收、登记、审核、拟办、批办、承办、催办等程序。公文办理完毕后，要及时整理（立卷）、归档。

三、行政公文的作用

(一) 指挥指导

指挥指导即利用公文对国家进行领导和管理,对国家机器的运转实施调节控制。各级机构及时地把为治理国家和管理社会而制定的决策、措施、意见等传达下去,变成所辖区域的共识或行动;各级领导机关通过执法公文来部署各项工作,传达自己的意见和决策,对下级部门的工作进行具体的领导和指导。

(二) 宣传教育

国家权力机关、行政机关制定的各项法律法规,一般用公文来发布。这些公文,本身就体现了国家的方针、政策。另一些公文,则是方针、政策的具体化。这些公文对提高人们的认识,统一思想,起着明显的作用。公文中的表彰、嘉奖先进人物或集体,批评、惩处犯错误的人或事件,对人们起到积极的教育作用。

(三) 交流沟通

公文是承载和交流政务信息的重要而可靠的工具。国家各级行政机关的情况交流,包括纵向的上下沟通和横向的左右联系,都要靠公文来完成,以达到在系统之内、友邻之间统一思想、协调行动、密切配合的目的。

(四) 凭证依据

各级行政机关都有各自的工作职能和严密的组织系统,反映制发机关意图的每一份公文,在其组织系统内部都是相应受文单位开展工作、处理问题和进行管理的法律和政策依据。有些重要公文,既有现实作用,又有历史作用,被永久保存下来,成为珍贵的历史记录和凭证,或有重大的档案价值,也是编史、修志的依据和凭证。

四、行政公文的分类

按行文方向划分,可分为上行文、下行文和平行文三类。

(1) 上行文,指下级给其所隶属的上级领导机关的行文,如报告、请示。

(2) 下行文,指上级领导机关给所属下级机关的行文,如命令、批复等。

(3) 平行文,指同级机关或不相隶属机关之间的行文。函是最典型的平行文。

按保密程度划分,可分为有保密要求的公文和普通公文。有保密要求的公文是指那些内容涉及党和国家安全,需要限制阅读范围的重要公文。它们分为三个等级:秘密、机密、绝密。密级越高,要求越严,阅读范围就限制得越小。

按紧急程度划分,可分为紧急公文(又分为急件和特急件)、普通公文两类。这是从公文送达和办理时限来分的。

按性质、作用划分,可分为指令性公文、知照性公文、报请商洽性公文三类。

(1) 指令性公文,即直接体现上级机关的决策意图,对下级有关事项的处理、有关工作的进行具有指令或指导作用的公文,包括命令(令)、决定、批复和意见。

(2) 知照性公文,指向有关方面告知情况、关照事项的公文,包括公告、通告、通报、通知、会议纪要。

(3) 报请商洽性公文,指下级机关向上级机关汇报工作、请示事项,同级机关或不相隶属机关之间相互商洽工作、询问和答复问题的公文,包括议案、报告、请示、函。

五、行政公文的格式

公文的格式，通常指公文结构的各个组成要素在文面上的标印形式，即公文的外观结构。《国家行政机关公文处理办法》（国发〔2000〕23号）规定，公文由眉首、主体、版记三个部分组成。置于公文首页红色反线以上的各要素统称眉首；置于红色反线（不含）以下至主题词（不含）之间的各要素统称主体；置于主题词以下的各要素统称版记。

（一）眉首部分

眉首部分又称文头部分，由公文份数序号、秘密等级、保密期限、紧急程度、发文机关标识、发文字号和签发人等组成。

1. 公文份数序号

公文份数序号是指将同一文稿印制若干份时每一份公文的顺序编号。其主要作用是为了便于公文的分发和查找，便于对公文进行统计和管理，通常用于"机密"、"绝密"公文。用阿拉伯数码顶格标识在版心左上角第一行。

2. 秘密等级和保密期限

秘密公文应当标明秘密等级和保密期限。用3号黑体字，顶格标识在版心右上角第一行，两字之间空1字，密级和保密期限之间用"★"隔开。

3. 紧急程度

紧急公文应根据紧急程度，分别标明"特急"或"急件"，用3号黑体字顶格标识在版心右上角第二行。如无须同时标识秘密等级和保密期限，则用3号黑体字顶格标识在版心右上角第一行，两字之间空1字。

4. 发文机关标识

发文机关标识是公文制发机关的行文标记，由发文机关全称或规范化简称加"文件"组成。一些特定的公文可只标识发文机关全称或规范化简称。发文机关标识一般用红色小标宋体字印刷，居中排列，以美观醒目为原则。联合行文时，应使主办机关名称在前，"文件"二字置于发文机关名称右侧，上下居中排列；如联合行文机关过多，必须保证首页显示正文。

5. 发文字号

发文字号又称文号，由发文机关代字、年份和序号组成。发文字号既便于发文机关统计和掌握年度的发文数量和序号，又便于文件的收发、登记、办理、保管和查找。

机关代字是对机关名称和发文内容归属最简练、最具特征的概括，由机关简称加"发"，或者机关简称加部门简称再加"函"、"字"、"发"等构成。年份是指发文的年度，用阿拉伯数码标全称，用六角括号"〔   〕"括入，如"〔2012〕"。序号是指某年依次制发的文件的号码，用阿拉伯数码，不编虚位（即"1"不编为"001"），不加"第"字。联合行文时，只需标明主办机关发文字号。

发文字号标注在发文机关标识下空2行，用3号仿宋体字，居中排布。发文字号之下4毫米处印一条与版心等宽的红色实细线，用于隔开眉首部分和主体部分。

6. 签发人

签发人是指发文机关最后核查并批准公文发出的领导人姓名，其作用在于表明发文机关的具体责任者，并为联系工作、查询有关问题提供方便。签发人只用于上行文。

签发人姓名，平行排列于发文字号右侧，即发文字号居左空 1 字，签发人姓名居右空 1 字。"签发人"用 3 号仿宋体字，其后标冒号，冒号后面用 3 号楷体字标识签发人姓名。如有多个签发人，主办单位签发人姓名排第一行，其他签发人姓名从第二行起在主办单位签发人姓名之下按发文机关顺序依次排列，相应地下移红色反线。发文字号与最后一个签发人姓名应保持处在同一线，红色反线与之距离依旧是 4 毫米。

（二）主体部分

主体部分又称中间部分或行文部分，是公文的核心部分，主要包括标题、主送机关、正文、附件、成文时间、印章和附注等。

1. 标题

公文的标题是公文内容的提要，应当准确、简要地概括公文内容并标明文种。一般由发文机关名称、事由、文种三部分组成，有时可以省略发文机关或事由。其中事由部分常用"关于"引起，组成一个介词结构。公文标题中除法规、规章名称加书名号以外，一般均不出现标点符号。标题位于红色反线下空 2 行，用 2 号小标宋体字，可分一行或多行居中排列，回行时，要做到词义完整，排列对称，间距恰当。

2. 主送机关

主送机关是指公文的主要行文对象，即发文机关要求执行或研究答复所发文件内容的受文对象。除普发性和公布性公文外，一般都要标明主送机关。主送机关要写全称或规范化简称、统称。位置在标题下空 1 行处，左侧顶格用 3 号仿宋体标识，最后一个主送机关名称后标全角冒号。

3. 正文

正文是公文基本内容的陈述，是公文的主体、核心部分，用来传达发文机关的意图。一般由开头、主体和结尾三个部分组成。除简短的公文外，开头部分都要提出发文的目的、依据或原因；主体部分写事项、事件或情况，即文件的主要内容；结尾部分或提出希望、要求，或发出号召，或强调主旨等。

正文的位置在主送机关下一行，每自然段左空 2 字。通常用 3 号仿宋体字，每页排 22 行，每行 28 个字。

4. 附件

附件是附属于公文正文内容的印证性、说明性或延伸性材料，一般是随公文颁发的规章制度或需报送的资料等。有些公文的内容需要相应的材料予以说明、补充或参考，或其行文本身就是发布、转发或批转其他文件，这些随文所附的规章制度或文件就是附件。附件的地位等同于公文。

有附件的公文，在正文下空一行左空 2 字用 3 号仿宋体字标识"附件"，后标全角冒号和附件名称，附件名称后不加标点符号。如有多份附件，应用阿拉伯数码一一标明。

5. 成文时间

一般情况下，成文时间以领导人签发日期为准；联合行文的以最后签发机关领导人的签发日期为准；会议通过的文件，以通过日期为准；法规性文件，以批准日期为准；电报以发出日期为准。

成文时间要用汉字形式书写，将年、月、日标全，"零"写成"〇"。成文时间的位置有两种安排：一是在正文（附件）的右下方，并压在印章的弧之下；二是在标题的正下方，通常用圆括号括起来。

6. 印章

加盖印章是公文最后生效认可的标志、凭证。除"会议纪要"和以电报形式发出的公文以外，均应加盖印章。

印章位置在成文时间上侧，要求上不压正文，下要骑年压月，印章用红色。联合上报的非法规性文件，由主办机关加盖印章。联合下发的公文，联合发文机关都应加盖印章。联合行文须加盖两个印章时，应将成文时间居中排版，左右各空7个字，主办机关印章在前，两个印章均压成文时间。两印章互不相交或相切，相距不超过3毫米。当联合行文加盖3个印章以上时，为防止出现空白印章，应将各发文机关名称（可用规范化简称）排在发文时间和正文之间。主办机关印章在前，每排最多3个印章，两端不得超出版心；最后一排如余一个或两个印章，均居中排布；印章之间互不相交或相切；在最后一排印章之下右空2字标识成文时间。

当公文排版后的空白处不能容下印章时，应采取调整字句、行距的办法予以解决。

7. 附注

附注是对公文使用方法、传达范围、名词术语等的说明，或对正文的某些内容或有关事项、要求的注释说明，如"此件发至县团级"。在"请示"这一文种中，也往往在附注的位置上注明联系人的姓名和联系方式，便于上级机关进一步了解相关情况。

公文如有附注，用3号仿宋字体，居左空2字加圆括号标识在成文时间下一行。

（三）版记部分

版记部分又称文尾部分，包括主题词、抄送机关、印发机关和印发时间。版记部分应置于公文最后一面（封四），版记的最后一个要素置于最后一行。版记中的各要素之下加一条横线，宽度同版心。

1. 主题词

主题词是标示公文内容特征和归属类别的关键性词语。公文应标注主题词，目的是为了适应办公自动化的需要，也为公文立卷归档提供方便。主题词由3～5个规范化词或词组构成，最多不超过5个。其来源可参考《国务院公文主题词表》（见附录五）。

主题词用3号黑体字，居左顶格标识，后标全角冒号；词目用3号小标宋体字；词目之间空1字。

2. 抄送机关

抄送机关是指除主送机关外需要了解公文内容的备案机关或要求协助承办有关事宜的机关。

抄送机关位置在主题词下一行；左空1字用3号仿宋体标识"抄送"，后标全角冒号；回行时与冒号后的抄送机关对齐；抄送机关间用逗号隔开；在最后一个抄送机关后标句号。

3. 印发机关和印发时间

印发机关是指缮印、封发公文的机关或部门，一般是发文机关的办公部门。印发时间即缮印时间。两者均位于抄送机关下1行位置；用3号仿宋体字。印发机关左空1字，印发时间右空1字。印发时间用阿拉伯数码标识。

公文格式示意图如下（下图边框为版心线）：

0000001

机密★一年
特急

□□市人民政府文件

×××〔2011〕1号

关于×××××××的通知

××××：
　　××××××××××××××××××××××××××
×××××××××××××××××××××××××××××
××××××××××××××××××××××××××××××
××××××××××××××××××××××××××××××
××××××××××××××××××××××××××××××
××××××××××××××××××××××××××××××
××××××××××××××××××××××××××××。

　　附件：1.××××××××××
　　　　　2.×××××××××

（发文单位盖章处）
二○一一年一月一日

（附注）

主题词：××　××　××　××

抄送：×××，××××，××××，×××××，×××××，×××，×
　　××××。

×××××× 　　　　　　　　　　　　　　2011年×月××日印发

第二节　指令性公文

一、命令（令）

（一）命令（令）的概念、特点及种类

1. 命令（令）的概念

命令（令）是一种适用于依照有关法律公布行政法规和规章，宣布施行重大强制性行政措施，嘉奖有关单位及人员的公文。

命令（令）是一种指挥性公文，其制发机构有严格的限制。根据《中华人民共和国宪法》规定，全国人大常委会委员长、国家主席、国务院总理、各部部长、各委员会主任和县以上地方人民政府及其法定机关的负责人有权发布命令（令），其他机关不得随意发布。

2. 命令（令）的特点

（1）权威性。命令（令）本身不是法律、法规，但它可以颁布法律、法规。有些规定重大行政措施的命令（令）和发布行政法规的命令（令），都具有法律的效力，具有法规的约束力。

（2）强制性。命令（令）一经发布，有关下级机关或人员都必须无条件地服从和执行。

（3）严肃性。命令（令）的文句简洁准确，语气坚定严肃，语言质朴庄重。

3. 命令（令）的种类

根据命令（令）的用途，可以分为四类：

一是发布令，主要用来发布重要行政法规。

二是行政令，就重大紧急事项采取强制性措施。

三是嘉奖令，主要用于表彰有重大功劳的单位和人员。

四是任免令，用来宣布重要的人事任免事项。

（二）命令（令）的格式

1. 标题

命令（令）的标题，可以是发布机关、事由、文种三个要素组成，如《国务院 中央军委关于授予钱学森同志"国家杰出贡献科学家"荣誉称号的命令》；也可以是发令人的职务和文种组成，如《中华人民共和国主席令》；还可以是发布机关名称和文种组成，如《中华人民共和国国务院令》。

2. 令号、主送机关

令号一般为该任期内流水号，即从发令机关领导人该期任职开始编发令号，到该期任职期满即告结束。下一任期另行编号。部分以政府机关或职能部门名义发布的命令（令）用一般公文的发文字号或该年度编号。

命令（令）一般不标主送机关。

3. 正文

发布令：首先写发布法规规章的名称；其次写公布的依据，即由哪个机关、什么会议、什么时间批准通过的；再写实施时间。

行政令：首先写缘由，即发布命令的原因、依据；其次写要求，即具体的行政措施；最后

写执行要求，即有关单位和人员在执行时应遵循的条文，有时还需交代命令的生效时间。

嘉奖令：正文由嘉奖缘由、内容和要求组成。嘉奖缘由需写明嘉奖对象的主要事迹；嘉奖内容要写清楚由哪个机关或者会议做出的决定，授予何人、何种荣誉或奖励；嘉奖要求一般是对受文对象发出普遍性的号召和要求。

任免令：交代任免的根据、任免事项、任免人的姓名及职务。

4. 签名、日期和印章

签署发令人的职务、姓名和发令日期或盖上发布命令的机关印章。

（三）命令（令）的写作要点

（1）命令对涉及的事项进行直接陈述，往往只提有关法定程序，不提其他理由，只要是法律权限内的事务，直接表述该内容即可。

（2）命令的行文语气肯定、果断，不拖泥带水。

（四）例文

例文 1

中华人民共和国主席令

第 48 号

《全国人民代表大会常务委员会关于修改〈中华人民共和国个人所得税法〉的决定》已由中华人民共和国第十一届全国人民代表大会常务委员会第二十一次会议于 2011 年 6 月 30 日通过，现予公布，自 2011 年 9 月 1 日起施行。

中华人民共和国主席　胡锦涛

二〇一一年六月三十日

例文 2

中华人民共和国国务院令

第 600 号

现公布《国务院关于修改〈中华人民共和国个人所得税法实施条例〉的决定》，自 2011 年 9 月 1 日起施行。

总理　温家宝

二〇一一年七月十九日

国务院关于修改《中华人民共和国个人
所得税法实施条例》的决定

国务院决定对《中华人民共和国个人所得税法实施条例》作如下修改：

一、第十八条修改为："税法第六条第一款第三项所说的每一纳税年度的收入总额，是指纳税义务人按照承包经营、承租经营合同规定分得的经营利润和工资、薪金性质的所得；所说的减除必要费用，是指按月减除 3500 元。"

二、第二十七条修改为："税法第六条第三款所说的附加减除费用，是指每月在减除 3500 元费用的基础上，再减除本条例第二十九条规定数额的费用。"

三、第二十九条修改为："税法第六条第三款所说的附加减除费用标准为 1300 元。"

本决定自 2011 年 9 月 1 日起施行。

《中华人民共和国个人所得税法实施条例》根据本决定作相应的修改，重新公布。

中华人民共和国个人所得税法实施条例（略）

例文 3

上海市人民政府令

第 33 号

《上海市人民政府关于加强食品安全管理的通告》已于 2010 年 4 月 3 日市政府第 73 次常务会议通过，现予公布，自公布之日起施行。

市长　韩正

二〇一〇年四月十五日

例文 4

六安市人民政府嘉奖令

六政〔2011〕52 号

各县区人民政府，开发区、试验区、示范园区管委，市政府各部门、各直属机构：

2011 年 7 月 1 日，国家环境保护部发布公告，正式授予霍山县"国家生态县"称号。至此，霍山县成为全省第一个国家级生态县，也是全国中西部地区首批"国家生态县（区）"之一。

自 2001 年被批准为国家级生态示范区建设试点以来，霍山县以科学发展观为统领，坚持把生态立县战略与工业富县、开放兴县、文明育县一并作为县域经济发展的四大战略，集全县之智、举全县之力，精心设计、精心组织、精心打造，以大力发展"生态农业、生态工业、生态林业、生态旅游、生态家园、生态文化"六大工程为抓手，加强环境保护，推进污染减排，变生态效益为经济效益、转生态优势为经济优势，提升了生态文明建设水平，初步探索出了一条经济发展与生态系统良性循环的可持续发展之路。全县呈现出经济社会又好又快发展、人与自然和谐相处的可喜局面，为我市加快发展、科学发展、跨越发展积累了有益经验，为全省、全市同类地区生态示范建设工作提供了借鉴、树立了典范。

市政府决定，对霍山县人民政府予以通令嘉奖！希望霍山县要珍惜荣誉，再接再厉，百尺竿头，更进一步，围绕科学发展主题和创建生态文明的宏伟目标，大力加强环境保护，努力提高生态文明水平，为实现全面、协调、可持续发展，建设资源节约型、环境友好型社会，构建社会主义和谐社会做出更大的成绩！

二〇一一年八月三十一日

例文5

中华人民共和国主席令

第40号

根据中华人民共和国第十一届全国人民代表大会常务委员会第十八次会议于2010年12月25日的决定：

免去李毅中的工业和信息化部部长职务。

任命苗圩为工业和信息化部部长。

中华人民共和国主席 胡锦涛

二○一○年十二月二十五日

二、决定

(一) 决定的概念、特点及种类

1. 决定的概念

决定适用于对重要事项或者重大行动做出安排，奖惩有关单位及人员，变更或者撤销下级机关不适当的决定事项。

2. 决定的特点

(1) 指令性。决定涉及的内容往往是大政方针政策，是一定时期的纲领性文件，具有较强的指令性和行动的约束性，下级机关和人员必须贯彻执行。

(2) 明确性。决定做出的安排在目的、实践、要求上必须明确，不能模棱两可。

3. 决定的种类

根据决定的使用范围，可以把决定分为以下几类：

(1) 处置性决定。主要用以处理、布置并告知具体事项，如表彰先进、处理问题、安排人事、机构设置。

(2) 公布性决定。一般是由会议直接公布某个议案的具体内容或直接公布某一机构对某一问题的处理决定。

(3) 部署性决定。主要用以对重大行动做出安排。

(二) 决定的格式

1. 标题

标题一般由发文机关、事由、文种三要素组成，并在标题下标明成文时间，会议通过的决定应标明会议通过及发布时间。

2. 主送机关

决定如果有题注，一般不写主送机关；如果没有题注，需写主送机关，主送机关往往是所属的全部下级机关。

3. 正文

正文一般由决定的缘由、决定的事项、结语三部分构成。

决定的缘由，是做出决定的根据、原因、目的、意义等。

决定的事项，是决定的主体，要写清楚决定的具体内容，如对重要事项的安排意见、对某项事件的处理态度等。

结语，一般是简要地提出希望、要求或号召。

4. 印章和成文时间

在正文之后盖上发文机关印章并写上成文时间。

(三) 决定的写作要点

(1) 撰写决定，要使决定的内容充分体现党和国家的方针、政策与法律、法规，必须与上级机关的有关规定保持一致，必须与本机关原有的规定紧密衔接。

(2) 决定所制定的事项，提出的措施要求，必须切合实际，能解决现实中的问题。

(3) 表述要简明扼要，用语要准确，语气要肯定。

(四) 例文

例文1

《国务院关于修改〈中华人民共和国个人所得税法实施条例〉的决定》（参见命令(令) 例文2)

例文2

关于颁布 2010 年度天津市科学技术奖的决定

津政发〔2011〕1 号

各区、县人民政府，各委、局，各直属单位：

2010 年，全市各条战线深入贯彻落实科学发展观，全面贯彻党的十七大和十七届四中、五中全会精神，按照市委、市政府的工作部署，着力推动科技创新，努力构筑自主创新高地，推进滨海新区开发、开放和创新型城市建设，在自主创新和科技支撑经济社会发展上取得了新的突破和进展，涌现出一大批优秀的科技工作者。

根据《天津市科学技术奖励办法》（2000 年市人民政府令第 33 号）和《天津市科学技术奖励办法实施细则》（津政发〔2005〕43 号）规定，经天津市科学技术奖评审委员会评审、天津市科学技术委员会审核，市人民政府决定：授予"碳纳米材料制备及其性质研究"等 8 项成果 2010 年度天津市自然科学奖；授予"超/特高压电网继电保护新技术的研究与应用"等 7 项成果 2010 年度天津市技术发明奖；授予"食品质量安全全程监控技术体系的建立与产品开发"等 198 项成果 2010 年度天津市科学技术进步奖；授予拉普教授 2010 年度天津市国际科学技术合作奖。

全市各区县、各部门、各单位和广大科技工作者要继续深入贯彻落实科学发展观，按照胡锦涛总书记对天津工作提出的一系列重要要求，全面贯彻市委九届八次全会精神，以科学发展为主题，以加快转变经济发展方式为主线，着力构筑"三个高地"，全力打好"五个攻坚战"，进一步聚集国内外科技资源，加快建立以企业为主体、市场为导向、产学研有机结合的技术创新体系，统筹知识创新、技术创新和引进消化吸收再创新，加快国际前沿技术、重大应用基础研究、产业关键技术和核心技术、重大新产品的自主创新，抢占一批科技制高点，培育发展科技型中小企业，加速推进战略性新兴产业和高新技术产业发展，为我市科学发展、和谐发展、率先发展提供有力的科技支撑。

附件：2010 年度天津市科学技术奖获奖名单

天津市人民政府

二〇一一年一月五日

三、批复

（一）批复的概念、特点和种类

1. 批复的概念

批复是一种适用于答复下级机关请示事项的公文。

2. 批复的特点

（1）被动性和专指性。批复属于答复性的下行文，是针对下级机关的请示公文而被动制发的。可以说，没有下级机关的请示，则不会有上级机关针对某一专指事项的批复。因此，批复具有很强的被动性和专指性。

（2）权威性。批复中提出的答复意见，对下级机关有很强的行政约束力，下级机关必须遵照执行。

3. 批复的种类

按照内容的不同，批复一般分为两类：

一是审批性批复。这类批复针对下级机关的请示事项，经审核后所作的指示或给予具体解答。

二是指示性批复。主要是针对下级机关请示中的有关方针、政策、规定等不明确的情况作相应的指示。

（二）批复的格式

1. 标题

批复的标题一般由发文机关、事由、文种三要素组成。

2. 主送机关

主送机关即请求批示或批准的下级机关，也即该批复所针对的请示的发文机关。

3. 正文

正文一般包括两部分：

一是引语，一般引述来文的日期、公文名称、发文字号和事由。如果来文内容比较简单，只需上级表态，那么可在说明来文已收悉后直接表态。

二是批复的具体内容，表明是否同意的态度。如果是比较重要的事情，还要加以强调或陈述同意或不同意的理由。结尾常用"此复"、"特此批复"、"专此批复"等文字。有时也可省略不写。

（三）批复的写作要点

（1）内容要有针对性。行文内容要针对下级机关的请示事项予以批复。

（2）行文要及时。下级机关请示的事项，事关重大，时间紧迫，急需得到上级机关的指示和帮助，上级机关需要及时批复，否则会贻误工作，有时甚至会造成重大损失。

（3）态度要明确，措辞要准确。批复中对涉及的问题的观点要正确，态度要明朗，答复语言要简洁准确，不能模棱两可，不能有歧义。

（四）例文

例文 1

四川省人民政府关于南充市城市总体规划的批复

川府函〔2011〕253号

南充市人民政府：

你市《关于提请审议南充市城市总体规划（2010～2020）的请示》（南府〔2011〕79号）收悉。现批复如下：

一、原则同意修订后的《南充市城市总体规划（2010～2020）》（以下简称《总体规划》）。

二、南充市是成渝经济区及川东北区域中心城市，嘉陵江畔生态、人文并蓄的山水城市，区域产业聚集、科教文卫、商贸物流和金融中心，交通信息枢纽。《总体规划》实施要以科学发展观为指导，坚持经济、社会、人口、环境和资源相协调的可持续发展战略，统筹做好南充市城市规划、建设和管理的各项工作。要按照合理布局、集约发展的原则，推进经济结构调整和发展方式转变，不断增强城市综合实力和可持续发展能力。

三、重视城乡统筹发展。在《总体规划》确定的970平方公里规划范围内，实行城乡统一规划管理。按照因地制宜、产业联动、城乡统筹发展的要求，根据市域内不同地区的条件，有重点地发展县城和基础条件好、发展潜力大的建制镇，优化城镇布局，促进农村经济快速发展。

四、合理控制城市规模。到2020年，主城区城市人口规模为150万人，城市建设用地规模为150平方公里。根据南充市资源、环境实际条件，重视集约和节约利用土地，切实保护好耕地特别是基本农田。

五、完善城市基础设施体系。统筹规划建设城市给水、排水和污水、生活垃圾处理等基础设施。重视城市防灾减灾工作，加强重点防灾设施和灾害监测预警系统建设，建立健全包括防洪、消防、防震等在内的城市综合防灾体系。

六、建设资源节约型和环境友好型城市。城市发展走节约资源、保护环境的集约化道路，坚持节流、开源、保护并重原则，节约和集约利用资源，切实做好节能减排工作。坚持经济建设、城乡建设与环境建设同步规划，严格按照《总体规划》提出的各类环保标准限期达标。加强对自然保护区、水源地、风景名胜区等区域的保护，重视历史文化和风貌特色保护，制定并严格实施保护措施。

七、创造良好的人居环境。坚持以人为本，创建宜居环境。统筹安排关系人民群众切身利益的教育、医疗、市政等公共服务设施的规划布局和建设，加强保障性住房建设，注重城市园林绿化和环境综合治理，切实提高城市居住和生活质量。

八、严格实施《总体规划》。城市建设要实现经济社会协调发展，物质文明和精神文明共同进步。《总体规划》是南充市城市发展、建设和管理的基本依据，城市规划区内的一切建设活动都必须符合《总体规划》的要求。要结合国民经济和社会发展规划，明确实施《总体规划》的重点和建设时序。城乡规划行政主管部门依法对城市规划区范围内（包括各类开发区）的一切建设用地与建设活动实行统一、严格规划管理，切实保障规划实施。加强公众和社会监督，提高全社会遵守规划的意识。

你市要根据本批复精神，认真组织实施《总体规划》，任何单位和个人不得随意改变。住房和城乡建设厅要加强对《总体规划》实施工作的指导、监督和检查。

此复。

四川省人民政府

二〇一一年十二月六日

例文 2

<h2 style="text-align:center">教育部关于 2010 年度高等学校增设
第二学士学位专业的批复</h2>

教高〔2011〕3 号

山西、辽宁、吉林、黑龙江、江苏、河南、湖北、湖南、广西等省、自治区教育厅，公安部人事训练局、国家安全生产监督管理总局人事司，华北电力大学、中国矿业大学、中国地质大学（北京）：

你们关于 2010 年度高等学校申请增设第二学士学位专业的请示收悉。经研究，现批复如下：

一、同意中国人民公安大学等 17 所高校增设 41 个第二学士学位专业（名单见附件 1），可自 2011 年开始招生。学生学业期满经考核合格者，按规定颁发第二学士学位专业毕业证书和授予相应的第二学士学位。

二、招生考试由学校组织进行。考试科目不得少于 3 门，并须包括该专业的主要基础课程。学校应加强诚信教育，严格考试管理，参照《国家教育考试违规处理办法》，严肃考风考纪。

三、高等学校第二学士学位招生计划纳入国家下达的本校年度本科计划总规模内。录取的第二学士学位考生须在学校所在省（区、市）高校招生办公室办理录取备案手续。

四、其他事项按原国家教委、原国家计委、财政部《关于印发〈高等学校培养第二学士学位生的试行办法〉的通知》〔（87）教计字 105 号〕①和国家其他有关规定执行。

五、不同意中国地质大学（北京）等 7 所高校申请的 15 个第二学士学位专业（名单见附件 2）。

附件：1. 2010 年度教育部同意增设的第二学士学位专业名单
　　　2. 2010 年度教育部不同意增设的第二学士学位专业名单

中华人民共和国教育部

二〇一一年三月八日①

---

① 编者注："（87）教计字 105 号"为 20 世纪 80 年代末正式规范公文格式时期的发文字号。

例文 3

北京市人民政府关于京平高速公路
收取车辆通行费有关问题的批复

京政函〔2008〕73 号

市交通委、市发展改革委、市财政局：

你们联合上报的《关于京平高速公路收取车辆通行费有关问题的请示》（京交计文〔2008〕191 号）收悉。根据《中华人民共和国公路法》、国务院《收费公路管理条例》及有关文件规定，经市政府同意，现将有关事项批复如下：

一、京平高速公路是政府还贷公路，由市路政局作为管理主体，并委托市首都公路发展有限责任公司进行收费管理。

二、同意京平高速公路设置吴各庄、夏各庄 2 个主线收费站，设置半壁店、李桥、沿河、北庄头、北务、薛家庄、打铁庄、南张岱、赵庄户、东高村、稻地、南太务等 12 个匝道收费站。

三、同意京平高速公路车辆通行费费率标准按 0.5 元/公里·标准车计收。收费期限自正式收取通行费之日起不超过 15 年，不得擅自提高收费标准和延长收费年限。

四、对在上述路段行驶的车辆，除按规定免收通行费的车辆外，一律按照标准征收车辆通行费。

五、由你们组织协调市有关部门统一负责上述路段收费站的设置和管理工作，并对收费公示和还贷情况进行监督。

北京市人民政府

二〇〇八年六月十七日

四、意见

（一）意见的概念、特点和种类

1. 意见的概念

意见是适用于对重要问题提出见解和处理办法的公文。意见可以对工作做出指导，提出要求，也可以对工作提出建议，或者对工作做出评估，提出批评，在公务活动中使用广泛。

2. 意见的特点

（1）指导性。意见往往由领导机关或主管部门就某一问题提出观点和处理意见，有关部门必须认真贯彻执行，不能当做一般的参考意见对待。

（2）原则性。意见的内容偏重于原则的阐述，具有普遍的指导意义。意见在提出处理问题的办法时，一般不会规定得过于具体，以便于下级机关根据实际情况灵活处理。

3. 意见的种类

按意见的性质、内容，意见可分为指示性意见和计划性意见。

指示性意见用于上级机关或主管部门阐述和说明开展某项工作的基本思想、原则、要求等，对工作进行原则性指导。

计划性意见用于上级机关或主管部门制定开展某项工作的部署、要求、安排和具体措施等，带有工作计划的一些特点。

（二）意见的格式

1. 标题

意见的标题一般由发文机关、事由、文种三要素组成，有时也可以省略发文机关。

2. 主送机关

直接下发的意见，需要标注主送机关。经上级机关批转而下发的意见，由于主送机关已包含在批转通知中，可以不再标注主送机关。

3. 正文

意见的正文，通常包括前言、主体和结尾三部分。

意见的前言部分，一般说明提出意见的目的，交代提出意见的依据，阐述所布置工作的意义和重要性。

意见的主体部分，要写清楚处理原则和具体做法。如果是指导性意见，主体部分要写清楚意见的具体内容，包括明确工作任务，阐明对此项工作应有的基本认识，提出原则性的要求、政策性的措施、处理的办法等。如果是计划性的意见，主体部分要写明目标、措施、步骤三项内容。

意见的结尾部分一般是提出号召、希望和督促要求，也可以有些必要的补充。

4. 发文机关和成文时间

指导性意见，如果有题注，正文后就不用标注发文和成文时间。一般的意见，在文后盖发文机关印章，写成文时间。

（三）意见的写作要点

（1）要掌握情况，政策性要强。撰写意见，必须全面深刻地领会和掌握党和国家的有关方针、政策，以此作为提出意见的指导思想；要掌握大量的第一手材料，切实把握问题的本质和事物发展的规律。

（2）内容要具体，有可行性。意见的内容，要针对实际工作中的问题与需要，有的放矢地提出具有可行性和预见性的政策。意见的提出要实事求是，切实可行。提出的措施、办法要合理，符合基层情况，制订的计划、指标要留有余地，要允许下级机关或有关部门结合本单位实际，在不违背原则的情况下因地制宜地灵活执行。

（3）行文要及时。

（四）例文

例文 1

参见附录二：国务院办公厅关于实施《国家行政机关公文处理办法》涉及的几个具体问题的处理意见

例文2

<h1 style="text-align:center">关于规范中央企业
选聘评估机构工作的指导意见</h1>

国资发产权〔2011〕68号

为进一步加强中央企业国有资产评估管理工作，规范企业选聘评估机构行为，维护国有资产出资人合法权益，根据《中华人民共和国企业国有资产法》、《企业国有资产评估管理暂行办法》（国资委令第12号）等有关法律和规定，现就中央企业选聘评估机构工作提出以下意见：

一、中央企业应当依据国家有关法律法规的要求，结合本企业具体情况，制定评估机构选聘管理制度，完善评估机构选聘工作程序，明确评估机构选聘条件，建立评估机构执业质量评价标准及考核体系。

二、中央企业选聘的评估机构应当符合以下条件：

（一）遵守国家有关法律、法规、规章以及企业国有资产评估的政策规定，严格履行法定职责，近3年内没有违法、违规执业记录。

（二）掌握企业所在行业的经济行为特点和相关市场信息，具有与企业评估需求相适应的资质条件、专业人员和专业特长。

（三）熟悉与企业及其所在行业相关的法规、政策。

三、中央企业应当按照"公开、公平、公正"的原则，根据自身及其各级子企业规模、区域分布、资产评估业务特点等，结合评估机构的资质条件、人员规模、执业质量、执业信誉、技术特长、区域分布等因素，建立适应本企业各类评估业务需求的评估机构备选库。

中央企业确定评估机构备选库后，应当在本企业公告备选评估机构名单，并在公告期截止之日起10个工作日内将备选评估机构名单及选聘情况报送国资委备案。国资委根据备案情况，将中央企业备选评估机构名单在国资委网站上向社会公布。

四、中央企业及其各级子企业在聘请评估机构执行业务时，应当在本企业评估机构备选库内实行差额竞争选聘。个别临时业务中确有原因不能在本企业备选库内选聘的，应当在国资委公布的中央企业备选评估机构名单中竞争选聘，并向国资委报告相关情况。

五、中央企业应当根据评估机构执业质量评价结果和企业评估业务需要，对评估机构备选库实行动态管理，原则上每两年调整一次，调整时应当根据执业质量评价结果对备选评估机构予以一定比例的更换。

六、受聘评估机构在执业过程中发生故意违规行为的，中央企业应终止其执行该业务；情节严重的，应将该评估机构从本企业评估机构备选库中删除，同时将相关情况报告国资委及有关部门，由国资委通告各中央企业三年内不再选聘该评估机构；涉嫌犯罪的，依法移送司法机关处理。

七、中央企业在选聘评估机构过程中，应当严格按照本指导意见执行。国资委定期对中央企业评估机构备选库建立工作及企业重大重组改制涉及的评估机构选聘工作进行抽查和监督。

国务院国有资产监督管理委员会
二〇一一年五月二十八日

第三节 知照性公文

一、公告

(一) 公告的概念、特点和种类

1. 公告的概念

公告是一种适用于向国内外宣布重要事项或者法定事项的公文。

公告属于公开宣布的告晓性公文,多由国家最高权力机关、最高行政机关及其工作部门使用,各省、自治区、直辖市的行政机关及其工作部门也有使用。县以下基层地方行政机关一般不使用公告,人民团体、基层单位不宜制发公告。

2. 公告的特点

(1) 受众的广泛性。公告的受众广泛,其受众不局限于国内。公告往往借助各种新闻媒介公开发布,其受众遍布于世界范围内。

(2) 内容的庄重性和单一性。公告所告知的内容为重要事项或法定事项,非常庄重;其事项单一,遵循"一文一事"的原则。

3. 公告的种类

根据公告的内容,可把公告分为事务性公告、政策性公告、任免性公告。

事务性公告是指发文机关向国内外宣布重大事项、重要事件的公告。

政策性公告是指国家权力机关、行政机关向国内外发布方针、政策的公告。

任免性公告是向国内外宣布重要人员任免事项的公告。这里的人员,多是国家领导人和重要的政府高层人员。

(二) 公告的格式

1. 标题

公告的标题一般采用"发文机关+公告"的形式,少数采用"发文机关+事由+公告"的形式,也有采用"事由+公告"的形式的,甚至可以直接标"公告"二字的。

多数公告的编号以每一年度所发布的先后次序为依据,也有的以历年的先后次序为依据。

2. 正文

公告正文,一般由公告缘由、公告事项和公告结语三部分内容组成。

公告缘由即公告依据,要写清楚根据什么会议或者规定发布本公告。

公告事项是公告的核心部分,需写明公告的具体内容,如果内容较多,可采用分条列项的形式。文字要简明、具体、准确。

公告结语常用"特此公告"或"现予公告"等规范性的语言,也可不写。

3. 发文机关和成文时间

公告的发文机关名称和成文时间的格式与其他公文相同。成文时间可以标在标题之下。

(三) 公告的写作要点

(1) 要求主题集中,篇幅简短,用语庄重。

（2）要注意防止"公告"文种的滥用，尤其是要与"通告"区分开来。

（四）例文

例文1

农 业 部

工 业 和 信 息 化 部

环 境 保 护 部 公告

国家工商行政管理总局

国家质量监督检验检疫总局

第 1586 号

为保障农产品质量安全、人畜安全和环境安全，经国务院批准，决定对高毒农药采取进一步禁限用管理措施。现将有关事项公告如下：

一、自本公告发布之日起停止受理苯线磷、地虫硫磷、甲基硫环磷、磷化钙、磷化镁、磷化锌、硫线磷、蝇毒磷、治螟磷、特丁硫磷、杀扑磷、甲拌磷、甲基异柳磷、克百威、灭多威、灭线磷、涕灭威、磷化铝、氧乐果、水胺硫磷、溴甲烷、硫丹等22种农药新增田间试验申请、登记申请及生产许可申请；停止批准含有上述农药的新增登记证和农药生产许可证（生产批准文件）。

二、自本公告发布之日起，撤销氧乐果、水胺硫磷在柑橘树，灭多威在柑橘树、苹果树、茶树、十字花科蔬菜，硫线磷在柑橘树、黄瓜，硫丹在苹果树、茶树，溴甲烷在草莓、黄瓜上的登记。本公告发布前已生产产品的标签可以不再更改，但不得继续在已撤销登记的作物上使用。

三、自2011年10月31日起，撤销（撤回）苯线磷、地虫硫磷、甲基硫环磷、磷化钙、磷化镁、磷化锌、硫线磷、蝇毒磷、治螟磷、特丁硫磷等10种农药的登记证、生产许可证（生产批准文件），停止生产；自2013年10月31日起，停止销售和使用。

农业部

工业和信息化部

环境保护部

国家工商行政管理总局

国家质量监督检验检疫总局

二〇一一年六月十五日

例文2

关于加强进口游艇管理的公告

第 55 号

为促进游艇产业健康发展，提高我国游艇整体技术水平，保护水域环境，保障人民生命财产安全，现就加强进口游艇管理的有关事项公告如下：

一、自本公告发布之日起，禁止从境外进口船龄在一年以上的游艇，本公告发布之日前已取得商务部门签发的机电产品进口许可证的除外。

二、自本公告发布之日起，申请从境外进口游艇的，应当到我部办理备案手续，并提交下列材料：

（一）申请人的相关身份证明材料；

（二）拟进口游艇的相关材料，包括建造地点、建造日期、船舶主要参数、船舶检验报告等。

三、各级海事管理机构和船舶检验部门要严格执行本公告的规定，对不符合本公告要求的进口游艇不予办理进口船舶登记和检验手续。

交通运输部（章）
二〇一一年九月十五日

例文 3

<h2 style="text-align:center">六安市人民政府关于防空警报试鸣公告</h2>

六政〔2011〕51 号

根据《中华人民共和国人民防空法》的规定，为检验全市防空警报设备的性能和效果，使广大市民了解和熟悉我国防空警报信号的规定，提高国防观念和防空意识，根据省政府统一安排，我市将于 2011 年 9 月 18 日上午 9 时 18 分至 9 时 38 分，在六安市区和寿县、霍邱、舒城、金寨、霍山五个县城区，统一组织防空警报试鸣。试鸣防空警报信号为：预先警报鸣 36 秒，停 24 秒，反复三遍为一个周期（时间三分钟）；空袭警报鸣 6 秒，停 6 秒，反复十五遍为一个周期（时间三分钟）；解除警报连续鸣三分钟。

请全体市民和过往旅客在警报试鸣期间保持正常的工作、生活秩序。

特此公告

二〇一一年九月十日

例文 4

<h2 style="text-align:center">中国人民银行公告[①]</h2>

中国人民银行定于 2011 年 10 月 31 日发行 2012 中国壬辰（龙）年金银纪念币一套。该套纪念币共 15 枚，其中金币 8 枚，银币 7 枚，均为中华人民共和国法定货币。

一、纪念币图案

（一）正面图案

该套金银纪念币正面图案均为中华人民共和国国徽衬以连年有余吉祥纹饰，并刊国名、年号。

（二）背面图案

以下 11 枚金银纪念币背面图案均为"青龙"造型衬以装饰龙头为背景，并刊面额及"壬辰"字样。

---

① 发文字号不明。

1/10 盎司圆形金质纪念币、1/2 盎司梅花形金质纪念币、1/3 盎司扇形金质纪念币、5 盎司长方形金质纪念币、1 公斤梅花形金质纪念币、10 公斤圆形金质纪念币、1 盎司圆形银质纪念币、1 盎司梅花形银质纪念币、1 盎司扇形银质纪念币、5 盎司长方形银质纪念币、1 公斤圆形银质纪念币。

以下 4 枚金银纪念币背面图案均为中国民间传统装饰龙造型衬以吉祥纹饰（局部彩色），并刊面额及"壬辰"字样。

1/10 盎司圆形金质彩色纪念币、5 盎司圆形金质彩色纪念币、1 盎司圆形银质彩色纪念币、5 盎司圆形银质彩色纪念币。

二、纪念币规格和发行量（略）

三、该套金银纪念币分别由深圳国宝造币有限公司、沈阳造币有限公司和上海造币有限公司铸造，中国金币总公司总经销。

中国人民银行
二〇一一年十月十八日

二、通告

（一）通告的概念、特点和种类

1. 通告的概念

通告是一种适用于公布社会各有关方面应当遵守或者周知的事项的公文。与公告相比，通告的发布带有在一定范围内的特征。

2. 通告的特点

（1）内容的约束性。有些通告尤其是法规性通告的内容要求社会各有关方面普遍遵守，违背则会受到相应的追究以至处罚，因为其本身带有较强的行政约束力。

（2）告晓性。通告往往采用公开的形式，向广大的受众告知。

（3）对象的泛指和范围的限定性。通告的受文对象无特指；只要是发布机关所及的区域内的对象，都应知晓和遵守。

3. 通告的种类

根据通告的内容、性质，通告可分为知晓性通告、法规性通告。

知晓性通告即告知一些应当知道或遵守的简单事项通告。

法规性通告是公布一些政策法规性事项，要求社会各有关方面遵守并严格执行的通告。各级政府或工作部门针对某一方面问题，公布政策法规性或规范性意见，并提出具体要求，使社会各个层面周知。其遵守执行则具有强制性。

（二）通告的格式

1. 标题

通告的标题可以是"发文机关＋事由＋通告"，可以是"发文机关＋通告"，也可用"事由＋通告"，还可以只写"通告"二字。

2. 正文

通告的正文，一般包括通告缘由、通告事项或规定、通告结语三部分。

通告缘由，要写明发布本通告的原因、依据、目的和意义。要求说理充分，文字简明。末句用"特通告如下"或"现将有关事项通告如下"等惯用语引起下文。

通告事项或规定，是正文的核心，要具体写明本通告的有关事项或有关规定。如果事项或规定的内容较多，可用分条列项的办法写出，文字表达要准确、严密、通俗，语气要坚定。

通告结语，要简明扼要地提出执行日期、措施及希望、要求，或发出号召，最后采用"特此通告"惯用语作为结尾。

3. 发文机关名称和成文时间

与其他公文相同。有的发布日期也可以写在标题之下。

(三) 通告写作的常见错误和写作要点

1. 常见错误

(1) 文种使用错误。"通告"与"公告"区分不清，以致用"公告"代替"通告"。写作者要弄清两种文种的区别：一是两者主体级别不同。公告的发文机关级别较高，县以下基层地方行政机关一般不使用公告；通告则不受发文机关级别限制，各级国家机关及其工作部门、人民团体、企事业单位都可发布。二是事项分量不同。公告发布的是重要事项或法定事项，属国内外普遍关注的大事，事项分量重；通告发布的是社会各方面应当遵守或者需要周知的事项，一般事务性的居多，事项分量相对较轻。三是发送范围不同。公告发送范围大，面向国内外；通告发送范围较小，仅限于发文机关权力所及的区域。四是发布方式有差别。公告因面向国内外广大空间，需采用报刊、广播、电视、网络等传播媒介发布；通告面向特定范围内的公众，既可以像公告那样通过各种传媒发布，也可以同时在公共场所张贴。通告的发布方式比公告要丰富些。

(2) 通告中内容事项的逻辑先后顺序不明，或者内容事项的细腻度不足，相互交叉或包含，表现在行文上呈现出层次不清的毛病。

2. 写作要点

(1) 内容要正确。通告的事项，必须符合国家的法律、发令，符合党的方针政策，要符合广大人民群众的根本利益。

(2) 语言要准确简明。通告的语言要求简洁明了，通俗易懂。选用的文字要准确清晰，不能模糊疏漏，不能有歧义，尽可能不用专门术语。

(四) 例文

例文 1

上海市人民政府关于加强食品安全管理的通告

(2010 年 4 月 15 日上海市人民政府令第 33 号公布)

为了确保 2010 年上海世博会顺利举行，根据《上海市人民代表大会常务委员会关于本市促进和保障世博会筹备和举办工作的决定》的规定，市政府决定，在 2010 年上海世博会举办期间对本市食品安全管理采取如下措施：

一、凡经检测不符合食品安全标准或者要求，并且可能对人体健康造成较大危害的食品，质量技监、工商、食品药品监管、商务、农业等相关行政管理部门除按照国家法律、法规、规章的规定予以处理外，还应当按照各自职责，对来自同一产地的该品种食品采取限制进入本市的措施。

二、单位销售蔬菜、生猪产品的，应当按照有关规定向生产者索取相关证明文件。个人销售蔬菜的，应当按照有关规定随附相关证明文件。不具备相关证明文件的，不得上市销售。

三、检验检疫机构签发证书上载明为展览用途的进口食品，展览后应当按照进境展品管理的有关规定进行处置。

四、任何单位和个人应当严格按照国家标准使用亚硝酸盐等食品添加剂。

五、禁止在食品中添加工业盐等可能危害人体健康的物质。

六、禁止将废弃食用油脂加工后作为食用油使用或者销售。

七、违反本通告规定的行为，法律、法规、规章有处理规定的，按照相关规定处理。

八、单位销售的蔬菜未按照规定向生产者索取相关证明文件或者个人销售的蔬菜未按照规定随附相关证明文件的，由工商等有关部门责令改正，并处 1000 元以上 5000 元以下罚款。

九、违反国家标准使用亚硝酸盐等食品添加剂的，由质量技监、食品药品监管等有关部门责令改正，并处 2000 元以上 2 万元以下罚款。

十、违反本通告规定在食品中添加工业盐等可能危害人体健康的物质的，由质量技监、食品药品监管等有关部门按照法律、法规、规章等规定从重处罚。

十一、将废弃食用油脂加工后作为食用油使用或者销售的，由城市管理执法部门责令限期改正，并可处 1 万元以上 3 万元以下罚款；情节严重的，可处 3 万元以上 5 万元以下罚款。

十二、本通告自公布之日至 2010 年 12 月 31 日施行。

上海市人民政府
二〇一〇年四月十五日

例文 2

关于清理北京市社区街巷长期停放废旧汽车的通告①

目前，北京市部分废旧汽车在社区、街巷胡同长期停放，不仅占用了公共资源，影响了道路畅通和城市环境，更是存在很多安全隐患。为了给市民群众提供更加便利和舒适的生活环境，依据《中华人民共和国道路交通安全法》、《报废汽车回收管理办法》、《物业管理条例》、《北京市市容环境卫生条例》和北京市居住小区机动车停车管理相关规定，现就有关事项通告如下：

一、请车辆停放人在本通告发布之日起 7 日内，自行清理长期停放于社区、街巷两侧的废旧汽车；逾期不清理的，城管执法机关将会同有关部门对相关车辆实施集中存放。废旧汽车集中存放场所和车辆清单（http://www.bjcg.gov.cn/zt/fjqc/t20090602_259164.htm）详见首都之窗网站公告栏目。

二、已被通告的车辆，在通告期间，车辆停放人持有车辆权属证明等有效材料接受调

---

① 发文字号不明。

查的，经属地城管执法机关会同有关部门核准后，不予集中存放。

相关车辆达到国家规定报废标准的，不得上道路行驶。车辆所有人应当及时将车辆交售给机动车回收企业，由机动车回收企业将报废的机动车登记证书、号牌、行驶证交公安机关交通管理部门注销。车辆所有人名下如果存在报废车辆，在未完成报废手续前，公安机关交通管理部门不予办理新购机动车注册登记。

三、通告期间届满，对已实施集中存放、无人认领的废旧汽车，城管执法机关在会同有关部门对车辆所有人和车辆基本情况核查后另行处理。其中，对涉及走私、盗抢、套牌、欠缴养路费的车辆，由有关部门严厉查处。

四、各有关单位和个人应当顾全大局、严格自律，积极配合政府部门做好社区、街巷长期停放废旧汽车的清理工作。

本通告自发布之日起施行。

北京市城市管理综合行政执法局
北京市公安局公安交通管理局
北京市住房和城乡建设委员会
二〇〇九年六月三日

三、通报

(一) 通报的概念、特点和种类

1. 通报的概念

通报是一种适用于表彰先进、批评错误、传达重要精神或者情况的公文。

2. 通报的特点

(1) 使用的广泛性。在公务活动中，各级党政机关、社会团体、企事业单位都可制发通报；同时，通报所发事项也较多，既可传达重要会议精神、各级领导的有关指示，也可沟通本地区、本系统、本单位的重要情况，还可对有典型意义的人和事进行表彰或批评。

(2) 通报事实的典型性。通报的内容，无论是传达的情况、反映的事例，还是表彰或者批评的人物、事件，都必须具有典型性。

(3) 叙述与说理相结合。通报重在叙述事实，不论是传达情况，还是表彰或批评个人、集体，都要用事实说话，寓理于事，以事明理。另外，通报也是在表达上较多使用议论方式的一个公文文种。发文机关往往需要针对所通报的事实及相关人等，进行倾向性的评论，突显发文机关的态度，彰明先进，惩戒错误。

(4) 行文的及时性。制发通报，要抓住时机，注重时效，才能恰到好处地发挥通报的效用。

3. 通报的种类

根据通报的内容，通报可分为表彰性通报、批评性通报、情况通报三类。

表彰性通报，用以对事迹突出的先进集体或个人予以表彰。

批评性通报，是对有严重错误行为或不良倾向的集体、个人及重大事故、案件等，予以揭露、批评。

情况通报，用以传达重要精神或重要情况，沟通信息，引起人们的警觉与注意，对当前的工作起到指导作用。

（二）通报的格式

1. 标题

通报的标题，一般采用"发文机关＋事由＋通报"的方式，有时也采用"事由＋通报"的方式。少数情况下使用正副式标题，即标题由两部分构成：正题揭示主题，副题说明通报的人物、事件等。

2. 主送机关

作为下行文的通报，主送机关通常为下级直属单位。少数普发的周知性通报，可以省略主送机关。

3. 正文

通报正文一般包括通报事由、事由评析、处理意见三部分。不同内容的通报，正文写法上有所差别。通报缘由要总括全篇内容，简述情况，说明依据，交代目的。

表彰性通报的正文，首先介绍有关单位或个人的事迹；接着分析评价，揭示其精神实质，提炼出经验，概括典型意义；再写表彰机关的表彰决定；最后发出号召、希望，或提出要求。

批评性通报的正文，首先简明扼要地写清楚被通报对象的主要问题、情节；其次深入挖掘，分析问题、错误的性质、产生的原因，指明危害；再写处理意见和决定；最后提出告诫性要求，指出应从中吸取教训，以防止类似事件的再次发生。

情况通报的正文，先简述情况，说明依据，交代目的，或点出重要情况的时间、地点、范围、性质及影响等；再条理分明、先重后轻地列出重要精神或情况；最后提出对重要情况的处理决定、意见或要求。

4. 发文机关和成文时间

发文机关和成文时间与其他公文相同。

（三）通报写作的常见错误和写作要点

1. 常见错误

（1）在对有关事实的叙述过程中，情况要素掌握不明，故叙述不能做到简明扼要。有的就相关叙述要素交代不明，有的又缺乏简洁性，概括不足，啰嗦冗长。

（2）评价不当。当事实中涉及的有关人物不止一个对象（群体），呈现出多头关系时，对于他们与发文机构的关系，缺乏正确明白的认识，因此，不能将评价集中于合适的对象上进行。另外，有的评价不能结合事件的进展过程和相关人物在该过程中的阶段性表现，或者不能结合相关人物的工作性质和不同情况下的各类行为特点，进行深入细致的分析，评价语言苍白、空洞，缺乏思想深度和感染力。

（3）在通报的后半部，不能将该通报内容与对受文机关的要求结合起来，呈现出与行文应该反映的现实脱离的情况。

2. 写作要点

（1）事例要典型，情况要准确。要根据有关人物、事件或相关情况的重要性或典型性程度进行概括叙述，交代清楚。

（2）分析要深入，评价要中肯。要确保发文机关立场的正当性、合法性，并据此进行对人物、事件或相关情况的判断和分析。

（3）行文要及时。

（四）例文

例文1

沈阳市人民政府关于表彰2010年
抗洪抢险先进集体和个人的通报

沈政发〔2010〕37号

各区、县（市）人民政府、市政府各部门、各直属单位：

今年7月下旬以来，我市接连遭遇6次强暴雨袭击，降雨强度之大、频次之密集、区域之集中为历史罕见。在市委、市政府的坚强领导下，全市广大干部群众团结一心、不畏艰险、连续奋战，圆满实现了市政府提出的"无人员伤亡、无大堤决口、无水库垮坝"的工作目标，夺取了抗洪抢险斗争的重大胜利，为推动我市经济社会又好又快发展提供了坚强的环境保障。

为表彰先进，进一步激励全市人民在实际工作中弘扬抗洪抢险精神，推动各项工作再上新台阶，市政府决定，授予信国儒等3名同志"市长特别奖"，市水利局等15个集体"沈阳市2010年抗洪抢险突出贡献奖"，市委宣传部等80个集体"沈阳市2010年抗洪抢险贡献奖"，张文忠等22名同志"沈阳市2010年抗洪抢险突出贡献奖"，张浩岩等183名同志"沈阳市2010年抗洪抢险贡献奖"。

希望受到表彰的先进集体和个人珍惜荣誉，戒骄戒躁，再接再厉，再创佳绩。各地区、各部门、各单位及广大干部群众要以先进集体和个人为榜样，进一步转变工作作风，不断优化发展环境，切实提高工作效率，咬定发展目标，抢抓发展机遇，保持发展激情，形成发展合力，坚决完成2010年各项工作任务，实现两个"5000亿"奋斗目标，全面开创沈阳科学发展、创新发展、和谐发展的新局面。

附件：沈阳市2010年抗洪抢险先进集体和个人名单

沈阳市人民政府
二〇一〇年九月二十六日

例文2

关于河北昌骅专用汽车有限公司
违规行为及处理决定的通报

工信部产业函〔2011〕358号

各省、自治区、直辖市工业和信息化主管部门：

2011年3月，我部收到反映河北昌骅专用汽车有限公司（以下简称昌骅专用车公司）存在买卖合格证违规行为的举报材料。据该材料反映：在辽宁省盘锦地区，有十余家没有汽车生产资质的小加工厂非法生产专用汽车，其所生产的化工液体运输半挂车，全部配发从昌骅专用车公司购买的产品合格证，严重扰乱了东北地区专用车市场秩序，给人民生命和财产安全带来了隐患。

经核查，昌骅专用车公司从 2010 年初至 2011 年 4 月，共违规使用 394 张车辆产品合格证。该企业的行为严重违反有关法律法规和《公告》管理规定，扰乱了行业生产秩序，严重损害了消费者的利益。

为加强《道路机动车辆生产企业及产品公告》管理，严格执行有关法规和标准，进一步规范车辆生产企业经营行为，保护消费者利益，促进汽车行业健康发展，现决定对昌骅专用车公司予以通报批评，并给予如下处理：

一、撤销昌骅专用车公司违规使用的 394 张合格证所涉及的 35 个型号产品的公告。

二、责令该公司从即日起，进行为期 6 个月的整改。整改期间，暂停受理该公司申报新产品和上传产品合格证信息。

各地工业和信息化主管部门要切实加强对本地区车辆生产企业及产品的监管力度，督促车辆生产企业以此为鉴，规范企业生产经营秩序，依法合规经营，避免发生类似问题。

（印章）

二〇一一年七月十八日

例文 3

国务院安委会办公室关于 2011 年二季度
重大事故信息报告情况的通报

安委办函〔2011〕34 号

各省、自治区、直辖市及新疆生产建设兵团安全生产委员会：

2011 年二季度，国务院安委会办公室共接到 10 起重大生产事故报告。现将有关情况通报如下：

一、总体情况

二季度，全国共发生 10 起重大生产安全事故，其中：新疆 1 起、云南 1 起、甘肃 1 起、北京 1 起、辽宁 1 起、贵州 1 起、广东 2 起、湖南 1 起、江苏 1 起。总的来看，事发地省级安委会办公室或安全监管监察机构在接到重大事故信息后，能够按照《生产安全事故报告和调查处理条例》（国务院令第 493 号）、《国家突发公共事件总体应急预案》（国发〔2005〕11 号）和《国家安全监管总局关于进一步加强和改进生产安全事故信息报告和处置工作的通知》（安监总统计〔2010〕24 号）等有关规定，及时向国务院安委会办公室报告，为中央同志全面掌握事故情况和指导事故救援提供了信息支持和决策参考，也为国务院安委会办公室组织力量赶赴现场、协助开展救援工作赢得了时间。

二、存在的问题

二季度，重大事故报告工作中仍然存一些问题，应高度重视，并在今后工作中加以改进。

（一）超出 3 小时规定时限的迟报问题突出

1. 4 月 20 日 4 时左右，甘肃省张掖市山丹县兰新铁路甘青段小平羌隧道发生塌方事故，造成 12 人死亡。4 月 20 日 8 时 40 分，甘肃省安全监管局将事故信息报到国务院安委会办公室。

2.4月29日21时左右，辽宁省"辽葫渔35457号"渔船在山东省龙须岛外约3.5海里处的海域倾覆，造成10人死亡。5月3日10时45分，辽宁省安全监管局将事故信息报到国务院安委会办公室。

3.6月19日8时30分，江苏省无锡市惠山区钱桥街道钱桥社区居委会老办公楼在装修改造过程中发生垮塌事故，造成11人死亡。6月19日12时08分，江苏省安全监管局将事故信息报到国务院安委会办公室。

（二）瞒报谎报现象依然存在

1.4月15日14时30分，云南省曲靖市宣威县杨梅山煤矿发生煤与瓦斯突发事故。该矿隐瞒情况，谎报造成7人死亡。经有关方面认真核实，该事故造成12人死亡。

2.6月20日11时左右，湖南省衡阳市耒阳市都兴煤矿发生透水事故。事故发生后，矿主和有关管理人员瞒报并逃逸。接到群众举报后，经有关方面反复核查，确认5人死亡、8人下落不明。

三、下一步工作要求

三季度，全国范围内进入主汛期，煤电油气运紧张，交通运输市场需求旺盛，历来是生产安全事故的易发期。各地区要在进一步搞好安全防范工作、有效遏制重大事故的同时，健全完善事故信息报告制度和工作机制，畅通信息渠道，切实改进和加强事故信息报告各环节的工作，严格责任考核，不断提高事故信息报告的及时性、准确性和完整性。各地区要严格按照有关法律法规和《国家安全监管总局关于印发生产经营单位瞒报谎报事故行为查处办法的通知》（安监总政法〔2011〕91号）规定，严厉打击瞒报谎报事故行为，促进生产经营单位及其从业人员依法依规报告生产安全事故，不断提升安全生产应急救援的效率和水平，为实现安全生产工作规范有序高效开展作出积极贡献。

附件：2011年二季度重大生产安全事故信息报告情况表

国务院安全生产委员会办公室

二〇一一年七月三十日

四、通知

（一）通知的概念、特点和种类

1. 通知的概念

通知，适用于批转下级机关的公文，转发上级机关和不相隶属机关的公文，传达要求下级机关办理和需要有关单位周知或执行的事项，任免人员。

2. 通知的特点

（1）应用的广泛性和使用的高频性。通知的使用主体没有性质、级别的限制，其适用范围广，承载事项多。在国家机关、人民团体、企业和事业单位的公务活动中，通知起着承接上下、联系左右、传递信息、知晓事项、发布规章、中转文件等多方面的功能。它可以用于传达上级的指示，用于要求下级机关办理某一事项，告知下级机关需要知道的事项，也可以转发上级机关和不相隶属机关的公文，批转下级机关的公文。

（2）内容的专题性和行文的简便性。通知的内容比较单纯，具有专题性。与其他的公文相比，通知的写作格式无严格要求，显得灵活简便。

（3）具有一定的强制性。作为行政机关的公文，通知的内容是要求下属单位予以执行或办理的事项，如用于布置工作，转发或批转的公文，要求所属单位学习讨论和执行、办理。即使是会议通知或任免人员的通知，也同样要求受文对象服从、执行。至于在企事业单位和社会团体中，有的通知具有泛发性的特点，同样要求被通知对象就通知内容的有关事项予以配合。

3．通知的种类

根据通知的适用范围，通知可分为六类。

发布性通知，用于发布一般行政法规、条例、办法等规章的通知。

批示性通知，用于批转下级机关的公文，或者转发上级机关、同级机关和不相隶属机关的公文的通知。

指示性通知，用于对下级机关就某项工作做出指示，要求办理或执行。

知照性通知，用于告晓下级和有关单位一般事务。

会议通知，用于告知受文单位出席会议的通知。

任免通知，用于相关人员任职或免职的通知。

（二）通知的格式

1．标题

通知的标题通常用"发文机关＋事由＋通知"，也可使用"事由＋通知"。如果通知的内容紧急，可在标题中"通知"前加上"紧急"两字。内容单一，涉及面不广的通知标题可直接写"通知"二字。

发布性通知标题中的"事由"一项，由"关于颁布"、"关于发布"、"关于印发"、"关于实施"等词与原文名称组成。批示性通知则在标题的事由中加上"批转"、"转发"等词。

2．主送机关

在标题之下、正文前顶格书写。

3．正文

通知的正文，包括通知缘由、通知事项、通知要求三部分。不同种类的通知，其正文的写法有所不同。

发布性通知的正文一般简短，只需写明发布的意义和目的，提出执行的要求就行了。

批示性通知的正文一般包括发文缘由，对批转、转发文件的评价，执行要求等部分。

指示性通知的正文，缘由部分可以写出发本通知的依据、目的、意义，通知的事项大多采用分条列项的方法，具体地提出要求、措施、办法。

知照性通知的正文，要交代清楚原因、依据、目的，需办理什么事、什么时间完成和要求等。

会议通知的正文，要交代清楚召开会议的机关、会议名称、会议的起止时间、地点、会议主要内容和任务、与会人员的条件和人数、报到时间及地点、对与会人员相关要求等。

任免通知的正文，要写清楚任免的依据、机关、时间、任免人员的具体职务。

4．发文机关和成文时间

与其他公文相同。

（三）通知写作的常见错误和写作要点

1. 常见错误

（1）不能正确地使用"通知"这一文种，尤其是不注意与通告的区分。从受文对象看，通知的受文对象一般为指定的机关、单位；通告的受文对象是社会公众。从行文要求看，通知除少数需要周知外，多数则需要办理或执行；而通告要求的则是遵守或周知。从适用范围看，通知的事项只限于受文机关知晓或执行，受众面小；而通告的事项具有普遍意义，受众面大。从发布方式上看，通知的发布方式主要还是红头文件；通告的发布方式更丰富多样。

（2）标题不当，标点符号使用不当。事由如果涉及中转文件，写作者往往分不清"转发""批转"的区别。标点符号使用中，主要是书名号不当。

如果中转文件来源于下级机关，用"批转"一词，如"国务院批转发改委关于今年深化经济体改重点工作意见的通知"（国发〔2010〕15号）。如果中转文件来源于上级机关或不相隶属机关，用"转发"一词，如"国务院办公厅转发统计局关于加强和完善服务业统计工作意见的通知"（国办发〔2011〕42号）。

在实际工作中，有的文件经各级行政机构层层转发，标题中则只写最初的源文件即可。如"某某县卫生局转发卫生部、国家中医药管理局关于印发公立医院支援社区卫生服务工作意见通知的通知"，标题中就省略了中间经过省卫生厅、市卫生局的转发环节。

如果标题中包含有公文名称，则该公文名称不加书名号。例如，"关于印发关于加快发展民生科技意见的通知"，其中，"关于加快发展民生科技的意见"为印发的文件的名称，不加书名号。"关于落实关于规范北京住房公积金个人住房贷款政策有关问题的通知的通知"，其中，"关于规范北京住房公积金个人住房贷款政策有关问题的通知"为要落实的文件的名称，也不加书名号。类似的例子如："南充市安全生产监督管理局转发国务院安委会办公室关于2011年二季度重大事故信息报告情况的通报的通知"，要转发的文件名为"国务院安委会办公室关于2011年二季度重大事故信息报告情况的通报"。

如果标题中涉及的是法律法规，其名称则需要加上书名号。例如，"卫生部关于印发《食品安全信息公布管理办法》的通知"，"山东省人民政府关于印发《山东省物业管理条例》的通知"。

（3）在指示性通知中，一些初学者往往缺乏针对中心议题重要性、目的和意义的阐述。在指示的有关事项内容方面，有的表现得视野狭窄，不能通盘考虑；有的则表现得空洞，不能做到与实践相结合；还有的在逻辑关系上处理混乱，层次不清。

（4）会议通知的常见错误主要表现在：一是表达时间、地点不具体。一般来说，大中型会议的时间宜精确到30分钟，避免用"上午"、"下午"这样的词语模糊表述。会议地点宜精确到具体的会议厅或房室。二是对参会对象的认定不明确。一般情况下，应根据工作责任性质、所任职务或其他有关因素指明参会人员的范围。三是在需要参会人员对会议有所准备的情况下，通知的内容事项没有加以明确提示。

2. 写作要点

（1）分清"通知"文种的适用范围，按不同种类通知的写作要求拟文。

（2）主题要集中，重点要突出，相关措施和其他内容事项要具体。

（3）注重实效，讲求时效，以提高效率，不能贻误时机。

（四）例文

例文1

关于印发《食品安全信息公布管理办法》的通知

卫监督发〔2010〕93号

各省、自治区、直辖市及新疆生产建设兵团卫生厅（局），农业（农牧、畜牧、兽医、农垦、渔业）厅（局），商务厅（局），工商局，质量技术监督局、出入境检验检疫局，食品药品监管局：

为贯彻实施《食品安全法》及其实施条例，规范食品安全信息公布行为，卫生部会同农业部、商务部、工商总局、质检总局、食品药品监管局制定了《食品安全信息公布管理办法》。现印发给你们，请遵照执行。

卫生部　农业部
商务部　工商总局
质检总局　国家食品药品监管局
二○一○年十一月三日

例文2

关于印发关于加快发展民生科技意见的通知

国科发社〔2011〕279号

各省、自治区、直辖市及计划单列市、副省级城市科技厅（委、局），新疆生产建设兵团科技局，中共中央、国务院各有关部门科技主管单位，各国家级高新技术产业开发区管委会，各有关单位：

为积极落实《国家中长期科学和技术发展规划纲要（2006～2020年）》和《国民经济和社会发展第十二个五年规划纲要》，进一步加强民生科技工作，促进科技惠民，在充分调研和听取各方面意见的基础上，我部制定了《关于加快发展民生科技的意见》（详见附件）。

现印发给你们，请结合本部门、本地区实际，认真组织实施。

特此通知。

附件：关于加快发展民生科技的意见

科学技术部
二○一一年七月十五日

例文3

国务院办公厅关于印发
安全生产"十二五"规划的通知

国办发〔2011〕47号

各省、自治区、直辖市人民政府，国务院各部委、各直属机构：

《安全生产"十二五"规划》（以下简称《规划》）已经国务院同意，现印发给你们，请认真贯彻执行。

各地区、各部门要把安全生产目标、任务、措施和重点工程等纳入本地区、本行业和领域"十二五"发展规划，抓紧制定具体实施方案和行动计划，做到责任到位、措施到位、投资到位、监管到位。负有安全生产监管监察职责的各有关部门要按照职责分工，加强《规划》实施工作的组织指导和协调。要高度重视投资质量和效益，保证《规划》执行的严肃性和合理性。要加强《规划》实施的管理、评估和考核，强化督促检查，确保安全生产"十二五"规划目标的实现。

附件：安全生产"十二五"规划

国务院办公厅
二〇一一年十月一日

例文4

南充市安全生产监督管理局
转发国务院安委会办公室关于 2011 年二季度
重大事故信息报告情况的通报的通知

南充市安监函〔2011〕87 号

各县（市、区）安全生产监督管理局：

现将四川省安全监管局转发的《国务院安委会办公室关于 2011 年二季度重大事故信息报告情况的通报》（安委办函〔2011〕34 号）转发你们。2011 年 7 月 30 日 22 时 15 分，南部县碑院镇境内发生一起四人死亡的较大道路交通事故，7 月 31 日上午 9 时左右，南部县以事故快报的形式报市政府安办。2011 年 8 月 3 日，省安全监管局调度传真关于《2011 年 4 至 7 月较大以上事故信息报告情况通报》（川安调传真〔2001〕4 号），对我市"7·30"较大道路交通事故迟报情况进行了通报。请各县（市、区）安全监管局务必引起高度重视，认真做好事故信息报送工作，并结合实际提出如下的工作要求，请严格抓好贯彻落实。

一、切实加强对信息报道工作的组织领导。各级安全监管部门要高度重视，切实加强对信息报道工作的领导，主要领导要亲自抓，进一步明确事故信息收集、报告的部门、职责和人员，完善考核监督机制，落实装备和经费保障，确保信息报告工作正常有序开展。

二、及时报送事故信息。认真贯彻落实《四川省人民政府办公厅关于进一步加强和规范突发事件信息报送工作的通知》要求，切实加强对生产安全信息报送工作的管理，做到范围明确、信息准确、报送及时。

三、严厉查处信息报送工作的违法违规行为。严格按照《生产安全事故报告和调查处理条例》、《中华人民共和国安全生产法》和《国家安全监管总局关于印发生产经营单位瞒报谎报事故行为查处办法的通知》（安监总政法〔2011〕91 号）要求，将生产安全事故信息报送情况纳入事故调查处理，进一步加强对生产安全信息报送工作的考核与查处，严厉打击瞒报、谎报事故行为。

附件：国务院安委会办公室关于 2011 年二季度重大事故信息报告情况的通报

二〇一一年八月二十二日

例文 5

关于本市开展 2011 年"联合国糖尿病日"宣传活动的通知

沪卫办疾妇〔2011〕20 号

各区县卫生局，市疾病预防控制中心，市健康教育所：

今年 11 月 14 日是第五个"联合国糖尿病日"，主题是"糖尿病教育与预防"，口号是"应对糖尿病，立即行动"。为提高社会公众对糖尿病的认识，普及科学防治糖尿病知识，提高居民糖尿病防治意识，根据《卫生部办公厅关于开展 2011 年"全民健康生活方式日"、"全国高血压日"和"联合国糖尿病日"宣传活动的通知》（卫办疾控函〔2011〕750号）的要求，本市组织开展 2011 年"联合国糖尿病日"宣传活动，现就有关事项通知如下：

一、主题：糖尿病教育与预防

二、口号：应对糖尿病，立即行动

三、活动内容

（一）市级宣传活动。本市于 11 月 14 日上午在虹口区和平公园内举办市级现场咨询活动，邀请十余名内分泌学教授、营养和运动专家为市民提供义务咨询，设立免费血糖及血压测量点，现场发放糖尿病防治宣传资料等；11 月 14 日下午在徐汇区港汇广场永华电影院内举行糖尿病防治动漫片"糖人日记"首映式；通过电视、报纸、网络等宣传糖尿病防治重要性及相关技能和知识。

（二）区县宣传活动。各区县在"联合国糖尿病日"前后，围绕宣传主题和口号组织专家在辖区设立咨询点开展宣传咨询；组织开展糖尿病防治"五个一"活动；开展基层医务人员糖尿病防治知识和技能培训等。

四、活动要求

（一）各区县卫生行政部门要高度重视糖尿病防治工作，围绕今年宣传主题和口号，制定宣传活动方案，组织做好辖区内主题宣传活动。充分利用电视、报纸、网络等媒体，深入社区，积极宣传和普及糖尿病防治相关知识，提高市民防治糖尿病的意识和能力。

（二）市疾病预防控制中心、市健康教育所要做好市级主题宣传活动，发挥 12320 上海市公共卫生公益热线平台作用，指导做好全市宣传活动。

（三）各区县要做好本次宣传教育活动的总结（书面总结、有关图像、制作的材料等），于 2011 年 11 月 21 日前将总结材料报送市疾病预防控制中心，市疾病预防控制中心于 11 月 26 日前完成全市宣传活动情况的汇总，报送市卫生局疾妇处。

联系人：刘×，市卫生局疾妇处　电话：22121578

上海市卫生局

二〇一一年十一月九日

例文 6

四川省知识产权局关于召开全省知识产权局局长会议的通知

川知发〔2011〕25 号

各市（州）知识产权局，扩权试点县、国家知识产权强县试点县专利管理部门，第三批知识产权试点园区：

经研究，定于 2011 年 4 月 7 日在成都召开全省知识产权局局长会议。现将有关事宜通知如下：

一、会议主要内容：

传达全国知识产权局局长会议和全国企事业单位知识产权工作会议精神；总结"十一五"及 2010 年工作，部署安排"十二五"及 2011 年工作；表彰 2010 年目标完成单位；启动第三批知识产权试点园区。

二、参会人员：

（一）各市（州）知识产权局局长及知识产权科（处）负责人各 1 名。

（二）59 个扩权试点县，国家知识产权强县试点县专利管理部门负责人 1 名。

（三）第三批知识产权试点园区分管知识产权工作负责人 1 名。

（四）省知识产权维权援助中心合作单位和在蓉专利代理机构负责人 1 名。

三、会议时间、地点：

（一）会议时间：2011 年 4 月 6 日下午 2：00 开始报到，4 月 7 日上午 9：00 开会，会期半天。

（二）会议地点：成都市太成宾馆主楼十楼会议室（成都市武侯祠大街 83 号）。

四、请参会人员将会议回执于 3 月 28 日前传真至省知识产权局办公室。

五、与会代表食宿统一安排，非参会人员食宿自理。

联系人：冯××、杨×

联系电话：028－85554283　028－85589974

传真：028－85542043

附件：全省知识产权局局长会议回执

（印　章）

二〇一一年三月二十一日

五、会议纪要

（一）会议纪要的概念、特点和种类

1. 会议纪要的概念

会议纪要是一种用于记载、传达会议情况和议定事项的公文。会议纪要是在会议记录的基础上概括、提炼写成的。

2. 会议纪要的特点

（1）内容的纪实性。会议纪要必须是会议宗旨、基本精神和议定事项的概括纪实，不能随意篡改或增删会议内容。

(2) 表述的概括性。会议纪要必须根据会议的中心议题、会议材料、会议中的活动等情况，经过概括、整理、提炼而成，以极简洁精炼的文字高度概括会议的内容和结论。

(3) 较强的指导性和约束力。会议纪要所记载、传达的会议情况和议定事项，是与会者的共同意志的体现，集中反映了会议的精神实质，因此具有很强的指导性和约束力，与会单位必须遵守执行。

3. 会议纪要的种类

根据会议纪要的性质，可把会议纪要分为办公会议纪要和专项会议纪要。

办公会议纪要，用以传达机关、单位召开的办公会议所研究的工作、议定事项和布置的任务，要求与会单位和有关方面、有关人员共同遵守、执行。这类纪要，主要用于总结工作，沟通情况，交流经验，研究问题，指导下一步工作，具有很强的行政约束力和明确的指示性。

专项会议纪要，是为了研究专项问题而召开的会议所形成的会议纪要。专项会议纪要主要用以协调关系，指导工作，同时还用来反映会议对问题的研究情况及处理结果。其中有些会议所确定的事项，将对有关方面的工作予以指导，有一定的行政效力。

(二) 会议纪要的格式

1. 标题

会议纪要的标题，一般是用"会议名称＋纪要"组成，有时也使用正、副两行标题的形式，正标题阐述会议主要精神，副标题点明会议名称、范围和文种。

2. 正文

会议纪要的正文，主要包括会议的基本情况、会议的主要精神、结尾三部分。

会议的基本情况，要求用简要的文字，介绍会议召开的目的、指导思想、会议的时间、地点、会议名称、主持单位、与会代表、主要议程、讨论研究的主要问题、会议的效果、意义等。

会议的主要精神是会议纪要的主体，主要记载会议情况和结果，要求准确简炼地写出会议研究的问题、讨论的意见、作出的决定、提出的任务、确定的措施等。

结尾一般发出号召，提出要求和希望。

3. 成文时间

成文时间可以写在正文之后，也可以写在标题之下。会议纪要不加盖公章。

(三) 会议纪要写作的常见错误和写作要点

1. 常见错误

(1) 对于会议基本情况的各项要素掌握不足，叙述中出现必要的会议信息的遗漏。

(2) 对于会议相关情况的纪要表述，其主语出现"我们"这样的字样。正确的主语应表述为"会议"，再搭配相应的谓语，如"会议决定"、"与会者一致认为"。

(3) 将会议纪要等同于会议记录，缺乏对与会者发言要点的概括、提炼，或者进行相应的分类、集中表述，在归纳过程中把握不住要点，或者层次紊乱。

2. 写作要点

(1) 突出"要"字。抓住重点，突出中心，详略得当，真正写出会议的精要。

(2) 实事求是，真实准确。要忠实于会议的内容，可以对与会者的发言进行概括、提炼，也可以适当删减，但不能凭空增添和篡改原意。

（3）要善于归纳。即对会议内容作分类整理和概括。

（四）例文

例文1

自治区人民政府研究应对当前
冰冻天气和春运工作的会议纪要

（二〇一一年一月七日）

2011年1月5日下午，根据郭声琨书记、马飚主席的指示精神，自治区副主席杨道喜、梁胜利在南宁主持召开会议，专题研究应对当前冰冻天气和春运工作，自治区人民政府副秘书长郭文强、李新元，自治区人民政府应急办、自治区工信委、公安厅、民政厅、交通运输厅、农业厅、安监局、气象局、南宁铁路局、广西电网公司有关负责人参加了会议。会议听取了有关部门对当前及今后一段时期我区冰冻天气情况及应对冰冻天气情况的汇报，对做好近期冰冻天气防范应对工作和春运工作进行了具体部署。现纪要如下：

会议认为，2011年1月1日以来，受强冷空气影响，我国南方多省（区）出现了冰冻天气，特别是贵州贵新高速公路因路面结冰，于1月1日18时封闭了黔桂交界收费站，致使滞留在我区南丹县的车辆一度达到1500多辆、8000多人。党中央、国务院领导高度重视，温家宝总理作出了重要批示，自治区郭声琨书记、马飚主席立即作出重要指示，杨道喜副主席及时对相关工作作了具体部署，梁胜利副主席率队亲赴南丹县指挥交通疏导、做好滞留人员相关救助工作，公路沿线各级党委、政府和有关部门紧急动员，科学应对，参加疏导和救助的干部和公安干警达1000多人，经42小时艰苦努力，前往贵州方向的道路成功疏通，车辆安全过境，人员滞留期间得到广西方面热情、妥善安置。我区讲大局、讲奉献的精神和采取的有力措施得到了广大司乘人员的广泛称赞，也得到了前来指导工作的公安部工作组的充分肯定，也得到交通运输部李部长的称赞。

会议指出，前期贵州、湖南的冰冻天气对我区造成了一定的影响，随着冰冻天气的持续，将有可能进一步加深和扩大；1月3日以来，我区桂北部分市县也出现了冰冻和冻雨，全区已有1条国道、2条省道、2条县道及98条乡道因路面冰冻中断；电网负荷创历史新高，15条110千伏线路出现覆冰现象。气象预报显示，未来10天我区桂北、桂西北冰冻天气还会持续或扩大。外省灾情持续的影响与我区灾情的加深和扩大叠加，加强冰冻天气防范应对工作已成为当前的一项重要任务。

会议要求，各级人民政府和有关部门要充分认识这次冰冻天气过程对我区影响的严峻性和紧迫性，把人民群众生命财产安全放在第一位，积极采取主动措施，超前做好各项准备，科学有序高效应对，确保防范应对工作取得成效。

一、要高度重视，切实加强组织领导。各地、各有关部门要认真贯彻落实温家宝总理和郭声琨书记、马飚主席的批示要求，克服麻痹思想和侥幸心理，树立防大寒、抗大灾的思想和工作准备，以对人民群众高度负责的精神，层层落实防灾减灾抗灾救灾责任制，采取有力措施，确保工作到位、人员到位、措施到位，切实做到保民生、保稳定、保人民生命财产安全和生产生活秩序，尽量避免、减少灾害和次生灾害造成的损失。从即日起，各市、县和区直有关部门要成立防范应对低温冰冻天气工作领导小组，一把手亲自负责，统筹指挥防范应对工作。

二、进一步完善各级应对冰冻灾害应急预案。各级各部门要认真总结 2008 年抗击雨雪冰冻灾害天气的经验教训，进一步细化、优化和完善防冻救灾应急预案，确保预案的科学性、灵活性和可操作性。特别是保煤电油运、保交通安全生命线、保群众生产生活等方面的专项预案，要认真检查，落实到各个细节，衔接好各个环节。

三、认真做好救援队伍和救灾物资的准备和储备。各有关部门要组织好防范应对冰冻灾害的专业队伍，特别要组建好专业除冰队伍、交通疏导队伍和电网抢修队伍，及时配备相关装备，确保一旦有需要能拉得出、战得胜。同时，要把握应对雨雪冰冻灾害的需要，提前做好相关救灾物资的准备和储备，确保应急需要。

四、明确职责，加强协调配合形成合力。自治区各有关部门特别是工信、公安、交通、民政、卫生、农业、气象、铁路、电网部门要密切配合，切实落实责任，明确分工，加大工作力度，团结协作，确保各项防范应对工作在统一指挥下协调有序进行。各相关市县之间也要加强信息沟通、互相支持配合、协同作战。

五、加强气象监测和信息发布。各级气象部门要加强分析会商，密切关注天气变化趋势，及时做好强降温冰冻天气过程的监测、预报、预警工作，要密切关注邻省、区域及已出现冰冻地区的气象变化，做好中短期、精细化预报。对可能发生的灾害性天气过程，气象部门要及时向各级人民政府、有关部门、企事业单位及社会大众通报预测预警信息，并充分利用广播、电视、互联网、报纸等各种新闻媒体以及电子显示屏、手机短信等平台，及时向社会公布灾害预警信息和简明防灾避灾办法。

六、加强综合信息报送和宣传报道工作。各市、各部门综合性重大信息要及时报告自治区人民政府总值班室。对气象信息、冰冻信息、受灾影响信息及各级政府、有关部门采取的有效措施，要及时组织新闻媒体到现场实地采访，对抗冰冻灾害先进事迹进行宣传报道，在全社会营造良好的防范应对冰冻天气过程的氛围。

会议还对做好 2011 年春运工作进行了部署。会议指出，2011 年春节来得早，学生流、探亲流、返乡流叠加，加上受近期冰冻天气影响，今年春运形势十分严峻。各有关部门要从讲政治、保稳定、构建和谐社会的高度出发，以对国家和人民高度负责的态度，按照"科学组织、安全第一、以客为主、优质服务"的春运指导原则，切实增强责任感，提早做好准备，加强协调配合，完善应急预案，落实安全措施，提高服务质量，认真扎实地做好各项工作，确保春运工作正常有序进行。

出席人员：自治区人民政府应急办韦××，自治区人民政府办公厅黄××、李××、周××、黄×，自治区工信委李××、陈×，自治区公安厅陈×、钟××、李×、韦××，自治区交通运输厅梁×，自治区民政厅张××、邵××，自治区农业厅谢×，自治区安监局黎××、方××、梁××，自治区气象局覃×，南宁铁路局李×、汤××，广西电网公司何××、蔡××。①

例文 2

"十二五"学校基本建设规划编制
及项目库建设工作研讨会会议纪要

2011 年 9 月 7～9 日，发展规划司在银川、重庆召开"十二五"学校基本建设规划编

---

① 编者注：上文"自治区"乃广西壮族自治区。

制及项目库建设工作研讨会。中西部地区 23 个省（自治区、直辖市）教育厅相关处室负责同志与会。与会代表按照会议要求汇报了"十二五"学校基本建设规划编制及项目库建设工作进展、经验做法和存在问题，并共同研讨了下一步工作计划与方案。

总体上看，自 2010 年 6 月启动教育基本建设"十二五"规划及项目摸底工作以来，各地根据《教育部关于"十二五"期间加强学校基本建设规划的意见》（教发〔2010〕7 号），结合贯彻落实教育规划纲要精神，认真组织开展了"十二五"学校基本建设规划编制和项目库建设工作，取得了阶段性成效。部分省市在规划编制和项目库建设工作中积极探索和创新了一些好的做法和经验，值得各地学习和借鉴。

一是明确"十二五"学校建设规划的政策体系和原则要求。在建设规划编制之初，湖北省印发了《关于切实做好义务教育学校布局调整，稳步实施学校标准化建设计划的指导意见》，要求各地市抓住"十二五"学龄人口基本稳定的契机，稳步推进布局调整，有序开展标准化学校建设。宁夏自治区提出了按照适度超前、实事求是、因地制宜、合理布局的原则编制建设规划的要求。云南省印发了中小学布局调整指导意见，提出小学集中到乡镇，初、高中集中到州（市）或县城的规划目标，原则上规划规模 300 人以下的小学、600 人以下的初中不进入规划的总体思路。

二是高度重视建设规划编制基础条件建设。吉林省依托省属高校成立了省级信息中心，在制定《吉林省基础教育学校代码编码规则》的基础上，统一各级各类学校编码，建立了规范的各级各类学校校园校舍数据库管理系统，为规划编制工作提供优质的信息化管理硬件环境。

三是强化干部培训，统一工作思路。广西、云南和重庆重视基层建设规划干部队伍建设和业务培训工作，针对地方盲目扩大建设需求、随意增加建设规模的现象，多次召开会议宣讲建设规划编制和项目库建设的意义、原则和要求。通过开发建设规划培训教材，以会代训等方式，提高基层干部队伍素质，确保高质量完成规划编制任务。

四是加强横向协调与部门合作，强化规划的约束力。宁夏教育厅联合区发改、财政等部门成立规划编制领导小组和专家组，对规划的编制和实施加强统筹指导，进行论证评议，提供咨询意见。湖北省要求各地市的建设规划编制工作要在当地党委、政府的统一领导下开展，各市县的建设规划都是由当地县市区政府印发。云南、湖北等省市明确提出各级各类学校建设项目原则上都必须从建设规划项目库中安排，对不在规划的建设项目，一般不安排财政资金，强化了规划的约束力。新疆维吾尔自治区出台《自治区教育用地管理办法》，制定教育用地需求规划，规范教育用地管理，为基本建设项目库及工程规划实施奠定基础。

五是做好建设规划成果展示。海南省很早就开发绘制了全省学校布局规划地图，形象化地展示了建设规划成果，有力地推进了各级各类学校合理布局和有序建设。吉林省开发了"规划项目审核平台"等信息系统，并要求各市县按照规划内容绘制分县、乡镇、学校规划图，通过项目县的省域布局图、县域内项目布点图以及项目的基本情况说明等几个层次来呈现学校基本建设规划。

同时，会议也指出了当前规划编制和项目库建设工作中存在的一些问题。主要有四个方面：

第一，有的地方思想认识不到位，畏难情绪突出。学校基本建设规划工作是一项复杂的系统工程，涉及面广，协调难度大，任务十分艰巨。不少地方尤其是省一级存在畏难情绪，对工作中的困难和问题不是主动去统筹研究解决，而是"等、靠、拖"思想严重。

第二，有的地方规划编制的指导思想存在偏差，学校基本建设规划定位不清、把握不准，没能充分考虑当地经济发展水平、学龄儿童结构、学校布局现状和地方教育投入等因素，将相关规划需求做得很大，期望以此获得更多的上级资金和项目支持，偏离了本地教育事业规划实际。

第三，有的地方对教育基本建设规划的统筹协调力度不够。部分省级教育行政主管部门规划编制工作职责不明确、组织不到位，没有在政策协调、工作组织等方面发挥主导作用，对基层的指导不具体，针对性不强，导致规划编制和项目库建设的许多工作和任务难以有效落实。

第四，有的地方把学校建设规划简单理解成填写数据报表的过程，以简单的需求汇总和工程累加替代建设规划，就数据论数据，没有充分论证规划项目的必要性和可行性，很多数据的真实性有待进一步审核。

会议对下一步工作提出如下要求：

1. 各地要进一步提高认识，抓住难得的历史机遇。当前我国教育事业已步入稳健发展的阶段，随着教育规划纲要的贯彻落实，《国务院关于进一步加大财政教育投入的意见》的实施，各级政府用于教育基本建设的投入逐年增长，2012年国家财政性教育经费支出占GDP比例将达到4％，国家发改委明确提出，将提高教育的基本建设投入占中央预算内公共投资的比例。如何用好国家基本建设的投资，充分发挥基建投资对教育改革发展的基础性作用，已成为一项极为紧迫的任务。因此，摸清各级各类学校基本建设需求，制定好学校基本建设规划并构建项目库，建立以规划引领建设、以项目引领资金、以标准规范管理的学校基本建设规划机制已成为当前摆在我们面前的重要工作。各地要坚定不移地把"十二五"学校基本建设规划编制和项目库建设这项工作抓好抓实。

2. 各地要进一步明确目标任务。教育基本建设规划的核心是学校布局规划和建设项目规划（即项目库建设）。各地要认真贯彻《教育部关于"十二五"期间加强学校基本建设规划的意见》，今年年底前，初步完成规划。学校布局规划是学校建设发展的龙头，也是解决在城镇化快速推进和人口流动下学校建设诸多问题的关键。建设项目规划，是统筹中央和地方、政府和社会、发改和财政等各项基本建设资金，充分发挥教育基建投资效益的核心作用机制，也是争取加大教育基投入的重要基础。各地要根据教育事业发展目标，在科学编制基本建设规划的基础上，适度超前做好建设项目规划，准确把握近年来国家基本建设投入的规律，超前做好项目储备，变"投入等项目"为"项目等投入"，在项目设计时适度留出余量和空间，以更加适应新的投资规模，争取加大投入的主动权。

3. 各地要进一步明确建设规划的政策思路，加强数据审核工作。学校基本规划编制要综合分析本地区经济发展水平、学龄人口规模、学校布局现状和教育事业发展目标等因素，统筹考虑城乡经济社会发展状况和人民群众的现实需要，按照适度超前、实事求是、因地制宜、合理布局的原则，科学编制学校基本建设规划，切实保证规划的科学性、权威性和可行性，将各级各类教育基本建设项目和资金来源都纳入到规划体系中，加强规划的引导力、约束力。要在明确政策体系基础上，进一步加强基本建设规划摸底表审核工作，重点审核学龄人口规模和建设标准，合理确定"十二五"学校规划建设任务，为构建"十二五"基建项目库提供有力依据和支撑。

4. 各地要以信息化为抓手，积极推进教育基本建设。我部将在与校安工程相衔接的基础上，利用现有数据，开发学校建设规划地理信息系统，以地理信息技术为载体，建立学校建设规划的"沙盘"、"地图"、"预案"，更加形象地展现学校基本建设规划的工作成果，引导学校建设有序进行，将学校布局规划和建设项目规划落到实处。该系统将从项目管理的实际需要出发，按照教育管理信息化的整体要求，综合系统的功能模块、数据采集与使用、分析、信息管理等方面做好顶层设计，方便各地使用。

5. 结合各地在实际工作中反映的情况和存在的问题，我部拟于 10 月中下旬召开全国"十二五"学校基本建设规划工作推进会，从更高层面部署和推动这项工作的深入开展。请吉林、湖北、云南、新疆、广西、重庆、宁夏、四川等省（自治区、直辖市）结合前期"十二五"学校基本建设规划编制和项目库建设工作开展中的具体做法，总结经验，特别要注重突出工作中的特色和亮点，提交大会做典型经验交流。①

第四节　报请商洽性公文

一、议案

（一）议案的概念、特点及种类

1. 议案的概念

议案是向国家权力机关或立法机关提出的议事公文，适用于各级人民政府按照法律程序向同级人民代表大会或人民代表大会常务委员会提请审议事项。

2. 议案的特点

（1）制作主体的确定性。只有各级人民政府才能向同级人民代表大会提出议案。其他的组织或个人都无权提出或受理议案。

（2）内容的单项性、特定性、必要性和可行性。在一件议案内，不得夹带其他事项，即一事一案。其内容必须属于人民代表大会及其常委会职权范围之内。超出人大职权范围的议案，不会被大会接受。所提请审议应该是非常重要的事项，而且有关解决办法和措施，必须切实可行，才有可能获得通过。

（3）适时性。议案必须在各级人民代表大会或其常委会举行会议期间提出。

3. 议案的种类

（1）条约议案，是国务院向全国人民代表大会常务委员会就已同意的国际条约提请审议并批准的议案。

（2）立法议案，是各级人民政府向各级人大及其常务委员会提请审议立法的议案。

（3）事项议案，是各级人民政府向各级人大及其常务委员会提出的请求审议其职权范围内事项的议案，如财政预算、重大工作、重要人员的任免等。

（二）议案的格式

1. 标题

议案的标题一般采用"三要素"式（完全式）的写法，即由"发文机关＋事由＋文种"构成。如果是立法议案，必须在法的名称后用圆括号括上"草案"二字。如"北京市人民政府关于提请审议《北京市农业机械化条例（草案）》的议案"。

---

① 编者注：上文"发展规划司"乃教育部发展规划司。

2. 主送机关

根据法律规定，议案的主送机关只能是审议议案的同级人民代表大会及其常务委员会。

3. 正文

一般由提请审议说明、提请审议事项（事项议案）、审议请求组成。

4. 落款

（三）议案的写作要点

（1）议案的提出必须严格履行法定程序。发文机关必须具有议案提出权，主送机关必须具有议案审议权，提请审议的事项必须属于主送机关职权范围内。

（2）内容要求一文一事，便于主送机关审议和处理。

（3）议案的用语必须准确、严密、质朴，表现出庄重严肃的文风。

（四）例文

例文 1

江苏省人民政府关于提请审议
《江苏省审计条例（草案)》的议案

省人大常委会：

《江苏省审计条例（草案）》已于 2010 年 9 月 9 日经省人民政府第 52 次常务会议讨论通过。根据《江苏省制定和批准地方性法规条例》，特提请审议，并授权赵耿毅同志到会说明。

省长　罗志军
二〇一〇年九月十四日

例文 2

重庆市涪陵区人民政府
提请审议关于重庆市涪陵区 2011 年国民经济和
社会发展计划上半年执行情况报告的议案

涪府函〔2011〕271 号

区人大常委会：

区政府同意《关于重庆市涪陵区 2011 年国民经济和社会发展计划上半年执行情况的报告》，现委托区政府副区长刘康中同志向区三届人大常委会第四十次会议报告，请予审议。

区长　沈晓钟
二〇一一年七月二十五日

例文 3

关于提请审议将市财政

对汕头市外砂迎宾路口至莲阳桥路面改造工程等三个项目

贷款偿还资金及补贴列入财政年度预算的议案

汕头市人大常委会：

经市委、市政府批准，汕头市外砂迎宾路口至莲阳桥路面改造工程项目、市博物馆配套工程项目和汕头大学路（汕大南侧）片区土地储备开发项目由汕头投资建设总公司负责向中国农业银行股份有限公司汕头分行申请贷款。去年年底，上述三个项目申请的贷款获得中国农业银行股份有限公司广东分行贷审会批准，其中：

一、汕头市外砂迎宾路口至莲阳桥路面改造工程项目，贷款金额 14 426 万元，贷款期限 15 年，建设宽限期 2 年。贷款利率按中国人民银行公布的同期限同档次人民币贷款基准利率（按季调整）执行。该项目贷款银行要求提供土地抵押。项目属市基础设施项目，贷款本息由汕头市和澄海区两级财政按 7：3 的比例偿还。按照项目贷款条件要求，项目偿还贷款本息（约 23 603 万元）资金须列入财政预算，并经市人大常委会出具批准文件。

二、市博物馆配套工程项目，贷款金额 3000 万元，贷款期限 15 年，建设宽限期 2 年。贷款利率按中国人民银行公布的同期限同档次人民币贷款基准利率（按季调整）执行。该项目贷款银行要求提供土地抵押。项目属公益性项目，贷款本息由市财政偿还。按照项目贷款条件要求，项目偿还贷款本息资金须列入财政预算，并经市人大常委会批准。

三、汕头大学路（汕大南侧）片区土地储备开发项目贷款 14 000 万元，贷款期限 5 年，建设宽限期 2 年，贷款利率按中国人民银行公布的同期限同档次人民币贷款基准利率（按季调整）执行。按照贷款银行要求，该项目须提供土地抵押。贷款偿还以该项目土地出让收入为来源，并建立土地出让资金专户管理。按规定和贷款条件要求，该项目的土地出让收入资金应归集到财政专户，故偿还资金应列入当年度财政预算，并报请市人大常委会批准。

为确保上述三个项目顺利实施，贷款资金早日到位，根据中国农业银行股份有限公司广东分行的要求，现特提请市人大常委会将上述三个项目所涉及的市财政偿还及补贴资金纳入年度财政预算予以审议。

汕头市人民政府

二〇一〇年三月十八日

二、报告

（一）报告的概念、特点及种类

1. 报告的概念

报告属于上行公文，应用相当广泛，适用于向上级机关汇报工作，反映情况，答复上级机关询问。报告可用于定期或不定期地向上级机关汇报工作，反映工作中遇到的问题，为上级机关了解情况并进而制定政策、做出指示提供依据；也可以用来向上级机关反映本地区、本单位、本部门带有普遍意义或倾向性的问题，提出解决办法；还可用于答复上级机关的询问。

2. 报告的特点

（1）行文的单向性。报告是下级机关向上级机关提供有关工作信息、汇报基层情况的单向行文，不需要上级机关的批复。

（2）表达的陈述性。报告需要在文中具体地陈述所在单位或部门如何贯彻执行各项方针、政策，在某一时间阶段内做了哪些工作，如何开展，有些什么成绩或问题，表达上重在叙述和说明。

（3）内容的非请示性。一般情况下，报告的内容只是让上级机关了解并掌握相关情况，除了希望上级部门"批转各地执行"的具体建议，如果是希望上级机关对具体工作提供指导和帮助，则应使用"请示"这一文种。

3. 报告的种类

按时间期限的不同，可分为定时报告和不定时报告。

根据性质的不同，可分为综合性报告和专题性报告。

按内容划分，可分为工作报告、情况报告、答复报告和递送报告。

（1）工作报告。它主要用于定时或不定时地反映在某一时间阶段内，所在单位或部门在贯彻落实政策、法令、意见、批复等方面的工作情况，如"上海市旅游局关于开展《旅行社条例》贯彻实施专项检查情况的报告"。

（2）情况报告。它用于向上级机关反映实际工作中出现的重大情况、特殊情况和最新动态，便于上级机关掌握信息，根据实际情况，及时调整政策，采取措施，提出指导工作的意见。如"关于视察洛阳市交通扶贫工作的报告"。

（3）答复报告。它是针对上级机关的询问或要求作出的陈述有关情况或就有关问题进行答复的报告。如"武汉市环保局关于省环保厅转来4件群众来信来访处理单处理情况的报告"。

（4）递送报告。它是以报告的形式写作的说明性公文，用于向上级机关呈报物件或有关的其他文件时的情况说明。

值得一提的是，有的专业报告文书，如"调查报告"、"审计报告"、"咨询报告"、"立案报告"、"评估报告"等，虽然也有"报告"二字，但不属于行政公文范畴，写作中不要与之混淆。

（二）报告的格式

报告一般由标题、主送机关、正文和落款组成。

1. 标题

常见的报告标题有两种形式：一种是公文式标题及其省略形式。完整的公文式标题由"发文机关＋事由＋文种"构成，如"××局关于××工作情况的报告"、"重庆市环境保护局关于长寿危险废物处置场有关问题的报告"。其省略形式则由"事由＋文种"构成，如"关于增城市新塘镇'1·6'非法改装油罐车在修理中发生爆炸事故的情况报告"。

另一种形式是常见的文章式标题。如某县在洪峰袭击前，将可能受灾区域内的群众进行全部安全转移，就此作专题情况报告，可使用"6万群众安全转移"这样的消息式标题。在一些工作报告中，也可以使用双行标题。如"制度创新是技术推广的必要前提——关于第二季度技术改革情况的报告"。

2. 报告的主送机关

报告的主送机关是发文机构的上级机关，接受双重或多重领导的机构或部门可以不止一个。主送机关顶格书写，其后是冒号。

3. 正文

报告的正文多由开头、主体和结语三部分组成。

（1）开头。简要交代报告发文的缘由，有的说明该报告所涉及的内容的根据、目的或意义，还有的介绍有关报告内容的概要情况或其结论，随后往往用"现将××情况报告如下"引导下文。

（2）主体。这是报告的核心。在不同类型的报告中，正文主体的内容会有不同侧重。工作报告一般在写明工作的进展情况的基础上，总结工作中的成绩或问题，分析原因，并提出下一步工作的方向或方法。情况报告的重点应放在对有关客观事实的陈述上，并对相关原因或有关举措进行实事求是的介绍。答复报告则根据发文机关所掌握的情况，按照上级机关的询问和要求，回答问题，陈述情况即可。递送报告则只需把报送的材料（如有关文件或物件）的名称、数量写清楚即可。

（3）结语。主体结束后，往往另起一段，使用程式化的结语。一般的工作报告和情况报告常用"特此报告"、"专此报告"、"请审阅"，希望上级部门采纳并批转各地执行的建议性报告常用"以上报告，如无不妥，请批转各地执行"；递送报告则用"请查收"、"请收阅"等作结语。

4. 落款

写上发文机关署名和成文时间。

（三）报告写作的常见错误和写作要点

1. 常见错误

（1）文种使用错误。标题中有的应该使用"请示"而误用"报告"名称。有的本来只是向上级机关报告情况，却在报告的内容中夹带请示事项。

（2）报告不及时，贻误工作时机。

（3）篇幅冗长，不能简明扼要地汇报有关工作、上报有关情况，让上级机关迅速掌握相关情况。

（4）内容表述中出现失误。如在工作报告中，写作者不实事求是。有的介绍情况不明，对事实表述欠缺，甚至错误；有的自我评价不当，只见成绩不谈不足，或夸大问题，对已开展的工作局面没有信心。另外，在对有关工作经验和教训的总结中，缺乏整体认识高度，不能从具体的工作表象中总结出抽象而又带有普遍意义的东西。

又如情况报告中，在对有关事实进行概述时，遗漏重要的必要要素，或对已掌握的某一阶段的情况只表述其中一部分，造成关键信息的不完整，出现漏报、误报。

2. 写作要点

（1）不同种类的报告，有不同的写作要求。工作报告在内容上要写明工作进程，成绩与经验，问题与不足，改进的措施，未来的打算。主次要分明，重点要突出，点面结合。要客观全面报告工作情况，实事求是，从客观反映的成绩或问题中揭示出一定的规律。情况报告重在反映"动态"情况，如突发情况、意外事故，工作中出现的新事物、新问题、新动向。答复报告针对上级的询问，实事求是地回答即可。递送报告将报送的材料（文件、物件）的名称、数量写清楚就可以了。

（2）报告要及时，篇幅详略要得当。

（3）报告可以写设想、提建议，但不得夹带请示事项。

（四）例文

例文1

重庆市环境保护局关于长寿危险废物处置场有关问题的报告

渝环文〔2011〕19号

市政府：

为贯彻落实××、××副市长对《审计要情》中"长寿危险废物处置场运行管理存在隐患"作出的批示精神，我局对长寿危险废物处置场进行了现场督查。现将有关情况报告如下：

一、长寿危险废物处置场存在的问题

我局对长寿危险废物处置场进行了多次现场核查，发现处置场确实存在诸多问题，其中有因处置场设计不合理所导致的问题，也有因运营单位重庆天志环保有限公司（以下简称"天志公司"）缺乏管理经验，未严格遵守危险废物经营管理有关规定运行所引发的问题。

（一）处置场设计不合理所导致的问题

1. 固化处理工艺设计不合理

一是处置场设计单位未完全考虑需固化的部分危险废物黏度强、含水率高等问题，故配置的固化处理设施不能完全满足实际处理需要，导致固化设施无法正常运行；二是设计时未充分考虑固化处理后成型养护工序及设施配套。目前，天志公司采取直接添加固化剂、水泥和石子，人工搅拌不经成型养护直接填埋的方式处理，并且仅对部分固化产物进行固化配比分析。

2. 填埋运行设施配置不合理

因填埋场底部松软，处置场现有配备的轮式工程车不易进入，并可能损坏防渗膜，为确保轮式工程车能进入填埋场，天志公司将属于一般工业固废的空气过滤棉作为轮式工程车防滑垫使用，事后未进行清理，导致部分空气过滤棉被填埋。

3. 暂存库库容严重不足

处置场在设计时未考虑到危险废物种类繁多，不仅需进行分类储存，而且对焚烧类危险废物需进行配比以确保焚烧热值，由此需要更长的暂存周转时间，对处置场库容量的需求极大，天志公司在实际运营中因暂存库严重不足从而出现大量积压的危险废物露天堆放。在我局督促下，天志公司自行出资对处置场内的预留地进行简单防渗处理后，搭棚应急暂存收集的危险废物，以解决处置场原有暂存库库容不足的问题。2010年9月，环保部西南督查中心对长寿危险废物处置场进行了危险废物污染防治专项督查，认可其修建临时暂存库以应急过渡的做法。因不是固定永久设施，存在一定的隐患。

4. 设计未考虑分装需求

部分产废企业直接将危险废物装桶并且未将焚烧类和填埋类危险废物分开，必须对其进行分装处理以满足配比焚烧及入料口径的需要，或者用于固化填埋处理。而处置场在建设时未设置专门的危险废物分装场，因此天志公司选择有防雨措施的车库进行简易防渗及渗滤液收集后，作为危险废物分装场，存在不规范性和一定的隐患。

5. 在线监测设备采购出资存在分歧

试运行期间，处置场的废水处理设施及尾气在线监测系统在调试过程中损坏。2010年6月，在接到我局的限期整改要求后，天志公司将璧山处置场的在线监测系统换至长寿处置场使用，但随即再次损坏。随后天志公司就在线监测系统维护经费问题与业主单位重庆创绿环境保护公司反复协调未果，导致设施未及时更换。目前天志公司已先行出资采购在线监测系统设备并安装调试。

（二）天志公司缺乏管理经验，未按规定运行导致的问题

1. 运行管理经验不足，带来管理秩序混乱

天志公司缺乏危险废物运营管理经验，对危险废物收运计划与储存、处置计划之间的衔接安排不周密，导致处置场储存混乱，处置设施不能合理运行。

2. 填埋处置操作不规范

天志公司对填埋处置规范不熟悉，对填埋操作培训不到位，未做到对入场填埋的危险废物分区填埋、每日覆盖及分层碾压。

3. 入场检测分析不规范

按规定应对每批入场处置的危险废物进行检测分析，而天志公司仅对部分入场危险废物进行了采样分析。

4. 运行记录不规范

目前处置场对危险废物入场、暂存、固化、废水处理、填埋以及焚烧处理等运行环节均有记录，但数据记录不完善。一是危险废物从产生企业到处置场入场后，仅对每车次的危险废物总量进行计量，没有进行分类计量，而危险废物在处置场内入库及出库时，除剧毒类危险废物称重计量外，其余各类危险废物均采用估算的方式进行记录，且每月盘存未能采用称重计量，仍采用估算方式；二是在危险废物收运过程中，因部分危险废物产生单位不具备称重条件而采取估重计量；三是缺少危险废物出库记录，天志公司交其联营单位处置的部分有综合利用价值的危险废物未体现在账面上；四是危险废物包装物重复使用未进行记录。由此导致处置场入场、储存及处置数据无法印证。

（三）关于未经许可收集、储存含汞废物的问题

我局对《审计要情》中反映的"未经许可收集、储存约2.5吨汞类危险废物"进行了核实，其中约0.757吨为废含汞灯管，天志公司不具备处置资质；其余的环境应急处置时收运的1.66吨含汞污染土壤以及约0.0827吨的含汞废化学试剂，天志公司可以接收处置。

目前，我市无具备废含汞灯管处置能力的企业，全国仅北京有处置单位。近年来，随着全社会环保意识逐步提高，大量工业企业主动将废含汞灯管交出进行处置，此外部分人大代表及政协委员也多次通过提案议案要求环保部门组织相关机构将废含汞灯管进行回收处置。由于各企业每次产生的废含汞灯管数量较少，单一批次转移到外省进行处置不经济也不现实，并且天志公司是我市唯一一家符合环保要求的综合性危险废物收集、储存、处置单位，我局基于现实考虑，要求天志公司必须接收并集中暂存，待达到一定数量后再移交具备处置能力的单位处置。

二、监管情况

长寿危险废物处置场作为我市危险废物无害化处置的重要基地，自 2009 年 7 月投入试运行以来，我局一直将其作为重点污染源进行监管，落实了专人对处置场进行监督管理，每月至少进行一次现场检查，并要求处置场所在地的长寿区环境保护局加强日常监管工作，及时将监管情况报送我局。

我局先后下发了《重庆天志环保有限公司限期整改有关环保问题的通知》（渝环固发〔2010〕7 号）、《关于限期长寿危险废物处置场做好试生产期间有关环保工作的函》（渝环建限〔2010〕8 号）及《关于长寿危险废物处置场试生产期间有关工作要求的函》（渝环建函〔2010〕166 号），对处置场在危险废物储存、处置过程中存在的问题提出了整改要求，并对停运检修处置场污水处理系统，导致未经处理的废液直接排放的违法行为进行了处罚。但由于处置场存在着设计不合理、缺乏运营管理经验以及整改费用需与业主单位协调等问题，导致未能及时整改到位。此外，我市工业企业每日产生大量危险废物需要收运处置，长寿危险废物处置场又是我市目前唯一一家综合接收危险废物并提供最终处置的场所，我局在监管过程中也多次督促天志公司整改规范运营，并协调业主和设计单位根据危险废物处置的实际情况对处置场逐步修改完善。

三、下一步工作

（一）我局已对天志公司下达了限期整改通知，要求其对检查中发现的危险废物经营记录不规范、部分危险废物去向不明、非危险废物进入填埋场填埋处置、新建的临时暂存库和分装场环保手续不完善、在线监测系统无法正常运行等问题限期整改，并督促其对暂存的约 0.757 吨废含汞灯管加强管理，防止流失。同时已对现场检查发现的露天储存危险废物（油水混合物）及未严格按照危险废物经营管理相关规定对入场处置的每批危险废物进行检测分析等违法行为立案处罚，目前已进入立案程序。一旦查实，将依法处罚。

（二）针对天志公司在危险废物管理及处置上缺乏经验管理的问题，我局将对其加大培训和指导力度，督促企业加强规章制度建设，并邀请有关专家到处置场现场指导，以达到处置场安全运行的目的。

（三）我局将加大对长寿危险废物处置场的监管频次，并要求长寿区环保局进一步加大日常监管力度，同时加强与国内兄弟省市的交流，学习先进管理经验，进一步提升监管水平。

（四）对于处置场设计上存在的问题，建议市政府责成市发改委牵头研究解决。

二〇一一年一月二十四日

例文 2

武汉市环保局关于省环保厅转来 4 件群众来信来访处理单处理情况的报告

武环管〔2009〕106 号

湖北省环保厅：

贵厅关于"武汉锦绣龙城项目环保审查不严问题"的鄂环访 30 号、31 号接待群众来访处理单和鄂环信 132 号、138 号群众来信落实情况处理单收悉。现将有关情况报告如下：

一、基本情况

锦绣龙城项目为住宅小区建设项目，位于我市东湖新技术开发区民院路和中环线交汇处，北临开发区南环铁路（距离约 50 米），南临武汉中环线（距离约 50 米），小区道路——龙城路贯穿东西，用地面积约 144 789 平方米，建设方为武汉源兴房地产有限公司和湖北长城建设实业有限公司。该项目于 2005 年 8 月开始动工分期建设，现已建成 A、B、E、I 区并交付使用，建筑面积共约 30 万平方米。

武汉市环保局东湖新技术开发区分局于 2006 年 8 月 16 日，2006 年 12 月 15 日，2005 年 12 月 26 日，2005 年 8 月 1 日分别对锦绣龙城 A、B、E、I 区环境影响报告表出具审批意见，同意项目建设并要求建设单位落实环评文件提出的治理措施（包括：安装双层玻璃窗，在临南环铁路一侧建设声屏障、绿化带，在临中环线一侧建设绿化带等），以减轻交通噪声对居民可能造成的影响。经调查，建设单位基本上按照环评文件要求落实了治理措施。

今年 6 月 17 日以来，锦绣龙城 68 个业主先后向我局提交行政复议申请，提出其生活受铁路、中环线、龙城路等道路交通噪声影响严重，要求撤销我局东湖新技术开发区分局作出的关于锦绣龙城建设项目环评报告审批意见的具体行政行为。经复议，我局作出了维持原具体行政行为的复议决定，并分别向复议申请人送达了《行政复议决定书》（武行复〔2009〕1 号、2 号、3 号、4 号、5 号）。

此后，锦绣龙城业主胡金明、黎大有等 27 人分别向东湖高新区法院提起行政诉讼。目前，其中胡金明、黎大有等 6 人已经撤诉。

10 月 27 日，东湖新技术开发区法院开庭审理了此行政诉讼案，按照司法程序，此案件还在审理之中。

经我们了解，在向我局提出行政复议申请之前，部分居民曾向市规划局提出申请，但后者决定维持东湖新技术开发区规划分局的相关行政许可行为。在状告环保部门的同时，部分居民也与规划部门进行了行政诉讼。

二、处理情况

（一）依法受理了行政复议并作出了决定。我局受理此案后，进行了认真细致的现场与书面调查。在此基础上，今年 8 月 7 日我局还主动组织召开了听证会，向行政相对人阐述了环保部门对该项目环境影响评价文件审查的情况，接受了复议申请人的询问，并围绕具体行政行为合法性展开了充分辩论。此后，我局作出维持复议决定。我局认为：该项目环评文件编制程序合法，内容完整，被申请人予以审批并作出《审批意见》符合法律规定。

目前锦绣龙城行政诉讼案件正按司法程序进行审理，在法院作出判决后，我们将及时向贵厅报告有关情况。

（二）已向相关部门提出了建议。鉴于该项目周边的铁路线、武汉至咸宁城际铁路的建设和中环线车流量增加，可能加大交通噪声对锦绣龙城住户的影响，根据《噪声污染防治法》关于各有关部门各据职责对交通运输与社会生活噪声污染防治实施监督管理的规定和原湖北省环保局《关于新建铁路武汉至咸宁城际铁路环境影响报告书审查意见的复函》提出的重点加强锦绣龙城等重要敏感点的噪声防护措施的要求，我局已向市政府报告，建议协调铁路、公路管理部门分别在南环铁路和中环线临锦绣龙城一侧安装声屏障；建议东湖新技术开发区管委会协调相关部门将公交龙城站迁出锦绣龙城小区，消除公交车辆对小区的噪声影响。

（印　章）

二〇〇九年十一月十二日

例文3

关于增城市新塘镇"1·6"非法改装油罐车
在修理中发生爆炸事故的情况报告①

广州市安监局：

2007年1月6日20时10分许，位于增城市新塘镇东洲湾大桥南侧一无牌无证汽车修理店内一辆非法改装的油罐车在修理过程中油罐发生爆炸，造成1人当场死亡（廖普生，男，20岁，湖南省道县人，维修工）、3人受伤的事故。现将事故初步调查情况汇报如下：

一、基本情况

（一）汽车修理店基本情况

2006年8月，湖南省道县人杨红心凭多年汽车修理经验，聘请两名工人，向新塘镇东洲村一姓钟村民租赁位于新塘镇东洲湾大桥南侧约130平方米的简易工棚（是违章建筑），开起一家汽车修理店。开业后一直未向工商部门和交通部门申办相关证照，修理人员也没有任何资格证书。

（二）事故车辆基本情况

车辆持有单位：广州市越秀区易通运输队，车型：国产长安SC5040XXY箱式小货车，车牌号码：粤A17810。经现场勘查，该车在车厢内非法加装有一油罐，油罐为长方形：长3.45米，宽1.66米，高1.08米，用0.4厘米钢板焊接而成，分两格，在车底蓄电池后侧设有一套泵油装置。据了解，一名江西籍男子自称为此车经营者，从事柴油买卖。

二、事故经过

根据初步调查，2007年1月6日20时许，事故车辆经营者及司机将车驶到该修理店，要求店主将非法改装的油罐车泵油系统中的一根油管割断。修理店店主在拆除油泵部分装置后爬进车底用风焊切割油管，约1分钟后油罐便发生爆炸，爆炸致使车厢厢体分解成多块向四周飞出（最远一块飞出约30米），方形油箱顶盖整体撕裂并向车头方向翻起，飞出铁块击伤在场的两名修理工、1名司机和1名路人，其中1名修理工被铁块击中头部当场死亡。接报后，增城市公安局、安监局、交通局、新塘镇政府主要领导迅速赶达现场组织抢救和善后工作，立即成立事故调查处理组，要求医院全力救治受伤者。由于爆炸后油罐内残留的柴油着火，公安部门组织铲车在附近沙场装载了两铲车沙将火势扑灭，没有造成更大损失。

事故原因初步调查为：车辆经营者非法将箱式货车改装为油罐车从事柴油经营；汽车修理店无证无牌经营，修理人员未持有资格证从事特种作业，店主在明知油罐车装过柴油，没有采取任何处理除油措施和安全防范手段的情况下，违规使用风焊切割油管，致使油罐内的油气发生爆炸，导致事故发生。

---

① 发文字号不明。

目前，住院的 3 名伤者情况稳定，无生命危险；死伤者家属由新塘镇政府妥善安置；公安部门当晚将汽车修理店老板杨某刑事拘留；第二天工商部门将无证经营的修理店查封，事故车辆被扣查；有关部门组成事故调查组正对事故作进一步调查处理。市安监局于去年 12 月 22 日去函相关职能部门，就新塘镇市口岸办办公区出入口等重要路段停放多辆伪装改造私用油罐车，并请相关部门根据职能分工，依法查处，确保安全。

特此报告。

"1·6"爆炸事故调查组（安监局代章）
二〇〇七年一月七日

三、请示

（一）请示的概念、特点及种类

1. 请示的概念

请示属于上行公文，是适用于向上级机关请求指示、批准的公文，其应用范围比较广泛。

2. 请示的特点

（1）针对性。请示涉及的内容往往是单位权限范围内无法决定的重大事项，如机构设置、重要决定、重大人事和项目安排等问题，以及对工作中出现的新情况、新问题有克服不了的困难，才可以用"请示"行文，请求上级机关给予指示或答复、批准。

（2）单一性。请示要一文一事，其主送机关只能按照隶属关系向直接的主管机关发出，根据请示的内容事项确定一个主送机关。

（3）时效性。请示如能够及时发出，就会及时得到来自上级机关的指示和帮助，使问题得到及时解决。

（4）事前性和回复性。请示必须事前行文，等上级批复后才能处理，不能先斩后奏。上级机关收到请示，不论同意与否，都必须用"批复"加以回复。

3. 请示的种类

按照内容和性质的不同，可将请示分为三类。

（1）请求指示的请示。发文机关针对工作实践中遇到的新情况、新问题，难以界定有关方针、政策，对一些把握不准或无章可循的特殊事项，需要上级主管部门的明确指示才能消除意见分歧，进行办理时所写的请示。

（2）请求批准的请示。在发文机关遇上职权范围不能解决的问题时，或某项工作需要一定的人力、财力、物力时，请求上级机关予以帮助所写的请示。

（3）请求批转的请示。请求上级机关对有关文件予以批转各单位执行的请示。这些文件的内容往往是对本部门全局性或普遍性的问题提出相关的解决办法。

（二）请示的格式

请示由标题、主送机关、正文、落款组成。

1. 标题

标题一般由发文机关名称、事由、文种构成。如"××县人民政府关于××的请示"。也有的省略发文机关名称，直接由事由和文种构成。如"关于昭通天麻航空种子镇雄地面培育有关事项的请示"。

2. 主送机关

主送机关为直属上级机关。请示只能报一个主管的领导机关。受双重或多重领导的发文机关，只针对请示的内容事项，就负责受理和答复该文件的机构确定一个主送机关。

3. 正文

正文由请示缘由、请示事项和结语三部分组成。

请示缘由，一般以现存的客观事实为基础，提出请示的原因和理由。

请示事项，有的提出相关事项要求上级指示或批准，有的提出解决问题的思路和方法，希望上级机关认可及肯定，并在实践中加以执行。

结语，应根据请示事项，明确提出何种请示要求，常用"妥否，请批示"、"是否妥当，请批示"、"如无不妥，请批转有关单位执行"等语结束正文。

4. 落款

与其他公文一样。

（三）请示写作的常见错误和写作要点

1. 常见错误

（1）标题不当。一是文种使用错误。许多写作者将"请示"写成"报告"，或者"请示报告"。要注意请示用于向上级机关请求指导、批准，上级一定要批复，上级对报告则不一定回复；请示一文一事，有明确的请求事项，报告的行文内容和结构则较灵活自由，不拘一格，但不能写入请示事项。二是事由中再次出现"请求"、"请示解决"这样的字样，与文种"请示"的意思相重复。如"关于请求解决××小区生活污水排放问题的报告"，应改为"关于解决××小区生活污水排放问题的请示"。

（2）多头主送，导致在工作中出现推诿、扯皮的现象。请示只有一个主送机关，即上级领导机关或主管部门。如果需要，受双重领导或多重领导的发文机关可以以抄送的形式呈交其他上级机关。另外，请示不得送领导个人；应该按隶属关系逐级请示，在一般情况下不越级请示；请示上报的同时不得抄送下级机关与同级机关。

（3）行文中对请示缘由的表述有问题。有的写作者不是基于客观实际情况，夸大或虚构问题及问题的严重程度，给人明显的虚假之感；有的对问题的存在赋予很强的主观色彩，给出的请示理由牵强附会；还有的请示理由不符合主流的意识形态，即日常所说的"端不上桌面"。

（4）对请示的事项说明不清。有的请示要求不够明确，让上级机关不知其到底需要什么样的帮助；也有的对请示的相关事项缺乏梳理，逻辑层次不明。

2. 写作要点

（1）一文一事。一个请示只针对一个问题提出，对多个问题应分别提出请示行文。

（2）每份请示只能写一个主送机关，不能多头请示。

（3）态度端正，务真求实。针对客观情况出现的问题，要实事求是，不可虚构夸张。所提出的请求事项，要符合国家的方针政策，有关办法要切实可行，不可只求将工作中的问题向上级转移，回避矛盾。

（4）在"附注"位置，一般要注明联系人姓名和联系方式，便于上级机关在处理时就有关问题进一步了解情况。

（四）例文

例文 1

关于申请抗旱经费的请示

南水计〔2008〕2 号

自治区水利厅：

当前，我市春耕生产已进入关键时期。去年以来，我市遭受了罕见的秋、冬、春连续干旱，今年入春以来，全市平均降雨量 215 毫米，比历年同期少 21.8%，水库蓄水量严重偏少，全市水库有效蓄水仅为 5.29 亿方，占有效库容的 32%，比历年同期少 0.98 亿方，已有 60 座水库干涸。我市春耕生产用水形势严峻。4 月 9 日，市政府温守荣副市长带领市水利局、农业局领导检查了横县的旱情，并就当前抗旱工作作了重要指示。为确保今年我市春耕生产各项任务的全面完成，实现全年农业增产、农民增收的目标，4 月 10 日，南宁市防汛抗旱指挥部印发了《关于做好抗旱保春耕生产工作的紧急通知》。面对当前的严峻形势，我市各级防汛部门、抗旱服务队紧急行动起来，迅速掀起抗旱保春耕生产的高潮，不失时机地抓好当前抗旱保春耕工作，不误农时，为完成我市今年农业生产各项任务打下坚实的基础。

为更好地做好抗旱保春耕工作，特向自治区水利厅申请抗旱经费 100 万元，用于抗旱服务队机具维修、电灌站更新、改造及人饮工程建设。

妥否，请批示。

附件：南宁市抗旱经费项目申请表

南宁市水利局

二〇〇八年四月十一日

例文 2

温州市鹿城区审计局
关于我区 2010 年度审计项目计划安排的请示

温鹿审〔2010〕7 号

鹿城区人民政府：

根据《中华人民共和国审计法》和《温州市审计局关于印发 2010 年度统一组织审计项目计划的通知》规定，结合我区实际，制订 2010 年我区审计项目计划。现将《鹿城区审计局 2010 年度审计项目计划》呈报区人民政府，请批复。

附件：鹿城区审计局 2010 年度审计项目计划

鹿城区审计局

二〇一〇年三月十五日

例文 3

天津市河北区市政管理局
关于请求帮助解决翔纬路路面沉降问题的请示

北市政〔2010〕14 号

市局管理处：

　　河北区翔纬路北起中山路南至建国道，为我区的一条主要道路。近一段时间，该路滨海道至建国道路段出现了路面不均匀沉降的现象，自 7 月份以来表现尤为明显。7 月 15 日傍晚，市局树行局长、王总工、魏总工及管理处几位处长查看了现场并提出要求。根据市局领导指示，7 月 16 日，市路桥检测中心的专业人员来到现场进行勘测，分析原因。但由于检测设备能力有限，只能勘测到距表层 1 米以上的位置，该路下方的隐蔽工程无法勘测。目前，翔纬路周边工程项目较多，如新文化中心建设工程、城际铁路联络线雨污水管道改造工程等都在施工当中，情况比较复杂。

　　为尽快查找出翔纬路路面沉降的原因，制订可行的维修方案，避免可能由此而引发事故的出现，我局建议：

　　一、请市局协调市排管处对新建项目的地下顶管工程和该路地下管道设施建设情况进行检测。

　　二、请市局协调市海河办、城际铁路联络线建设单位共同查找问题，分析责任，以便尽快查明翔纬路路面沉降的原因，尽快采取措施，消除安全隐患。

　　以上妥否，请批示。

天津市河北区市政管理局
二〇一〇年七月十九日

四、函

（一）函的概念、特点及种类

1. 函的概念

　　函是平行文，是一种适用于不相隶属机关之间商洽工作、询问和答复问题，请求批准和答复审批事项的公文。

2. 函的特点

　　（1）应用范围的广泛性。函没有发文机关使用权限方面的限制，应用广泛。

　　（2）行文内容的针对性。这有两个方面的意思，一是函所提出的问题和有关事项应该是该函往来机关有可能解决的；二是函的内容要围绕提出的问题和有关事项来写。无论是来函还是复函，都应该开门见山，忌不必要的客套，应该尽快进入主题。

　　（3）用语的分寸感。由于函多使用于不相隶属的机关之间，其用语力求礼貌平和，即使是用于上级对下级的有关询问，也特别忌命令语气。

　　（4）制发的灵活简便性。函是最轻型的一个公文文种。大多数的函写作灵活简便，篇幅短小，制发也较为简易。

3. 函的种类

(1) 根据往来的形式来分，可分为去函和复函。去函主要用于与有关单位商洽工作，询问有关问题或向有关部门请求批准等，其行文是主动的。复函又叫"回函"，是用于答复商洽、询问的问题或批准有关单位的请求事项，行文一般是被动的，具有很强的针对性。

(2) 根据函所起的作用来分，可分为告知函、商洽函、询问函、答复函几类。①告知函。这种函类似通知，只是由于双方不是上下级关系和业务指导关系，使用"通知"行文不妥，故用"函"这一文种把某一事项、活动函告对方，或请对方参加有关的会议、集体活动。②商洽函。此即商洽工作的函，主要用于不相隶属机关之间请求协助、支持、商洽解决办理某一问题。比如广州市人民政府致湖北省人民政府"关于鄂穗两地携手联合打捞'中山舰'的函"，又如干部商调函，即是商洽有关工作调动事宜。对不是上下级的相关单位，如果请求批准和答复审批事项，也属于这一类。③询问函。向有关机关询问情况的函。④答复函。针对询问函而制发的复函。

(二) 函的格式

函由标题、主送机关、正文和落款组成。

1. 标题

函的标题也有两种形式：公文式标题及其省略形式。

完整的公文式标题由发文机关名称、事由和文种构成。如"陕西省人民政府关于商请设置西安航空学院的函"（陕政函〔2011〕167号）。

另一种省略形式则由事由和文种构成，如"关于公布国家级高新技术产业化基地2011年度复核结果的函"（国科高函〔2011〕200号）。

2. 主送机关

主送机关即受文处理来函事项的机关，在文首顶格写出全称或者规范化简称，其后用冒号。

3. 正文

其结构一般由开头、主体、结尾等部分组成。根据去函、复函的不同，其写法也有区别。

(1) 去函。去函一般包括缘由、事项和结尾三个部分。缘由部分一般要求概括交代发函的目的、根据、原因等内容，然后用"现将有关问题说明如下："等过渡语转入下文。事项中需把所商洽的工作、询问的问题或请求批准的事项具体写清楚。如果内容较多，要采用分条的写法，使之条理分明。结尾一般用礼貌性语言向对方提出希望，或请对方协助解决某一问题，或请对方及时复函，或请对方提出意见或请主管部门批准等。常用的结语有"请研究函复"、"特此函询（商）"、"请即复函"、"特此函告"、"请函复"、"盼复"或"以上意见当否，请复函"等。

(2) 复函。复函一般包括缘由、答复、结尾三部分。缘由部分要针对来函写收函情况，一般首先引叙来文的标题、发文字号，然后再就答复交代根据，用"经研究，函复如下："或"现将有关事项函复如下："过渡到下文。

答复部分是复函的主体，要根据来函的具体问题做出具体的答复。

结尾可写上"此复"或"特此函复"，也有的不写。

4. 落款

落款同其他公文一样。

（三）函写作的常见错误和写作要点

1. 常见错误

（1）标题不当。有的文种使用错误。尤其是向不相隶属的有关工作管理部门请求批准时，许多写作者就选择"请示"这一文种。尽管在写作的内容上基本相同，但文种应改为"函"，其结语也应改正过来。至于向不相隶属的机关就审批内容进行答复，也要与"批复"的文种名称和结语区别开来。

（2）内容空乏，出现拉关系、套近乎的不必要的行文内容。有的函中，为了谋求问题的解决，出现不必要的客套和恭维逢迎，故意绕弯子；有的为了说明有关函告事项的重要性，讲一些空泛抽象的大道理，漫无边际，啰嗦冗长。

（3）函中涉及的事项表述不当。有的来函，对所提问题、商洽情况或请求批准的事项不能简明扼要地说清楚，或者不能清晰整理所涉及的相关事宜，没有做到条理化、简明化；有的复函，在答复内容中不能针对去函的内容进行针对性地回答，用语模糊，态度模棱两可，或者超越自身的职责权限，大包大揽，违反有关政策。

2. 写作要点

（1）一函一事。无论是商洽工作、询问或答复问题，还是向有关主管部门请求批准事项等，都要一文一事，用简洁得体的语言把有关问题和处理意见叙写清楚，让人一目了然。

（2）行文要开门见山。无论是去函还是复函，在写作中都应该开门见山，尽快进入主题，直陈其事。

（3）如果属于复函，还要注意答复事项的针对性和明确性。答复时一定要注意分寸，不得违背政策界限。

（四）例文

例文 1

关于征集 2012 年基础研究重大战略需求方向的函

国科基函〔2011〕32 号

各省、自治区、直辖市科技厅（委、局），新疆生产建设兵团科技局，国务院各有关部门科技主管单位，各有关单位：

国家重点基础研究发展计划（973 计划）是以国家重大需求为导向，对我国未来发展和科学技术进步具有战略性、前瞻性、全局性和带动性的基础研究发展计划。为落实《国家中长期科学和技术发展规划纲要（2006－2020 年）》和《国家"十二五"科学和技术发展规划》的任务部署，2012 年，973 计划将围绕农业科学、能源科学、信息科学、资源环境科学、健康科学、材料科学、制造与工程科学、综合交叉科学、重大科学前沿等 9 个领域部署重大项目；量子调控研究、纳米研究、蛋白质研究、发育与生殖研究、干细胞研究、全球变化研究等 6 个国家重大科学研究计划将继续加强战略性、前瞻性部署。

"十二五"期间，973 计划和重大科学研究计划的部署将遵循三个"更加"的改革发展思路，即更加聚焦国家重大战略需求、更加强化科学目标导向、更加注重优秀团队建设，集中优势力量，着力解决制约国家经济社会发展的关键科学问题。为做好 973 计划和重大科学研究计划 2012 年项目立项工作，请针对国家发展需要，提出基础研究的重大战略需求方向建议（格式见附件），作为研究制定 973 计划和国家重大科学研究计划 2012 年项目申报指南的重要参考。

请你们严格把关，于 2011 年 11 月 7 日前以正式函件形式将重大战略需求方向报至我司，同时提交电子版，逾期将不再受理。

联系人：张×× 傅××

电　话：010－58881557　58881511

传　真：010－58881559

E-mail：　zdxmc@most.cn　dkxc@most.cn

附件：2012 年基础研究重大战略需求方向建议表

科技部基础研究司

二○一一年十月十九日

例文 2

关于协助开展汶川地震灾区重建情况调查的函

国科办函〔2011〕222 号

四川省科学技术厅：

为更好地总结汶川地震灾区灾后重建工作的经验，配合灾区的发展振兴工作，中国科学技术发展战略研究院（以下简称战略研究院）将于 2011 年 7 月至 8 月在四川省受灾地区开展"汶川地震灾区灾后重建状况调查"。此调查旨在利用科学的社会调查方法，系统、全面地收集灾区群众灾后的住房、就业、医疗卫生、子女教育、灾后社会经济生活的恢复情况、对政府救灾政策的需求和评价等方面的信息。同时对灾区的中小企业进行抽样问卷调查，了解企业的恢复重建情况及其面临的主要问题。

调查所需经费由科技部负责筹集，调查人员由战略研究院和西南交通大学等单位负责招募培训。

本次调查将采取入户问卷调查方法，调查进行过程中需要地方相关政府部门的配合。希望省科技厅给予大力支持，并通知调查涉及各县市科技部门（有关县市名单附后），配合我部战略研究院顺利完成此项任务。

专此函商，请予支持。

项目联系人：赵××，zhaoyd@casted.org.cn

　　　　　　石××，shich@casted.org.cn

附件：本次调查涉及的灾区县市名单

科技部办公厅

二○一一年六月十三日

例文 3

陕西省人民政府关于商请设置西安航空学院的函

陕政函〔2011〕167 号

教育部：

为了贯彻落实党中央科教兴国和实施西部大开发战略，进一步优化我省高等教育布局结构，适应航空业快速发展的需求，加快航空类专门人才的培养，根据贵部《普通本科学校设置暂行规定》，2011 年 6 月，我省高校设置评议委员会专家对西安航空技术高等专科学校申请设置"西安航空学院"事宜进行了考察，经省政府审定，认为该校达到设置标准。现就设置"西安航空学院"有关情况函告如下：

一、基本情况

西安航空技术高等专科学校的前身是创建于 1956 年的西安航空工业学校，隶属原航空工业部。1985 年，经原国家教委批准为西安航空技术高等专科学校。1999 年划转我省，为中央与地方共建院校。

学校占地 1158 亩，生均占地面积 79.1 平方米；校舍建筑面积 38.2 万平方米，生均 39.1 平方米，其中教学科研行政用房面积 26.3 万平方米，生均 27.0 平方米；教学仪器设备总值 8012 万元，生均 8206 元；馆藏纸质图书 89.1 万册，生均 91 册，电子图书 5000GB，中外期刊 1100 余种；现有专任教师 566 人，副高以上专业技术职称者 201 人，占专任教师的 36%；具有研究生学历 242 人，占专任教师的 43%；有 1 个国家级教学团队，4 个省级教学团队；国家级教学名师 1 人，省级教学名师 4 人，教师中享有国务院特殊津贴者 2 人；聘用院士 2 名，著名专家学者 10 名。

现有全日制在校生 9764 人，生师比 17.3：1；校内实训基地及实验室 85 个，校外实习实训基地 66 个，共开设 51 个专业，已形成以工科为主，人文、管理等多学科协调发展的办学格局。

二、设置西安航空学院的必要性和可行性

（一）设置西安航空学院的必要性

一是我国航空工业快速发展和参与国际竞争对人才的迫切需要。（略）

二是航空运输业快速发展对人才的迫切需要。（略）

三是区域经济及社会发展对人才的迫切需要。（略）

（二）设置西安航空学院的可行性

该校沣惠校区坐落于西安市西二环内，新校区位于西安阎良国家航空高技术产业基地，具有独特的区位优势。阎良是集飞机设计、制造、试飞和航空教育于一体的亚洲最大的航空城，该区域航空和装备制造企业云集，校企合作氛围良好。设置西安航空学院，可以更好地开展校企合作、专业建设、产学研用相结合。

在 55 年的办学历程中，该校为我国航空工业、经济建设和社会发展培养了数万名应用型人才，积淀了较为丰富的优质教育资源，形成了鲜明的办学特色。经过多年的建设和发展，该校教学质量稳步提高，办学实力不断增强，各项主要办学指标满足《普通本科学校设置暂行规定》的相关要求，已具备了设置本科学校的条件。

省委、省政府历来十分重视该校的建设与发展，在师资队伍建设、教学和科研等方面给予大力支持与政策倾斜。近年来累计投入上亿元资金支持该校的建设与发展。自 1999 年划转地方以来，中航工业和原国防科工委一直关心学校的建设发展。中航工业、西安阎良国家航空高技术产业基地管委会与该校签订了全面战略合作协议，为该校进一步发展打下了良好的基础。

学校领导班子健全，学历、专业结构合理，熟悉高校办学规律，求真务实，团结奋进，开拓创新，得到全校教职工的信任，为设置西安航空学院提供了强有力的领导保障。

三、有关建议

（一）学校名称及管理体制

该校升格本科后，拟定名为西安航空学院，沣惠校区位于陕西省西安市西二环259号，阎良校区位于西安市阎良区航空产业基地飞豹路。学校由中央与我省共建，以我省管理为主。实行党委领导下的院长负责制，实施院、系两级管理。

（二）学校定位及办学规模

西安航空学院为教学型普通本科学校，以培养应用型高素质专门人才为主要任务。立足陕西，服务航空，面向西部，辐射全国。到2015年，全日制在校生规模10 000人，其中本科生6000人。同时积极发展成人教育。

（三）专业设置

首批申报本科专业5个，分别是：飞行器制造工程、飞行器动力工程、测控技术与仪器、飞行技术、交通运输。

（四）办学经费。

2011～2015年，投入4亿元。资金来源：一是省政府专项资金5000万元；二是行业支持1亿元；三是学校自筹2.5亿元。办学经费来源可靠，能满足设置西安航空学院建设发展的需求。

专此函报，请予审批。

（联系人：高×　029－87338585　137×××090）

附件：陕西省教育厅关于设置西安航空学院的论证报告

陕西省人民政府

二〇一一年九月十六日

练习题

一、单项选择题

1. 在正常情况下，下级机关一般都应当采用（　　）的方式向上级机关请示和报告工作，以保证正常的领导关系和业务工作关系。

A. 逐级上行文　　　　B. 上行文　　　　　　C. 多级上行文　　　　D. 越级上行文

2. 一般的下行公文都有两个以上主送机关，多数情况下只有一个主送机关的下行文是（　　）。

A. 批复　　　　　　　B. 通知　　　　　　　C. 指示　　　　　　　D. 通报

3. 下级机关向上级机关汇报工作，反映情况，回答上级机关的询问，应当使用（　　）。

A. 请示报告　　　　　B. 请示　　　　　　　C. 报告　　　　　　　D. 函

4. 下列公文属于平行文的是（　　）。

A. 报告　　　　　　　B. 请示　　　　　　　C. 函　　　　　　　　D. 通报

5. 下列若干公文要素中，属于眉首部分的是（　　）。

A. 签发人姓名　　　　B. 题注　　　　　　　C. 无正文说明　　　　D. 主题词

6. 中国人民银行就关于国家货币出入境限额问题发文，宜用（　　）。

A. 决定　　　　　　　B. 决议　　　　　　　C. 通知　　　　　　　D. 公告

7. 在公文语言表达方式的运用上，报告、请示、通报等文种侧重于（　　）。

A. 说明　　　　　B. 议论　　　　　C. 叙述　　　　　D. 描写

8. 下级机关向上级机关请求指示或批准事项应当使用（　　）。

A. 报告　　　　　B. 函　　　　　　C. 请示　　　　　D. 意见

9. 针对少数地方和单位违反国家规定集资问题发文，宜用（　　）。

A. 规定　　　　　B. 通告　　　　　C. 通报　　　　　D. 办法

10. 由公文起草小组共同酝酿，多人分工执笔，一人统稿成文的写作形式，一般适用于（　　）。

A. 简报　　　　　B. 事务性通知　　　C. 便函　　　　　D. 决策性公文

二、多项选择题

1. 在公文的形成阶段公文的规范性主要表现在（　　）。

A. 文种使用上　　　B. 版面样式上　　　C. 用纸规格上

D. 印装格式上　　　E. 立卷方法上

2. 在以下的公文结构要素中，不应当标注在公文眉首部分的有（　　）。

A. 秘密等级　　　　B. 主题词　　　　　C. 主送机关

D. 公文标题　　　　E. 附件

3. 在以下几种情况的机关之间，根据工作需要往来公文，必须使用上行文或下行文的有（　　）。

A. 国务院与各省、自治区、直辖市人民政府

B. 省军区与各市、县公安局

C. 国家经贸委与各省、自治区、直辖市经贸委

D. 各省、自治区、直辖市教育厅（局）与国家教育部

E. 国家财政部与各省、自治区、直辖市财政厅（局）

4. 议案的写法应当注意的问题是（　　）。

A. 提出的问题是重要的　　　　　B. 提出的问题已具备解决的条件

C. 提出的问题应在规定的权限范围之内　　D. 要注意提交议案的时限

E. 要注意行文格式和办理程序

三、判断题

1. 公文标题必须由发文机关名称、正文和文种组成。（　　）

2. 机关之间的隶属关系和公文往来是确定行文关系的重要前提。（　　）

3. 所有的机关单位之间都可以根据工作需要联合行文。（　　）

4. 公文的成文时间指的是该份公文的印制时间。（　　）

5. 几个机关的联合发文，应当在眉首部分分别标明几个机关的发文字号。（　　）

四、实践运用

1. 指出下列标题的问题。

（1）关于请求解决××设备经费的报告

（2）××公司关于要求减免部分调节税的请示

（3）国务院关于同意《建立科技陪审团建议书》的复函

（4）××市人民政府批转《市教委关于建立爱国主义教育基础的报告》的通知

2. ××省人民政府收到林业厅《关于保护省内原始林区的紧急报告》后，认为事关重大，需要马上发送到全省各地，于是以省政府的名义发了一份通知。请为该文件拟定标题。

3. 根据材料写出公文的主送机关名称。

（1）××省人民政府发出关于切实做好安全生产的紧急通知

（2）教育部要求对幼儿园、学校校车进行安全大检查的紧急通知

（3）农业部发出关于在全国开展基本农田保护工作的请示

（4）铁道部发出关于××次动车发生重大颠覆事故的报告

4. 指出下列公文有哪些方面的错误。

公 告

各位客户：

现在全区各单位都掀起了基建改造的高潮，而我公司目前的用房又旧又烂，很是危险，但眼下资金又紧张，无力加以改建，经研究决定，我公司租用隔壁的商务大厦进行办公。请各位同志相互转告，不得贻误业务联系！

特此公告

×××× 公司

2011.10.15

5. 根据下列材料作文。

(1) ××职业技术学院这几年招生规模越来越大，原有的教学楼、学生宿舍楼已经不够使用，学院领导决定就地对原有的教学楼、学生宿舍楼翻新扩建。目前，这个项目已经报批，资金也到位了，但项目涉及 1 株大黄桷树需要迁移。请代××职业技术学院就此事向××市园林局拟写一份请求批准的公文。

(2) ××省人民政府决定授予奥运会举重金牌得主×××"省劳动模范"称号，晋升工资二级，奖励住房（三室一厅）一套，并在全省范围内予以通报表扬。请代为起草该通报。

(3) ××大学拟于 2012 年 5 月 18 日举行建校 80 周年庆典，请以该校的名义向全校发出一份关于停课 1 天以及其他庆祝事项的通知，并以该校保卫处的名义就校内交通事宜写作一份通告。

本章参考资料

[1] 白延庆. 公文写作 [M]. 北京：清华大学出版社，2006.
[2] 戴元祥. 新编公文写作与处理 [M]. 北京：时事出版社，2006.
[3] 古月. 最新公文写作速成 [M]. 北京：海潮出版社，2011.
[4] 姬瑞环. 党政机关公文写作能力指导与训练 [M]. 北京：中国人事出版社，2008.
[5] 陆雅慧. 公文写作 [M]. 北京：北京师范大学出版社，2007.
[6] 谈青. 公务文书写作实务 [M]. 上海：上海人民出版社，2002.
[7] 沈黔. 公文写作 [M]. 昆明：云南大学出版社，2002.
[8] 王云骏. 公文写作 [M]. 南京：南京大学出版社，2006.
[9] 夏海波. 公文写作与处理 [M]. 北京：北京大学出版社，2010.
[10] 张保忠，岳海翔. 公文写作实用手册 [M]. 北京：言实出版社，2010.

第三章 事务文书

第一节 事务文书概述

一、事务文书的概念、特点、种类

(一) 事务文书的概念

事务文书是在处理日常事务中用来沟通信息、安排工作、总结得失、研究问题的实用文体。它不属于法定的行政公文，但在机关、团体、企事业单位中使用频率高、涉及范围广，属于广义的公务文书范畴，是应用写作的重要组成部分。

(二) 事务文书的特点

(1) 使用频率高、应用范围广。事务文书在党政机关、企事业单位、社会团体的日常工作中的使用频率和范围都是其他类型应用文体无法相比的。行政人员处理各类事务文书的能力也是其工作能力的重要表现。

(2) 与狭义公文 (行政机关13种，党内机关14种) 相比，事务文书没有严格的制发程序和统一规定的文本格式，本身也不具备法定权威。事务文书在形式和内容上都可以表现出较大的灵活性。如计划文书，可以是文字条目类型，也可以是表格式；可在标题中写明单位名称和时间，也可注于文末。事务文书一般不能单独作为文件发文，必要时只能作为公文的附件行文。如单位的工作计划往往配之以正式下发工作计划的通知传达下去。

(三) 事务文书的种类

依据性质与作用的不同，事务文书可以分为如下几类。

(1) 计划类：包括计划、规划、设想、方案、安排等。其共同特点是对未来工作的设想。

(2) 报告类：包括总结、调查报告。其共同特点是归纳某方面事务的主要情况，并向上级、本单位或社会所作的报告。

(3) 信息类：包括会议记录、简报、启事、声明等。其共同特点是保存或传递有关工作事务的各类信息。

(4) 规章制度类：包括章程、行政法规、各种制度和公约等。其共同特点是为开展工作而订立带有某些制约性质的条款。

(5) 其他：在处理日常事务中的具体工作中涉及的类型，如各类条据、招聘等文书。

二、事务文书的作用

(1) 部署工作，规范约束，统一行动。为使一定范围内的人员共同遵守或执行，各类规章制度和计划类文书在保证思想和行动上的统一方面带有强烈的约束性质。

(2) 沟通情况，总结经验，宣传教育。报告和信息类文书在摸清情况，调整工作思路，改进工作方法，提高效率，彰显先进方面具有明显的功能。

(3) 联系工作，留存备查。作为机关联系工作的文字载体，许多日常工作需要借助事务文书来处理。同时，这些原始记录也是珍贵的档案资料，具有极其重要的保存价值。

三、事务文书的写作要求

（一）把握政策法规，有宏观大局观念

写作事务文书，需要对所在行政机关、企事业单位、社会团体在社会中的功能和行政架构体系中的位置有明确的认识。了解党和国家的方针、政策、法规，充分认识涉及本单位系统中的有关工作精神和指示，建立起单位系统的大局观念。这样在写作中才能够准确掌握精神，把准政策脉搏，创造性地解决问题，同时既瞻前又顾后，达通上下，平衡左右，便于具体执行。

（二）多学科的知识结构与处理办公室日常事务的能力

除了建立起辩证唯物主义和历史唯物主义的思想体系，有科学的世界观和方法论，以及敏锐地把握政策法规外，写作者还需要爱岗敬业，深入了解本单位所在系统的有关专业知识、本单位的历史掌故、相关制度、上下单位和横向单位的关系，以及未来的前景规划。在全面提升写作能力的基础上，还要适宜时代的发展，能够处理包括信息沟通、工作联系、事务安排和总结、礼仪交往等办公室日常事务的能力。

（三）掌握基层情况的调查、统计、分析和归纳能力

事务文书在动笔前，必须广泛仔细地搜集在基层工作中出现的第一手材料。这才能充分地掌握基层情况，发现问题，解决问题。在此过程中，写作者要提升与此相关的调查、统计、分析和归纳能力。这些能力水平的高低，将决定其掌握基层情况是否充分，是否真实、客观，符合实际；分析问题的方法是否科学；得出的结论是否正确；解决问题的办法是否可行。

第二节　计划和总结

一、计划

（一）计划的概念、特点及种类

1. 计划的概念

计划是一个统称，是行政机关、企事业单位、社会团体或个人根据某种目标和任务，对未来一段时间的工作或有关活动作出预先打算和安排的事务性文书。在使用中，除了"计划"名称外，还有"规划"、"纲要"、"设想"、"打算"、"要点"、"安排"、"方案"等不同名称。尽管它们在计划目标的远近、时间长短、内容详略等方面存在差异，但都属于计划类文书。

2. 计划的特点

（1）预见性。制订计划要高瞻远瞩，能够结合当前的形势，根据单位部门的具体情况，预见到工作的发展趋势，作出正确的工作决策。

（2）针对性。计划总是针对具体情况、具体问题，为未来的工作提供指导原则、工作思路或解决方案而存在的。

（3）约束性。计划一经通过或批准，在工作范围内就具有行政约束作用，并成为行政工作考核的依据之一。单位和工作人员都必须围绕该计划展开工作，不得拖延和违背。

（4）可行性。计划在制定目标、任务时都要考虑自身的实际，提出的措施、办法应该切实可行，确保目标的实现。不能好高骛远，否则在执行中无法实施。当然，目标也不宜制订得过低，不利于工作热情和创造性的发挥。

3．计划的种类

（1）按性质分：综合计划、专项计划。

（2）按写作形式分：条文式计划、表格式计划、条文表格结合式计划。

（3）按时间跨度分：年度计划、季度计划、月计划、周计划。

（4）按对象分：生产计划、工作计划、学习计划、科研计划等各种专项计划。

（5）按内容及写作特点分：①规划和纲要，为实现总体目标对某个地区或某一事项作出的长远部署。时间跨度长，范围广，内容上较为概括。当然，纲要比规划更为原则和概括。②设想和打算，是初步的非正式的计划，带有粗线条的特征。相对而言，打算的内容范围小，时间范围上更窄一些。③要点和安排，都适用于时间相对较短的计划。要点只需列出有关的工作纲目即可，不必写具体步骤和措施，而安排在内容上的单一性、布置的具体性方面更为突出一些。④方案，一般用于专项性工作中，在目的、要求、方式、方法、进度等方面都考虑具体，布置周密，有很强的可操作性。

（二）计划的格式

计划从形式上分，有文字式、表格式和文字表格结合式三种写法。表格式写法直观性强，一目了然，多适用于任务具体、时间性强、程序性强的计划，如生产计划、教学工作计划。有时也叫日程安排表、行事日历。在表格式计划中，往往把任务、措施、步骤、完成时间、执行人员、执行情况、监督者等分项列成表格，依照某种顺序进行排列。当然，在不影响理解情况的基础上，有的要素可能出现增加或省略的情况。由于文字式计划是计划主要的写作方式，下文以文字式计划来介绍计划的格式。

1．标题

标题由单位名称、时限、事由、文种组成。如《××市旅游发展规划（2009－2014年）》、《××市2009年经济发展纲要》、《××市××局2011年工作计划》、《××学院2011年工作要点》、《××大学××实验室争创省级重点实验室的打算》、《××市住房分配制度改革实施方案》。

在众所周知的情况下，也可省略其中的一项或者两项，但必须保留事由、文种两项要素。如《教学工作计划》。

还有的采用公文式标题。如《××学院关于新生军训工作的安排》。

有的计划需经讨论或进一步修改的还应标注"初稿"、"讨论稿"、"征求意见稿"等字样。

2．正文

（1）开头，即前言。这部分主要涉及制订计划的背景和依据，如当前的基本形势，有关政策和指导思想，前段工作的基本情况，当前面临的总目标、总任务等。文字要简明扼要，力戒套话、空话、大话。不同计划对上述内容有不同的取舍和侧重。短期计划一般只说明目的、意义。

（2）主体。这是写作的主要部分，计划的三要素——"做什么"、"怎么做"、"何时完成"都要在其中表述明白。具体包含以下内容：一是目标任务，是计划要达到的具体要求，即"做什么"。二是措施办法，即"怎么做"。要明确、具体地写明动员哪些力量，创造些什么条件，通过什么途径，采用哪些办法。有关的措施应该具体、可行。三是步骤程序，即"何时完成"。这在写作中包含各个时间阶段任务指标的划定，人力物力安排，谁是执行者，谁是监督者等方面的内容，即行动中的统筹程序。这样才能保证操作有序，执行无误，职责分明。当然，不同计划对这三要素有不同的侧重和取舍。如工作要点就可集中于工作任务而不具体写实施步骤。

（3）结尾。这部分可以展望前景；可以表明制订者对实现计划的基本态度和信心；可以发出号召和希望；还可以简要强调任务的重点和工作的主要环节，或者说明注意事项。有的计划甚至可以不写结尾。

3. 落款

写明制订计划的单位和制订日期。在标题中已标明单位的可省略单位名称。

（三）计划写作的常见错误和写作要点

1. 常见错误

（1）不能根据写作的任务来选择恰当的计划类文种，使写作内容与文种的有关要求不相适应。例如，单位里某一年度的工作计划，就不宜使用"规划""纲要"这类时间跨度较长的文种；有的计划在领导交拟时已要求写作内容侧重于措施办法和步骤程序，则不宜使用"要点"、"设想"之类的文种。

（2）计划的内容缺乏全局意识，与实际工作相比，存在着结构性欠缺的问题。以某综合性大学某年度的工作要点（时为意见征求稿）为例，其计划内容涉及教学、科研、思想教育、学生工作、后勤保障等各个方面。但在意见征求过程中，引起教职工严厉批评的是，全文没有相应条款与该校两千余名教职工有关，在提升待遇、保障服务、丰富文化生活等方面更是没有一句行文有所涉及。尽管该校有相关的行政机构设置，如校工会、离退休处，其他部门也有相关的功能，但该计划在写作中就这一重要的工作部分完全忽略，引起内容上的重大缺失。

（3）针对任务的内容，不分情况，表述得过于具体、僵化，使得在实际操作中没有灵活性，呈现出脱离实际、强人所难的效果。

（4）有的写作者缺乏处理具体事务的能力，导致计划写作中任务设置过高或过低，有关的措施办法缺乏可行性，实施的步骤程序也不清不楚。以学生习作为例，老师要求同学们就某学院承办某全国性的学术会议（会期三天）写作一则计划。许多同学完全不顾具体地域的客观自然条件和社会条件，也没有时间和经费意识，随意安排高档的餐饮、住宿和活动，而不考虑时间上的配合以及交通等相关配套服务。另外，多数同学的计划仅仅局限于三天会议期间的日程安排，而不能就该会议从接受承办任务到成立会务组、邀请与会者、落实会议活动工作细节等方面的各个环节进行阶段性的考虑，使得该项工作在筹备过程中的程序和相关执行者的安排方面出现缺失。

2. 写作要点

（1）制订计划的写作程序。计划的写作不能闭门造车，不是可以一蹴而就完成的。要制订出符合单位和个人的实际情况并激发出工作创造性和工作热情的计划，首先需要调查研究，熟悉相关的具体情况，对存在的有关情况的基本层面、存在的问题和优势都有清晰的了解。其次在计划的草拟过程中要广泛地征求、吸收有关方面的意见，并不断地进行修改，直至定稿。

（2）服务大局，遵循整体性原则，协调上下，平衡左右。

计划的写作一定不能与本单位系统所在的全局性指导思想相违背，写作者必须站在全局的高度去认识自己所在的单位或部门任务和所处的地位，并考虑与本单位或部门有关的上下级机构和平行机构在工作事务上的联系，避免机关"打架"所导致的拖延和失误。

（3）尊重现实，注意可能性及可操作性。写作要实事求是，对于目标任务要在现实条件的基础上拓展人的主观能动性。对计划中的措施办法、步骤程序上要明确具体，具有可操作性。此外，行文中对于任务所涉及的指标、措施、责任、时限等方面的要素必须表述得具体、简洁，便于落实和检查。

（四）例文

例文 1

××大学 2010～2011 学年第二学期第六周会议安排

（2011 年 4 月 4 日～4 月 8 日）

时间	地点	会议名称	负责校领导	参会人员	承办单位
4 月 6 日（星期三）上午 9：00	办公楼 210 会议室	校园文化艺术节开幕式协调会	×××	校长办公室、学工部、校团委、宣传统战部、保卫处、后勤及产业集团、体育学院主要负责人	校团委
4 月 7 日（星期四）上午 8：30	办公楼 323 会议室	党委常委会	×××	党委常委、党办主任、专职纪委副书记及议题相关部门负责人	党委办公室
4 月 7 日（星期四）上午 10：30	办公楼 322 会议室	保密工作会	×××	纪委监察处、组织部、宣传统战部、学工部、审计处、人事处、外事处、招生就业处、研究生学院、教务处、科研处、计财处、国资处、实验设备处、保卫处、基建处、网络中心、图书馆、教材发行中心、高职学院、继续教育学院主要负责人	党委办公室
4 月 8 日（星期五）下午 3：00	招生就业处办公室	省外艺术类成绩划线会	×××	教务处、纪委监察处、学工部、美术学院、音乐学院、新闻传播学院主要负责人	招生就业处

党委办公室　校长办公室

2011 年 3 月 28 日

例文 2

北京市建设人文交通、科技交通、绿色交通行动计划

（2009～2015 年）

为深入贯彻落实科学发展观，建设"人文北京、科技北京、绿色北京"，在《北京交通发展纲要（2004～2020 年）》提出的中长期交通发展战略基础上，结合北京奥运会后发展的新形势和新要求，进一步明确 2009～2015 年交通发展目标和重点，制定本行动计划。

一、发展理念

以科学发展观为指导，加快转变交通发展方式，强化管理，实现建设、养护、管理并

重；坚持优先发展公共交通战略，着力推进"公交城市"建设；加大创新力度，提高交通设施承载能力和交通运输服务水平，构建以"人文交通、科技交通、绿色交通"为特征的新北京交通体系，实现全面协调可持续发展。

（一）建设"人文交通"，突出"以人为本"。交通发展以为市民提供安全、便捷、公平、和谐的交通服务为根本出发点，与经济社会发展相适应，与历史文化风貌相协调。建立与现代交通相适应的规划、建设、运营、管理体制机制，加强交通文明建设，提高现代交通意识，为城市正常运转和市民出行提供良好的交通环境。

（二）建设"科技交通"，突出"技术创新"。充分发挥首都人才和科技优势，加快构建交通科技创新体系，加大技术研发和成果转化应用力度，推进信息化、智能化、产业化建设，全面提升交通系统科技水平。依靠科技进步，创新管理方式，实现内涵发展、结构优化、产业升级和服务延伸。

（三）建设"绿色交通"，突出"节能减排"。引导交通参与者转变出行方式和消费观念，不断提高绿色出行比重。鼓励生产和使用低能耗低排放汽车。建设与人口资源环境承载能力相适应的资源节约型和环境友好型综合交通运输系统。

二、主要目标

到 2015 年，基本建成适应首都经济社会发展需要，满足不断增长和变化的交通需求，以"人文交通、科技交通、绿色交通"为特征的新北京交通体系，为建设繁荣、文明、和谐、宜居的首善之区提供有力的交通保障。

（一）公共交通吸引力明显增强。中心城公共交通出行比例达 45％。其中，高峰时段通勤出行中，公共交通分担比例达 50％以上。轨道交通承担公共交通总客运量力争达 50％左右。

（二）城市物流配送体系形成规模。与铁路、水路、航空运输接驳的道路货物运输网络初步形成，中心城内物流配送系统承担城市正常运行货运量的 70％左右。

（三）交通出行效率不断提升。形成"1～1～2"小时交通圈，即中心城内通勤出行时间平均不超过 1 小时，最远新城到中心城（五环路）出行时间平均不超过 1 小时，本市到环渤海经济圈中心城市出行时间平均不超过 2 小时。中心城交通拥堵指数控制在 6 左右。

（四）道路交通安全水平进一步提高。交通参与者安全意识和法制意识明显提高，全市万车交通事故死亡率控制在 2 以下。

（五）交通节能减排效果显著。通过经济技术手段降低机动车能源消耗，提高机动车尾气排放标准，机动车主要污染物排放总量低于 2008 年水平。

三、行动计划

（一）着力推进"公交城市"建设。全方位深化优先发展公共交通政策措施，以方便广大市民出行、最大限度减少路网交通负荷为目标，推进以轨道交通为骨干、地面公交为主体、步行和自行车等多种交通方式协调运转的绿色出行系统建设，实现交通与城市和谐发展。

1. 轨道交通网络化服务工程。按照安全、高效、服务相统一和骨干线网集中运营的原则，运营主体提前介入轨道交通新线建设，依托市轨道交通指挥中心，实现运营主体间协调运营和统一指挥。新投入运营的骨干线路开通时最小发车间隔 3～4 分钟。更新老旧车辆，缩短发车间隔，提高运输能力，骨干线路高峰时段最小发车间隔 2 分钟。全市轨道交通日均客运量达 1000 万人次以上，运营管理达到国际先进水平。

2. 地面公交网络化服务工程。充分发挥地面公交的主体作用，构建以快线网为骨架、普线网为基础、支线网为补充，覆盖中心城、新城、乡镇的公共（电）汽车服务网络。调整优化中心城及重点新城公交线网，与轨道交通站点衔接，完善线网功能结构，适度增加支线网密度。重点建设地面公交快速通勤系统，在主要客流走廊上继续增辟公交专用道，总里程达 450 公里以上，并连续成网。中心城 90％乘客步行到最近车站距离不超过 500 米，高峰时段主要干线候车时间 3～5 分钟，高峰时段平均满载率控制在 70％左右，地面公交日均客运量达 1500 万人次以上。

依托旅游集散中心、主要客流走廊和旅游景区，调整规范旅游客运线路。加快农村公交场站建设，逐步落实农村公交布点，提高"村村通公交"有效通达里程，促进郊区客运网络与城区公交网络有机衔接。

3. 交通出行便捷换乘服务工程。（略）

4. 步行和自行车交通服务工程。（略）

5. 交通出行无障碍服务工程。（略）

6. 城市货运物流配送服务工程。（略）

（二）着力推进路网承载能力提高。以提高路网承载能力和运行效率为中心，以改造道路微循环系统为重点，建成功能完善的综合交通设施网络，使道路交通设施总体承载能力与服务水平明显提升。（略）

1. 城市干线路网建设工程。（略）

2. 道路微循环系统建设工程。（略）

3. 公路网络建设工程。（略）

4. 铁路民航配套交通设施建设工程。（略）

（三）着力推进交通信息化建设。整合信息资源，加快新一代智能交通系统建设，提高管理、运输服务水平和运行效率。（略）

（四）着力推进交通技术创新与产业化发展。建设一批交通重点科研基地，突破一批重大关键技术和共性难题，加快科研成果在交通领域的产业化，打造一批自主创新的关联品牌产业。（略）

（五）着力推进交通精细化管理。以科技创新为手段，体制机制创新为载体，寓管理于服务之中，在管理中体现服务，注重管理的人性化、标准化、规范化、信息化、精细化和智能化，提高交通系统安全、有序、顺畅运行水平。（略）

（六）着力推进交通文明建设。加大宣传教育力度，增强交通参与者现代交通意识，营造"改善交通我参与，交通顺畅我快乐"的社会氛围，完善文明出行、文明服务、文明管理长效机制。（略）

四、保障措施（略）

（一）规划与用地保障。（略）

（二）资金与政策保障。（略）

（三）体制与机制保障。（略）

（四）法制与标准保障。（略）

（五）加强组织领导。（略）

二、总结

（一）总结的概念、特点及种类

1. 总结的概念

总结是党政机关、企事业单位、社会团体及个人对前一阶段的工作和实践活动进行回顾，分析成绩和不足，反思经验与教训，便于指导今后工作的事务性文书。

总结和计划在工作上的关系十分密切。计划是对未来的安排，而总结是对过去的回顾、检视。在行政工作中，计划是总结的标准和依据，总结是下一步工作计划的参考。

2. 总结的特点

（1）自我性。总结是以自身的实践活动为基础的，在写法上采用第一人称，个人性的用"我"，机构性的使用如"本单位"、"本局"、"本公司"这类称谓。

（2）回顾性。没有对前一阶段实践活动的回顾、检视，就无从谈什么收获、得失以及相应的体会。回顾的客观事实是总结写作的基础和依据。

（3）规律性。总结不仅要陈述有关实践活动或工作情况，更要揭示其理性认识。能否进行理性分析，指出事物发展的客观规律，是衡量一篇总结写得好坏与否的重要标准。

3. 总结的种类

按性质分：有综合总结、专题总结。

按范围分：有地区总结、行业总结、部门总结、单位总结、科室班组总结、个人总结。

按时间分：有年度总结、季度总结、月份总结等。

按内容分：有学习总结、工作总结、思想总结、科研总结等。

（二）总结的格式

总结的格式并不固定，写法也较灵活，一般包括标题、正文、落款三部分。

1. 标题

标题一般采用公文式，由总结者、时限、事项、文种四要素组成，如《××市××局2010年工作总结》。有时可视情况省略其中一两项要素，如《2010年教学工作总结》、《关于工会活动的总结》。

有时也可用文章式标题，可自由采用单行或双行形式。如《科技创新是企业发展的必由之路》，《更新观念培养复合型人才——××学院2010年学生工作总结》。

2. 正文

正文主要包含基本情况、成绩经验、问题教训及今后的努力方向四部分主要内容。结构上一般分开头、主体和结尾三部分。许多总结往往把"基本情况"作为开头，"今后的努力方向"作为结尾。

（1）开头。总结的开头有的概括介绍基本情况，即交代工作的背景、时间、地点、条件等；有的概述有关的发展变化、取得的成绩；有的点明总结出的结论，提示全文的重点；有的介绍总结的目的。可采用概述、提问、对比、给结论等多种写法。要求简明扼要，紧扣中心。

（2）主体。这一部分要写明做了哪些工作，采取了怎样的措施、方法和步骤，取得了哪些成绩、存在哪些问题、有什么经验教训和体会（取得成绩和出现失误的主客观原因）。这一部分内容上比较丰富，写作时要注意主次和详略。不同的总结在各部分的轻重处置上有所不同。

比如，着重反映问题的总结，就要把问题和相关原因作为写作重点。

（3）结尾。有的提出今后的工作设想和努力方向，有的说明工作发展趋势，展望前景，提出新目标，也有的直接提出改进措施。

3. 落款

署上名称、标明时间。标题中已标明的，可以省略。

（三）总结写作的常见错误和写作要点

1. 常见错误

（1）写作中缺乏对事实的基本陈述，有的还表现为对事实的概述不到位。尤其是初学者面对一个相对复杂的工作事实，往往在情况概述中遗漏相关的要素；或者缺乏宏观视野，对事实的表述仅仅着眼于局部或者其中的某一个阶段，没有概括出有关事实的整体面貌。

（2）写作中不能实事求是。这主要体现为对材料处理不当，自我评价时有失偏颇。在材料的选用中，或者只着眼于某一个阶段、某一方面，只选择对自我评价有利的材料，只见"点"而缺乏"面"；或者在类型化材料中，不能选择有代表性的典型材料，反映问题不充分。在自我评价中，有的只侧重于自我表扬，满眼只有成绩；有的则是妄自菲薄，对已展开的工作局面信心不足。

（3）对规律性的东西总结不到位。许多初学者总是把成绩或问题的出现归之于具体的事实中，不能从现象中抽离出来，总结出带有规律性的认识。

2. 写作要点

（1）明确总结的应用目的。要分析文章到底是定位于工作中综合情况的汇报，还是针对某一方面的成绩或者问题教训进行专门的总结。这些不同目的的差异，将决定总结的写作重点，并影响其详略方面的安排。

（2）写作前要全面掌握材料，在写作中则要精选材料，有效使用概述和点面结合的表达方式。这样才能让总结得出的结论正确、全面、具有说服力。

（3）观点和材料要保持统一。总结的观点来自于材料，是对规律性认识的提炼。在行文中，观点又要统率材料。两者呈现出正相关的对应关系，要保持统一。

（4）充分重视结构，便于全文的行文安排。全面总结多采用总分式，先总述工作情况，如形势、背景、成绩，然后再分若干项主要工作逐项总结。专题总结常见的多按"情况—成绩—经验—问题—意见"或"主旨—做法—效果—体会"的顺序来写。也有的把工作的整个过程，按时间划成几个阶段，各个阶段把情况、经验教训结合在一起，突出其重点和特点即可。还有的把总结的内容按性质分类，如按经验体会、工作项目分类，逐条排列。

（四）例文

福建省纸业协会 2010 年工作总结

2010 年我省纸业在金融危机的阴影中开局，在党中央、国务院和各级政府强有力的领导下，在全行业员工的全力拼搏下，严峻局面得到了扭转，生产总量和经济效益逐月连续上升。2010 年福建省规模以上企业纸和纸板产量 432 万吨，增长 20.9%。造纸和纸制品行业工业总产值（可比价）530 亿元，同比增长 33.3%；其中造纸达到 215 亿元，同比增长 39.4%。利润总额 29.51 亿元，同比增 82.8%；其中造纸 8.51 亿元，同比增 3768.2%；税金总额 16.48 亿元，同比增55.9%；其中造纸4.93亿元，同比增20.5%。其他绝大多数经济指标刷新历史纪录，行业总体运行良好。

2010年本会为帮助我省造纸和纸制品企业更好地走出金融危机阴影，促进行业振兴做了大量积极而有效的工作。其工作重点是通过对重点企业的技术提升，提高企业核心竞争力，落实产业结构调整政策，实施节能减排和淘汰落后产能，扩大产业总体规模和企业技术装备水平，促进清洁生产和污染物治理，保证废水排放达到GB3544—2008表1的要求，并为2011年6月30日前执行表2指标做好准备，使行业能够长期可持续发展。同时围绕本会年度工作计划，紧张有序地开展各项工作。现将2010年协会主要工作具体汇报如下：

一、为行业服务，促进产业结构调整，扩大产业规模，提高经济效益，节能减排，淘汰落后产能，把纸业做优做大做强。

（一）协助省经贸委做好淘汰落后产能工作。（略）

（二）完成省技术监督局委托的四个地方强制性标准的编制工作。

节能减排是《造纸产业发展政策》的核心，为了规范节能减排工作，使节能减排有个衡量尺度，能够量化表述和管理，在国家还没有颁布标准的情况下，2010年初本会与省经贸委环资处及省技术监督局标准处签订协议，接受委托编制我省造纸行业四大类主要产品的单位产品综合能耗限额地方强制性标准，该《单位产品能源消耗限额》包括了我省造纸业绝大多数主要产品：特种纸和纸板、生活纸、文化纸以及包装用纸和纸板。经过一整年的不懈努力，四个标准中的《特种纸单位产品综合能源消耗限额》已经于2010年3月发布实施，效果良好。另外三个标准已通过初审、公示和审定等程序，进入等待发布实施阶段。

（三）针对包装用纸和纸板发展中遇到的困难问题，展开专题研讨。（略）

（四）完成了对有关企业技术提升辅导诊断的回访、总结和验收工作，并将其常态化。（略）

（五）召开618造纸项目对接会，为618常态化做贡献。（略）

（六）参与中国造纸工业"十二五"发展规划的编制工作。（略）

（七）为省领导了解和指导福建纸业发展提供关键技术信息和建议。

（八）促进行业和协会间的交流。（略）

（九）提供平台、开拓市场、引进外界技术、努力促进福建产品走出省门。（略）

（十）宣传福建，协助全总和中纸协评选行业十强企业和优秀企业家。（略）

（十一）促进行业技术人才的培养，为行业长期发展奠定人才基础。（略）

（十二）参加政府职能部门组织的各项活动。（略）

二、为企业服务，帮助企业克服困难，振兴福建纸业。

（一）为帮助会员企业解决融资难问题，于3月4日召开了福建省纸业协会四届三次理事会，特邀福州建设银行和民生银行的有关负责人莅临会议，介绍银行贷款政策，帮助企业解决贷款难问题，构筑银企合作的桥梁。根据年末回访，效果很好。

（二）派专家组前往龙岩，帮助龙岩南纸策划产品方向和设备改造方案。

（三）派专家组前往漳州南靖，帮助友利达纸业解决造纸机断头事故。

（四）为了加快我省牛皮特种纸的发展，大田县华闽纸业有限公司与中国制浆造纸研究院合作成立牛皮特种纸研发基地，开发该类纸张的新品种。

（五）本会质量专委会（省浆纸站）为我省造纸企业检验纸、纸板和纸制品共892批次，培训检验人员 4 人，校对仪器 31 台次。

（六）全年为会员企业开具产能、品牌、知识产权、技术人员行业社团职务、推荐企业和企业家荣誉等证明 20 多份。

三、做好日常工作，提高服务效率，把协会做优做强。

1 月 11 日召开协会办事机构负责人会议，会议重点讨论 2009 年工作总结，制定 2010 年工作计划（草案），以便提交四届三次理事会议讨论通过。3 月 4 日，召开福建省纸业协会四届三次理事会，参会企业交流了 2009 年运行情况，尤其是金融危机对企业的影响，畅谈了 2010 年发展计划。会议还讨论并通过了协会 2009 年工作总结和 2010 年工作计划。会上为帮助会员企业解决融资难问题，特邀福州建设银行和民生银行的有关负责人到会讲话，介绍银行贷款政策，帮助企业构筑银企合作的桥梁。会议还重点就泉州卫生用品博览会、广州和南宁造纸博览会以及就如何帮助企业在 2010 年 6 月 30 日前确保造纸污水排放全面达到 GB3544－2008 标准等问题展开讨论。

2010 年本会不断加强对《福建纸业信息》刊物和海峡造纸网的信息平台的建设工作。（略）

2009 年年底本协会获得省级首批 4A 级行业协会荣誉称号，2010 年 10 月 27 日获得省民政厅 AAAA 授牌。2010 年协会办公设备设施继续得到更新，新增计算机 1 台、彩印机 1 台，提高了工作效率和刊物印刷质量。

一年来新发展新会员 4 家，壮大了协会队伍。会费收缴正常，大多数会员单位都能做到按时自觉缴纳会费。协会通过开源节流，年度收支基本达到平衡，财务运行状况总体不错。

综上所述，2010 年协会做了大量积极有效的工作。除上述之外，还及时完成上级组织和会员单位临时交办的各项工作。回顾一年来的工作，有很多经验教训需要总结。福建纸业要以科学发展观统领产业发展，以产业结构调整为主线，从量的快速发展转变为质的飞跃。目前的重点是要大力推进节能减排和淘汰落后产能工作进展，促进行业做优做大做强，迅速提升行业竞争力，走绿色发展之路，努力缩小与沿海其他先进省份的差距。

2010 年协会工作是紧张和卓有成效的。但在过去的一年里，由于协会专职人员少，事情多，任务重，工作中难免出现一些疏漏和不到位的地方，如个别工作计划因故不能如期实施，对会员单位提供的服务还不够广泛等，在新的一年里要认真加以改进。①

第三节　调 查 报 告

一、调查报告的概念、特点及种类

（一）调查报告的概念

调查报告是针对某一情况、某一事件、某一问题进行调查，运用辩证唯物主义的观点和方法研究以后，写出的客观、真实、及时反映问题或总结有关规律和经验的书面报告。除了"调查报告"，"考察报告"、"调研报告"、"××调查"也都是其经常使用的名称。

调查报告在写作过程中主要包括两个部分：一是深入实际地调查，不臆想，不主观，及时准确地反映客观事实；二是在掌握客观事实的基础上进行研究，揭示事物的本质。

---

① 选编自《福建纸业信息》2011 年第 4 期，文中有删节，个别字句、标点有改动。

（二）调查报告的特点

（1）针对性。调查报告的针对性主要体现在写作目的上，或是为决策提供依据，或是便于领导机关了解情况，处理实际问题，或是通过典型总结经验，指导工作。

（2）事实与观点相结合。调查报告必须坚持真实性原则，对有关事实的发生、发展和结果必须叙述准确，有关数据也必须核实清楚。其观点必须是从客观事实中得出的，并带有结论性质，不能凭主观倾向及好恶模糊或左右有关观点。

（3）叙议结合，以平实的叙述为主。调查报告的表达不仅采用叙议结合的方式，简明扼要、条理清楚地叙述事实。还要对调查材料中的结论进行适当地分析、议论，但只是点到即止，不反复论证，更多的是用事实说话。

（三）调查报告的种类

按写作目的分，包括反映社会某一方面基本情况的调查报告、介绍新生事物的调查报告、推广典型经验的调查报告、揭露问题的调查报告。

按内容和性质分，包括专题型调查报告、综合型调查报告、理论研究型调查报告、实际建议型调查报告、历史情况型调查报告、现实情况型调查报告等。

二、调查报告的格式

一般来说，调查报告的内容大体有：标题、概况介绍、资料分析及统计、结论或对策、建议等。其格式包括标题、正文和落款。

（一）标题

调查报告的标题有公文式标题和文章式标题两种。公文式标题由"事由＋文种"构成，如《××市灾后农村中学教学情况的调查报告》。而文章式标题则比较自由，即可是单标题，又可是双标题，如《××大学的校园文化建设》，又如《调整教学思路培养务实性人才》、《为了共同富裕——××区新农村建设的调查报告》。

（二）正文

正文的结构一般由前言、主体和结语三个部分组成。

1. 前言

调查报告的前言，有时也称"导语"或"引言"。常见的写作方式有：交代式，对调查课题的由来作简明介绍和说明；简介式，对调查课题的对象、时间、地点、方式、经过等作简明的介绍；概括式，对调查报告的内容，包括课题由来、对象、调查内容、调查结果和研究的结论等方面，作出概括说明。

2. 主体

这是调查报告的核心部分，是对调查得来的事实和有关材料进行叙述，对调查研究结果进行引证和说明的部分。

这一部分有不同的结构框架。有的调查报告采用纵式结构，根据事物的发生、发展、结局过程来组织材料。有的采用逻辑结构，根据事物的内在联系，分几个部分来安排，各部分可依据并列或递进关系，设置小标题或序号，使层次结构清楚，一目了然。

3. 结语

结语往往带有结论性质，可总结概括全文，提出看法和建议，或补充有关调查内容的相关因素，或根据结论深化认识，或提出号召或倡议，有的甚至可以视情况省略这一部分。

（三）落款

落款要写明调查者（单位或个人）的名称，还有完稿时间。如果标题中已注明调查者，落款时可以省略。

三、调查报告写作的常见错误和写作要点

（一）常见错误

（1）材料使用不当。这类错误主要表现在：一是缺乏有效调查，对材料掌握不充分。有的是对事实缺乏全貌的认识，知头不知尾，或想当然地以点概面；有的是对有关事实的要素叙述得不清不楚，甚至张冠李戴，或对重要的数据采用模糊化语言。二是缺乏分类，不能选择出有代表性的典型材料。多个同一类型的材料堆砌在一起，造成行文的臃肿。

（2）观点不当。有的调查报告观点与材料脱节：材料反映的是一方面的问题，而与此相关的结论风马牛不相及，甚至与材料相背离。更多的则表现为调查结论流于表面，分析缺乏深度，上升不到理性认识的高度。

（二）写作要点

1. 重视调查活动过程

首先是尊重客观事实，避免写作中先入为主的思想观念。其次，做好充分的调查准备。在调查活动中，根据情况采用不同的调查方式，可以是座谈会、个别走访，也可以是包括文字、表格、电话、网络等多种媒介形式的问卷。除了所见所闻的第一手材料外，各种文件、统计表、对象事迹、工作报告等都可视为重要材料。

值得一提的是，当今许多调查者喜欢采用抽样调查问卷这种形式。在此，需要就调查课题与问卷内容中的注意事项提示如下：

一是要重视问题的设计与开展。提出的问题要与调查的问题之间存在某种必然联系。其回答在分析过程中存在某种必然联系的问题要设置在一起。

二是调查者要事先评估调查对象分布的合理性。如果没有特殊要求，抽样调查的对象不能集中于带有某种共同特征的群体身上，如某一性别、年龄、收入、工作属性、精神信仰等。

三是调查者要预估所提问题在回答中的真实性和有效性，避免出现同质性的回答。比如，调查各科室的工会活动经费是否够用，如果问题缺乏技巧，则可能出现全都"不够"的回答。这种结果对于调查者而言往往是无效的。要防止这种同质性答案，可以将这一问题化解为两三个具体的问题。如针对年度内工会活动的方式、花费水平和余额情况进行调查，则调查结果更为真实、客观。此外，调查者还要避免在一种社会集体性的情绪和意愿中，针对与某一行动有关的主观意愿进行调查。因为其回答受社会化的影响过于浓重，有可能掩盖有关的客观事实。

四是要便于问卷回收后的统计。这要求问题数量不要太多。如果针对回答者采用选择题的方式，提供的不同选项要涵盖该问题涉及的所有类型，实在不能的话，应该设计让问卷者补充的内容。

2. 用科学的方法进行分析，梳理观点，得出有关结论

要运用辩证唯物主义与历史唯物主义的认识观与方法论，对调查所展现出的结果进行原因分析。尤其是要避免单向的线性的分析思路。在分析中，要理清哪些是内在的原因，哪些是外

在原因，哪些是主要原因，哪些是次要原因。还要分析事物发展的未来趋势，哪些是根本趋势，哪些可能存在变数，它们又受哪些因素的影响。这些方面对于观点或结论的正确科学与否有重要意义。

3. 灵活使用各种不同结构，避免行文布局的呆板

比如，反映基本情况的调查报告，多用"情况—成果—问题—建议"式结构；介绍经验的调查报告多用"成果—具体做法—经验"式结构；揭露问题的调查报告，多用"问题—原因—意见或建议"式结构；揭示事件的调查报告多用"事件过程—事件性质结论—处理意见"式结构。

四、例文

中国商人生存环境调查报告

近年来，国有企业携政策、法律、资金、资源等优势，强力扩张，挤压民营经济的生存空间，让许多民营企业家倍感压力。不仅在国企垄断的传统领域，甚至在部分竞争程度较高的领域也听到了国资挺进的号角。人们担心，新一轮"国进民退"的旋风正席卷更多非传统国资涉足的领域，从而进一步挤压民营企业发展空间。2010年8月，中国工商联调查发布了一个简单的不等式：500强民营企业的利润总和比不上两家央企巨头。这一数据让人们看到民营企业和国有企业的差距，令人不禁想问，民营企业到底路在何方？

2011年2月17日在亚布力中国企业家论坛第十一届年会上发布的《2010年中国企业家生存环境调查报告》指出：尽管民营企业家总体看好中国经济发展，但大多数企业家表示在与国企和外企竞争中倍感压力，认为政策环境是当前民营企业面临的最大挑战，而政策的公平性和稳定性是企业家最为普遍关注的问题。

民营企业在竞争中倍感空间受挤压

调查显示，近七成（66.7%）民营企业的老总称在与国企和外企的竞争中，感觉到压力大，其中近两成（18.9%）的老总表示"压力非常大"。其中，中小企业，尤其是二线城市和中西部地区的中小型民营企业压力更大。

调查进一步发现，造成其压力的原因既有来自市场的因素，也有来自非市场的因素。在非市场因素方面，政府政策倾斜力度是一个重要因素。在所有表示"有压力"的企业家中，34.2%的人认为政府对民营企业与国有企业和外资企业的政策倾斜力度不一样，15.7%的人认为政府给民营企业的优惠政策远不如给国有企业和外资企业的力度。可见国有企业的先天政策优势和外资企业的超国民待遇是让民营企业倍感压力的重要原因。

此外，调查还显示，半数（50.5%）企业家表示政府对国有企业和民营企业政策上有失公平，其中认为"非常不公平"的比例为11%。进一步分析发现，服务业、中小型企业对政策有失公允感受更强烈。

其次，在市场因素方面，日益激烈的市场竞争是民营企业家感到压力的另一重要因素。数据显示，35.7%的企业家表示其压力源于在与国企和外企竞争中，企业运营成本的增加。此外，有22.9%的企业家表示其企业与国企和外企在争夺优秀人才上竞争激烈。此外，与国企和外企在市场价格（20%）、品牌知名度（20%）和技术革新（15.7%）等方面的较量比拼也是企业家感到压力的另一些因素。

政策变动令民营企业疲于应对

近年来政府各个部门对经济活动的调控越来越频繁。政府对市场的干预，提高了未来

不确定性，这让很多民营企业家们疲于应对，甚至感到不安。本次调查显示，近八成（77.6%）企业家认为国家政策变动对其企业的影响程度较大，其中有 24.3% 的企业家认为"非常大"。而对于国家大力调控的房地产行业，其受政策影响的程度更大。此次调查的 21 位房地产企业老总中，有 19 位表示政策变动对其企业影响大，比例高达 90.4%。其中 10 位认为"影响非常大"。

分析还发现，对于不同规模的企业，政策变动对其影响程度有所不同。26.7% 的中小企业的企业家认为影响"非常大"，这一比例比大型企业的企业家（11.8%）高出 15 个百分点。

此次调查访问的很多企业家认为，目前民营企业在中国面临的最大的挑战还是政策方面的问题，其中政策公平性和稳定性问题最受关注。多数企业家认为，在中国，要想企业发展得好，跟紧政策和跟对政策是民营企业家的必修功课。为了做好功课，企业家们往往会在研究政策、与政府官员打交道和如何获得话语权上花费更多时间和精力，以应对政策不确定性带来的影响。实际上，民企空间的萎缩感也正体现了当前公权力与市场此消彼长的关系。

逾四成企业家称媒体报道不客观

一直以来，媒体对"问题富豪"、"不良企业"等的报道，加强了公众对企业家群体负面认识。其实，对于社会上的很多大企业，公众是有期待的，希望这些企业能够承担起更多的社会责任，希望能够诞生一批国际品牌，做强做大。然而，"毒奶粉事件"、无良煤老板、昔日首富先后身陷囹圄、企业家炒作股市楼市等现象让不少公众感觉很激愤。而媒体往往将这些新闻点夸大，以迎合民众情绪。

那么，作为这些新闻事件的主角，企业家如何看待媒体的报道，又有多少人受到舆论讨伐的影响呢？《2010 年中国企业家生存环境调查报告》指出：企业家自认在与媒体关系上是弱势群体，逾四成企业家认为媒体对企业家群体的报道不客观，三成企业家受到舆论道德"讨伐"的负面影响。

当前，媒体报道常常提及"问题富豪"，把富豪和问题连在一块，觉得民营企业家官商勾结、假冒伪劣等。然而此次调查显示，逾四成（42.9%）企业家认为，媒体的报道往往并不是事物的全貌，有时候有欠客观。另外三成（30.5%）企业家则认为媒体对企业家群体的报道还是相对客观的，被曝光的企业或企业家属于本身"案底"不够清白。

调查还显示，对于企业家群体与媒体之间的关系状态，近三成（28.6%）企业家认为，企业家在媒体面前基本没有话语权。而另外近七成（68.1%）企业家则持更加理性态度，认为"企业家在不同事情上的话语权和影响力不一样。"只有 2.4% 的企业家认为企业家群体比较强势，可以影响媒体舆论方向。

公众的道德讨伐让逾三成企业家受影响

对于社会公众曾经掀起的对企业家"原罪"问题的讨伐，以及公众普遍对企业家"为富不仁"的认识，有逾三成企业家表示受到了负面影响。其中 19% 的企业家承认社会舆论环境已经对其产生了一定的道德压力，另外 15.7% 的企业家认为这有损其本人和企业家群体的形象。此外，2.9% 的企业家表示社会舆论环境已经对其平时工作和生活造成影响。总体来看，公众的道德"讨伐"对 37.6% 的企业家产生了负面影响。

对于媒体的报道和公众的认识，此次受访的企业家们表示感到颇为尴尬和无奈。他们觉得，一方面公众没有看到作为富人阶层的民营企业家是用其冒险、创新和努力换来的回报，没有看到企业家为社会做出的贡献；另一方面，确实有些民营企业家有暴发户心态、不顾道德法律、官商勾结、生活腐化，在社会上树立了不良形象。但是，他们认为公众和媒体应该辩证看待。

企业家财产和人身安全感缺失

调查发现企业家安全感较低。对于当前法律环境是否能够保障其财产安全，有28.6%的企业家认为"不安全"，其中认为"不太安全"的企业家占23.8%，认为"非常不安全"的占4.8%。此外，当问及平时是否担心自己和家人的人身安全时，竟有近四成（38.1%）企业家表示担心，其中28.1%的人表示"比较担心"，而10%的人表示"非常担心"。

企业家群体是伴随中国市场经济的发展而诞生的，他们分享着市场经济的财富成果，获得市场创新带来的成就感，得到社会的尊重。然而公众多相信中国的富人都是有"原罪"的，公众中也有一定的仇富心态，加之对制度和政策不确定性的担忧，这让不少企业家缺乏社会安全感。此外，企业家在市场经济中的作用也没有被人们充分认识，作为纳税人也没有享受相应权力，加之相关话语权的缺失，这些让企业家又缺乏相应的社会认同感。"两感"的缺失反映出了表面光鲜的企业家背后矛盾和纠结的心态，这也是促使他们纷纷选择"逃离"、移民海外的理由之一。

技术说明：此次调查于2010年11～12月针对北京、上海、广州、深圳、重庆、西安、广东、四川、江苏、山西等19个城市和省份的210位中国民营企业董事长、董事、总裁、副总裁和CEO进行。调查涉及制造业、建筑业、房地产业、金融业、信息传输业、计算机服务及软件业、商务及科技服务业等各行业的民营企业，其中大型企业占16.2%，中小型企业占83.8%。[①]

第四节 会议记录

一、会议记录的概念、特点及种类

（一）会议记录的概念

会议记录是由会议组织者指定专人，如实、准确地记录会议的组织情况和会议内容的一种机关应用性文书。会议记录一般用于比较重要的会议或正式的会议。它要求真实、全面地反映会议的本来面貌。

（二）会议记录的特点

（1）综合性。会议记录是在对会议中各种材料、与会人员的发言以及会议决定、决议等内容进行整理和概括提炼基础上形成的，它具有全面反映会议内容的基本特点。

（2）指导性。这一特性包含两层含义：一是会议本身的权威性；二是会议记录集中反映了会议的主要精神和决定事项，下发后，将对有关单位和人员产生约束力，起着指导工作的作用。

（3）资料性。多数会议记录主要作为向单位领导汇报、向群众传达的文字依据，向上汇报或向下通报情况，必要时可作查阅之用。

---

① 该报告由亚布力（中国）企业家论坛发展研究基金会、泰康人寿保险股份有限公司和零点研究咨询集团联合编制发布，内容有部分删减。原载《中国商人》2011年第5期，选编时没有引用该文的图表。

（三）会议记录的种类

会议记录的分类依据源于会议种类。按照会议性质来分，大致有办公会议记录、专题会议记录、联席（协调）会议记录、座谈会议记录四类。

（1）办公会议记录。办公会议记录是记述机关或企业、事业单位等对重要的、综合性工作进行讨论、研究、议决等事项的一种会议记录。一般的办公会议记录记述例行办公会议情况及其议决事项。也有现场办公会议记录，记述为解决某重大问题而召集有关方面和有关单位在现场研究、议决或协商的情况。

（2）专题会议记录。专题会议记录是专门记述专题会议讨论、研究的情况与成果的一种会议记录。其主要特点是主题的集中性与观点意见的分呈性相结合，既要归纳比较集中、统一的认识，又要将各种不同观点和倾向性意见都归纳表达出来。

（3）联席（协调）会议记录。联席（协调）会议记录是专门记述几个不相隶属但有工作联系的机关或企事业团体，针对某些规定不明确的问题，进行沟通、讨论，研究新经验、新方法的一种会议记录。

（4）座谈会议记录。座谈会议记录是专门记述座谈讨论会议中针对某个主题的讨论、研究情况的一种会议记录。相较于专题会议记录，座谈会议记录无论在内容上还是格式上，都相对简略。

二、会议记录的格式

（一）标题

（1）会议名称＋文种。如例文1《贾平凹作品讨论会议记录》。

（2）只写文种，即《会议记录》。

如果使用的是专用的会议记录本，连"记录"二字也可省略，只写会议名称即可。

（二）会议组织情况

（1）会议时间。要写明年、月、日，上午、下午或晚上，×时×分至×时×分

（2）开会地点。如"××会议室"、"××礼堂"、"××现场"等。

（3）主持人的职务、姓名。如"校党委书记×××"、"公司总经理×××"。

（4）出席人。根据会议的性质、规模和重要程度的不同，出席人一项的详略也会有所不同。有时可以只显示身份和人数，如"各院系党总支书记和直属党支部书记31人"、"各部门经理"、"全体与会代表"等。

如果出席人身份复杂，如既有上级领导，又有本单位各部门的主要领导，还有各种有关人员，最好将主要人员的职务、姓名一一列出，其他有关人员则分类列出。

（5）列席人。包括列席人的身份、姓名，可参照出席人的记录方法。

（6）缺席人。如有重要人物缺席，应作出记录。

（7）记录人。包括记录人的姓名和部门。如××（××办公室秘书）。

（三）会议内容

这部分随着会议的进展一步步完成，没有具体的固定模式，一般包含以下方面：会议的议题、宗旨、目的；会议议程；会议报告和讲话；会议讨论和发言；会议的表决情况；会议决定和决议；会议的遗留问题。

这些是一般会议都有的项目，但侧重点会有所不同，先后次序会有所不同。

（四）结尾

可将主持人宣布的散会一项记入，也可以将散会一项略去不记。

最后，由主持人和记录人对记录进行认真校核后，分别签上姓名，以示对此负责。

三、会议记录写作的常见错误和写作要点

（一）常见错误

（1）不注意会议记录的组成要素，就时间、地点、会议名称、各类与会者与缺席者等人姓名诸要素有所遗漏或书写错误。

（2）在记录过程中开小差，没有如实记录别人的发言，或者挂一漏万，或者断章取义，或者根据自己的理解把自己的话添加到别人的话语中。

（3）记录要点不突出。尤其是在一些气氛比较轻松的座谈会中，有的记录者甚至忽略了与会者的发言，不能发现其要点；或者把一些调节气氛的无关会议议题的话语也记录下来。

（二）写作要点

1. 真实、准确

要如实地记录别人的发言。不论是详细记录，还是概要记录，都必须忠实原意，不得添加记录者的观点、主张，不得断章取义。尤其是会议决定之类的东西，更不能有丝毫出入。真实准确的要求具体包括：不添加，不遗漏，依实而记；清楚，首先是书写要清楚，其次记录要有条理，突出重点。

2. 要点不漏

记录的详细与简略，要根据情况决定。一般地说，决议、建议、问题和发言人的观点、论据材料等要记得具体、详细。一般情况的说明，可抓住要点，略记大概意思。

3. 注意格式，始终如一

格式中一般包含有会议名称，会议基本情况（包括时间、地点、出席人数、主持人、缺席人、记录人），写作者要尽可能在会议开始前掌握相关情况。对会议内容，从会议开始到会议结束，根据发言先后顺序，就发言内容以及相关建议、决议等都要认真负责记录到底。另外，记录发言时要掌握发言的质量，重点要详细，重复的可略记，但如果是决议、建议、问题或发言人的新观点，要记录得具体详细。

四、例文

例文 1

贾平凹作品讨论会议记录

时间：2011 年 6 月 3 日

地点：某高校 207 教室

出席者：李×老师、8 班全班同学（共 49 人）

主持人：语文课代表陈×

记录人：王×

讨论：怎样认识"丑石"的形象（《丑石》，散文，作者：贾平凹）

发言记录：

李×：我觉得"丑石"是最美的。它补过天，发过光，可是在落到地上以后却甘于寂

寞生存，从不炫耀自己，被人误解，被人嘲骂也从不辩解。这样的品质真是伟大呀！做人就要做具有这种品质的人。

张×：李×说得对。生活里就有许多的人，像《红岩》里的华子良就是。他忍受被同志误解、怀疑的痛苦，寂寞地生存，直到最后发挥作用。

王××：华子良并没有寂寞生存，他在战斗。战斗有轰轰烈烈，也有静悄悄的，形式不同，性质一样。

主席：请注意，我们讨论的是"丑石"的形象，而不是华子良的形象，请继续对"丑石"发表意见。

江×：很明显地，作者是赞美"丑石"而且要我们向"丑石"学习的。我不同意贾平凹先生的见解。他是要我们当今时代的青年去当奴隶，一切都逆来顺受，至少是无所作为。不错，"丑石"补过天，发过光，但那是它的过去。现在怎么样呢？它一躺就是几百年，不给人民干活，不为社会发展出力。如果不是天文学家发现了它，它还能这么"伟大"几百年、上千年。所以，它的"伟大"也正是它的错误，是丑而不是美，应该批评，而绝不应该赞扬。

王××：不，不是这样。"丑石"是美的，它过去是众人仰望的明星，为人类补过天，而现在却能在一个偏僻的小村上寂寞生存，淡泊自守，任人责骂，却从不提往日的功绩。这种胸襟和那种整天追名逐利，一有所得，沾沾自喜，一有所失，便怨天尤人，进亦忧退亦忧的人心胸相比，不正是鲜明的对照吗？一篇作品，只能说明一两个哲理，不可能面面俱到。不管作者原意是什么，但我读了后能受到教益，懂得一个人有了成绩以后不应炫耀，处于逆境时不应懊丧，应该谦虚忍让，不为世俗之见所左右，这就够了。

黄××：不，不够。"丑石"是美的，但美得不足，美得不够，甘于寂寞生存是它本质的优点，但恰恰也是它致命的弱点。有了成绩不炫耀，身处逆境不懊丧，这都是美的，我们应该有这样的修养和品德。但光这样就够了吗？我们能在需要腾飞的时代，像"丑石"那样一躺几百年以显示自己的胸襟开阔，甘于寂寞的美吗？不，不是要人家来发现，而是要毛遂自荐，要敢于说自己行，敢于把本事都拿出来，连一分钟都不等。

江×：对，对，我也是这个意思，可能说得不清楚。一篇作品应该有时代感，今天时代要求我们成为开拓者，创造型人才，我们绝不应甘于寂寞，要敢于争光，要争做出头鸟，敢于表现自己的才能和价值。

徐×：是否可以这样认为：做出了成绩，对成绩应该甘于寂寞，不去卖弄，不去沽名钓誉，面对未来，应该继续追求，不能满足于已为社会作过贡献而甘于寂寞生存。贾平凹同志的观点不完善，它反映了传统的习惯看法，却不能反映时代的潮流。

郑×：我们没有发过光，但今天有些人的发言却很有光彩。我很喜欢这样的讨论会，听听别人的发言，自己脑子也变得聪明灵活了。

例文 2

××市城南开发区管委会办公会议记录

时间：2011 年 4 月 8 日上午
地点：管委会会议室
主持人：李×× （管委会主任）

出席者：杨××（管委会副主任）、周××（管委会副主任分管城建）、李××（市建委副主任）、肖××（市工商局副局长）、陈××（市建委城建科科长）及建委、工商局有关科室宣传人员、街道居委会负责人张×。

列席者：管委会全体干部

记录：邹××（管委会办公室秘书）

讨论议题：

1. 如何整顿城市市场秩序。

2. 如何制止违章建筑、维护市容市貌。

杨主任报告城市现状：我区过去在开发区党委领导下，各职能单位同心协力、齐抓共管在创建文明卫生城市方面取得了一定成绩，相应的城市市场秩序有一定进步，市容街道也较可观。可近几个月来，市场秩序倒退了，街道上小商贩逐渐多起来，水果摊、菜担、小百货满街乱摆……一些建筑施工单位沿街违章搭棚。乱堆放材料，搬运泥土撒落大街……这些情况严重地破坏了市容市貌，使大街变得又乱又脏，社会各界反应很强烈。因此今天请大家来研究：如何整顿市场秩序？如何治理违章建筑、违章作业、维护市容……

讨论发言（按发言顺序记录）

肖××：个体商贩不按规定到指定市场经营，管理不得力、处理不坚决，我们有责任。这件事我们坚决抓落实：重新宣传市场有关规定，坐商归店、小贩归市、农民卖蔬菜副食到专门的农贸市场……工商局全面出动抓，也希望街道居委会配合，具体行动方案我们再考虑。

罗××（工商局市管科科长）：市场是到了非整不可的地步了。我们的方针、办法都有了，过去实行过，都是行之有效的，现在的问题是要有人抓，敢于抓落实……只要大家齐心协力问题是能够解决的。

秦××（居委会主任）：整顿市场纪律我们居委会也有责任。我们一定发动群众配合好，制止乱摆摊、乱叫卖的现象。

李××（建委副主任）：去年上半年创建文明卫生城市时，市上出了个7号文件，其中规定施工单位不能乱摆占场。工棚、工场不得临街设置，更不准侵占人行道。沿街面施工要有安全防护措施……今年有的施工单位不顾市上文件，在人行道上搭工棚、堆器材。这些违章作业严重地影响了街道整齐、美观，也影响了行人安全。基建取出的泥土，拖斗车装得过多，外运时沿街散落，到处有泥沙，破坏了街道整洁。希望管委会召集施工单位开一次会，重申市府7号文件，要求他们限期改正，否则按文件规定惩处。态度要明确、坚决。

陈××：对犯规者一是教育，二是动硬。"不教而杀谓之虐"，我们先宣传教育，如果施工单位仍我行我素不执行，那时按文件动硬处理，他们也就无话可说。

周××：城市管理我们都有文件、有办法，现在是贵在执行，职能部门是主力军，着重抓，其他部门配合抓。居委会把居民特别是"执勤老人"（退休职工）都发动起来，按7号文件办事，我们市区就会文明、清洁，面貌改观……

与会人员经过充分讨论、协商，一致决定：

1. 由工商局牵头，居委会和其他部门配合，第一周宣传，第二周行动，监督实施，做到坐商归店，摊贩归点，农贸归市，彻底改变市场紊乱状况。

2. 由管委会牵头，城建委等单位配合对全区建筑工地进行一次检查。然后召开一次施工单位会议，对违章建筑、违章工场限期改正。一个月内改变面貌，过时不改者，坚决照章处理。

散会。

主持人（签名）
记录人（签名）
2011 年 4 月 8 日

第五节 简 报

一、简报的概念、特点及种类

（一）简报的概念

简报，就是近期情况的简明报道。它是党政机关、企事业单位、社会团体为及时反映情况、汇报工作、交流经验、揭示问题而编发的一种内部文件。

简报很多种名称，可以叫"××简报"，也可以叫"××动态"、"××简讯"、"××通讯""情况反映"、"××交流"、"××工作"、"内部参考"等。

（二）简报的特点

1. 新闻性

简报近似于新闻消息报道，其新闻性特点主要体现在真、新、快、简四个方面。

（1）真实。简报所反映的内容、涉及的情况，必须严格遵循真实性原则，时间、地点、人物、事件、原因、结果，所有要素都要真实，所有的数据都要确凿。虚构编造不行，移花接木、添枝加叶也不行。

（2）新鲜。简报要反映新事物、新动向、新思想、新趋势，要成为最为敏感的时代的晴雨表。

（3）快捷。"快"是报道的迅速及时。简报写作要快，制作、发送也要便捷迅速，尽量让读者在第一时间里了解到最新的现实情况。

（4）简短。简报要内容集中、篇幅短小、提纲挈领、不枝不蔓。简报名目之前冠一"简"字，可以看出简洁对它的重要性。

2. 集中性

虽然一期简报中可以只有一篇报道，但更多情况下，反映工作动态或某一主题精神的一期简报往往将若干篇报道集结在一起发表。这加大了信息量，可避免单薄感，有点有面、相辅相成。

3. 规范性

从形式上看，简报要求有规范的格式，由报头、报核（包含编者按、目录、标题、正文）、报尾三部分组成。其中，对报头和报尾的格式要求比较明显。

（三）简报的种类

简报的种类繁多，按照不同的分类标准，可以划分为很多不同类型。

按时间划分，简报可分为定期简报和不定期简报。

按发送范围分，有供领导阅读的内部简报，也有发送较多、阅读范围较广的普发性简报。

按内容划分，简报可以分为工作简报、生产简报、会议简报、信访简报、科技简报、教学简报、动态简报等。下面主要介绍四种类型：

（1）工作简报。这是为推动日常工作而编写的简报，主要反映工作开展情况，介绍工作经验，报告工作中出现的问题等。工作简报又可分为综合工作简报和专题工作简报两种。

（2）会议简报。这是会议期间为反映会议进展情况、会议发言中的意见和建议、会议议决事项等内容而编写的简报。重要会议的简报往往具有连续性的特点，即通过多期简报将会议进程中的情况接连不断地反映出来。会议简报一般由会议秘书处或主持单位编写。

（3）科技简报。这是为反映最新科学技术研究成果、介绍推广新产品、新工艺、新技术、新理论、新动向而编写的简报。这类简报内容新、专业性强，有的属于经济情报或技术情报，有一定的机密性，必要时需加密级。

（4）动态简报。这是为反映本单位、本系统的思想、政治、经济、文化等方面的最新情况而编写的综合性简报。动态简报着重反映与本单位工作有关的正反两方面的新情况、新动向、新问题。

二、简报的格式

（一）报头

首页间隔横线以上称为报头，简报的报头有些类似公文的"眉首"，由简报名称、期数、编发机关、日期、保密提示等项目组成。一般都是套红印刷。

（1）简报名称。简报除用"××简报"、"××动态"、"情况反映"等前面提到的常用的四字名称之外，还可加上单位名称、专项工作等内容。如《××大学抗震救灾简报》。还可不使用"简报"一词，如《南充民革》。

（2）期数。期数位于简报名称下方正中，数字用汉字大写，如涉及总期数，则在其后注明"总第×期"，并加括号。如果是综合工作简报，一般以年度为单位，统编顺排；如果是专题简报，则按本专题统编顺排。

（3）编发机关。编发机关一般是"××办公室"或"××秘书处"，位于期数下面、间隔横线上方左侧。

（4）日期。日期位于编发机关右侧，用汉字书写。

（5）保密提示。如果需要保密，在首页报头右上角标明密级或"内部刊物"字样。如确有必要，还可在首页报头左上角印上份号。

间隔横线一般为红色。

（二）报核

间隔横线以下、报尾以上的部分称之为报核。报核包括以下项目。

1. 编者按

如果编发者对本期工作简报所涉及的工作情况有政策性的宣传意图及工作指示，可以由编发者加"编者按"（又叫"按语"、"按"）。其文字内容往往反映工作任务来源、本期重点稿件的意义和价值、有关政策精神、意见导向等方面。"编者按"不可过长，短者三五行，长者半页即可。一般带有明显的思想倾向性。实践中，可以根据具体情况决定是否撰写"编者按"。

2. 目录

一期简报可以只有一篇报道，也可以有多篇报道。多篇报道的简报可编排目录。由于简报内容单纯，容易查找，目录一般不需标序码和页码，只需将"编者按"、各篇标题排列出来即可。为避免混淆，可以在每项前加一个五星标志，或者加圆点的着重符号，依次排列。

3. 标题

简报的标题类似于新闻消息的标题，可分为单标题和双标题两种基本类型。

（1）单标题。将报道的核心事实或其主要意义概括为一句话作为标题，如《后勤工作今年重点抓好五件事》、《我校通过"××工程"专家审查验收》、《查摆突出问题，研究"创先争优"活动方案》。标题中间可以用空格的方式表示间隔，也可以加用标点符号。

（2）双标题。双标题有两种情况：一是正题后面加副题。前一个标题是正题，概括事实的性质，后一个标题是副题，补充叙述基本事实。如：

再展宏图　创全国一流市场

——××农贸市场荣获××市"信誉市场"称号

二是正题前面加引题。前一个标题是引题，指出有关事实的作用和意义，后一个标题是正题，概括主要报道内容。如：

尽责社会　完善自身
××师大团委开展"把知识献给人民"的活动

4. 正文

（1）导语。导语就是简报的开头语，要用简短的文字，准确地概括报道的内容，说明报道的宗旨，引导读者阅读全文。导语写作总的要求是"开门见山"，一开始就切入基本事实或核心问题，给人一个明确的印象。导语的具体写法可根据主题需要，分别采用叙述式、描写式、提问式、结论式等几种形式。叙述式导语是用概括叙述的方法介绍简报的主要内容。描写式导语把简报的主要事实或某个有意义的侧面加以形象的描写，以引起读者的阅读兴趣。提问式导语把简报反映的主要问题用设问的形式先提出来。结论式导语则先用一两句话在开头点出结论，主体部分再作必要的解释和说明。写作时可根据稿件特点灵活运用。

（2）主体。主体是简报的主要部分。它的任务是用足够的、典型的、富有说服力的材料把导语的内容加以具体化，用材料来说明观点。写好主体是编好简报的关键。主体的内容或是反映具体的情况，或是介绍具体的做法，或是叙述取得的成绩和经验，或是指出存在的问题，或是前面几项兼而有之，要视具体情况而定。主体的结构安排有"纵式"和"横式"两种形态。纵式结构按事件发生、发展的时间顺序来安排材料，横式结构按事理分类的顺序安排材料。如果内容比较丰富，各层次可加小标题。

（3）结尾。正文是否采用单独结尾，因内容而定。文章内容比较单一，篇幅比较短小的，可以不单写结尾，主体部分写完就结束，干净利落。内容比较复杂，篇幅较长的，可以写个结尾，以加深读者的印象。有些带有连续性的简报，为了引起人们注意事态的发展，还可用一句交代性的话语作为结束，如"对事情的发展编者将继续报告"、"处理结果编者将在下期报告"等。

（三）报尾

报尾在简报末页，用间隔横线和报核分开。报尾内容比较简单，只需写明报什么机关、送什么机关、发什么单位即可。对送达对象，一般依据它们与编印单位的关系（上行、平行、下行）来确定其"报、送、发"的关系。

简报格式如下（其下方框线为版心线）：

编号（可选）	密级（可选）
×　×简报 第×期	
编制单位（必备）	××××年×月×日（必备）
编者按：（可选） 　　　　×××××××××××××（标题） 　　（正文）	
报：	
送：	
发：	
发送单位（可选）	（共印×份）（可选）

三、简报写作的常见错误和写作要点

（一）常见错误

（1）初学者往往弄不清楚简报的格式，将文章标题等同于简报的名称。

（2）写作不讲究时效，应时缓慢。写作者未将简报工作放在心上，行动不敏捷，对问题反应慢，在材料分析、写作构思、动笔成稿过程中没有把握发稿时机，更不去考虑与简报的编辑、签发、打印有关的因素。

（3）将简报等同于一般表意达情的文章写作，内容空洞，不实在。不是靠现实生活中活生生的事实来宣传有关的路线、方针、政策，行文着眼于刻画形象，或用理论来阐述观点，没有反映出简报的文体特征。

（4）对写作材料的丰富性和行文的简要性处理得不够理想。有的简报对写作材料涉及的叙述要素介绍得面面俱到，啰嗦冗长，有的则概括不足，没有去粗取精，未能做到简明扼要。

（二）写作要点

（1）选材要精准。要围绕主题精心挑选典型事例，或者抓全局性、指导性的问题，抓问题的核心、关键；或者关注各级领导、群众关心的问题；或者关注所在地域、行业系统的热点；或者是让人眼睛为之一亮的问题。

（2）写作中涉及的内容要素必须准确真实。要做到简报所选用的任何材料，包括人名、地点、时间、情节、数字、引语、因果关系等，都准确无误，没有丝毫的虚构、夸张、缩小和差错。准确真实必须做到不为迎合而弄虚作假，不赶"浪头"追时髦，不歪扭写作角度，必须忠实于事实，保证符合事物本来面貌。特别是在估计成绩和宣传先进时，更要严格把握分寸，有一说一，有二说二，实事求是，恰如其分。

（3）写作简明扼要，用尽可能少的文字说清楚必须说明的问题。一份简报只抓住一个中心问题，不搞面面俱到。主题要集中，不贪大求全。如果简报所涉及的内容较多，要注意抓住重点来写；也可以将可写的几个问题，各写一期简报分期介绍，一期一个重点，千万不可使几个观点纠缠在一份简报上。此外，还要注意既要求"简"，又要写"清"。这是在说明问题的前提下，在行文安排及语言使用中追求简洁，并且不以牺牲事实的清楚明白为代价，做到简洁晓畅。

（4）"编者按"的写作要明确深刻。"编者按"不仅要表明编者对事实的明确态度，传达出编者对事实的解释或引申，而且要提示简报的要点，或交代简报内容的发生背景，或补充简报材料或借题发挥。总之，一定要起到强调重点、表明态度的作用。

四、例文

例文1（专题简报）

创建文明城市活动
简　报

第三十九期（总第 137 期）

××市创建文明城市活动
领 导 小 组 办 公 室 编　　　　　　　　　　　二〇一一年七月六日

省"双创"工作专家组莅临我市检查指导

为促进我市"双创"工作更加深入开展，省文明委组织了由省建设厅原纪检组长金××同志，省文物局原局长杨××同志，《××报》原主编王××同志，省文明办创建处副处长张××同志，省旅游局文明办主任董××同志，省环保局高级工程师徐××同志，省农大林学园艺学院副院长、教授苏×同志，郑州大学建筑学院建筑学硕士刘××同志，××大学旅游学院教授孙×等同志组成的"双创"工作专家组，于7月5日下午来到我市，对我市的"双创"工作和"三件实事"落实情况进行检查指导。

当日下午，我市在××饭店新闻发布厅召开"双创"工作情况汇报会，向专家组汇报我市的"双创"工作和"三件实事"的落实情况。会议由市委副书记杨××同志主持，市委常委、宣传部长常××同志向省"双创"工作专家组作了专题汇报，市委副书记、市长陈××从四个方面概括了我市开展"双创"活动以来发生的喜人变化：一是各级党委、政府对"双创'工作重要性的认识越来越高，措施越来越得力，变化越来越大，越来越受到人民群众的欢迎；二是各界群众参与"双创"活动的积极性不断提高，由过去的"要我干"变成了现在的"我要干"。特别是群众评议政府职能部门、群众评议街道等活动的开展，在市民群众中引起了积极影响，促进了我市"双创"工作的稳步前进；三是在具体实践中，各级、各部门由过去的只注重抓硬件建设，变成了今天软硬件一齐抓，坚持从基层基础抓起，从提高市民素质抓起，使城市的软件、硬件都有了长足的发展；四是在机制上做文章，使我市的卫生保洁工作从过去的"临时突击"走上了规范化、经常化的管理轨道。

汇报会上，还播放了反映我市"双创"工作的纪实专题录像片《文明之花绽绿城》。

在听取我市专题汇报、观看我市专题录像片之后，省"双创"工作专家组就对我市"双创"工作的检查方法、检查内容、检查时间等进行了安排。

市领导葛××、刘××、康××、张××，市创建文明城市领导小组全体成员和市直有关单位及有关县（市）区的主要负责人参加了汇报会。

报：省"双创"工作领导小组组长、副组长，省文明办；市四大班子领导，
市创建文明城市领导小组组长、副组长
发：市创建文明城市领导小组全体成员，各县（市）区，市直机关单位
    ××市创建文明城市活动领导小组   （共印 150 份）

例文 2（综合简报）

××县创先争优、作风建设年、四帮四促活动
简　报

第三十二期（总第 357 期）

中共××县委组织部   二〇一一年八月三十一日

- **市作风督导组到我县督导检查工作**
- **××县××乡"四亮四比"优化发展环境**
- **××县法律援助进社区服务居民出实招**
- **××县教育系统举办学科教学渗透法制教育暨消防安全培训**
- **××县发改局四措施规范市场价格**
- **××县教育系统开展信息技术教学应用成果比赛活动**

【**市作风督导组到我县督导检查工作**】8 月 30 日，以市中级人民法院正县级审判员刘××为组长的市委作风督导组一行四人莅临我县，就我县机关作风突出问题整改、"服务接待"和"首问责任"两个窗口建设、四帮四促活动、"转变作风大帮促、服务基层先锋行"活动、"四要十不准"知晓率及执行情况、非公经济组织组建党组织工作情况进行督导检查。督导组一行先后深入县政务中心、县委组织部、县作风办、××乡、××有限公司，通过明察暗访的方式开展督查指导工作。

经过督查，市督导组一行对我县开展作风建设暨"四帮四促"活动、"四要十不准"执行情况等工作给予充分肯定。市督导组认为，我县能及时认真贯彻落实上级有关文件精神，配齐配强人员，材料收集规范，各项工作统筹推进有序，责任落实到位，成效明显。同时，也希望我县继续努力，再接再厉，更好地统筹推进作风建设、"四帮四促"等各项工作，为××县经济社会发展提供有力保障。

（供　稿：县作风办）

【××县××乡"四亮四比"优化发展环境】　　××县××乡以深入推进创先争优活动为抓手，着力落实"四亮四比"，努力加强窗口建设，进一步优化发展环境。一是窗口亮形象、比作风。各部门及各村（社区）以"争当文明窗口，争创一流形象"为主题，广泛开展"比服务意识、比服务态度、比服务效率"活动，优化党风、政风。二是岗位亮职责、比尽责。在"便民服务"窗口的工作人员办公桌上摆放工作牌，标明部门名称、姓名职务、是否党员、联系方式和监督电话，便于服务对象监督履职效果。三是服务亮流程、比效率。将每项工作的办事流程张贴上墙，使服务对象明晰不同岗位的内容性质、程序手续及办理时限。四是监督亮评议、比素质。在各办公场所设置监督栏、意见栏和留言簿，接受服务对象和社会各界监督，并及时就意见和建议办理答复。

（供　稿：××乡）

【××县法律援助进社区服务居民出实招】法律援助是为经济困难的公民和特殊案件的当事人依法获得的咨询、代理、刑事辩护等无偿法律服务。为深入开展"法律进社区"活动，近日，县民政局积极探索便民利民有效措施，切实指导社区转变法律援助方式，为广大社区居民提供强有力的法律保障。一是广泛宣传，扩大法律援助的社会影响。各社区居委会利用展板、宣传栏、宣传标语、宣传资料等宣传《法律援助条例》、《信访条例》、《民法通则》、《婚姻法》、《禁毒法》等法律法规。同时，与社区居民交流法律服务、人民调解、矫正安帮、房屋买卖等涉及法律的热点、难点问题，提高居民维权意识。二是拓展网络，努力构建"一小时法律援助服务圈"。指导加强社区居委会与乡镇、部门之间的法律援助网络建设，在社区设立"青少年、妇女、残疾人法律援助维权综合服务站"，为广大居民提供法律援助咨询，帮助其申请法律援助；指导社区居委会针对不同的群体特点，提供便捷有效服务。对行动不便的老年人、残疾人，实行上门服务，提供法律咨询、发放法律援助联系卡，畅通绿色通道。三是健全制度，促进法律援助规范化运行。建章立制，规范程序，及时总结法律援助成功经验，并以规章制度的形式固定下来，用以规范和指导法律援助工作；明确任务和责任，因地制宜，合理组织社区工作人员、基层法律服务工作者和法律援助志愿者参与法律援助；强化监管，保证质量，实行法律援助全程监管，建立法律援助质量监督卡和举报投诉制度。四是及时援助，切实维护社会和谐稳定。及时提供法律援助，以群众的法律援助需求为出发点，抓典型案件承办，促服务质量提升，切实维护社会和谐稳定。

（供　稿：县民政局）

【××县教育系统举办学科教学渗透法制教育暨消防安全培训】为引导和帮助青少年学生健康成长，预防未成年人犯罪，牢固树立中小学生的社会主义民主法制理念。8月22～23日，县教育局举办学科教学渗透法制教育暨消防安全培训。各乡（镇）教育室主任、教研员、中学及中心小学校长、教导主任和县直各中小学校长、教导主任等140余人参加了培训。

培训主要对在学科教学中渗透法制教育的方法、方向和消防安全防范、逃生、灭火等相关知识进行了讲解。培训结束后，对所有参训人员进行了测试。通过为期两天的培训，使参训人员对学科教学中渗透法制教育工作有了全新的认识，为在学科教学中科学、合理渗透法制教育工作奠定良好基础，各基层教育管理者的消防安全意识也得到进一步提升。

（供　稿：县教育局）

【××县发改局四措施规范市场价格】 一是加强对重要生活必需品的价格监测、分析和预警。主要对市场粮油、猪肉、蔬菜等主要农副产品价格进行实时监测，并将情况及时上报。二是加强市场价格监管。严肃查处未经申报、备案，擅自涨价的，变相提高涨价幅度的不法行为。三是加强价格监督检查。将餐饮、宾馆、旅游景点、文娱场所、客运出租、加油站、停车场、商场、农贸市场等作为重点，坚决打击趁机涨价行为，严肃查处串通涨价、囤积居奇、哄抬物价以及不执行临时价格干预措施和收费减免政策等价格违法行为，并对典型案例予以公开曝光。四是加强"12358"价格举报电话值守，依法从严从快办理价格举报案件，确保群众投诉举报的问题得到及时妥善处理，维护市场价格秩序基本稳定。

（供　稿：县发改局）

【××县教育系统开展信息技术教学应用成果比赛活动】 近日，开阳县教育系统开展信息技术教学应用成果比赛活动。自3月份县现代教育技术管理中心安排此项工作以来，全县各教育室、各中小学认真组织，广大教师积极参与。截至7月中旬，收到各学校推荐的参赛资料各学科多媒体教学课件129件，信息技术与学科教学整合课例61件，信息技术与学科整合论文66篇。县教育局对参赛作品进行公平、公正的评选，评选多媒体教学课件一等奖6件，二等奖13件，三等奖20件；信息技术与学科整合课例一等奖3件，二等奖5件，三等奖10件；信息技术与学科整合论文一等奖2件，二等奖3件，三等奖6件。

此次活动的开展，进一步提高了教师整合运用教育教学资源能力，为深入推进全县教育信息化，为实现全县教育均衡发展奠定良好基础。

（供　稿：县教育局）

报：市委组织部，市委宣传部，市委创先争优活动领导小组办公室，市委作风建设领导小组办公室，县委、县人大、县政府、县政协主要领导，县委常委，县统筹办

送：县创先争优、作风建设年活动领导小组成员，县电视台、县新闻中心

发：各乡（镇）党委，县委各部委，县级国家机关各部门、各人民团体党组织，垂直管理单位党组织

中共××县委组织部办公室　　　　　　　　　　　　（共印120份）

第六节　规章制度

一、规章制度的概念、特点及种类

（一）规章制度的概念

规章制度是一个总的称呼，是对国家机关、社会团体和企事业单位在一定范围内建立正常的工作、学习、生活秩序，规范人们的行为，依照国家的法律、法令、方针、政策和实际情况而制定的具有特定约束力和指导性、权威性的应用文书的总称。

日常所见的各种章程、条例、规定、办法、细则、制度、规则、规程、守则、须知、公约等均属于规章制度。

（二）规章制度的特点

（1）法规性。规章制度的法规性是由制发单位的权威性和内容的严肃性决定的。我国法律对制定特定的规章制度的权限有明确的规定。各级机关依据相关程序及各自管辖的范围制定有关规章制度，其所有内容都必须符合国家法律和有关政策的规定，不得与之相抵触。

（2）约束性。规章制度一经公布，就对单位或个人的言行举止、工作职责、纪律和秩序等有强制力和约束性，有关方面及有关人员必须贯彻执行，不得违反。

（3）严密性。规章制度的法规性决定了它行文的严密性、明确性，具有庄重、严肃的语言风格。凡规章制度涉及的有关方面，都要作相应的规定，不能有遗漏和疏忽。在措辞上要准确严谨，不能有歧义，不能含混不清、似是而非，或自相矛盾。

（三）规章制度的种类

规章制度包括章程、行政法规、制度、公约四大类。不同的类别，反映不同的需要，适用于不同的范围，起着不同的作用。

1. 章程类

章程是政府或社会团体用以说明该组织的宗旨、性质、组织原则、机构设置、职责范围等的纲领性文件，具有准则性与约束性的作用。它的制发者是政党或社会团体。例如，《中国共产党章程》、《中国写作学会章程》。

2. 行政法规类

（1）条例。条例是由国家最高权力机关、最高行政机关对某一法律、法规、政策作出较为全面而原则的规定，或对某一工作事项制定出实施原则和方法等的法规性文书。条例一般用于规定国家政治、经济、军事或文化等某一方面的工作、活动的准则。它的制发者是国家最高权力机关、最高行政机关（国务院各部委和地方人民政府制定的规章不得称"条例"），如《中华人民共和国居民身份证条例》、《国家建设征用土地条例》、《中华人民共和国军衔条例》、《住房公积金管理条例》等。

（2）规定。规定是对特定范围内的工作和事务作出具体规范的文书。它是人们从事某项工作或活动的行为准则，是法律、政策、方针的具体化形式，是处理问题的法则，主要用于明确提出对国家或某一地区的政治经济和社会发展的某一方面或某些重大事故的管理或限制。规定重在强制约束性。它的制发者是国务院各部委、各级人民政府及所属机构。如《国家行政机关工作人员回避暂行规定》就是国家行政人员执行公务时针对回避情况做出的具体规定和限制。

（3）办法。办法是各级机关主管部门根据国家的法律、法规和政策，针对某一方面的工作或某一事项而提出具体的措施、办法和要求的文书。办法重在可操作性，是对有关法令、条例、规定或有关工作、有关事项提出具体可行的实施措施。它的制发者是国务院各部委、各级人民政府及所属机构。如《国家行政机关公文处理办法》、《中华人民共和国边境管理区通行证管理办法》、《工商企业登记管理试行办法》、《房地产经纪管理办法》、《乡镇企业劳动卫生管理办法》等。

办法、条例、规定三者之间的区别在于：条例比较全面、系统、原则，它针对整个工作的各个方面，法规性和约束力比较强；办法比较具体，对象范围也要小些，重点突出某一方面的工作内容、做法，供实施者参照执行；规定介于条例、办法两者之间，比条例要具体些，比办法要原则些，要求照章执行，具有法规效力。

（4）细则。细则是一种派生性的文书，是对某项法令、条例、规定、办法或其中的部分条文进行进一步的解释或说明，使之更具体，更便于执行。细则往往又称"实施细则"、"施行细则"。它的制发者是国务院各部委、各级人民政府及所属机关。如《中华人民共和国居民身份证条例实施细则》就是为贯彻执行《中华人民共和国居民身份证条例》而制定的。

3. 制度类

制度类文书的制发者多是机关团体、企事业单位及其部门。

（1）制度。制度是有关单位和部门制定的要求所属人员共同遵守的准则，是机关单位对某项具体工作、具体事项制定的必须遵守的行为规范。如国家制定的《关于进出国境的海关检查制度》、各部门单位内的《办公制度》、《报告制度》、《安全生产制度》等。

（2）规则。规则是在某一局部范围内对有关人员或某项事务活动做出的具体规定，要求大家共同执行和遵守。如《档案室规则》、《考场规则》、《演讲比赛规则》、《交通规则》等。

（3）规程。规程是生产单位或科研机构，为了保证质量，使工作、试验、生产按程序进行而制定的一些具体规定。如《车间操作规程》、《计算机操作规程》等。

（4）守则。守则是机关团体、企事业单位要求其成员遵守的行为准则。它倡导有关人员遵守一定的行为、品德规范。守则在一定范围内具有明显的约束力，它虽不一定张贴、广播，但必须通过一定的手段告知有关人员，以让其了解并遵守。如《国务院工作人员守则》、《汽车驾驶员守则》、《高等学校学生守则》。

（5）须知。须知是有关单位、部门为了维护正常秩序，搞好某项具体活动，完成某项工作而制订的具有指导性、规定性的守则。如《借阅须知》、《游园须知》等。

4. 公约类

公约是一定范围内的社会成员为保证有良好的生活、工作、学习和娱乐环境，在自愿协商的基础上制定的行为准则和道德规范，是人们为了维护公共秩序，经集体讨论，把约定要做到的事情或不应做的事情，应该宣传的事情或必须反对的事情明确写成条文，作为共同遵守的事项。它的制发者是人民群众、社会团体。如《居民文明公约》、《爱国卫生公约》等。

二、规章制度的格式

由于规章制度的种类不同，内容、范围各异，所以写作格式和写法也有所差异。但格式大致是相同的，都由标题、正文和落款三部分构成。

（一）标题

规章制度的标题大体上可分为三种：

（1）制发单位名称＋事由＋文种，如《财政部关于加强国营工业企业成本管理工作的若干规定》。

（2）制发单位名称＋文种。如《中华全国总工会章程》。

（3）事由＋文种。如《商标管理条例实施细则》。

标题中成文事由是中心。在有些规章中，文种本身即可代表事由，例如，章程、公约、守则等，本身既为规章内容，也可代表文种。如《中国共产党章程》、《中学生守则》、《××村村民公约》等。

有些章程、规则、制度为非正式的事案，或应该经过法定程序但还没有通过，或因某种原因必须经过试行才能正式使用，标题中必须注明"试行草案"、"暂行"或"供讨论"等字样。比较正式的章程和行政法规，还要在文前标题下方注明通过机关和通过日期。

（二）正文

规章制度的种类很多，各种文体的写法也有所不同。为了便于记忆、引用、查找，一般采用条款表述法。在思路上，采用演绎法：先一般，后个别；先总纲，后细目；先原则，后例外；先正面，后反面。条款层次，最多的有七级，即编、章、节、目、条、款、项；最少的只有"条"或"项"一级；通常多用"条"、"款"两级或"章"、"条"、"款"三级。无论几个层次，都要从高往低排列，而且章节中所包含的各条要连续排列，写成"流水条"，也称"章断条连"，但每条中的款、项则要独立排列。

从全文看来，规章制度的基本结构方式主要有两大类：章条式和条文式。写法上要求条理清晰，层次分明，便于阅读、记忆，便于查找、引证，也便于贯彻执行。

1. 章条式

章条式的正文一般由总则、分则和附则三大部分组成。每一部分可根据内容多少分若干章，每章分若干条，根据需要条下有时又分若干款项。

（1）总则。总则常常是放在第一章，主要概括说明制定此规章制度的目的、根据、基本原则、适用范围、主管部门等情况，类似于文章的前言，对全文起统领作用。如章程，总则中主要写明该组织或该团体的名称、性质、宗旨、任务等。总则一般只设一章，下分若干条。

（2）分则。从总则以下到附则以上，中间的若干章均为分则。"分则"二字一般不写出来。分则是全文的主体部分，根据不同的内容交代不同的事项。例如：章程的分则，通常写明成员的资格、条件、义务、权利、组织机构、工作原则及纪律等；而一些条例、规定、办法、细则的分则部分通常交代必须遵循的具体行为规则，如责任、要求、做法、处罚办法等。分则中章的数目视内容多少而定。

（3）附则。附则通常是全文的最后一章。一般说明该规章制度的适用范围、生效日期、与有关文件的关系及其他未尽事宜的处理、拥有解释权的机构等内容。附则只设一章，根据需要，下分若干条。

2. 条文式

内容相对简单的、非权力机构制定的规章制度常用条文式列项来写作。条文式有两种形式：一种是前言加条文式，另一种是条文到底式。

（1）前言加条文式。这种形式分前言和主体两部分。整篇文章的层次内容对应章条式写法中的总则、分则和附则。前言不设条，而用简明扼要的文字概述制定该文的目的、依据、性质、意义，常用"为了……特制定本规定"或"为了……，根据……，特制定本制度"，类于总则。主体部分通常分若干条款，以交代各种规定的事项，一般按先主后次、先原则后具体的顺序，逐条写来，类于分则。末尾的一二条文，类于附则。

（2）条文到底式。这种方式往往适用于内容比较单纯的规章制度。全文都用条款来阐述表达，不再另外分段说明。在写作中，根据需要决定是否写前言和结尾，条下也可分若干项表达，一般分为二级层次。在写作中往往不标明"第×条"，而用汉字数字大写"一（下列（一）（二）……）、二、三……"或阿拉伯数字"1（下列（1）（2）……）、2、3"进行层次表达。

（三）落款

在正文结尾后的右下方写上制定本规章制度的单位名称，名称下方用汉字写发文时间，如"二〇一一年十月十二日"。如果标题下面已经反映出这部分的内容，末尾则不必再写。

三、规章制度写作的常见错误和写作要点

（一）常见错误

（1）某些规章制度的内容没有依据性，不符合法律规定。如有些企业的规章制度的部分条款与现行国家法律、法规相冲突。如"中高层管理职位只能由男性担任"、"在本公司工作未满5年者，不得怀孕，否则不保留现岗位"。这些规定就侵犯了女性的平等就业权，荒谬无效。

（2）某些规章制度的内容千年不变，不能做到与时俱进。如某些单位的借阅须知，在已经使用计算机借阅书籍的情况之下，依然沿用以往人工借阅书籍的规定。这不仅不能起到应有的效用，反而会造成工作的阻碍，很难做到借阅的便捷和管理的进步与完善。

（3）规章制度的用语缺乏严肃性和规范性。现实中常常有一些规章制度，文字表述虽然明确，却不符合规章制度的用语规范而闹出笑话。如某公司草拟的《员工绩效考核办法》，总则部分有如下表述："为使员工每年的工作都能够更上一层楼，使落后员工知耻后勇，先进员工快马加鞭。"关于员工培训的办法中有如下表述："为使新员工尽快熟悉公司，做到青出于蓝而胜于蓝。"这些表述虽没有错误，也易于理解，但是缺少规章制度语言应有的严肃性和规范性，因而显得不伦不类。不如将上述相应条款修改为"为鼓励先进，鞭策后进，促使员工不断进步"，"为使新员工尽快熟悉公司，尽快成长起来，适应公司发展需要"，更为严肃、顺畅。

（二）写作要点

（1）规章制度的指导精神和内容必须符合国家的法律、法规和政策。各级组织要在政治上、组织上同党中央保持一致，按照国家的法律、法规和政策来制定规章制度，不能自行其是，或为满足局部利益、小集体利益，搞土政策。例如，中央再三强调严禁在公路上乱设卡、乱收费，而有的地方依然我行我素，设置层层关卡，制定各种收费标准，为自己创收。订立规章制度时，要深刻学习领会有关法律、法规和政策性文件，做到政策统一、口径统一。凡与法律、法规或以前订立的规章制度相矛盾的地方，一定要及时更正或做出说明。

（2）必须从实际出发，力求切实可行。规章制度是针对工作、业务的实际做出的具体规定，切实可行是它施行并发生效力的基本条件之一。因此，在制定时首先要深入基层，了解实际情况，从工作实际出发，做到切实可行、合情合理。

（3）内容要严谨、周密。规章制度具有严肃性，在一定时期内具有相对的稳定性，尤其是行政法规类更是如此。因此，要尽可能考虑周到、全面，内容要严谨、周密，特别要注意条款之间的内在联系和逻辑顺序。撰写规章制度前，一定要认真调查研究，征求有关专家和群众的意见，集思广益；撰写成文后，要经过反复讨论与修改，然后交有关会议通过或有关机关批准，颁布执行。

（4）语言要准确、简明。规章制度是政策性非常强的文书，力求严谨、准确、简洁、清晰、规范。表达以说明为主，切忌政论笔法和文学语言。语气要坚定，文字要简要明确。尽量不用"大概"、"可能"、"或许"等一类模糊用语，而应用"应当"、"必须"、"不得"、"严禁"等表示准确意向的词。

（5）经常检查，不断完善。规章制度有一定的稳定性，但随着社会的飞速发展和情况的不

断变化，对规章制度也应经常检查，发现问题后，要及时修改、调整、补充，以不断完善、顺应发展的需要，使之真正成为人们的行为准则。

四、例文

例文1（章程类）

孔子学院章程

第一章　总　则

第一条　孔子学院致力于适应世界各国（地区）人民对汉语学习的需要，增进世界各国（地区）人民对中国语言文化的了解，加强中国与世界各国教育文化交流合作，发展中国与外国的友好关系，促进世界多元文化发展，构建和谐世界。

第二条　本章程适用于世界各地的孔子学院。

第三条　孔子学院的外文名称应与中文名称相符合。

第四条　孔子学院为非营利性教育机构。

第五条　孔子学院本着相互尊重、友好协商、平等互利的原则，在海外开展汉语教学和中外教育、文化等方面的交流与合作。

第六条　孔子学院应当遵守注册地法律法规，尊重当地文化教育传统与社会习俗，并且不得与中国有关法律相抵触。

第七条　孔子学院不参与同孔子学院设立宗旨不相符的活动。

第八条　根据各国（地区）特点和需要，孔子学院的设置模式可以灵活多样。

第九条　中国境外具有从事语言教学和教育文化交流活动能力且符合本章程规定申办者条件的法人机构，可以向孔子学院总部申办孔子学院。

第十条　孔子学院的汉语教学采用普通话和规范汉字。

第二章　业务范围

第十一条　孔子学院提供下列服务：

（一）开展汉语教学；

（二）培训汉语教师，提供汉语教学资源；

（三）开展汉语考试和汉语教师资格认证；

（四）提供中国教育、文化等信息咨询；

（五）开展中外语言文化交流活动。

第三章　总　部

第十二条　孔子学院总部是具有独立法人资格的非营利机构，拥有孔子学院名称、标识、品牌的所有权，负责管理和指导全球孔子学院。孔子学院总部设在中国北京。

第十三条　孔子学院总部设立理事会，由主席、副主席、常务理事和理事组成。其中，主席1名，副主席和常务理事若干名，具体人选由中国国务院教育行政部门提出建议，报国务院批准。理事15名，其中10名由海外孔子学院的理事长担任，第一届理事由总部聘任，以后选举产生或按孔子学院成立时间顺序轮流担任；其余5名由中方合作机构代表担任，由总部直接聘任。理事任期为两年，可连任一次。理事会成员任职期间不从孔子学院总部获取任何报酬。理事会设立总干事、副总干事。总干事为总部法人代表，由常务理事担任。

第十四条 理事会的职责是：制定、修改孔子学院章程，审议全球孔子学院的发展战略和规划，审议总部年度工作报告和工作计划，研究孔子学院建设的重大事项。

第十五条 理事会每年召开一次全体会议，由主席召集。必要时可由主席决定召开临时理事会或常务理事会议。

第十六条 孔子学院总部在理事会领导下履行日常事务，其职责是：

（一）制订孔子学院建设规划和设置、评估标准；

（二）审批设置孔子学院；

（三）审批各地孔子学院的年度项目实施方案和预决算；

（四）指导、评估孔子学院办学活动，对孔子学院运行进行监督和质量管理；

（五）为各地孔子学院提供教学资源支持与服务；

（六）选派中方院长和教学人员，培训孔子学院管理人员和教师；

（七）每年组织召开孔子学院大会；

（八）制定中方资金资产管理制度。

第十七条 总部设专项工作委员会，为总部提供咨询意见。委员由总部聘任。

第十八条 总部聘请中外知名人士担任高级顾问。

第四章 设 置

第十九条 孔子学院的申办者须符合下列条件：

（一）申办机构是所在地合法注册的法人机构，有从事教学和教育文化交流并提供公共服务的资源；

（二）申办机构所在地有学习中国语言和文化的需求；

（三）有符合办学需要的人员、场所、设施和设备；

（四）有必备的办学资金和稳定的经费来源。

第二十条 孔子学院的申办者须向孔子学院总部提交申请，其中应包括下列内容：

（一）申办机构负责人签发的申请函；

（二）申办机构简介、注册证书、申办机构负责人介绍；

（三）用于孔子学院的教学场所、设施和设备；

（四）市场需求预测、管理机制及运营计划；

（五）经费筹措及管理；

（六）孔子学院总部要求提供的其他材料。

第二十一条 孔子学院总部对申办者提交的申请材料进行审查，审查方式包括文件资料审查、当面听取报告、实地考察、专家咨询等。

第二十二条 孔子学院总部批准申办后，与申办者签订协议并颁授孔子学院铭牌。

第五章 经 费

第二十三条 对新开办的中外合作设置孔子学院，中方投入一定数额的启动经费。年度项目经费由外方承办单位和中方共同筹措，双方承担比例一般为1∶1左右。

第二十四条 孔子学院中方所提供经费实行项目管理，遵照《孔子学院中方资金管理办法》执行。

第六章 管 理

第二十五条 孔子学院设立理事会。中外合作设置的孔子学院，理事会成员由双方共同组成，其人数及构成比例由双方协商确定。

第二十六条 孔子学院理事会负责审议孔子学院发展规划、年度工作计划、年终总结报告、项目实施方案及其预决算，聘任、解聘院长、副院长。聘任、解聘院长、副院长须报总部备案；中外合作设置的孔子学院院长、副院长的聘任由双方协商确定。

第二十七条 孔子学院实行理事会领导下的院长负责制。院长负责孔子学院的日常运营和管理。

第二十八条 孔子学院院长应当了解和熟悉中国国情，熟练掌握所在国语言，具有与本岗位工作相称的管理工作经验，具有较强的公共关系和市场开拓能力。

第二十九条 孔子学院所聘教师应具备岗位所需的专业水平和教学能力。

第三十条 孔子学院须按规定期限编制项目实施方案及预算、项目执行情况及决算，并报经总部审批。中方资产变更、处置须报总部审批。同时，须将年度工作计划和总结报总部备案。

第三十一条 孔子学院不以营利为目的，其收益用于教学活动和改善教学服务条件，其积累用于孔子学院持续发展，不得挪作他用。

第三十二条 孔子学院总部负责组织对各地孔子学院的评估，对违背办学宗旨或达不到办学质量标准的，孔子学院总部有权终止协议。

第三十三条 孔子学院总部每年召开孔子学院大会，交流办学经验，研究孔子学院的建设和发展。

第七章 权利与义务

第三十四条 孔子学院的权利：

（一）享有本章程及协议规定的权利；

（二）有权使用孔子学院的名称和统一标识；

（三）优先获取孔子学院总部提供的教学和文化资源。

第三十五条 孔子学院的义务：

（一）遵守本章程及协议的规定；

（二）维护孔子学院的声誉、形象；

（三）接受孔子学院总部的指导和评估。

第三十六条 孔子学院总部有权依法追究任何下列行为的责任：

（一）未经孔子学院总部许可，擅自设立孔子学院；

（二）盗用孔子学院名义开展活动；

（三）违反本章程和协议规定，造成资金资产损失，破坏或严重影响孔子学院声誉。

第八章 附 则

第三十七条 各地孔子学院可根据本章程制定本院的规章制度，并报总部备案。

第三十八条 孔子课堂的设置和管理参照本章程执行。

第三十九条 本章程由孔子学院总部负责解释。

第四十条 本章程自孔子学院总部理事会批准之日起生效。

例文2（行政法规类）

参见附录一：国家行政机关公文处理办法。

例文3（制度类）

××地区工业局廉政制度

为了保持清正廉洁，防止腐败，强化自我约束机制，根据省地有关廉政建设规定，结合我局实际，经全体同志充分讨论，建立如下廉政制度：

一、要甘当公仆。全局工作人员要坚持为人民服务的宗旨，热爱本职工作，继续发扬密切联系群众、艰苦朴素、廉洁奉公的优良作风，不搞特权、不谋私利、多做贡献。

二、要改进作风。全体工作人员、尤其是各级领导干部，要深入基层，调查研究，帮助基层解决实际问题，办实事、讲实效、不搞形式主义；要勤俭节约，不铺张浪费，不用公款请客送礼，开会不发纪念品，不办超标准的会议伙食，会议不搞旅游，对上、下级和外地客人，由分管领导或对口部门按标准积极热情接待。到基层工作应在职工食堂就餐，并按规定交费。

三、要清正廉洁。全体工作人员，尤其是各级领导干部，不得用权力为子女、亲属升学、就业、参军、提干、晋级等说情，不得利用职权在申报项目、产品鉴定、达标升级验收、资金物资分配、人员调动、转干提干等方面索贿受贿，不把职权范围的工作变为有偿服务。严格按照小汽车管理办法使用小汽车，因私用车要按规定付费；严禁贪污、挪用公款，不准多占住房和违法建私房，对多占住房和违法建房按规定认真处理。

四、要政务公开。全局性的工作，如年度计划、年度工作安排、总结、基建技改项目的审定、机关人员的调动、安排、职务的晋升、调资提级、奖金分配、住房调整、经费开支、计划物资分配、评选先进、职工奖惩、招工招干等重大问题，应广泛征求群众意见，领导集体讨论决定，必要时张榜公布，接受群众监督。讨论决定上述问题时，涉及的有关人员应该自觉回避。

五、要严格考核检查。上述决定由局监察室、纪检组负责考核，作为干部提升晋级、评选先进的重要内容，每季考核一次，年终总评。

××地区工业局
二〇一一年一月一日

例文4（制度类）

学生实验守则

一、学生必须完成教学计划规定的实验课时数，按时来实验室上课，不得迟到或早退。

二、进入实验室，必须遵守实验室的规章制度，保持安静，不准高声谈笑，不准随地吐痰，不准乱扔纸屑、杂物。

三、不准动用与本实验无关的仪器设备和室内其他设备，不得擅自拆卸仪器，不准将实验器材擅自带出实验室。

四、学生实验前要做好预习，认真阅读实验指导书，复习有关基础理论，经指导教师同意后，方可进行实验。

五、实验中，要细心操作、观察，认真记录各种实验数据，不得马虎从事，不允许抄袭他人数据，不得擅自离开操作岗位。

六、实验中，要注意安全，遵守操作规程，尽量节约水、电和其他的消耗材料。

七、实验中出现事故时要保持镇静，迅速采取措施切断电源，并注意保护现场，及时向指导老师报告。

八、实验结束后，要及时协助老师做好仪器的清查整理，并清扫实验场所，经教师同意后，方可离开实验室。

九、凡损坏仪器、设备、工具者，应主动说明原因并接受检查，填写仪器、设备损坏记录，根据具体情节和有关规定进行处理。

十、违反操作规程或者擅自动用其他仪器、设备造成损坏者，由责任人作出书面检查，视其认识程度和情节轻重，赔偿部分或全部损失。

××大学

二〇一一年三月一日

例文 5（制度类）

××市图书馆阅览须知

1. 凭本人借阅卡和阅览卡刷卡进入各阅览室阅览。

2. 请勿携带书包、个人书刊资料及食品、饮料进入阅览室，雨具请放在阅览室门口，个人物品请存入存包处。

3. 报纸、地方文献、参考工具书仅供室内查阅。

4. 要爱惜图书，轻拿轻放，阅读时请勿圈点、折页。不得私自拍摄、扫描文献资料。

5. 读者查找资料如有困难，欢迎向工作人员咨询。计算机检索方面遇到困难，可向工作人员寻求帮助。

6. 阅览开架图书，每次限取三册；阅览开架报刊，每次限取一种，阅后放回原处。

7. 复印书刊资料，须向工作人员说明并办理复印手续，在指定地点复印。

8. 阅览室的书刊资料未经许可，不得擅自携出室外，私自将书刊资料夹带出室外者，按违章处理。

9. 学龄前儿童来馆须家长陪同，并注意安全。

10. 成年人双休日、节假日不能进入少儿借阅室。

11. 保持阅览室整洁，不在阅览室吸烟、不随地吐痰、乱扔废弃物；不在阅览室内喧哗、使用有声通信工具。

12. 各阅览室下班前10分钟（数字阅览室下班前30分钟）读者停止入内。

××市图书馆

二〇〇五年十二月八日

例文 6（公约类）

××互联网协会互联网新闻信息服务自律公约

为加强行业自律，进一步规范互联网新闻信息服务行为，维护良好的互联网发展环境，促进我国互联网的快速健康发展，更好地为社会主义现代化建设服务，特制定本公约。加入本公约的互联网新闻信息服务单位将做到：

一、遵循爱国、守法、公平、诚信的基本原则，从维护国家和全行业整体利益的高度出发，自觉遵守国家有关法律、法规和政策，大力推动互联网行业的道德建设，积极推进行业自律。

二、始终高举爱国主义旗帜，大力弘扬中华民族优秀文化传统和社会主义道德，成为传播先进文化的重要阵地。

三、不制作和传播危害国家安全和社会稳定、违反法律法规以及淫秽、色情、迷信等有害的信息，坚决抵制与中华民族优秀文化传统和道德规范相违背的信息内容。

四、从事新闻信息服务业务根据国家有关法律、法规取得合法资格；提供的新闻信息内容来源合法、客观真实、导向正确；提供的其他服务文明健康。

五、加强管理，自觉维护广大用户的合法权益，引导广大用户文明使用网络，增强网络道德意识，自觉抵制有害信息的传播。

六、自觉接受政府的管理和公众的监督，加强从业人员的管理和教育，提高从业人员的业务和道德水平。

七、开展经营活动遵循诚实信用、公平竞争的原则，反对不正当竞争行为，倡导团结协作，实现共同发展。

八、自觉遵守本公约的自律要求，在行业内部形成严格规范的自律机制，推动本公约的实施。

九、自觉遵守根据本公约原则制定的自律规范。

十、同意××互联网协会互联网新闻信息服务工作委员会监督检查本公约的执行。

十一、本公约由××互联网协会负责解释，自发布之日起实施。

××互联网协会

二〇一一年七月十一日

第七节　启事和声明

一、启事

（一）启事的概念、特点及种类

1. 启事的概念

启事是机关、团体、企事业单位或个人向社会公众陈述事宜、告知音讯、请求协助时所使用的告知性文书，通常张贴在公共场所或者刊登在报纸、刊物上，也可在广播、电视、网络等媒介上传播。

这种文体，有的具有广告性质，有时可代替广告使用，但广告却不能完全代替启事使用。

比如"寻人启事"不能写成"寻人广告","征婚启事"不能写成"征婚广告"等。

2. 启事的特点

(1) 公开性和广泛性。启事主要通过各类媒介向社会发布，常常借助于报纸、期刊、广播、电视、网络等媒介广为传播，也可以在人们活动频繁的场所或人员聚集的地区公开张贴，用以向社会各界公开陈述或说明某些事项，目的在于吸引公众的兴趣或招徕公众参加。

(2) 单一性。启事一般事项单一，不掺杂其他无关的内容。

(3) 具有一定的鼓动性和刺激性，对于社会各界没有强制性或约束力。

(4) 形式多样，篇幅短小精悍。

3. 启事的种类

启事的种类很多，根据事项的不同，可以分为四大类。

(1) 寻找类启事：是为了求得公众的响应和协助。这类启事有寻人启事、寻物启事、招领启事等。

(2) 征招类启事：是为了求得公众的配合与协作。这类启事有招生、招考、招聘启事；征文、征订、征集设计等启事。

(3) 周知类启事：是为了开展工作和业务，把某些事项公诸于众，以便让公众知晓。这类启事有开业启事、迁址启事、变更启事、婚庆启事等。

(4) 声明类启事：是为了完成法律程序，启事事项经报刊或其他媒介公开、传播后，对其引起的事端不再承担法律责任。这类启事有遗失启事、更正启事等。

(二) 启事的格式

启事一般由标题、正文和落款三部分组成。

1. 标题

标题的写法可以有以下几种：

(1) 标题里标明启事事项，即"启事内容＋文种"，如"招领启事"、"开业启事"等。这也是最常见的类型。

(2) 有的"启事"前加冠单位名称，即"启事单位名称＋启事内容＋文种"，如《××责任有限公司聘请常年法律顾问启事》、《××公司招聘技术员启事》。

(3) 有的只写"启事"。

(4) 有的将"启事"两字省去，只写事由，如"寻人"或"招聘"。

(5) 如果启事事项非常重要或者十分紧急，还可标明"重要启事"或"紧急启事"。

2. 正文

在标题下第二行空两格空两行写正文。正文是启事的主要部分，主要说明启事的事项。不同类型的启事正文内容有所不同，但一般包括启事的目的、意义、具体办理方法、条件和要求等。

正文写法形式多样，可以分段写，内容多的应逐条分项写清楚。

结束时可以写上"此启"或"特此启事"，现在多数情况下有所省略。

3. 落款

落款即署名和日期。在右下角写启事单位名称或个人姓名。根据具体情况，有的还要写上地址和启事时间，需要分别另起一行写到右下角。在标题和正文中已写明启事者，落款时可省略，只写日期。报刊上刊登的启事也可以不写日期。

(三) 启事写作的常见错误和写作要点

1. 常见错误

(1) 标题写作错误，常将"启事"写成"启示"。

(2) 内容不够翔实，比如将地址、时间写错，不能达到启事向大众宣明的目的。

(3) 写作中抒情味浓重，如一些寻物启事，作者常将自己对失物的感情抒写过多，压倒目的性需求，喧宾夺主。

2. 写作要点

(1) 标题要能揭示事由，简短醒目，吸引公众。

(2) 内容必须真实。

(3) 内容单一，集中，一事一启，便于公众迅速理解和记忆。

(4) 行文中态度要庄重、平易、文明，给公众以信任感。用语具体、明白、准确，简洁通俗，不可模糊、含混、模棱两可，以免产生歧义。

(5) 单位的启事一般要署名。

(四) 例文

例文 1

××大厦开业启事

　　××大厦装饰工程已顺利完工，百货商场、餐饮旅馆定于 2011 年 7 月 1 日正式开业，欢迎各界人士惠顾。

××大厦

二〇一一年六月二十六日

例文 2

失物招领启事

　　9 月 3 日上午，朝阳楼三楼工作人员在 310 教室拾得中国银行长城借贷合一卡一张，卡背面有该卡主人的签名，请失主速到××大学保卫处治安科 (东区体育馆 102 室) 凭有效证件认领。

　　联系电话：×××××××

××大学保卫处治安科

二〇一一年九月四日

二、声明

（一）声明的概念、特点及种类

1. 声明的概念

声明是告启类文书的一种。它是就有关事项或问题向社会表明自己立场、态度的一种应用文体。政党和国家的领导机关及其领导人、机关单位、社会团体、企事业单位、其他组织或公民个人均可发表声明。声明可以在报刊上登载，也可以通过广播、电视、网络等媒介播发，还可以进行公开张贴。

2. 声明的特点

（1）庄重性。声明的事项对于当事人而言，都是十分重要而严肃的。不是任何事情都可以使用这种文书。写作声明的态度必须庄重、认真，不能使用幽默、诙谐的语言；立场严正，往往通过有法定资格的机关单位及法定代表人或委托人表明自己的立场，对相关事件的法律后果及其责任作出郑重的说明。

（2）针对性。声明是针对某种事项或问题表明态度、立场或说明真相，具有很强的针对性。

（3）周知性。声明所涉及的内容往往需要向社会大众公开说明。为了达到周知的目的，它采用多种多样的发布途径和发布形式。既可以抄写张贴在公共场所，也可以在报刊登载，还可以利用广播、电视、网络进行传播。

3. 声明的种类

根据内容，大致分为两类：

（1）当自己的某种合法权益受到侵害，为维护自己的合法权益、引起公众关注，要求侵权方停止侵害行为。这类声明有澄清声明、委托声明等。

（2）在自己遗失了支票、证件等重要凭据或证明文件时，为防止他人冒领冒用而发表的声明，如遗失声明等。

（二）声明的格式

声明由标题、正文和尾部三部分组成。

1. 标题

一般有三种形式。一是只写文种"声明"，这种形式最为多见。有的在"声明"前加修饰语"郑重"或"严正"，以示自己的严肃态度。二是事由＋文种，如《关于××事由的声明》、《遗失声明》等。三是发布者＋事由＋文种，如《××××有限责任公司授权法律顾问××律师的声明》。

2. 正文

简明扼要地写明发表声明的原因、客观事实和对该事的立场、态度、观点。如果是因为被他人侵权而发生的声明，须向对方提出警告、要求，说明为制止事态的继续发展将要采取的法律措施，包括要求对方立即停止侵权行为，采取一定形式（多通过新闻媒介）公开赔礼道歉，限期在适当范围内消除影响，说明对侵权方保留追究法律责任的权利等。对于遗失重要凭证、证明类的声明，要写明遗失的东西及特征。支票要写明号码和银行账号；证件、执照要写明签发机关和编号，然后对该物件"声明作废"。

3. 尾部

尾部包括署名、时间和附注三项内容。有的声明必须署名，如断交声明、澄清声明，以示郑重；有的标题中已包含了声明者，或不言自明，则不署名。

有的声明希望公众检举揭发侵权者的意向，则应附注自己单位的地址、电话、电传号码以及邮政编码，以便联系。

(三) 声明写作的常见错误和写作要点

1. 常见错误

(1) 声明内容含糊。对于有关事实叙述不清，交代不明，所引起的严重后果未加以明确揭示。

(2) 用语用词不当。如有的单位出于对侵权行为的义愤之情，在声明中使用了"本单位一经发现仍有侵权行为发生，必将严惩不贷"等语句，显属不当。因为依法制裁是司法行政机关职权范围的事情，被侵权的单位有权依法起诉，但无权惩罚制裁侵权者。

(3) 声明的语言风格显得轻俏活泼，与声明的严正立场相违背，破坏了行文的严肃性。

2. 写作要点

(1) 不是对任何事情表态都使用声明这种文体，只有重要、严肃且必须向公众表明自己态度的事情才使用。

(2) 声明的写作态度要认真，语言要严肃，不可使用幽默诙谐的语气。

(3) 要注意用语分寸。

(四) 例文

例文 1

维 权 声 明

"××"品牌属于××酒店物业管理有限公司（以下简称"××酒店管理公司"）在国家商标局注册的专属品牌，通过多年经营，"××"品牌已在中国酒店管理行业中享有一定知名度及美誉。为维护公司利益及"××"品牌形象，现发表如下声明：

××酒店管理公司拥有"××"及"文字、图形加英文"商标的专属使用权，商标注册号分别为 ×××××× 、×××××× 。

"××"品牌及图文商标只能使用于经××酒店管理公司授权并与××酒店管理公司所管理项目有直接关系的媒体或宣传品上。其他企业或个人只能在××酒店管理公司书面授权情况下使用"××"品牌及其图文商标。未经××酒店管理公司许可或在未获授权情况下拓展业务使用"××"品牌者，公司将依法追究其因此带来的名誉损失及经济损失。

特此声明！

××酒店物业管理有限公司
二○一一年一月一日

欢迎举报侵权行为，举报电话××××××××

××酒店物业管理有限公司常年法律顾问：××先生

例文 2

少林寺关于网络谣言的声明

近日来，网络连续多次出现有关少林寺方丈释永信的谣言，经部分媒体转载后，在网络上迅速传播。对此特作如下声明：

一、关于释永信方丈的网络传闻完全是天方夜谭，是无中生有、恶意编造的诽谤。

二、网络谣言对释永信方丈的声誉造成了恶劣影响，对禅宗祖庭少林寺的名誉及少林僧团的形象亦造成了巨大损害，甚至还让多位名人无辜受到牵连。少林僧团对此唯有及时向执法机关报案、诉诸法律途径。

三、同时，我们提请上级相关主管部门组成联合调查组前来少林寺，将少林寺和释永信方丈的真实情况告知社会。

为此，少林寺僧团决定向公众征集有关证据：

如有人掌握有历次传闻中所指释永信方丈的任何不法、犯戒等确凿证据（包括涉及人员的真实身份、具体信息、被警方处理的任何书证、物证、人证等），请第一时间向少林寺僧团举报：邮箱：shaolin495@gmail.com；电话：0371－62749305。

凡属于戒律寺规范围的问题，少林寺僧团会将处理结果告知公众和主管部门；凡属于社会法律、道德范围的问题，我们会主动将有关证据转到主管部门，恳请有关部门前来彻查；举报人也可以直接向任何主管部门举报。

如有人掌握有人组织制造并散布谣言，以及有关幕后推手的确凿信息（包括涉及人员的真实身份、具体信息、物证、人证等），请第一时间向少林寺或执法部门举报：如举报人提供的证据被有关方面查实确凿、有助于执法部门破案，少林寺将给予五万元人民币奖励；若不属于有组织犯罪行为，仅出于不同见解、发泄不满情绪，少林寺将在以往案例中邀请若干代表免费到少林寺调查、体验两天，如实知、如实见，并据此对少林寺内外环境和僧团的社会行为提出批评意见和建议。

少林寺欢迎各界人士的批评、建议，但倡导让证据说话，而非只是捕风捉影、盲目炒作；鼓励诸恶莫作、众善奉行、文明健康的社会风气，而非自造恶业、人人自危。

中国嵩山少林寺
二〇一一年十月十三日

第八节　条据类文书

一、条据类文书的概念、特点及种类

（一）条据类文书的概念

人们在工作和生活中，常常为说明某种情况和理由而留下字据，或者为办理涉及钱财和物品的各种手续而留下存根，这种作为依据的字条就叫做条据。

（二）条据类文书的特点

（1）一文一事，简洁明快。

（2）时间性强，不得含混。

（3）强调手续，交代明白。

（4）朴实无华，反对虚夸。

（三）条据类文书的种类

条据有多种类，大体上可分为两大类：

（1）凭证类条据：包括借条、欠条、收条、代收条、领条等。借条是向他人或单位借钱物时，写给对方作凭据的。欠条是单位或个人在付钱物时，不能全部或部分付清，留给对方的作为约期归还的凭据。收条是收到东西时写给对方的凭条。而代收条则是当事人不在，他人代收财物所开的条子。领条是到单位仓库或财务部门领取物件时用的凭据。

（2）说明类条据：包括请假条、留言条、托事条、意见条等，也称为便条。请假条是因故不能按时上班或上课，需要给单位负责人或学校老师写的条子。留言条大多在联系工作、交代任务或访问不遇时使用，说明自己的主要意向。托事条是指请托他人代办事务的条子。意见条是指有一些需要向有关单位或领导反映的意见，当无法实现面谈时，以便条的形式写的条子。

这两类条据中，凭证类条据可作为具有法律效力的证据、凭证，而说明类条据主要是告知对方某个信息，向对方说明某件事情，不具有法律效力。

二、条据类文书的格式

（一）凭证类条据

凭证条据一般包含以下几项内容。

1. 标题

在条据正文上方，居中写明条据的名称。如"收条"、"借条"、"代收条"等，醒目地说明是什么性质的条据。既扼要地提示内容，又便于归类保管。

2. 正文

紧靠标题的下方空两行书写正文。条据开头有较为固定的惯用语，一般为"今借到"、"今领到"、"今收到"等。如涉及钱物，要写明计量单位和数量，数字一般用大写。如果涉及金钱，末尾要加上"整"字。数字如有写错的情况，改正后必须加盖章，或重写一张。

在具体事务的办理过程中，借（欠）条这两种条据的写法基本相同，都应标明数量、归还时间。但欠条一般要将所欠原因略加说明。在借（欠）款物还清之后，应将借（欠）条还给借（欠）方。如果一时找不到或失落，则应由受方给借（欠）方开具收条，以明责任。

收（代收）条要求写明什么时间收到何人什么钱物，数量多少。有的还标明原因或用途。

领条要求写明从何处领取到什么物件及其数量、型号、品种，其格式写法要求与收条相同。如果单位有印制好的空白领条，则只按项目要求填写即可。

3. 尾语

凭证条据的尾语可在正文的下一行写明"此据"二字，亦可不写。

4. 落款

条据的右下方为落款，写上制件者姓名。如果是单位，除写上单位名称外，还应写明经办人姓名。然后再下移一行写明时间。

（二）说明类条据

说明类条据一般包括标题、称谓、正文、致敬语、署名和日期几部分。

（1）标题。一般不写标题。必须要写时，将该条据种类的名称居中位置写在正文上方。如留言条、请假条。

（2）称谓。在标题下一行顶格写受文者姓名或称谓。如"×××同志"、"××老师"等。

（3）正文。另起一行，开头空两格，简明扼要地写明要说明的事情，交代清楚为什么、有什么事。如请假条主要说明请假的原因和时间，要简明扼要。留言条则要注意交代清楚自己的意图和需求，语言要简洁，具体问题一般待面谈。

（4）致敬语。在正文下一行空两格写上致敬语，如请假条。

（5）署名和日期。署名和日期写在正文的右下角。熟悉的写个姓加上"即日"就可以了。日期中的数字也可以用阿拉伯数字。

三、条据类文书写作的常见错误和写作要点

（一）常见错误

（1）数字书写不准确，没有计量单位。如"借款人民币贰仟元整（￥2000.00）"，往往写成"借款2000"，容易给不法分子留下造假的空间。

（2）事实书写不清，如某些请假条根本未说清楚请假的缘由。

（3）在条据上肆意涂改，造成一些不必要的纠纷。

（4）语气不当。如请假条是请求准假的条子，但某些人在写作中总是用"望……准假"之类的语句，显得不够礼貌。

（二）写作要点

（1）对外单位使用的条据，单位名称要写全称。

（2）书写准确。款项、物件的数字必须有汉字的大写（如壹、贰、叁、肆等），数字前不留空白，后面写上计量单位名称（如元、台、架等），然后写上"整"字。在文末或另起一行写"此据"二字，以防添加或篡改。留言条在一般情况下应写出全名乃至单位全称和具体日期。在车站、码头等地留言板上的留言条，更应写全姓名、单位和具体日期，以免因重名而误事。

（3）不可涂改，写错可以重写一张。如果不得不涂改，改后必须加盖图章或手印。

（4）文字简明扼要，一般只写明事实即可，不用讲道理。

（5）语言要晓畅平易，避免歧义，以免造成纠纷。

（6）书写时不要用铅笔、易褪色的墨水或红墨水，最好用签字笔，钢笔或毛笔，字迹工整、端正、清楚，不要用草写，以防误认。

四、例文

例文1

借　　条

今借××省工商行政管理学校下列资料：

1.2010年学校工作总结壹份。

2.2011年学校教学计划壹份。

××省工商局基层教育处

经手人：×××

二〇一一年三月十日

例文 2

欠　条

原借×××人民币×××元整，已还×××元，尚欠×××元，定于二〇一一年十二月三十一日以前还清。

×××（签名盖章）

二〇一一年六月二日

例文 3

收　条

今收到××公司工作人员张××送来的三星 R18 型笔记本电脑，共五部。

此据。

×××单位（盖章）

经手人：×××

二〇一一年五月十日

例文 4

请　假　条

××老师：

因母亲突患急病，正住院治疗，我不能参加本周六下午团总支举办的宣传活动，恳请批准。

此致

敬礼！

学生：×××

2011 年 6 月 30 日

第九节 招 聘 书

一、招聘书的概念、特点

（一）招聘书的概念

招聘书是用以面向全社会招募适用人才时使用的一种应用文书。党政机关、企事业单位的人事部门，都有权向全社会发布招聘文书。招聘书可以张贴，也可以在报刊、广播、电视、网站上刊载或播出。

招聘书的作用不仅是向全社会传播招募人才的信息，为各类人才提供发挥才智的机会，同时也可以借机宣传自己，让人们了解本单位的实力、特点，在全社会造成广泛的影响。

（二）招聘书的特点

（1）目的明确。招聘书是近年来随着我国用人制度改革应运而生的一种新文种，是为了广揽人才而作的，具有极强的目的性，即所招人员的工作类型，文书中都要一一写明。

（2）内容清楚。招聘书内容清楚明晰，除说明需要在何种岗位上需要何种人才外，还需要对所招人才的具体条件进行详细说明。如"大专以上学历"、"高中以上学历"、"从事××工作×年以上"、"具有×级职称"，以及其他条件都要根据需要提出明确的要求。

（3）用语极具说服力。招聘书用来招纳贤才，招收那些有专业特长的具有相当技术等级资格和职称的人员，为扩大招聘方的可选择面，招聘文书的说辞应力求富有吸引力。

二、招聘书的格式

招聘启事由标题、正文和结尾三部分组成。

（一）标题

招聘文书的标题最常用的有如下两种：

（1）招聘单位名称＋文种，例如"源兴商厦招聘启事"。

（2）只写"招聘启事"四个字。此外，有的以"招贤"二字为标题，有的以"诚聘"二字为标题，有的以"招贤纳士"为标题，有的甚至想出些新异词语为题，以求吸引应聘者。

（二）正文

招聘书的正文内容一般应包括以下几个方面：

（1）招聘单位情况介绍。当前社会的人才流动是双向选择机制，不仅招聘单位选择自己认为适用的人才，人才也有权选择单位。招聘单位必须把自己的优势宣传出去，才有可能吸引各类人才应聘。对自己单位情况的简要介绍，要求做到真实准确，实事求是。

（2）待聘岗位介绍。主要是待聘岗位的名称和所需人数。

（3）招聘条件和岗位职责。这部分要对应聘人员的资历、学历、学位、职称、能力、成就等方面提出要求，同时说明应聘人员到岗后，需要履行什么职责，完成什么任务。

（4）聘任之后享受待遇。这是应聘者十分关心的问题，包括工资、奖金、津贴、安家费、住房等多个方面。

（5）应聘材料。要一一说明应聘者需要提供的所有材料，譬如，个人履历、近期免冠照片、学历和学位证书、职称证书、已取得的业绩、所承担的科研项目等。

（6）应聘程序。包括招聘方将采用什么方式选拔录取，例如，是考试还是由专家评议，何时确认是否聘用，有关聘期时限等。

（7）附注事项。包括招聘期限、招聘单位邮编、联系地址、联系人、联系电话等。

（三）落款

在正文的右下方写明单位名称和日期。

三、招聘书写作的常见错误和写作要点

（一）常见错误

（1）为招揽人才，招聘内容不实事求是，夸大招聘单位的地位或者待遇，造成不实招聘。比如某些普通单位在招聘书中为了广揽人才，而将本单位描述成世界 500 强企业或某知名企业。把员工待遇随意拔高，随意许以高薪、住房，甚至小汽车之类的待遇条件，言过其实，实际上是对应聘求职者的一种欺诈。

（2）招聘要求书写不清，或含糊其辞，或繁冗混乱，让应聘人员不知所措，无从了解和准备。如对招聘人员的工作类型表述不清，笼统称之为"工作人员"，这就让应聘者无所适从。一些招聘书中将招聘人数或对招聘人员的学历、工作经历等要求未详尽列出，不仅造成应聘人员的盲目应聘，也给招聘单位加重工作负担。

（二）写作要点

（1）招聘书要遵循实事求是的原则，对所招聘的各项内容，均应如实写出，既不夸大也不缩小。

（2）招聘书的各项内容，可标项分条列出，使之一目了然。也可用不同的字体列出以示区别。

（3）招聘书的语言要简练得体、既庄重严肃又礼貌热情。

四、例文

招 聘 书

××餐饮责任有限公司现为拓宽经营渠道，提升服务水平，经市职业介绍服务中心审核批准，特招聘大堂经理 2 名，厨师 5 名，服务员 25 名，具体条件如下：

大堂经理：具有服务员的从业经历，年龄不限，必须具备优良的人品素质，出色的社交能力和应对能力，有三年以上的工作经验，待遇面谈。

厨师：需拥有 3 级以上技术等级证书，具有三年以上工作经验的人员优先，待遇面谈。

服务员：年龄 18～35 岁，品貌端正，身体健康，外在形象好，高中以上学历，语言表达力强，有责任心。（其中女服务员 15 名，男服务员 10 名）

待遇：试用期为一个月，劳动合同期限为一年，合同期满双方满意可以续签，试用期满定级别工资，同时享受社会福利保险。

报名时间：2011 年 8 月 12 日～8 月 15 日

报名地址：××大厦 1608 室

联 系 人：陈××

联系电话：×××××××

×××餐饮责任有限公司

二〇一一年八月五日

练习题

一、判断题

1. 计划的内容中一定要有可量化的目标，制定了就要坚决执行。（　　）

2. 总结的写作应当实事求是，不能浮夸，也不能写成检讨式文章。（　　）

3. 总结一定按照时间的先后顺序来处理写作的结构。（　　）

4. 调查报告是针对现实中存在的问题进行揭露而写作的。（　　）

5. 启事与广告具有同等意义。（　　）

6. 以单位名义出具的条据，除加盖单位公章外，还应该署上经手人的姓名。（　　）

二、简答题

1. 怎样理解计划预见性的特征？

2. 总结的写作要注意哪些问题？

3. 怎样理解调查方式在调查报告写作中的意义？

4. 会议记录的格式是怎样的？

5. 简析简报最明显的写作特点，并分析简报的写作要求。

6. 规章制度有哪些种类？各类规章制度的格式和写法有何异同？

7. 招聘书的写作有哪些要求？

三、评改下面这则声明

郑 重 声 明

近期，不断有超市向本公司反映，有人通过借本公司名义，频繁向各超市推销仿本公司×牌洁肤产品。此类行为严重损害了本公司的产品形象，也干扰了公司的市场销售。据此，我处郑重声明：

一、我公司从未派任何代理商向各超市推销×牌洁肤产品，任何借本公司名义进行推销活动的机构或个人，其所作出的一切行为均与本公司无关。

二、对类似假冒本公司名义进行的推销活动，本公司将依法采取行动。

三、如各超市遇到此类情况，希望有效制止这种不法行为。

特此声明。

×× 公司

2011 年 × 月 × 日

四、写作题

1. 请以"××文学社"的名义，组织一次针对文学院大一新生有关文学名著阅读情况的调查活动。调查活动之前，请先制订一份该活动的计划；调查之后，请写作一份调查报告，并在班级内进行交流；在写作交流活动完成后，请就整个完整的活动过程进行书面总结。

2. 为班级召开的某一主题班会写一份会议记录。

3. ××大学团委在 2011 年暑假发动全校团员搞了一次爱心助学活动。请你以××大学团委的名义，编一期简报，报道这次活动的情况。

4. 根据下面的内容，写一则发表于某报刊上的庆祝活动启事。

×技术职业学院成立于 1991 年，为了总结办学经验，展望未来，凝聚校友力量，弘扬学院精神，推动学院新的发展，定于 2011 年 × 月 × 日上午 9：30 时在学院礼堂举行 20 周年庆典活动。学院真诚地邀请历届校友和在学院工作过的教职工参加院庆活动，并事先与学院办公室梅××、彭××联系。联系地址：××市××路××号，邮编：××××××，电话：×××××××。

本章参考资料

[1] 陈方柱．调研写作分类精讲［M］．北京：中国言实出版社，2009．

[2] 郝大海．社会调查研究方法［M］．北京：中国人民大学出版社，2011．

[3] 洪威雷，邱向国．事务应用文书写作［M］．沈阳：东北大学出版社，2010．

[4] 刘锡庆．事务文书写作［M］．北京：北京师范大学出版社，2007．

[5] 陆明，赵华．怎样写总结［M］．北京：中国民主法制出版社，2011．

[6] 岳海翔．综合事务文书写作［M］．北京：中国言实出版社，2008．

[7] 张宇．怎样写调查报告［M］．北京：中国民主法制出版社，2011．

第四章　礼仪文书

第一节　礼仪文书概述

一、礼仪文书的概念

礼仪是礼节和仪式的总称，礼仪文书是单位或个人用于日常生活和工作等社交场合的各类文书的总称。

二、礼仪文书的特点

（1）地域性和民族性。礼仪文书在不同的地域、不同的国家，体现出不同的民族性特征。除了国际通用的部分之外，很多时候，礼仪文书的写作还必须遵循当地的民俗及特定的宗教习惯等，以更好地适应社交礼仪的需要。

（2）情感性。礼仪文书很多时候强调的是一种礼尚往来的礼节。比如，在对方取得一定成绩的时候通过贺信来表达祝贺之谊，在对方亲人去世的时候通过唁电来表达慰问……这些文书都是为了加强彼此之间的情感联系，体现出较强的情感性。

（3）规范性。礼仪文书的写作有比较固定的格式和用语，是人们在长期的社会交往中经由约定俗成而体现的一种通用规范。

三、礼仪文书的种类

礼仪文书的种类很多，涵盖了工作和生活、节日、红白喜事等方方面面，可以大致分为以下几类：

（1）邀请类文书，包括请柬、邀请书和聘书等，用于邀请对方参加某个特定的正式的活动或聚会。

（2）祝贺类文书，包括祝辞和贺信，用于向对方表达良好的祝愿和恭贺之情。

（3）感谢慰问类文书，包括感谢信和慰问信，因特定的事件而向对方表达感谢或慰问之情。

（4）欢迎欢送类文书，包括欢迎词和欢送词，在特定场合对对方的到来或离去表示正式的欢迎或欢送之谊。

（5）祭悼类文书，包括讣告、悼词等，因某人的不幸逝世而发布相关信息或表达哀悼之情。

（6）发言类文书，主要是指代表发言稿，在特定的场合以代表的身份表述工作、看法或感情等。

第二节　请柬　邀请函　聘书

请柬、邀请函和聘书是因特定事件向对方正式发出约请的礼仪性文书。

一、请柬

（一）请柬的概念、特点及种类

1. 请柬的概念

请柬，又叫请帖，是单位或个人因重大活动、重要节日或会议等，为表庄重和正式而向宾客发出邀请的礼仪文书。

2. 请柬的特点

请柬具有格式简短、内容简明和制作精美的特点。

3. 请柬的分类

从内容上分，请柬可简单分为红白喜事的请柬和日常活动的请柬。

从形式上来分，可以是卡片式的，也可以是折叠式的；可以是印制的，也可以是手写的；可以是西式的横式请柬，也可以是中式的竖式请柬。

（二）请柬的格式

当下，大多数场合可采用模式化的现成请柬。特定的活动或有特殊要求时，则需自己制作请柬。请柬根据风格不同，可制作成横式或竖式的两种，一般包括封面和内页两个部分。

封面，通常用较厚的纸质，装帧精美。在居中的位置，用醒目的颜色和稳重的字体写上"请柬"或"请帖"二字。

内页，常规的包括称谓、正文、落款三个部分。

（1）称谓。在第一排顶格写，在姓名的位置留白，之后缀以"先生"、"女士"等称谓，也可加上被邀请宾客的职务、职称。

（2）正文。通常用"兹定于……"、"特定于……"等作为开头，正文部分要交代清楚相关活动的内容、时间、地点及需要注意的相关事项。通常用"恭请光临"、"敬请莅临指导"、"若蒙光临，不胜荣幸"等作为结束语。

（3）落款。横式请帖写在正文右下角，竖式请帖则在正文左下角写发出请柬的单位名称或个人姓名，并在之下（横式）或之左（竖式）署明日期。

（三）请柬写作的常见错误和写作要点

1. 常见错误

未仔细核对时间、地点等信息，或是未确认对方的姓名和头衔等便匆忙发出请柬，容易造成误会，引起收受方的不愉快。

2. 写作要点

（1）向宾客发出请柬是为了表示正式和对对方的尊重，因此在填写姓名和职务的时候一定要核实确认，以免有误。

（2）正文部分一定要准确地告知活动的内容、时间、地点。在多数情况下，时间一般精确到半小时，地点精确到具体的场馆位置。另外，如涉及一些重要的备注事项，如联系人、联系电话、交通路线、食宿地址，有的活动还需携带请柬作为入场凭证，则需要在内容事项中注明。

（3）请柬突出一个"请"字，所以在具体行文的时候，语气应是热忱的、谦恭的，不得使用"必须"、"不得有误"等带有强制性的词语。

（四）例文

例文 1

请　束

_____女士/先生：

　　兹定于 9 月 11 日晚 7：00～9：00 在市政协礼堂举行中秋茶话会，届时敬请光临。

　　此致

敬礼！

××市政治协商会
2011 年 9 月 5 日

例文 2

纪念辛亥革命 100 周年

请　束

尊敬的_____同志：

　　为隆重纪念辛亥革命 100 周年，民革四川省委决定：于二〇一一年九月二十六日（星期一）九点半在成都金牛宾馆俱乐部礼堂举行"民革中央孙中山研究学会四川分会成立大会暨辛亥革命与孙中山精神研讨会"。

　　恭请莅临！

中国国民党革命委员会四川省委员会
二〇一一年九月十五日

二、邀请函

（一）邀请函的概念、特点及种类

1. 邀请函的概念和特点

　　邀请函和请束的适用范围大致相同，只是邀请函更正式，一般用于正式的会议、晚宴、论坛等等，比较官方，使用的措辞也更正式，文后可以加盖公章。相比而言，请束更简洁、人性化一些，落款签单位主要领导名字即可。在具体操作上，可以先发邀请函，等对方收到并确认接受后，再递送请束。

2. 邀请函的种类

　　按照其具体的用途分，邀请函可以分为工作类的邀请函和活动类的邀请函。前者如成果评审、决策论辩、学术会议等；后者往往针对一些重要的纪念活动、仪式、庆祝会、座谈会、宴会等。

（二）邀请函的格式

　　（1）标题。居中写上"邀请函"或"邀请信"，也可在邀请函之前加上具体的事由，如例文的"2008 国际慈善论坛邀请函"。

　　（2）正文。第一行顶格写上被邀请单位或个人的姓名，加上"先生"、"女士"的后缀或相

126

关的职务职称。邀请函通常比请柬所涉及的事项更为复杂，所以在正文部分需要花稍多的篇幅向被邀请者说明有关问题及事项。

（3）落款。右下角落上邀请者的名称及时间。

（三）邀请函写作的常见错误和写作要点

1. 常见错误

混淆邀请函和请柬的适用范围，将邀请函的内容过于简要化。邀请函更多用于正式官方的场合，涉及的相关内容要素更为具体，请柬则更简明一些。

2. 写作要点

（1）邀请函中涉及的时间、地点、事项等一定要反复核实后再寄出。

（2）邀请函往往需要对该活动的目的、意义、有关内容事项及后续联系方式进行较详细的介绍，以吸引对方的关注及参与兴趣。

（3）行文要注意语气，突出诚意。

（四）例文

例文1

2008 国际慈善论坛邀请函

尊敬的＿＿＿＿＿先生：

慈善事业是一项文明而崇高的事业，是人类善良与关怀的共同需要，体现了时代的要求和社会进步，展示了中华民族的美德与和谐的理念。为贯彻和落实胡锦涛总书记在十七大报告中提出的"加快建立覆盖城乡居民的社会保障体系，保障人民基本生活。要以社会保险、社会救助、社会福利为基础，以基本养老、基本医疗、最低生活保障制度为重点，以慈善事业、商业保险为补充，加快完善社会保障体系"的精神，促进国际慈善的经验交流与合作。由中国佛教协会、中国扶贫开发协会、中国国际慈善基金会、中国国情调查委员会、联合国青年技术培训及妇女儿童保护组织等40多家单位共同主办，欧洲时报、澳门莲花电视台、中国残疾人发展基金会、中国红十字基金会、中国青少年发展基金会、中华慈善总会、中国妇女发展基金会等50多家新闻媒体单位协办和支持的"国际慈善论坛暨第三届公民企业论坛"将于2008年1月9日在北京人民大会堂召开。

为了更好地开展论坛筹备工作，由全体主办单位和协办、承办单位共同成立国际慈善论坛组委会。论坛计划每年召开一次，分别在世界各国之间轮流举办。

2008年"国际慈善论坛"的主题是：交流国际慈善经验，促进慈善事业发展。今年活动计划已经得到部分社会知名人士的积极响应（详见网站），同时将邀请国家领导人、中国公益慈善界、中国佛教界、全国工商界和民政系统的领导以及海内外相关社会各界人士500余人共同参与本次盛会，本次论坛活动将有"国际企业公民论坛"、"国际慈善论坛"和"佛教慈善论坛"三个部分组成。公益年度盛会也期待您的积极参与，详情请浏览组委会相关活动计划。

论坛网站：www.newsgov.cn

联系电话：（略）

国际慈善论坛组委会（章）

二〇〇七年十月十八日

例文 2

同济大学建校 100 周年校庆致海内外校友的邀请信

亲爱的海内外全体校友：

五月的江南，草长莺飞；五月的同济园，欢声笑语。百年的弦歌，化成今日动人的音符；世纪的传诵，谱成今日绚丽的华章。2007 年 5 月 20 日，是全体同济人的节日，我们的母校——同济大学将迎来百年华诞。我们谨代表五万余名在校师生员工，热忱邀请您重回母校，共同见证这一欢乐的时刻。

百年同济，历经风雨，卓然自立，同济之名不变，精神之火永存。一百年同济的办学历史就是创造知识、启迪智慧、服务社会、报效国家的历史。百年中，同济大学向社会输送了 25 万人才，其中包括以贝时璋、李国豪、裘法祖、吴孟超为代表的百名院士。以"同舟共济、自强不息"为核心的同济精神被代代同济人相传、发扬光大。矢志不渝的爱国精神、同舟共济的团结精神、自强不息的奋斗精神、严谨求实的科学精神激励着同济人为中华民族的振兴富强而努力奋斗。百年同济最大的贡献是为国家和民族培养了大批爱国志士、科学英才，最宝贵的财富是遍布海内外的同济学子！

20 世纪 90 年代以来，同济大学在国家高校布局调整中，实现教育部与上海市共建。学校与上海城市建设学院、上海建筑材料工业学院、上海铁道大学（原上海铁道学院、上海铁道医学院）实现并校融合，上海航空工业学校划归管理，同时，学校又先后进入"211 工程"和"面向 21 世纪教育振兴行动计划"建设行列。目前，学校迎来了历史上最好的发展机遇，百年学府正焕发着新的活力，努力向综合性、研究型、国际化的国际知名大学的目标迈进。

亲爱的校友，经过两年多的精心准备，百年庆典的大幕已经正式拉开，我们将以"同舟共济、继往开来"为主题，本着"隆重热烈、规模适度、注重实效、特色鲜明"的原则，举办一系列富有同济特色的庆祝活动，以此答谢宾朋、缅怀先辈、凝聚校友、弘扬学术、光大传统、规划未来。

我们热诚邀请各位校友与在校师生员工一起，同舟共济，共度百年欢乐庆典；继往开来，共谋第二个百年伟大宏图！

如蒙应允，敬请回执告知各自就读相关学院。如果因系、学科变迁不明确相关学院的，可直接与校友总会联系，学校百年校庆网站上也将公布有关的联系办法。

祝愿各位校友万事如意，阖家幸福！

同济大学百年校庆筹备委员会

二〇〇七年三月三十日

例文 3

《女神》与 20 世纪中国文学国际学术研讨会暨青年论坛

邀 请 函

_____女士/先生：

郭沫若新诗集《女神》在 20 世纪中国文学发展及现代诗歌史上，均具有十分重要的意义。今年恰逢该诗集出版 90 周年，为纪念该诗集的出版，由中国郭沫若研究会，西华师范大学科研处、文学院主办的"《女神》与20世纪中国文学国际学术研讨会暨青年论坛",将于2011年10月28日至31日,在四川省南充市西华师范大学举行。会议主要议题如下:

1.《女神》与20世纪中国文学;

2.《女神》与中国诗歌的历史性转换;

3.郭沫若、创造社与中国现代的青年文化精神;

4.新世纪郭沫若研究的问题、挑战与可能。

5.郭沫若研究、创造社研究中的其他问题。

鉴于您在这一学术领域进行的研究,此前我们已向您发出预备邀请函,并得到了您的参会确认。现向您发出正式邀请函,请您准时与会,共同研讨议题。会务费_____元/位,其他须知附后。

西华师范大学文学院,前身为"西山书院",由著名学者伍非百先生创办于1943年。其后经历了川北文学院、川北大学文学院、四川师范学院(1952~1956)中文系、南充师范专科学校中文科、南充师范学院中文系、四川师范学院(1989~2003)中文系、西华师范大学文学院等发展阶段。文学院历来注重学术交流,热烈欢迎各位同仁与会指导。

"《女神》与20世纪中国文学国际学术研讨会暨青年论坛"筹备组

2011年9月22日

三、聘书

(一)聘书的概念、特点和种类

1.聘书的概念和特点

聘书,又叫聘请书或聘任书,是用人单位聘请相关人员担任某项工作时使用的文书。聘书在某种程度上代表了用人方和受聘方之间的约定关系,体现出双方信任、守约的基本态度。在具体写作时一般都采用模式化的写法。

2.聘书的种类

在实际的应用中,聘书可分为临时聘书和长期聘书两种。临时聘书一般是指聘请人员担任某一临时性工作时使用的聘书,在工作结束之后,聘书就失去了效力;而现在多数单位都实行了聘任制,每隔一段时间都要对自己单位的工作人员实施聘用程序。一般聘期为一年,期满之后,根据其贡献大小、表现情况,决定下年度是否继续聘用。这样的常规聘书,属于长期工作聘任书,各单位每年都要大量制发。

(二)聘书的格式

(1)标题。第一行居中写上"聘书"或"聘请书"。

(2)称谓。顶格写上××先生、××女士,也可在对方姓名后加上具体的职务和职称以表示尊重。

(3)正文。写明聘请的缘由、目的,被聘者将要担任的职务、年限、待遇以及对被聘者的要求及期望等。也可用模式化的写法,"兹聘请××(姓名)担任××(职务)"。最后加上结语"此聘"或"此致敬礼"。

（4）落款。右下方写上用人单位的全称和日期，并加盖公章。

（三）聘书写作的常见错误和写作要点

1. 常见错误

聘书中涉及的被聘用人员的个人信息不清晰，姓名、职称、被聘职务、期限、待遇等问题不清楚，甚至出现错误。

2. 写作要点

（1）文中涉及的姓名、具体职务、期限、待遇等重要的信息一定要在再三核对之后再写，以免引起误会。因为聘书的内容往往都是在双方约定之后而写的，带有合约的性质。

（2）聘书是以单位名义发出的，所以一定得加盖所在单位的公章，方视为有效。

（四）例文

例文 1

聘　书

××先生：

　　我厂为增加产品品种，提高设计质量，特聘请你为总设计师，聘期暂定两年，月薪暂定 5000 元，奖金按效益情况发给。

　　此聘

××嘉陵制衣厂
二〇一×年×月×日

例文 2

聘　书

＿＿＿＿＿同志：

兹聘请你为民革中央孙中山研究学会四川分会理事，聘期五年。

民革中央孙中山研究学会四川分会
二〇一一年九月二十六日

第三节　祝辞　贺信

一、祝辞

（一）祝辞的概念和种类

祝辞，也称祝词，是指在特定的喜庆场合，如开工典礼、开业剪彩、重大节日等，表示良好的祝愿和祝贺的礼仪文体。

常用的祝辞根据应用场合，大致可分为四类：节日祝辞，用于重大的节日，如新春祝辞、国庆祝辞等；事业祝辞，用于会议开幕、开业剪彩；祝寿辞，主要是为老年人恭贺寿辰，祝长寿健康；祝酒辞，用于各种公私宴会，已成为宴请宾客的一种礼仪。

130

（二）祝辞的格式

1. 标题

居中写上"祝辞"或"祝词"，也可加上致辞人和致辞场合，如"××在××××招待会上的祝辞"。

2. 称谓

顶格写被祝贺对象的名字，如有职务加上职务，没有的直接加上"女士"、"先生"等，也可在名字之前加上"尊敬的"、"敬爱的"等尊称。

3. 正文

不同类型的祝辞写作的重点不同。①节日祝辞。着重表达恰逢某一特殊时刻的喜悦心情，突出热烈喜庆的感觉。通常会用"值此……之际，我谨代表……祝……"等惯用语作为开头。②事业祝辞。着重祝贺相关单位或个人的事业所取得的成绩，并预祝在今后会取得更大的成功。③祝寿辞。通常祝寿辞的对象是长者，往往会对对方的功绩、品德等作概括的说明和正面的评价，着重祝愿对方生活美满，健康长寿。④祝酒辞。首先要对宴请的宾客表示热烈的欢迎，肯定宴会参与者之间的友好交往或成绩，展望未来的进一步合作、发展前景或表达良好的祝愿。祝酒辞一般以"干杯!"、"为……而干杯!"作为结语。

4. 落款

写上致贺的个人或单位的名称，加上年月日。在实际讲话中，这一部分可略。

（三）祝辞写作的常见错误和写作要点

1. 常见错误

(1) 祝辞的内容与活动场合、祝者身份、针对对象不相吻合，不能应景。

(2) 篇幅过长，连篇累牍，影响所在场合的具体活动议程。

(3) 语言风格不当。或者枯燥死板，缺乏情感和生气；或者过于轻俏活泼，不够庄重正式。

2. 写作要点

(1) 根据礼仪场合及针对对象确定祝辞内容的中心，明确主题。

(2) 祝辞的写作宜表达浓烈的希望或喜悦的感情，但必须是真挚的；用词应中肯、恰当。

(3) 除非特定的场合，在多数情况下，祝辞的篇幅时长控制在3～5分钟。

（四）例文

例文1

在父亲八十寿筵上的祝辞

尊敬的各位长辈、兄弟姐妹、亲朋好友们：

大家中午好！

首先，十分感谢大家在百忙之中的光临，共同庆贺我父亲××先生的80大寿。你们的光临令今天的聚会蓬荜生辉、热闹非凡。兔年伊始，春意盎然，万象更新，我作为我们家三兄弟及其家人的代表，在这里衷心感谢大家！祝愿大家新春吉祥，四季平安，健康长寿，家庭和睦，万事顺心，事业发达，财运亨通！

今年是阳历公元2011年，农历辛卯年，喜逢父亲××先生80大寿。今天，我们欢聚一堂，共同庆贺他老人家进入耄耋之年，荣升高寿老人。回顾父亲经历的岁月，我感受最深的是：

他是一位学识渊博的学者。他作为××大学历史系的老教授，几十年来致力于中国古代历史研究，是一名在先秦时期专业领域享有盛誉的专家；他忠诚于党和国家的教育事业，辛勤耕耘，从事教育工作40多年。他热爱学生、教书育人，桃李满天下。更难能可贵的是，他活到老，学到老，是我们年轻一代学习进步的榜样与楷模！

他是一名健康的老人。他继承中国农民优秀的品质与传统，更继承了我婆婆的强健体格和长寿基因。虽然他年轻时经历了不少风雨与磨难，但他一直热爱生活、热爱运动，50多岁时还驰骋球场。近年来，还经常一人当天往返于成都、南充办事。他一直信心十足、思维清晰、体格健壮。这些都是我们晚辈的财富与骄傲。

他是一名既严厉又慈爱的父亲。在他的言传身教和悉心培养下，我们三兄弟都苗壮成长，顺利完成大学学业并成长为工程师、教师，在各自的领域老实做人、踏实做事、爱岗敬业，并且都家庭和睦、有儿有女、有房有车、初步小康。更因为他的感染和熏陶，我们家后辈即使不是教师也在自己的岗位上从事着教育工作，我们家也成为光荣的教师世家！

我们的父亲是一名具有健康、正直、勤奋、善良、执著、勤俭、富有爱心等品质、德高望重的优秀老人。在父亲80大寿来临之际，我代表三兄弟深深感谢父亲、母亲对我们的养育之恩和几十年来给予我们无微不至的关怀和付出的无数心血，祝愿我们的父亲和母亲天天快乐，万事如意，健康长寿，四季平安！

最后，感谢在座的各位对我父母，对我们三兄弟以及家庭多年来的关怀、爱护与帮助！谢谢大家！我父亲现在确定的生活目标是平安健康到100岁。在此，特邀请在座的诸位，再过20年，我们再相聚，再来欢聚一堂！谢谢大家！

例文2

欢聚世博盛会 共创美好未来
——胡锦涛在上海世博会欢迎晚宴上的祝酒辞

（二〇一〇年四月三十日，上海）

尊敬的国际展览局蓝峰主席、洛塞泰斯秘书长，
尊敬的各位国家元首、政府首脑、议长和王室代表，
尊敬的各位国际组织代表，
尊敬的各位来宾，
女士们，先生们，朋友们：

今晚，2010年上海世界博览会将隆重开幕。我谨代表中国政府和人民，对各位嘉宾莅临上海世博会，表示热烈的欢迎！对给予上海世博会真诚帮助和大力支持的各国政府和人民，对国际展览局和有关国际组织，对所有为上海世博会作出贡献的朋友们，表示诚挚的谢意！

世博会是荟萃人类文明成果的盛会，也是世界各国人民共享欢乐和友谊的聚会。诞生159年来，世博会把不同国度、不同民族、不同文化背景的人们汇聚在一起，沟通心灵，增进友谊，加强合作，共谋发展。世博会给国际社会留下了追求进步、崇尚创新、开放共

荣、倡导和谐的宝贵精神财富，为推动人类文明进步发挥了重要而独特的作用。

上海世博会是第一次在发展中国家举办的注册类世博会。这是中国的机遇，也是世界的机遇。上海世博会将向世界展示一个拥有5000多年文明历史、正在改革开放中快速发展变化的中国，搭起中国学习借鉴国外先进经验、同世界交流合作的桥梁。上海世博会更属于世界，未来6个月，世界各国各地区将以世博会为平台，围绕"城市，让生活更美好"的主题，充分展示城市文明成果、交流城市发展经验、传播先进城市理念，相互学习、取长补短，为新世纪人类的居住、生活、工作探索崭新的模式。我相信，上海世博会将书写中国人民同各国人民交流互鉴的新篇章，也将书写人类各种文明交流互鉴的新篇章。

女士们，先生们，朋友们！

8年来，中国政府和人民怀着高度热忱，举全国之力，集世界智慧，全力筹办上海世博会。现在，上海世博会即将呈现在我们面前。我相信，在有关各方共同努力下，世界各国人民一定能够共享一届成功、精彩、难忘的盛会。我也相信，只要我们继承并不断创新世博会给我们带来的宝贵文明成果和精神财富，我们生活的城市一定会更加美丽，我们共同拥有的地球家园一定会更加美好，我们的未来一定会更加光明。

女士们，先生们，朋友们！

中国人民正在满怀信心地推进改革开放和社会主义现代化建设。我们既要不断创造13亿中国人民的美好生活，又要为人类和平与发展的崇高事业作出新的更大的贡献。中国将高举和平、发展、合作旗帜，始终不渝走和平发展道路，始终不渝奉行互利共赢的开放战略，坚持在和平共处五项原则的基础上同所有国家发展友好合作，同各国人民一道推动建设持久和平、共同繁荣的和谐世界。

现在，我提议：

为举办一届成功、精彩、难忘的世博会，

为世界各国人民的团结和友谊，

为人类文明发展进步，

为各位嘉宾和家人身体健康，

干杯！

二、贺信

（一）贺信的概念和特点

贺信是向取得重大成绩、有突出的成就或特定喜庆之事的单位或个人表达祝贺的礼仪文书。用电报形式的贺信则称之为贺电。

祝辞和贺信都是具有祝贺性质的礼仪文体，两者都用于向对方表示祝贺。祝辞往往用于现场的口头宣读，且多是在事前预祝事情能够圆满成功，表示一种祝愿和期待；而贺信则多用书信或电报的形式，对已经取得的成绩予以祝贺，表示庆贺和道喜。

（二）贺信的格式

1. 标题

居中写上"贺信"（或"贺电"），也可以是"发文单位＋贺信"，如"四川省红十字会贺信"，又可以是"事由＋贺信"，如"对我校张××同学取得数学竞赛第一名的贺信"，还可以是"被祝贺单位＋贺信"，如"致×××先生的贺信"。

2. 称谓

顶格写对方的单位或个人名称，后面加冒号。

3. 正文

贺信的正文必须包括两方面内容，一要对对方所取得的成绩予以肯定，二要表达诚挚的祝贺和殷切的希望。具体写作中的重点根据内容的不同而有所区别。如祝贺会议则要肯定会议的意义和影响，祝贺会议的圆满召开；祝贺工作则要强调对方所取得成绩的重要性和影响力，并表明向对方学习的态度；如祝贺个人职务、职称上的升迁等，则可以肯定对方之前的工作，并预祝其在新的岗位取得更大的成绩。结尾可在语意尽处自然收束，也可用祝愿词结尾，常用的是"谨祝在今后的工作中取得新的、更大的胜利"。

4. 落款

按信函格式写发信单位或个人名称及年月日。如需表示慎重，还可加盖单位的印章。

（三）贺信写作的常见错误和写作要点

1. 常见错误

（1）内容上缺乏对已发生相关事实的基本概述，缺乏祝贺的基础。

（2）对取得的成绩或其积极的意义缺乏有效的评价，给人隔靴搔痒之感。

（3）语气平淡，缺乏感情上的赞赏及认可。

2. 写作要点

（1）行文简练，要概括说明对方所取得成绩或正面影响，对被贺方表示正面积极的评价。

（2）对对方的评价应是中肯且有新意的，尽量避免陈词滥调。

（3）言辞中感情诚挚浓烈，能给人以鼓舞之情。

（四）例文

例文 1

中共中央 国务院 中央军委

对天宫一号与神舟八号交会对接任务圆满成功的贺电

总装备部、工业和信息化部、国家国防科技工业局、中国科学院、中国航天科技集团公司、中国航天科工集团公司、中国电子科技集团公司并参加天宫一号与神舟八号交会对接任务的全体同志：

欣悉天宫一号目标飞行器与神舟八号飞船交会对接任务取得圆满成功，中共中央、国务院、中央军委特向所有参加这次任务的广大科技工作者、干部职工和解放军指战员，表示热烈的祝贺和亲切的慰问！

天宫一号目标飞行器与神舟八号飞船成功实现交会对接，标志着我国空间交会对接技术取得重大突破，实现了我国空间技术发展的重大跨越。这是我国载人航天事业发展史上的重要里程碑，是建设创新型国家的标志性成果，是中国人民在攀登世界科技高峰征程上取得的又一新的胜利，对于增强我国经济实力、科技实力和民族凝聚力，鼓舞全党全国各族人民努力实现"十二五"时期发展目标、奋力夺取全面建设小康社会新胜利，具有重大而深远的意义。你们为国家和民族建立的卓越功勋，祖国和人民永远不会忘记！

成绩属于过去，未来任重道远。天宫一号目标飞行器与神舟八号飞船交会对接任务的圆满成功，只是整个空间交会对接任务迈出的第一步，明年还要继续实施天宫一号目标飞行器与神舟九号飞船、神舟十号飞船的交会对接。希望你们在以胡锦涛同志为总书记的党中央领导下，高举中国特色社会主义伟大旗帜，以邓小平理论和"三个代表"重要思想为指导，深入贯彻落实科学发展观，大力弘扬"两弹一星"精神和载人航天精神，戒骄戒躁、再接再厉，团结协作、创新进取，为继续推动我国航天事业科学发展，为实现全面建设小康社会奋斗目标、开创中国特色社会主义事业新局面作出新的更大贡献。

中共中央
国务院
中央军委
2011 年 11 月 17 日

例文 2

贺　电

国发明电〔2007〕3 号

湖南省人大常委会、省人民政府并转湘西土家族苗族自治州人大常委会、州人民政府：

值此湖南省湘西土家族苗族自治州成立 50 周年之际，谨向你们并通过你们向全州各族干部群众、驻州人民解放军指战员、武警部队官兵、公安民警致以节日的祝贺和亲切的慰问！

50 年来，湘西土家族苗族自治州经济发展，民族团结，社会稳定，人民生活不断改善，各项事业取得了可喜的成就。希望你们在以胡锦涛同志为总书记的党中央领导下，高举邓小平理论和"三个代表"重要思想伟大旗帜，深入贯彻落实科学发展观，继续解放思想，坚持改革开放，推动科学发展，促进社会和谐，坚持共同团结奋斗、共同繁荣发展，为建设富裕、文明的美好家园，为民族团结进步事业，为全面建设小康社会、构建社会主义和谐社会作出新的贡献！

祝湘西土家族苗族自治州繁荣昌盛！

祝湘西土家族苗族自治州各族人民幸福安康！

全国人大常委会
国务院
二〇〇七年九月二十日

第四节　感谢信　慰问信

一、感谢信

（一）感谢信的概念和特点

感谢信是单位或个人在日常的工作、学习或生活中因得到有关方面的关心、帮助或支持而向对方表示感谢的礼仪文书。感谢信通常在向对方表示感谢的同时，通过这种形式来达到一定程度的宣传效果。

感谢信可以用单位的名义写，也可以用个人的名义写。在发布形式上，可用信函的形式，还可采用张贴或借助广播、电视、网络等媒介以扩大影响力。

感谢信的特点主要体现为感谢缘由的陈述性、语言的情感性。

（二）感谢信的格式

1. 标题

为表示正式可写成"×××致×××的感谢信"，也可省略发文单位写成"致×××的感谢信"，还可以只写文种"感谢信"。

2. 称谓

标题下顶格写对方的单位名称或个人的姓名，个人姓名后加上"同志"、"先生"、"女士"等尊称。

3. 正文

一般来说感谢信需要表达两方面的内容。首先简述事迹，用概括性的语言陈述对方给予自己的关心和帮助，应包括时间、地点、人物、事件、起因和结果等因素，并简要评价其意义所在。其次要对对方的高尚品格和助人为乐的精神予以充分的肯定，并表示诚挚的谢意，同时要表明向对方学习的态度。如果感谢信是写给对方单位的，还要适当地提出给予表扬的建议。

4. 结尾

惯用的结束语为"致以最诚挚的谢意"或"谨表达衷心的感谢"等，也可写上"此致敬礼"一类的敬语作为结尾。

5. 落款

右下方写上感谢的单位或个人的名称和时间。有时以单位名义而写的感谢信还要加盖公章以表郑重。

（三）感谢信写作的常见错误和写作要点

1. 常见错误

（1）对于欲表示感谢的相关事迹叙述不清，尤其是对于个体性事件，缺乏相关的叙事要素，如时间、地点、人物、事件（起因、进展和结果）表述不清；对于集体性行为，不能运用概述的方式进行简洁、有效的表达。

（2）不能结合叙述内容对被感谢对象进行有关评价，或评价的表述程度不到位，或评价语言空洞抽象。

（3）语言缺乏情感。

2. 写作要点

（1）信中的事迹应是真实的，必须尊重客观发生的事实及相关背景。对于不是当事人的写作者而言，写感谢信要充分收集资料，真实地反映写作方对被感谢方给予的帮助、支持、付出心血的认可及充分感谢。

（2）语言评价的高低、感情的浓烈程度要与有关感谢的事迹相适宜，避免夸大其辞，让人产生情感虚伪之感。

（四）例文

例文 1

中共玉树州委、州人民政府致社会各界的感谢信

支援玉树抗震救灾的广大救援人员、志愿者和社会各界人士、港澳台同胞、海外侨胞及国际友人：

2010 年 4 月 14 日 7 时 49 分，玉树藏族自治州玉树县发生 7.1 级地震，造成重大人员伤亡和财产损失。"地震无情，人间有爱。"在全州抗震救灾的紧急关头，党中央、国务院、全国各族人民及社会各界心系灾区，情牵藏族同胞，及时从大江南北、长城内外伸出援助之手，送来真挚的爱。千里驰援、生死营救，创造了战天斗地的奇迹，谱写了民族团结的壮歌。

各方各界的无私帮助，慷慨支援，使我们倍感温暖，极大地鼓舞了灾区人民战胜灾难的斗志和勇气。抗震救灾斗争使我们更加深切地感受到：祖国大家庭最温暖，民族大团结最有力，人民子弟兵最可爱，赤子之心最宝贵，匹夫之责最可敬。在此，我们谨代表地震灾区和三江源头的 35 万各族人民群众，向支援玉树抗震救灾的广大救援人员、志愿者和社会各界人士、港澳台同胞、海外侨胞及国际友人表示最衷心的感谢并致以最崇高的敬意。

当前，正值玉树抗震救灾的关键时期，任务艰巨，困难很多，压力很大。但我们坚信，有党中央、国务院的亲切关怀，有青海省委、省政府的坚强领导，有全国各族人民及社会各界的大力支持，有全州各族干部群众的共同努力，我们一定能够战胜这场地震灾害，夺取抗震救灾的全面胜利，重建美好家园——新玉树！

中共玉树州委

玉树州人民政府

2010 年 4 月 20 日

例文 2

感 谢 信

尊敬的××县委、县政府领导：

我叫陶××，是 13 日驾驶川 H06250 客车载着 33 名乘客向你们请求援助的驾驶员。我们一共 35 名司乘人员已于 14 日平安到达目的地——四川剑阁。此时，数日来的疲惫虽未消除，但强烈的感恩之心催促我，必须尽快代表 35 名司乘人员，向您们表达深深的感激之情！

我们 9 日从北京出发，一出来就遇到罕见的暴雪，一路走走停停，饱受饥寒，至 11 日才到阳泉，又被阻两天。13 日，由于高速路仍不能通行，我们只有走 307 国道，傍晚到达寿阳。其时，从北京出发已经 5 天，我们所带的现金差不多用尽，晚上的食宿成了问题。这几天一车人已冻得受不了，况且其中有妇女和幼儿 20 人，还有 1 名孕妇，已经寸步难行。正当我们感到绝望之时，寿阳县民政局获悉了我们的困境，立即赶到被困地点，给我们安排住宿，并送来食品。县委黄书记得知后又亲自来看望我们，带来医生诊治病

员，给我们每人发路费 200 元，其中孕妇和带幼儿的发 500 元；上高速路受限，黄书记又亲自联系，把我们送上高速路。这一切，令我们所有司乘人员感激万分，无不热泪盈眶。

去年 5·12 特大地震，我们作为灾区的人，深切地感受到了灾害无情人有情，全国人民给我们以巨大的支援，毫无疑问也包括寿阳人民献出了炽热的爱心，这次暴雪把我们逼到绝境，我们又得到了您们极大地关爱和帮助，再一次感受到中华民族大家庭的温暖、和睦、互助，也深刻认识到社会主义好，共产党好，祖国好。同时，也进一步感到共产党的干部好，您们是全心全意为人民服务的，是时刻关心人民疾苦的。我们 35 名司乘人员在离开寿阳后，所有的人一路上感激的言语不绝于口。所以，我代表他们和我自己，再一次向您们表达由衷的谢意！

四川省广元市剑阁县普安镇

川 H06250 客车驾驶员 陶××

2009 年 11 月 15 日

二、慰问信

（一）慰问信的概念和种类

慰问信是单位或个人向有关集体或个人表达慰问之情的礼仪文书，往往通过这种形式来表达社会或组织的一种人文的关怀，给人信心和力量，催人奋进。

按照内容可把慰问信分为以下几种：一是节日慰问，二是对于取得成绩的先进者的慰问，三是对于遭遇自然灾害或意外事故的受害者及其家属的慰问。

（二）慰问信的格式

1. 标题

最常见的是写成"致……的慰问信"，也可只写"慰问信"于居中的位置。

2. 称谓

顶格写上被慰问的单位或个人的名称，其后加上相应的尊称，如"同志"、"先生"、"女士"等。

3. 正文

根据慰问信的不同种类，正文中有不同的侧重内容。节日慰问是在特定的节日向有关行业和人员表示慰问。有关单位、社会团体、群众组织也利用慰问信对某些特殊群体表达慰问，如"五一"对劳动者、"三八"节对妇女，"教师节"对教师的慰问。写作中要突出节日的意义，赞扬慰问对象在其所在岗位上所取得的成绩和作出的贡献。慰问先进的慰问信，首先要简述其先进事迹，肯定其意义，常以"欣闻……，致以亲切的慰问"或陈述慰问对象的先进表现作为开头。其后要激励慰问对象在今后的工作中再接再厉，取得更大的成功。值得一提的是，由上级单位写给下级单位的慰问信往往还提出相关的希望和工作要求。

针对受害者及其家属的慰问信，开头常用"惊悉……深表同情，……致以深切的慰问"。在内容上着重表达对对方遭受不幸的关怀和安慰，并激励其克服困难，给予战胜困难的信心和勇气，向对方表达早日恢复正常的生产和生活的希望。

4. 结尾

可自然收尾，也可用带有希望及祝愿的语句作为结尾，如"希望……取得更大的成绩"等。

5. 落款

右下角落上单位或个人的名称及日期，有时也加盖单位的公章。

（三）慰问信写作的常见错误和写作要点

1. 常见错误

（1）不能根据被慰问对象的不同和慰问信使用的时机和场合，有针对性地表达相应的主题内容和情感。

（2）对于被慰问对象的工作成绩或有关经历，叙述中过于琐碎，过多地集中于某些事例材料，忽略其共同性，不能进行有效的概述和评价。

（3）行文中不能根据工作的实际情况，在文中作出不恰当的承诺，造成空口说白话的效果。

2. 写作要点

（1）对于被慰问对象，无论是其工作表现，还是遭遇的不幸经历，在多数情况下，一般都是根据群体性的形象来选取其行为表现和共同经历。因此，写作方式上多采用概括性叙述来再现有关被慰问对象的表现及相关情境。

（2）注意把握写作方式与被慰问对象之间的关系。如是上下级关系，上级可在慰问信中提出有关再接再厉的工作要求；而对于不存在隶属关系的双方而言，如写作方对"三八"节中的妇女、"重阳节"中的老人等群体进行慰问，在信中一般只侧重表达良好的祝愿。

（3）情感真挚，态度诚恳，用带有感染力的语言给被慰问者以激励，避免套话和口号。

（4）篇幅不宜过长。

（四）例文

例文 1

慰 问 信

救捞系统全体干部职工：

值此新春佳节到来之际，衷心地向你们致以节日的问候和美好的祝愿，向辛勤工作在救捞一线的广大船员、潜水员、飞行机组人员等表示亲切的慰问。

过去的一年里，在部党组的正确领导下，全系统认真贯彻落实党的十七届四中全会、中央经济工作会议精神，按照全国交通运输工作会议的部署和要求，以学习实践科学发展观活动为动力，围绕"一个加强、三个适应"的发展思路，科学应对挑战，主动谋求作为，深入开展"专业化建设"，积极探索独具中国特色救捞发展之路。救助单位专业救助特色更加突出；打捞单位经营收入再创历史新高；飞行单位人命救助成效更加明显。过去的一年，全系统深入开展"安全年"系列活动，丰富了救捞特色的"四大安全"内涵，保持了安全形势稳定。正如部党组书记、部长李盛霖最近指出："救捞系统科学应对挑战，主动谋求作为，在应急救助和抢险打捞方面不断取得新的成绩，得到了张德江副总理在2010年全国交通运输工作会议上的表扬。"

2010年是实施"十一五"规划的最后一年，是三年专业化建设收官之年，是向中国救捞 60 华诞献礼的关键之年，加强和改进救捞工作的任务十分繁重。我们要在部党组的坚强领导下，认真贯彻落实全国交通运输工作会议精神，按照救捞系统工作会议的部署和要求，积极探索独具中国特色救捞发展之路，全面加强和改进救捞工作，团结一心，攻坚克难，开拓创新，扎实工作，不断提高海上应急救助和抢险打捞的保障能力，为努力推动救捞事业安全稳定、科学发展作出新的更大贡献！

祝大家新春愉快、身体健康、阖家幸福！

交通运输部救助打捞局
二〇一〇年二月一日

例文 2

中华全国新闻工作者协会

给在抗击雨雪冰冻灾害第一线的新闻工作者的慰问信

近期，我国部分地区出现罕见的低温、雨雪冰冻极端天气，持续时间长，影响范围广，给受灾地区乃至全国生产生活秩序和春运工作带来严重影响。在党中央、国务院的直接指挥下，一场抗灾救灾的人民战争正在紧张而有秩序地进行。在这场硬仗中，新闻工作者的身影活跃在各个受灾现场，他们以对人民群众和党中央、国务院及各地政府高度负责的精神，克服断路、断电、断水等重重困难，深入灾区各个角落，及时传达党和政府声音，准确反映灾情民意，热情讴歌抗灾救灾动人事迹，弘扬主旋律，高奏和谐曲，唱响正气歌，打好主动仗，为抗灾救灾提供了强大的精神动力和舆论支持。为此，中华全国新闻工作者协会向战斗在抗灾救灾第一线的新闻工作者表示崇高的敬意和诚挚的问候！

雨雪冰冻天气还在持续，抗灾救灾形势依然严峻。希望新闻战线的同志们坚持与时代同行，与人民同心，高举旗帜，围绕大局，服务人民，不辱使命，不负重托，按照中央的统一部署，加强抗灾救灾的舆论宣传引导，更好地担负起统一思想、凝聚力量的重任，努力营造抗灾救灾的良好舆论氛围，为确保人民生命财产安全，确保经济平稳正常运行，确保社会和谐稳定，夺取抗灾救灾的最后胜利，作出更大的贡献。

2008 年新春佳节将至，借此机会，中华全国新闻工作者协会向辛勤工作在全国新闻战线的同志们恭贺新春，祝大家鼠年吉祥，幸福安康，阖家欢乐，万事如意！

2008 年 1 月 31 日

第五节　欢迎词　欢送词

一、欢迎词、欢送词的概念和特点

（一）欢迎词、欢送词的概念

当今社会的社交活动，如会议、展览、庆典、宴会等，往往需要用特定的致辞来烘托气氛、表达感情，欢迎词和欢送词便是承担此项使命的礼仪文书。欢迎词和欢送词是活动的主办方或主人对来宾的到来表示热情的欢迎，或在来宾即将离去之际表达欢送之情的礼仪文书。

（二）欢迎词、欢送词的特点

中国作为礼仪之邦，自古便讲求待客之道。礼仪性和情感性是欢迎词和欢送词的最大特点，在特定场合表达对于客人和来宾的礼节和特定情感。通常用礼貌的言辞和充沛的情感来营造一种热烈、友好的氛围，往往当众宣读。在实际的公关社交活动中，欢迎词和欢送词用到的机会很多。二者的写法基本相同，只是应对场合不同，措辞上略有差别。

二、欢迎词、欢送词的格式

1. 标题

第一行居中写上"欢迎词"或"欢送词"，也可在之前加上具体的场合，如"在新生见面会上的欢迎词"，还可在场合之前加上致辞的主人的名字，如"××在×××上的欢送词"，正式的场合或报刊刊登常用后两种形式。欢迎词和欢送词一般都是当众宣读内容，并不直接宣读标题。

2. 称谓

统称"女士们、先生们"、"各位来宾"等，也可在之前加上"尊敬的"、"敬爱的"、"亲爱的"等前缀。

3. 正文

欢迎词的正文通常包括这样几个层次的内容：首先要对对方的到来表示热烈的欢迎，并点明自己和对方的身份，如"我谨代表……向……表示热烈的欢迎"；随后可概要介绍有关自己所在区域或行业或工作、生活方面的情况；接着写明对方来访的目的和意义，或简单回顾双方交往的历史，并表明愿意继续合作的意愿；最后，再次对对方的光临表示欢迎，并预祝对方的来访能够取得圆满的成功。欢送词的正文结构和欢迎词的大体相同。首先，对对方即将离去表示欢送和不舍之情；接着对对方来访期间的作为表示充分的肯定，并表达加强交往的期待；最后在结尾处再次表示欢送。

4. 落款

在正文右下方写上致辞的机关、人名和日期。如果在标题中已经表明，此处可以略去。

三、欢迎词、欢送词写作的常见错误和写作要点

1. 常见错误

(1) 书面语特色过于明显，有的用词用字学究色彩浓，或文中出现不易理解、结构复杂的长句，没有针对当众宣读的需要行文，没有做到口语化、通俗化。

(2) 篇幅过长，内容空洞，听者容易产生倦怠感，也影响有关的活动议程。

(3) 语句中的情感过于浓烈，以致不够真实；或过于平淡，烘托不出欢迎或欢送的氛围。

2. 写作要点

(1) 根据客人（单位或个人）与写作方之间存在的相互关系（或上下级、或平级不相隶属）以及欢迎或欢送的具体时空场合，准确定位欢迎或欢送时的交际立场，在措辞中注意表现出恰如其分的情感浓烈程度。

(2) 内容上针对双方的交往和关系作为只侧重具有积极正面意义的方面，具有很强的礼仪性。一般不在此讨论双方的分歧和重大差异。

(3) 欢迎词和欢送词都是在特定场合当众宣读的，因此，语句要准确，不能出现有歧义的字词，遣词造句应当晓畅通俗，符合生活中口语的使用规范。

(4) 篇幅不宜过长，避免套话、空话，除特殊场合，一般控制在3～5分钟。

四、例文

例文1

欢 迎 词

尊敬的各位领导、各位来宾：

大家上午好！今天，我们相聚在美丽的南湖之畔，非常高兴地迎来了"中国家庭服务业协会第四届第一次代表大会"的隆重召开。在此，我谨代表嘉兴市人民政府，向莅临我市的各位领导、各位嘉宾，表示热烈的欢迎！并借此机会向关心支持嘉兴市家庭服务业协会的各位领导、各位来宾表示衷心的感谢！

嘉兴历史悠久，文化灿烂。早在七千年前，先民们就在此孕育了新石器文化的代表——马家滨文化，这是中华民族古老文明的源头之一。春秋战国时期为吴越战争之地，称檇李。三国吴时，定名为嘉兴。唐代以来，嘉兴一直为富庶繁华之地，被誉为"鱼米之乡、丝绸之府"。嘉兴陆域面积3915平方公里，现有户籍人口339万人，新居民180万人，下辖2个区、3个县级市和2个县，拥有1个国家级出口加工区、12个省级经济开发区（园区）。嘉兴地处长三角中心，东接上海，北邻苏州，西连杭州，南濒杭州湾。嘉兴历代名人辈出，仅近现代就涌现出了文坛巨匠茅盾、国学大师王国维、新月派诗人徐志摩、漫画家丰子恺和张乐平、著名数学家陈省身、武侠小说大师金庸等一大批名家大师，现有嘉兴籍"两院"院士39名。

嘉兴是中国共产党的诞生地。1921年，党的"一大"在南湖红船上审议通过了中国共产党第一个纲领和第一个决议，庄严宣告了中国共产党的诞生。悠远的历史为嘉兴留下了深厚的文化烙印，南湖、大运河、乌镇、西塘，这些都为嘉兴描绘了古朴与现代相结合的完美画卷。近年来，嘉兴始终坚持环境立市，先后获得了全国双拥模范城、国家园林城市、国家绿化模范城市等称号。嘉兴民风淳朴，城乡发展均衡，是宜居之城、和谐之城、创业之城。

嘉兴的家庭服务业是近年来迅速崛起的新兴行业，对改善人民生活质量、促进就业、扩大内需起到了积极的推动作用。嘉兴市政府十分重视家庭服务业的发展，从以人为本、改善民生的大局出发，成立了嘉兴市家庭服务业协会。协会自成立以来，在规范行业行为，反映行业诉求，提高行业素质，促进行业发展等方面发挥了重要作用。

本次大会在我们嘉兴召开，为我们学习和借鉴兄弟省市的经验和做法提供了难得的机会，必将推动我们嘉兴家庭服务业的快速发展、和谐发展。希望与会的各位领导、各位来宾，通过本次会议进一步了解嘉兴，扩大与嘉兴在各领域的交流与合作，增进友谊、实现共赢，我们愿与各位同仁一起共同推动中国家庭服务业的健康发展。

最后预祝大会圆满成功，谢谢大家！

例文2

导游欢送词

各位游客朋友：

我们的行程到这就基本结束了，非常开心与大家在一起相处的日子。我希望我给各位带来开心和欢乐，以后会让你们想起这儿还有一位你的朋友××导游。

我想用4个"yuan"字来表达我的心情：第一个是缘分的"缘"。我们能够相识就缘，人说百年修得同船渡，我们也修得同车行。现在我们就要分开了，缘却未尽，这只是一个开始。再一个就是源头的"源"。我相信这次旅程是我和各位朋友友谊的开始。第三个是原谅的"原"。在这次七天的旅程中，我可能还有许多做得不好不够的地方，都是多亏了大家对我的理解和帮助才能顺利完成这次旅程。在这里，我真诚地希望大家能原谅我工作中的不足。最后是圆满的"圆"。朋友们，我们的旅程到这就圆满地结束了。预祝大家在以后的工作中更上一层楼！

第六节　讣告　悼词

一、讣告

（一）讣告的概念、特点和种类

（1）概念。讣告是将某人去世的消息通知给其亲朋好友或生前所在单位及相关人员的礼仪文书。

（2）特点。一般由逝者生前所在单位或专门的治丧委员会发布。如无单位，也可由逝者亲属发出。发布的形式通常是张贴，也可通过媒体，如报纸、广播、电视等进行发布。讣告通常都是用白底黑字的形式，忌用红色。

（3）种类。根据逝者生前的身份和地位，通常有一般性讣告、新闻报道式讣告和公告式讣告。

（二）讣告的格式

（1）标题。一般只居中写上"讣告"二字。也可在前面加上逝者的姓名，如"××同志讣告"。

（2）正文。标题下一行空两格书写。正文需写明：逝者的姓名，生前的身份和职务，去世的时间、地点、原因，去世时的年龄。如果有遗体告别仪式，要通知准确的时间、地点以及接送事宜的安排。

（3）结尾。通常是"特此讣告"、"谨此讣闻"，也可省去不写。

（三）讣告写作的常见错误和写作要点

1. 常见错误

对逝者的个人信息及离世消息掌握不充分，有的姓名出现书写上的错误，有的对其离世原因语焉不详，或身份、职务、职称出现错误，与事实不相吻合，引起家属的不愉快。

2. 写作要点

（1）讣告中涉及逝者去世的相关信息必须准确。其中，逝者的享年，按中国的传统习惯，以虚岁计算。另外，如果通知相关人员参加死者的遗体告别仪式的时间和地点，以及接送事宜安排，必须经过确认、核实后，方予以公布。

（2）讣告要表达对逝者的哀悼之情，所以语言必须是庄重的、质朴的。

（四）例文

讣　告

××总厂原党委书记××同志因病医治无效，于 2011 年 10 月 25 日凌晨 3 时 40 分不幸辞世，享年 74 岁。××同志遗体告别仪式定于 2011 年 10 月 27 日上午 9 时 30 分在××市殡仪馆举行。

特此讣告。

××同志治丧委员会

2011 年 10 月 25 日

二、悼词

（一）悼词的概念、特点和种类

1. 概念和特点

悼词是缅怀逝者、寄托哀思的礼仪文体。

悼词的情感浓烈、沉重，一般用于逝者的遗体告别仪式上，由具备一定社会职务或德高望重者或与逝者有亲厚关系的人员当众宣读。

2. 种类

悼词有广义和狭义之分。广义的悼词包括所有表达对逝者哀思之情的文体，如苏轼的《江城子》表达对亡妻的思念之情，袁枚的《祭妹文》寄托了对于胞妹的思念之情，这都属于广义的悼词；狭义的悼词则专指在逝者的追悼会或遗体告别仪式上当众宣读，纪念、哀悼逝者的文体。

（二）悼词的格式

（1）标题。通常只在居中写上"悼词"二字，为表正式也可在之前加上具体的人名，如"在××同志追悼会上的悼词"。

（2）正文。标题下一行空两格开始书写。通常以"今天，我们怀着沉痛的心情深切悼念××同志"作为开头；然后，介绍逝者的姓名、身份，去世的时间、地点、原因，享年多少岁；之后，要简要回顾逝者的一生，并对其事迹和优秀品质予以充分的肯定，对逝者的逝世表示惋惜并勉励后人。

（3）结尾。通常用"××同志安息吧"作为结尾。如果逝者生前贡献突出，也可用"××同志永垂不朽"等作为结尾。

（三）悼词写作的常见错误和写作要点

1. 常见错误

（1）对于逝者生前事迹的回顾过于琐碎，篇幅过长，不能根据逝者的个人特点选取典型材料，体现不出逝者的个人化特征，缺乏对其进行恰如其分的评价的基础。

（2）对于逝者的评价过高，脱离实际，尤其是对于普通人的悼词，评价中人为拔高，让人感觉不真实。

（3）感情基调把握失度。情感过于沉重，一味煽情。

2. 写作要点

（1）对逝者生前事迹的回顾必须选择真实的、可靠的材料，注意以点面结合的方式从多方面介绍并评价逝者的一生。

（2）对逝者一生的评价应该是正面的、中肯的、实事求是的。

（3）用语要质朴庄重，并照顾口语的话语特点，表达的情感必须真挚诚恳，在宣读中能给逝者亲属以慰藉，给参加追悼会的其他人员以鼓舞。

（四）例文

在×××同志追悼会上的悼词

同志们、朋友们：

今天，我们怀着极其沉痛的心情集会于此，深切悼念××师范大学文学院（原××师范学院中文系）退休教师×××同志。

×××，男，汉族，××省××市××区人，中共党员，副教授。1933 年 11 月出生，2009 年因病住院，经多方医治无效，于 5 月 13 日下午 5 时 26 分在××医院去世，享年 76 岁。在此，我谨代表××大学全体同仁及生前友好，对×××同志的不幸去世表示沉痛哀悼！并向各位家属表示最诚恳、最亲切的慰问！

×××同志生长于××，他 1947 年从××小学毕业。自 1947 年 8 月始，在××镇当学徒。1950 年 1 月至 1953 年 7 月在××县初级中学学习，1953 年 9 月在××高级中学读书，1956 年 9 月进入××学校教育系学习，一年后转入该校中文系，1961 年从该校毕业，同年 9 月至 1973 年 11 月在××学校语文教研室任教，1973 年 12 月，因照顾夫妻关系，调入××学院中文系任教，1987 年 10 月加入中国共产党，1989 年晋升副教授，1995 年 11 月从中文系退休。

×××同志的一生，是光荣勤勉的一生。他长期以来认真学习马列主义、毛泽东思想以及党的各项方针政策，坚持四项基本原则，在大是大非的问题上，始终和党中央保持高度一致。从 1961 年起，他从事高校教学工作 30 余年，讲授普通写作学、秘书学、公文写作、新闻写作、应用写作等课程。×××同志一生对工作勤勤恳恳、兢兢业业。他长期坚持教学"六认真"，讲究教学方法，教学效果良好，深受学生和同事的好评。他曾任公共教研室主任，丝毫不计较个人得失，任劳任怨，默默奉献，1991 年被学校评为教书育人优秀教师。在专业发展方面，他先后加入中国写作学会、中国秘书学会、中国科技写作学会，不断探索，积极撰写科研论文和训练学生的各种文体的"下水文章"。他还长期兼任班主任导师，兼任中文系教工第一支部书记，被学校评为优秀共产党员。

在长期的工作和生活中，他严于律己，积极乐观，不断进取；对同事，他正直、真诚、豪爽，公平公正；对学生，他充满关爱，平易近人，大方正派，无私奉献；对家人，他充满感情，勤俭朴素，是值得信赖的家庭支柱。他的敬业精神、生活做派和道德风貌，永远是我们学习的榜样！

同志们，朋友们，今天，我们在此缅怀×××同志的一生，就是要向他学习。学习他正正派派做人，认认真真工作，踏踏实实做事，做一个有益于人民的平凡而高尚的人；学习他不图名、不牟利，不讲索取讲奉献的优良品德；学习他艰苦创业、求真务实、真抓实干的工作作风；学习他爱岗敬业，在平凡的工作岗位上做出不平凡的业绩！

逝者已矣。×××同志已经永远地离开了我们，但是他的音容宛在，精神犹存。我们要化悲痛为力量，在各自的岗位上，努力工作，不辜负他生前对学校和学院工作的殷殷期望，不辜负像他这样的老一辈教育工作者对 21 世纪中国教育事业的深切美好的梦想。只有这样，我们这些生者，才能告慰×××同志的在天之灵。

×××同志，安息吧！

×××同志治丧委员会
二〇〇九年五月十四日

第七节　代表发言稿

一、代表发言稿的概念和特点

（一）代表发言稿的概念

代表发言稿是特定聚会的参与者，以某一群体的代表的身份在公开场合汇报思想、工作情况或表达自己意见、感情而事先准备好的礼仪文书。在许多特定场合中，祝贺辞、欢迎（欢送）词乃至悼词的发言者，往往具备某一类型代表的身份，代表发言稿实际上也包含了这些文类。为了理解的方便，本节所指的代表发言稿，是从狭义的角度上，指的是基层某一类群体中的优秀代表在比较正式的各类会议上的发言稿。

（二）代表发言稿的特点

（1）发言者身份的代表性。要以某一群体的共同特征作为发言的基础，不能过分强调个人的意志和观点。

（2）带有一定的演讲色彩。发言要有理有据，观点鲜明集中，还需要有一定的感染力和说服力。

二、代表发言稿的格式

（1）标题。最简单的可就居中写上"发言稿"，也可在前面加上具体的场合，如"××大会发言稿"、"在××上的讲话"等。

（2）称谓。应包括当时在座的所有人员，如果有重要的与会人员，可以单独列于之前，再加上在座的其他人，如"尊敬的××领导，各位来宾……"

（3）正文。首先要开章明义指明自己是以何种代表身份来做这样一次发言，然后可根据具体情况来简述本次聚会的意义，以及期望完成的任务。在此，可以适当地结合个人的经历，谈谈看法。结尾处可自然收尾，对在场的各位表示感谢，也可用情感性的语言提出一定的期望等，带动现场气氛。

三、代表发言稿写作的常见错误和写作要点

（一）常见错误

（1）不顾及代表身份，没结合与所代表的群体之间的联系来发言，过于强调个性，个人主义倾向严重。

（2）不能做到叙议结合。或只有叙述没有议论，或只有议论没有叙述。

（二）写作要点

（1）要根据代表讲话所针对的场合，确定与聚会、会议精神相应的文章主题。

（2）行文要带有一定的演讲色彩，因此要注意语言的口语化特点以及一定的感染力和说服力。

（3）文章中，要照顾到被代表群体以及其他参会人员的情绪及感受。尤其是作为先进代表进行发言，在自我叙述和自我评价时，要本着谦虚、不断进步的精神，切勿自得自满，不团结他人。

（4）发言稿的篇幅不能过长。

四、例文

例文1

在民主党派表彰大会上的发言稿

各位领导、各位党派同志：

大家好！很荣幸作为受表彰的民主党派的代表发言。

在中国共产党建党90周年的大喜日子里，学校又召开如此隆重的民主党派表彰大会。从这里，我看到了学校党委对于民主党派的尊重与关爱；这一份尊重里有一种力量，这一份关爱里有一种温暖。作为一个知识分子，一个以读书与教书为本分的教师，这一份尊重与关爱弥足珍贵。更重要的是，学校领导对党派工作的重视不只是形式上的，更是落实在具体的工作中的。就我自己而言，近些年来，学校领导就十分关心我的成长，先后任命我为学院副院长、教务处副处长。两年前，又任命我为文学院院长。这种建立在尊重基础之上的信任令人感动，也给人以信心和力量。

近些年来，虽然我在工作中做出了一点成绩，但也有不少值得自我反思的不足。下面，我谈一点个人的体会与大家交流。

首先，我认为作为一个党派成员，应该有高度的政治自觉性。民主党派虽然只是参政党，但这并不意味着在政治觉悟上可以打折扣。相反，我们应该以十分的敏感和不折不扣的自律，来塑造参政党的良好形象。

其次，我认为党派成员应该有明确的岗位意识。政治角色并不能取代其他的社会角色。作为一个教师，我们的岗位在讲台，在书房；作为一个行政管理人员，我们的岗位在办公室。在本职工作中做到求真务实、锐意进取，富有成效地工作，这是我们塑造自我形象的重要基础。

再次，我认为党派成员应该有更为广阔的社会关怀。我们不仅需要走进书房，更需要走出书房；我们不仅需要走上讲台，更需要走下讲台，走进社会。参政议政是需要以对社会的深刻关注，以对文明发展持一种积极推动的姿态为基本前提的。智力的自我优化与社会情怀的不断显扬，是党外知识分子的一种基本素质，一种重要的人生观念，一种获得社会首肯的精神源泉。

古代希腊人曾以特有的智慧告诉我们：世界上最硬的是钢，比钢更硬的是钻石，比钻石更硬的是人的自知之明。我清楚地知道，我已经做到的和社会期望我做到的之间还有相当的距离，作为民主党派的一位成员，"优秀"于我，只具有相对的意义。认识到这种相对性并以行动不断地弱化这种相对性，是我未来应该努力的方向，也是我对自己的要求。

谢谢大家。

民进党员：×××

二〇一一年六月二十八日

例文2

在"三八"妇女节上的讲话

尊敬的各位领导、嘉宾，以及亲爱的姐妹们：

大家好！

今天，我站在这里，代表民革基层组织的优秀女党员发言，对此，我深感荣幸。我的骄傲、自豪，不仅仅是因为在注重男女平等、为女性铺展开广阔的生活之路的今天为"三八"节致辞，也是因为今年是我个人加入民革的第十个年头。在这十年中，借助民革这一组织平台，我认识、接触了许多来自不同工作岗位的民革同志们、姐妹们，并见证、参与了包括我所在的民革××委员会在内的民革××市委的发展、壮大过程，实在是有与荣焉！

借此机会，请让我代表今天被评为优秀女党员的所有同志们，谢谢来自基层组织和民革市委的各位领导、各位同志，对我们个人发展的注意和充分肯定，也谢谢来自方方面面的力量，诸如家庭、所在的机关单位、邻里和日常接触的社交群体，在工作中、生活中对我们大家不同形式的支持和关爱。这一荣誉，我们不应当仅仅视之为是对我们个人努力的肯定，更应视之为在注重妇女"半边天"地位的今天，对无论今天是否得到这一荣誉，但都努力工作、热爱生活、关爱他人、无私付出的所有姐妹们的充分尊重和肯定。

在此，我愿意代表优秀女党员同志们以及众位姐妹，在未来的路途上，不辜负民革市委和各基层组织的希望，相互学习，不断交流，继承、发扬民革的优良传统，认真工作，积极生活，不断追求进步，为××民革的建设和发展继续奉献自己的一份力量。

最后，请让我代表今天获得荣誉的同志祝愿民革的事业发展兴旺，祝愿各位领导、各位同志身体健康，工作顺利，幸福平安，更祝愿所有的姐妹们拥有健康的身体、积极乐观永远向上的精神面貌、美好的情感和和谐的家庭幸福，在漫漫的人生旅途上，留下一道道令人瞩目的亮丽的风景！

谢谢大家。

××

二〇一〇年三月

练习题

一、判断并说明理由

1. 为了强调请柬的时间性，可以用"不得有误"作为请柬的结束语。（   ）

2. 出于礼节上的考虑，聘书中可以不写明职务、聘期、待遇等细节，在事后再做约定。（   ）

3. 祝辞和贺信在大多数情况下可以通用。（   ）

4. 某公司的职工因病去世，这时应以公司的名义向他的家属发一封对他多年来工作成绩的感谢信。（　　）

5. 悼词的写作应尽量营造伤感的气氛。（　　）

二、简答题

1. 请柬、邀请书的写作有何注意事项？区别主要表现在哪些方面？

2. 举例说明在实际运用中贺信和祝辞的区别。

3. 比较感谢信和慰问信在写作上的异同。

4. 结合实际，简述新时代背景下祝辞的新特点是什么？

5. 写作悼词时，相较于其他的礼仪文书特别需要注意哪些部分？

三、评改以下这篇请柬，请指出其在格式和内容上的错误

请　柬

兹定于明日下午在××宾馆召开××市商界人士座谈会，不得缺席。

2011 年 8 月 19 日

四、写作题

1. 宏源公司拟于 2012 年 9 月 8 日 8：00～18：00 在希尔顿大酒店举办早教新产品订货会，拟邀请有关商家参加。请据此信息以该公司的名义拟制一个请柬，有关内容、格式要求必须符合请柬的写作规范。

2. 某公司拟聘高级技师蒲××为公司技术总监，聘期三年，请代公司拟制这份聘书。

3. 利祥建筑设计所的友好合作单位吉瑞装饰设计公司在 2012 年的××国际室内设计比赛中获得一等奖，请你代表利祥建筑设计所写一篇贺信。

4. 在××市 2013 年统一战线新春联谊会上，你作为某校教师，请以文艺界人士代表的身份拟制一份发言稿。

5. 你所在的单位一位德高望重的老领导因病去世，请拟制一份唁电向其亲友表示吊唁，或代表你所在的单位写一篇悼词。

本章参考资料

[1] 邓月英. 公共关系 [M]. 上海：复旦大学出版社，2009.

[2] 郭庆. 生活礼仪文书写作与范例 [M]. 广州：华南理工大学出版社，2003.

[3] 金正昆. 现代礼仪 [M]. 北京：北京师范大学出版社，2006.

[4] 曲国强. 居家实用文体写作全书 [M]. 呼和浩特：内蒙古人民出版社，2011.

[5] 李荣建，宋和平. 现代礼仪教程 [M]. 北京：首都经济贸易大学出版社，2008.

[6] 文鸣升. 讲话稿写作与讲话艺术 [M]. 北京：金盾出版社，2010.

[7] 张大成. 现代礼仪文书写作 [M]. 北京：首都经济贸易大学出版社，2004.

第五章 个人职场文书

第一节 个人职场文书概述

一、个人职场文书的概念

现代社会是一个激烈竞争的社会，越来越多的人开始重视职业设计、职业规划及有关职场应用的文书需求。个人职场文书是根据个人职业工作生涯的客观需要而写作的应用文书。在很多情形中，个人职场文书对个人的职业生涯及未来发展会产生较大的积极影响。

二、个人职场文书的特点

个人职场文书和一般的应用文体一样，有着较强的工具性、广泛的实用性，此外，还具有以下特点：

(1) 鲜明的个体性。个人职场文书由于和每个个体的职业生涯联系密切，理所当然的拥有一定的个体性。在有些个人职场文书中，个体风格甚至会直接影响文书的质量，对个体的工作、生活产生重大影响。

(2) 与职业需求或个人发展紧密结合。个人职场文书在个人职业设计、职业规划中起着积极有益的影响，对个人发展也能产生重大影响。因而，如何更好地运用各种职场文书，是职场中的每一个个体面临的一个话题。

三、个人职场文书的种类

一般来说，个人职场文书的范畴较广，在已往的应用文书分类中，还没有一个比较客观的分类标准。按照约定俗成的习惯和应用实际，个人职场文书可以分为申请书、求职信、述职报告、演讲稿等种类，考虑到近年来公务员招考规模越来越大，对个人职业发展影响深远，本章把申论也纳入个人职场文书的教学范畴进行简要的介绍。

第二节 申 请 书

一、申请书的概念和种类

(一) 申请书的概念

申请书特指个人在日常生活和工作中，向有关机构或组织、社会团体提出相关请求表达自我意愿时使用的一种常用文书。

(二) 申请书的种类

申请书在日常生活中使用广泛，依据申请的事项和具体的用途，大致有以下的种类：

(1) 入党（团或其他社会团体）申请书。这是一种比较正式、规范的申请书，个人要求加入政治党派和组织以及其他社会团体时使用此种申请书。申请者一般要详细介绍自己的个人情况和经历（这一部分也可以附件的形式单独书写），同时要写明自己的加入动机、原因以及个人对党团或该社会团体的认识和自己的决心等内容。

（2）入学（或有关培训）申请书。个人为了在以后的职业生涯中有更好的发展，希望进入一个新的学习场所提升自我或希望进行各种专项的职业技能培训时可以用此种申请书。一般将自己的情况做简单介绍，同时将自己的申请要求讲清楚。此外，在文中还可以表明自己的态度，期望提供教育的机构、相关组织、社会团体能够接受自己的申请。

（3）困难补助申请书。困难补助申请书用于个人在生活困难时，向有关单位组织或社会团体申请困难救济或带有该性质的其他项目经费。困难补助申请需要把自己的有关情况介绍清楚，特别是自己的实际困难，以期引起有关单位组织或社会团体的注意并提供帮助。

（4）辞职申请书。在工作变动日益频繁的今天，与就业单位解除工作关系已经是司空见惯的事情。辞职申请书是个人在离职前主动向单位或主管部门作出正式的书面辞职请求。一般要求提出自己的辞职原因、辞职请求以及其他具体要求。

（5）其他事项申请书。其他事项申请书是指日常生活中经常遇到的比较简要的文字申请。如遗失有关证件时的补办申请、办理个人工作及促进个人未来发展的其他各项具体事项的申请书。在许多情形下，相关机构部门会向申请者提供规范性的表格，申请者直接填写即可。

二、申请书的格式

申请书通常包括标题、称谓、正文、结语、落款五个部分。

（1）标题。申请书的标题有两种情况：一种是直接标出"申请书"，一种是具体事项加文种，如"借阅证补办申请书"。

（2）称谓。申请书的首行顶格写上接受申请的单位、组织、社会团体的名称。也有在顶格不写明，而在结尾时以"此致"带出受文组织的称呼的。

（3）正文。无论何种申请书，正文部分都是申请书的主体。申请书能否得到对方的认可和同意，很大程度上是由申请书的正文书写是否合理决定的。因而在正文中是否把相关情况介绍得清楚，陈述得理由充分，语言表达得体，对最终能否达成申请的目的有较大的影响。

（4）结语。根据书信写作的常见规范，可直接书写"此致敬礼"或以"特此申请"、"恳求批准"单行进行表述。

（5）落款。落款署上申请人的姓名和申请的日期。

三、申请书写作的常见错误和写作要点

（一）常见错误

（1）对接受申请的单位、组织及社会团体，未能使用全称及规范化的简称，缺乏应有的尊重，不合礼仪，引人反感。

（2）申请者陈述相关事实不清楚，对申请的事项谈得过于简略或过于庞杂，不能让接受申请的相关部门一目了然地了解其申请要求。

（3）申请的理由表达不够充分，不具有申请的合理性，有关申请要求不能得到对方的认可，更不能获得对方行动上的支持。

（4）结语不规范，申请书中没有结语或结语中的语句过于生硬。

（5）申请者姓名书写不当。有的申请书在行文中已有对申请者本人情况的表述，由于涉及姓名，一些申请者想当然的在落款处省略了姓名；有的将姓名也予以打印，这需要改为亲笔签名；还有的姓名书写潦草，让人难以辨认。

（二）写作要点

（1）申请者对申请的事项必须如实、客观，不可盲目夸大，否则可能导致相反的结果。

（2）申请的要求要具体明确，一般单独提出相关要求，要求单独成段或放在段落末尾，切忌让要求淹没在大段的语句当中，模糊不清。

（3）申请书应当根据需要对申请的缘由进行适当的概述及详写。

（4）申请书的行文要自然流畅，篇幅一般不必太长。

四、例文

例文1

入党申请书

敬爱的党组织：

　　我申请加入中国共产党，愿意为共产主义事业奋斗终身！我热爱党，因为她以马克思列宁主义、毛泽东思想理论、三个代表和科学发展观为行动指南，是中国工人阶级的先锋队，是中国各族人民利益的忠实代表，是中国社会主义事业的领导核心。共产党是全心全意为人民服务的党，有能力领导全国人民进一步走向繁荣富强。她始终代表中国先进生产力的发展要求，代表中国先进文化的前进方向，代表中国最广大人民的根本利益，并通过制定正确的路线、方针、政策，为实现国家和人民的根本利益而不懈奋斗。

　　进入大学以来，我在学习和生活中不断得到来自于党支部老师和同学们的关心和帮助，尤其是在一系列活动事务的处理过程中，他们的个人风采和精神面貌深深地感动了我。我深刻地认识到，一个人的社会价值和自我价值的实现，在很大程度上也与个人的社会理想和政治信仰以及追求有关。因此，我在××同学的指导下，认真学习了党史，阅读了许多近年来的研究性文章和著作。随着自己的不断学习，我对中国共产党有了进一步的认识。党自成立以来，始终把代表各族人民的共同利益作为自己的重要责任。在党的路线、方针和政策上，集中反映和体现了全国各族人民群众的根本利益；在工作作风和工作方法上坚持走群众路线，并将群众路线作为党的根本工作路线；在党员的行动上，要求广大党员坚持人民利益高于一切，个人利益服从人民利益。

　　在此，我郑重地向党组织提出申请：我志愿加入中国共产党，拥护党的纲领，遵守党的章程，履行党员义务，执行党的决定，严守党的纪律，对党忠诚，积极工作，为共产主义事业奋斗终身，随时准备为党和人民奉献一切！

　　希望党组织考验我，接纳我的入党申请！

　　此致

敬礼！

　　附：社会关系情况和个人简历一份

申请人：××

二〇一一年九月六日

例文2

困难补助申请书

××大学研究生学院：

我叫×××，是文学院 2010 级中国古代文学专业研究生。我来自××省××市一个贫困的农村家庭，家里一共有 6 口人。上有年老体弱的爷爷，下有两个还在中学读书的弟弟。我的父亲长期在外打工，积劳成疾，几乎丧失了劳动能力，现在回到家里休养。一家人的全部生活费用均靠母亲对几亩地的种植收入。由于我是自费生，加之家庭中的实际困难，家里已欠下了 4 万多元的债务。尽管我在外也有兼职，但只能部分地解决个人的生活费用，有时经济上的困难还要通过家庭解决。对此，我深怀愧疚，只有希望通过优秀的成绩和未来的加倍努力回报家庭。

近悉研究生学院要针对家庭困难的同学发放一笔困难补助金，我想若能得到该项困难补助，可以减轻一些家里的负担，故特提出申请，恳请研究生学院批准。

此致

敬礼！

学生：×××

二〇一一年×月×日

第二节　求　职　信

一、求职信的概念、特点和种类

（一）求职信的概念

求职信又叫"求职书"，是个人在求职过程中给招聘单位的信函。如果针对的是招聘启事中的具体工作岗位时，又叫做"应聘书"。它是个人申请工作、职位的一种专有书信。不同于国家机关之间商洽公务的信函，它是一种私对公或私对私的信函。和一般亲友之间的普通信函也不一样，它的目的性比普通信函更强。

（二）求职信的特点

（1）强调个人经历、业绩与所求岗位的紧密联系。求职信一般要介绍个人情况，有时岗位设置要求相关的专业背景、工作经历，所以在求职信中要对个人的经历进行介绍，并且力求表现出个人的经历与岗位之间的紧密相关性。

（2）行文的礼仪性。求职者本来就处在一个请求者的位置上。在求职信中，注重礼仪，运用礼貌、谦恭的语词可以给对方留下好的印象，也能加大请求的成功率。

（3）带有一定程度的简历的特性。求职信一般都比较简明扼要，在文中经常要对自己的个人学习、工作经历进行简要介绍，具有简历的特征。

（三）求职信的种类

一般来说，可以依据求职者的不同身份，把求职信分为应届毕业生求职信、待业和下岗人员的求职信和从业人员转岗、跳槽的求职信等。

二、求职信的格式

求职信通常包括标题、称呼、正文、祝颂语、落款五个部分。

（1）求职信的标题一般是在首行正中写上"求职信"三字。有时也可不加标题。

（2）称呼。称呼要顶格写上求职单位相关领导或者具体负责人的姓名和称呼，多数情况下需要使用敬语。有时也可以直接根据对方的职务及相关头衔称呼：如"尊敬的人事部经理"、"×××学院院长"，也可以根据对对方姓氏、头衔的了解情况，像社会上其他场合一样称"张经理"、"何处长"等。

（3）正文。正文一般包括以下几个方面的内容：①自我介绍。一般应介绍自己的年龄、性别、文化程度、专业及其与求职目标相关的个人情况等，应简明扼要。②开门见山地表明申请什么工作或职位。③陈述担任某一职位的有利条件。作为重点内容，要针对用人单位的要求，着重介绍自己的专业和知识情况、自己的能力和特长，表现自己的主要成绩和优势。④用简短又热切的语句表明从事该项工作的愿望和信心。

（4）祝颂语。表达希望用人单位能给自己机会的愿望。如"我热切地盼望着您的召见"、"希望得到来自您处的面试机会"等，并以祝颂语结束全文。

（5）落款。署上求职者姓名和日期，具体格式与一般书信相同。署名前要加上"求职人"字样，如"求职人××××"。

三、求职信写作的常见错误和写作要点

（一）常见错误

（1）某些求职者不能很好地摆正自己的态度，在行文中过于自大或者缺乏自信。如有的求职信写得咄咄逼人，"如果贵单位不能录用我，这将是贵单位的损失"，还有的甚至语气严厉，"目前已有两家单位有和我签约的意向，希望贵单位能尽快给我答复"。反之，有的求职者又过于缺乏自信。"我知道我的实际经验还比较缺乏，但我一定会努力学习"、"虽然我不是名牌大学的毕业生，但我一定会在工作中证明自己的能力"，貌似客观公正，但表现得不够自信，在个人的风采和格调上已经逊色不少。

（2）某些求职者在求职信的书写过程中不太注重文体形式，把求职信写得天花乱坠，有堆砌辞藻之嫌。他们认为词采华丽、语句夸饰可以证明自己的才华，实际上很多华丽的词语并不能打动对方。另外有些求职者想用感情牌打动对方，在求职信中运用过于煽情的语气，如过于夸张地描写自己成长的"血泪史"，过于细腻地表现自己家庭的困难，什么"自幼父母离异"、"家中弟弟辍学在家"，以期获得用人单位的同情。但论实际效果，却易让人认为是避重就轻，回避了用人单位最为关心的求职者的能力和水平情况。

（3）某些求职者在求职信中把自己的情况一股脑地全部陈述出来，没有结合求职单位及其岗位的相应具体要求来设计自己的求职信，表现不出自己的优势特点，显得平庸无奇，缺乏个性。

（二）求职信的写作要点

（1）端正态度。求职者的态度是很重要的。求职者希望用人单位能聘用自己，因此态度应该诚恳，语气诚挚，措辞得当。

（2）求职信的写作重点是进行自我举荐。尤其是要结合用人单位的用人需求来介绍自我的学识学历、工作才能及有关业绩，突出自己的优势。如果能够在事实的基础上发挥个性，让求

职信脱颖而出，肯定能使自己的求职获得更大的成功率。

（3）求职信在表达上要简明清楚，篇幅适度。现在多使用打印稿，一般情况下，整体篇幅可通过字数调节和排版将其控制在一页纸以内。

四、例文

例文1

求 职 信

尊敬的×××：

　　您好！我是一名即将毕业的××大学本科生，非常高兴在中华英才网、中国人才指南网和我们的校园网站上看到中国移动××分公司的招聘信息，特别是看到××和××分公司都在其中。如果能在自己的家乡加入移动，对我这个喜爱××、喜爱××的人来说是热切企盼的。

　　不过，对我这个学旅游酒店管理的人却想应聘市场营销，您一定会有疑虑。关于这个问题，我想进行如下说明：

　　（1）在学科知识上我并不逊于市场营销专业的学生。我们的专业除了学习市场营销的一系列课程外，还专注于消费者心理的研究，正如移动所说"沟通从心开始"，把握消费者心理对于营销策划更为重要。另外，我还广泛阅读了从××到××等众多营销论著。

　　（2）市场营销中许多具有艺术性、技巧性和因地制宜的东西，都不是可以从书上学到的。大卫·奥格威在成为广告教父之前是一个被牛津退学的郁闷厨子，策划狂人史玉柱也不过是一个整天计算数学方程式的四眼学生。在这点上，我已经证明了我的天赋。我的营销案例分析课程是全院最高分95分，而且从简历中您能够看到，我曾经成功地参与了企业的策划活动。

　　在××移动的业务当中，我很中意12580移动秘书服务。我觉得这是一个设计得非常好的增值服务，像我们这样正在找工作的大学生都非常需要此项服务。最关键的问题是如何推广给顾客！假如我有幸能够加入移动，我会采取如下的方法进行推广：

　　（1）在大学校园设立咨询台进行推广。我们可以联系学校的就业辅导中心，强调我们这项服务可以帮助大学生不错过任何一家企业的面试通知，那么很可能学校会免费提供场地让我们做宣传。

　　（2）免费免操作为顾客提供半个月的12580移动秘书服务。所谓免费免操作，是指顾客不需要到营业厅办理，不需要自己打10086开通，也不需要设立密码，一切都和短信息一样，是自行开通的！顾客对于任何一项服务都是非常非常怕麻烦的，所以我们要把服务做到零麻烦！当顾客已经习惯这项服务时，我们就可以要求顾客打电话开通此项业务了！

　　当然，目前我对于移动的业务完全是门外汉，您可能会对我的幼稚哑然失笑，不过，我只是想让您了解我对通信业务的热情和喜爱！同时我相信自己能够为××移动的壮大添砖加瓦，和全球通的新广告词一样，"我能"！

　　感谢您的阅读，忠心期待您的回复。同时祝您身体健康，一切顺意！

求职人：××大学×××
20××年×月×日

例文 2

求 职 信

××大学人事处负责同志:

我叫××,女,今年 29 岁,我于 2004 年毕业于××大学法学专业,同年赴香港大学攻读国际经济法硕士,2007 年获得法学硕士学位,毕业后在香港××律师行工作。

工作两年来,我积累了一些社会案例,也巩固和加强了自己在学校所学的相关理论知识,虽然现在我有比较优厚的工资待遇,但我一直对学术研究很有兴趣,很想进入学校从事单纯而又有成就感的工作。今年看了贵校招聘专业教师的启事,我认为我的条件符合贵校的招聘要求,为此我特向贵校提交我的求职信。希望能早日得到您的答复!

此致

敬礼!

求职者:××

200×年×月×日

第四节 述 职 报 告

一、述职报告的概念、特点和种类

（一）述职报告的概念

述职报告虽以"报告"相称,和一般公文中的报告却有很大不同。2004 年,中国共产党以中央文件的名义颁发党内监督条例,第一次对述职作出了规定,要求中央政治局向中央委员会全体会议报告工作。有中央文件和实践工作的推动,述职报告在全国各地推广,在各级机关团体中流传开来。述职报告的流行充分体现了社会的开放,表明社会政治文明的进步。

述职报告有很强的主体性,它是某一机关、团体、企事业单位及其有关部门的负责人或相关人员,根据自己的工作性质和工作情况,就一定时期的任期目标、履职情况向特定的对象（如上级部门或主管领导以及单位职员群体）所作的全面深入的陈述。

（二）述职报告的特点

1. 工作内容的总结性

述职报告是就个人在岗位上的工作所做的全方位的陈述,对成绩、经验、教训的总结。工作的相关情况,任务完成的好坏,是述职报告必须给予着重介绍的,对工作内容的总结是一般述职报告题中应有之意。

2. 表述的主体性

述职报告的重点是述职者的在岗履职情况和个人的感悟体会。述职报告一般由述职者本人单独完成,在文本中,述职报告的主体始终是"我"。

3. 行文的口语化

述职报告的用语一般比较自由灵活,和一般规范性公文相比,述职报告兼具书面公文和场合公文两种属性,因此,在语言的表达上灵活多样,理性和感性交融。行文的口语化也能更好地与听述职报告的特定人群相契合。

（三）述职报告的种类

述职报告由于述职内容的不一、述职主体的不同、履职时间的差异、选择述职的方式的多样性而呈现出不同的特色。总的来说，述职报告可以分为以下几类。

（1）从内容上来看，述职报告可以分为综合性的述职报告、专题性的述职报告、单项工作述职报告。综合性述职报告陈述的内容涉及工作的方方面面，是对工作全面、综合的反映。专题性述职报告是对某一方面工作的专题反映。单项工作述职报告是对某项具体工作的汇报。

（2）从述职主体来看，述职报告可以分为集体述职报告和个人述职报告。集体述职报告特指一个领导集体在一届领导班子任期将满时，由班子中的一员（往往是核心人员）代表这个集体向特定对象所作的报告陈述。个人述职报告指述职主体是以个人的身份对其本人在一定时间内的工作表现、履职情况甚至心得体会所作的报告陈述。

（3）从时间上来看，述职报告可以分为任期述职报告、年度述职报告、阶段性述职报告。任期述职报告是对述职主体任期内的总体工作进行报告。一般来说，此种报告涉及面广，所谈情况全面，有较强的综合性。年度述职报告是一年一度的述职报告，很多党政机关、企事业单位在一年之末都要进行此项工作，在一定程度上类似于总结。阶段性述职报告是指以一定的阶段为限，在工作结束或工作进展到一定程度时写出的报告陈述。如个人主持了一个科学研究项目，研究项目要分阶段、分步骤地进行，当进行到一定阶段，可以作阶段性述职报告。

（4）从述职时的方式选择来看，述职报告可以分为口头述职报告和书面述职报告。口头述职报告是指述职主体用口头表达的形式向对象（如董事会、单位职员等）述职。书面述职报告是指述职主体以书面形式向上级领导机关呈报的述职报告。相对于口头述职报告来说，书面述职报告更为规范，也更严谨。

二、述职报告的格式

述职报告通常包括标题、称呼、正文、落款四个部分。

（一）标题

述职报告的标题写法多样，一般有单行标题和双行标题。简单的单行标题可以直接书以"述职报告"；也可以由时间加文种组成：如《2011 年度述职报告》；由职务加文种组成的：如《××外贸公司总经理述职报告》；完整的则由职务、时间、文种构成：如《××大学教务处处长 2011 年度述职报告》。双行标题往往用概括性的语句作正题，以年度和文种作副题。如《一心为公，服务为民——××区人民政府区长述职报告》、《建设平安社区，构建和谐社会——××社区主任 2011 年度述职报告》。

标题下方有时还会署上述职主体的名称。如果是集体，就署上集体全称；如果是个人，一般署上职务和姓名。日期也时有出现，标在标题下方。

（二）称呼

述职报告一般有明确的报告对象，述职主体应当根据报告对象的不同而采取不一样的称呼。如在面对人民代表大会述职时，一般称"各位代表"。有时面对上级领导作述职报告，直接称呼领导。如果上级人数多，一般按照职务高低由高到低称呼。如某副县长在人大常委会会议上作述职报告，他面对的是人大常委会的常委，可以按照职务高低称"×主任、×副主任、各位常委"。

（三）正文

述职报告的正文部分通常由前言、主体、结尾组成。

1. 前言

述职报告的前言部分一般比较简略，大致可以由岗位职责、指导思想、概括性评价组成。岗位职责可以谈自己负责工作的性质、职能；指导思想往往从宏观的角度说明自己是在什么样的思想原则、指导思想下开展工作的；其后是对自己工作的一个概括评价，也是述职者对主体中的内容确定的一个基调。

2. 主体

主体部分是述职报告的核心部分，工作成绩、经验教训、凸显的问题都要在这一部分加以展开。一个述职报告的优劣与否，很大程度上是由主体部分写得好坏与否决定的。在主体部分中，一般的述职者都把自己做的主要工作以及获得的主要成绩作为述职报告的重头戏。当然，本着实事求是的原则，不能只说成绩，不谈教训，报喜不报忧。因而在述职报告中，工作中出现的问题、获得哪些经验、汲取哪些教训也是述职报告中不可或缺的内容。涉及经验与教训，要建立在分析研究的基础之上，集中概括，将认识提高到一个比较高的层次上。只有这样，经验与教训才会有一定的理论性和系统性。

3. 结尾

述职报告的结尾可以采用自然收束的方式。必要时，也可以特意安排一个单独的结尾部分。述职者可以简要谈谈自己在工作中的一些体会或者今后工作的方向和打算，提出今后工作的目标。最后，也可以用一些比较定型的语句来结束全文，如"特此报告"、"以上报告，请予审议"，或者是对听取述职报告的对象表示感谢，如"谢谢大家！"

（四）落款

往往写"述职人：×××"，或"述职者×××"，并署上时间。

三、述职报告写作的常见错误和写作要点

（一）常见错误

（1）有的述职者不能很好地把握自己工作的重点，述职报告或写得简单马虎，或写得事理不清，缺乏层次感，或写得面面俱到，没有主次。

（2）有的述职者不能坚持客观公正的立场，实事求是地评价自己，报喜不报忧，对工作中的成绩、过失不能全面客观地总结，还有的对工作中的经验体会不能上升到理论的高度。

（3）述职者对述职报告文体特征没有充分的认识，不能结合自己的工作性质及工作重点进行撰写。写的报告生搬硬套，千人一面，没有个性。还有的对文种的情感表现的程度把握不当，有的缺乏情感，有的情感泛滥。

（二）写作要点

（1）述职报告要讲究实事求是。述职报告的写作要真实、客观。在报告中，无论是陈述具体工作，还是谈取得的成绩和经验体会，都要本着实事求是的原则，有一说一，有二说二。既不片面评功摆好，也不要讳莫如深。只有公正、准确、客观的述职报告才能更好地反映工作的全貌，得到他人的认可。

（2）述职报告要有一定的情理性。述职报告不同于一般报告，一般报告更注重理性的表达，而述职报告谈的是自己的本职工作，一般述职主体都有很深的工作体会。特别是面对听众的时候，结合一定的工作经历加入特定的情感，会取得比较好的效果。

（3）述职报告也要突出个性。述职报告有一般的共性，但由于述职主体不同，工作内容各异，工作性质也存在着差异，述职报告要能更好地突出个性，应尽量避免那种千人一面、众口一词的写法。

（4）行文要结合述职的场合，应表现出明显的口语化特征及平易自然的行文风格。

四、例文

例文1

团支书述职报告

亲爱的老师和同学：

你们好！我是经管系2010级6班的团支书××，有幸于2010年9月份被同学和老师选任团支书一职。现在就职已经满一学期。

首先我要感谢老师和同学们的信任，让我担任这个职务。进入大学这么久，经历和体验了许多事情。回顾这半年来，我感到自己在许多方面都得到了锻炼，特别是人际交往能力有了比较大的提高。

作为一名团支书，我深知自己的责任，也知道要想让同学信服，就必须以身作则，要求别人的同时必须自己首先做到。因而我在这个学期从不迟到，不早退。在课堂上不分心做与课程无关的事，抓紧自习时间，认真学习，上学期各门功课都取得了较好成绩，总成绩排名是班级第八名。虽然和其他同学相比，自己的成绩并不是特别优异，但这也是我勤奋努力所取得的结果。我在这个学期一定会继续努力，力求把自己的成绩搞好，能够在同学中起到模范带头作用。

上个学期我主要做了以下一些工作：

一、协助党支部和团委的工作，让学校、学院的工作更好地落实到班级。

二、了解班级内每个同学的基本情况，平时经常和同学交流，化解了一些同学的不良思想情绪。

三、在班级内和班长一起组织了多次活动。例如，合唱比赛、演讲比赛，这些比赛都取得了比较好的效果。

四、协助班长开好每周的导师见面会和班会，使同学每周都可以畅所欲言，群策群力，加强了班级的建设。

经过反思，我觉得上个学期工作也有许多做得不够好的地方，还有待于今后改进。比如：没有很好地和老师沟通，除了老师给我们开会之外，并没有及时地与老师交流；允诺同学的有些活动并没有落到实处。

在大学担任班干部远非想象中那么容易，除了要有一个积极向上的态度，勇于奉献的精神，还必须要有一定的工作能力，能够很好地团结同学，建设具有良好氛围的班级文化，把全班同学的心更好地凝聚在一起。

上个学期的工作已经告一段落了，马上又面临下个学期的工作计划，我会继续努力，纠正不足，力争能更好地为老师和全班同学服务。谢谢大家！

述职者：××

二○一一年×月×日

例文2

在××市××乡党委换届大会上的述职报告

各位领导，同志们：

大家好！

我叫××，现年35岁，现任××乡党委委员、纪委书记。我于2007年4月经全县党政领导公开选拔担任××乡副主任科员，同年12月当选为××乡纪委书记，先后分管烤烟生产、烟基项目建设、新农村建设和扶贫工作。2007年4月至今，本人一直担任××乡纪委书记一职。四年来，在乡党委、政府的领导下，在其他班子成员的帮助和支持下，本人本着更新观念、转变职能及服务基层，当好人民公仆的原则，恪尽职守，努力工作，较好地完成了组织及人民群众交办的各项工作任务。

现将任职以来的思想和工作情况，向领导和同志们作一个简要的汇报，如有不当之处，敬请批评指正。

一、加强学习，不断提高政治思想素质及业务能力

（一）坚持认真学习邓小平理论和"三个代表"重要思想，全面贯彻落实科学发展观，用马列主义武装自己的头脑，不断加强自身世界观、人生观和价值观的改造，不断提高自己的政治理论水平及业务能力。坚持自觉参加党建理论学习，通过扎实的思想政治理论学习，为各项工作提供了强大的思想武器，并且在日常工作中，注重运用马克思主义的立场、观点和方法，去分析、解决实际工作中遇到的问题和矛盾，取得了明显的效果，使自身的领导能力和领导水平不断得到提高，能够牢固树立大局观念，客观、全面、准确地去看待问题、分析并解决问题。

（二）不断更新知识结构。在加强政治理论学习的同时，本人注重对知识结构的更新，注重对政策法规的学习，进一步提高了自身的依法决策、依法管理、依法行政的能力，以便更好地组织、指挥、领导相关部门去开展工作。

二、乐于工作，身体力行，深入细致地搞好本职工作

（一）深入基层，结合本乡实际，创造性地开展烤烟生产工作。四年来，我扎根基层，扎实有效地开展工作。在乡党委分工中，我分管烟叶生产工作。这项工作是我乡经济工作的重点，也是全乡日常性工作的重点和难点，工作线长面广，十分繁杂。针对工作的重要性与复杂性，我坚持以人为本，健全规章制度，强化责任分解，狠抓日常工作落实，工作开展起来成效明显。我注重多方关系的协调，重点是保证下基层的时间。在全乡烟叶生产工作中，哪里有难度，哪里需要我去，我都能随叫随到。由于工作扎实，方法得当，加之领导的重视，同事的配合，部门的协调，村干部和人大代表、政协委员的大力支持，我乡烟叶交售总量有了跨越式提升。从2007年的2200担发展到2008年的7848担，再到2009年的12 375担，乡财政烟叶税分成提升了5倍。2010年是烟叶双控之年，我乡交烟总量有所下降，全乡交烟近7000担。全乡打造了××和××两个现代烟草农业示范区，××、××两个示范村近两年来交售烟叶数均突破1000担以上，其中我所联系的××村近三年交售烟叶总量均居全县第二名，年年获全县种烟模范村荣誉称号。近四年来，全乡争取到烟基项目建设和密集式烤房建设资金总量突破200万元，进一步改善了××乡基础设施条件。

（二）搞好新农村建设和扶贫工作。四年来，全乡新农村建设工作有效开展，××村新农

村建设工作成效明显：修好占地1200平方米的"和谐广场"并搞好广场中心主题雕塑；硬化村道、组道2.5公里；民居改造"一区域"基本完成；开展文明创建和"十进农家"活动，健全村规民约，打造文化长廊，倡导文明新风，提升农民素质；完善"三清四改五归"机制，消除"脏乱差"现象，绿化、美化庭园和村庄，全村村容和民风都有很大的改观。如今的××村，已初显社会主义新农村之雏形。××村扶贫建设工作取得了一定成效。××、××、××、××（皆村名）扶贫开发整村推行"十二五"规划编制工作完工。

三、加强自身党风廉政建设，认真贯彻落实民主集中制原则

廉洁自律是反对腐败、加强党风廉政建设的关键。也是每一名领导干部必须具备的品格古人说："其身正，不令而行；其身不正，虽令不从。"广大干部群众对领导干部是听其言，观其行的。如果说一套，做一套，群众是不会信任的。因此，领导干部一定要树立正确的权力观和科学的发展观，做到权为民所用、情为民所系、利为民所谋，绝不能为个人或少数人谋取私利。在工作中，我能以身作则，严格维护和遵守政治纪律；我分管的烟基项目工作，四年来现代农业示范区项目投入达200余万元，工作中，我从不接受各村或烟基项目老板等个人的现金、礼品、有价证券；无赌博行为；无借机敛财行为，无经商和参股办经济实体行为；对家属能严格要求；不利用公款大吃大喝，做廉洁自律的表率。

民主集中制是我们党和国家的根本组织制度。只有正确贯彻执行民主集中制，才能充分发挥各级党组织和广大党员的积极性，才能集中智慧，保证决策的正确和有效实施，使我们的事业顺利前进。工作中，我坚持贯彻民主集中制原则。一是胸怀全局，坚持原则，当好参谋，搞好团结。作为副职，在党政会上充分发表自己的意见，对组织决定的事坚决服从，对重大事项及时请示、汇报，并及时向下传达，不搞暗箱操作。二是认真执行《廉政准则》，自觉接受党和人民群众的监督。无论什么情况下，我都能把握自己，洁身自好，清廉自守。做到情为民所系，利为民所谋。三是强化作风建设，遵守《××市作风建设十个"严禁"》之规定，切实规范自己的言行，所作所为不脱离有关政策，扎扎实实为民谋福利。

四、发扬艰苦奋斗的优良传统，坚持求真务实的工作作风

有很多例子证明，如果不注重道德修养，不加强学习，就会放松思想的防线，就会放任自流，就不能保障廉洁自律，就有可能走向腐败。所以我们党员干部要带头发扬艰苦奋斗的光荣传统。四年来，我坚持以自律为本，以廉洁从政为起点，正确处理"自律"与"他律"的关系。在实际工作中，从严要求自己，努力告诫自己：莫伸手、人莫贪，不追求、不羡慕安逸享乐；不攀比，不讲排场；努力工作，勤政廉政，保证无论在什么情况下，都能做到廉洁从政。

我能带头遵守党的纪律，坚持党的组织原则和纪律，树立良好的职业道德，坚持求真务实的工作作风。说老实话，办老实事，做老实人。带头遵守党的政治纪律，坚决克服官僚主义、形式主义和弄虚作假、欺上瞒下等不良风气，做到心贴群众，勤政为民。

由于工作扎实，作风过硬，四年来，本人在工作中取得了一些成效，得到上级和乡党委政府的充分肯定。2007年、2008年、2009年，本人连续三年获县人民政府嘉奖，2008年在烟叶生产工作中荣立"三等功"，并获全县烟叶生产突出贡献奖，2009年年度考核为"优秀"。虽然取得了一些成绩，但离上级和群众的期望还有距离，还存在着一些不足之处。这主要表现在：一是政治理论学习深度还不够，缺乏全面的、系统的钻研精神。二是引导群众科学发展和工作创新上还存在薄弱环节，忙于具体事务性工作，缺乏对工作深层次的思考。三是工作方法有时简单，存在不扎实、不细心的现象。

路漫漫其修远兮，吾将上下而求索。在今后的工作中，我将不断增强廉洁奉公、执政为民的意识，以党风廉政建设和个人廉洁自律的实绩赢得领导、同事和广大群众的理解、信任与支持。做到常思贪欲之祸、常除非分之想。真正做到上不负党，下不负民。从严要求自己，使自己的一言一行符合"三个代表"的重要思想；符合与时俱进的精神；符合党纪政纪的规范。

述职完毕，谢谢大家！

述职者：××

二○一一年×月×日

第五节　演　讲　稿

一、演讲稿的概念、特点和种类

（一）演讲稿的概念

演讲稿又称"讲演稿"或"演讲词"。演讲稿是演讲者在特定的时空环境中，面对不同对象，借助一定的演讲手段，表达自己的见解、宣传自己的主张或抒发特定的感情、情绪。演讲稿往往在叙事的基础上，以议论、抒情作为主要表达方式，具有很强的鼓动性。

（二）演讲稿的特点

（1）内容的思想性。演讲需要就人们普遍关注的某种有意义的事物或问题，面对一定场合的听众，通过口头语言直接发表意见，与现场听众存在着思想和情感的双向交流，因而演讲稿的内容应有较强的思想性。

（2）言辞的情感性。演讲就是把演讲者的观点、主张与思想感情传达给听众及读者，使他们信服，并在思想上、感情上产生共鸣。作为在公众场合的社会活动，演讲过程中如果言辞具有饱满而丰富的情感，可以更好地感染听众。

（3）行文的宣讲性。演讲实际上也是宣讲。演讲者借助演讲这种形式，把自己的观点、态度通过一定的文辞宣讲出来，以便让听众信服。因而在演讲稿中，行文的字里行间都透出宣讲意味，带有通俗流畅的色彩。

（三）演讲稿的种类

演讲稿的种类较多。一般根据演讲稿的内容可分为政治演讲稿、动员演讲稿、学术演讲稿、就职演讲稿。

根据演讲稿文章体裁，可分为说理性演讲稿和叙事性演讲稿。

根据演讲稿的社会功用，可分为实用性演讲稿和游戏式演讲稿。

二、演讲稿的格式

演讲稿一般由标题、称呼、正文和落款四部分组成。

（一）标题

演讲稿的标题是很重要的，在撰写时一定要给予足够重视。新颖、出彩的标题能够吸引读者和听众的注意，为演讲增色不少。一般演讲稿可根据具体情境和演讲场合的不同，撰写的标题可庄重严肃，或意蕴深远，或奇情旖思。

（二）称呼

演讲稿的称呼也很讲究。在较正式场合，演讲稿的称呼比较注重礼仪性。在国内的一般惯例中，往往根据现实场所中的群体身份加以称呼，如"各位老师、同学们、朋友们"；如果有涉外的参与者，则往往称呼"女士们，先生们"。至于在非正式场合演讲，演讲稿的称呼也可以随性些，甚至采用幽默诙谐的方式。

（三）正文

演讲稿的正文一般由开头、主体和结尾组成。

（1）开头。演讲稿的开头，也叫开场白。它在演讲稿的结构中处于显要的地位，具有重要的作用。开场白有两项任务：一是建立起演讲者与听众的同感；二是打开场面，引入正题。好的演讲稿，一开头就应该用最简洁的语言、最经济的时间，把听众的注意力和兴奋点吸引过来，这样才能达到出奇制胜的效果。

（2）主体。演讲稿的主体是演讲稿的主要部分，也是演讲内容有机展开的部分。在行文的过程中，要处理好层次、节奏和衔接等几个问题。一般运用较强的逻辑性和一定的事理性，对演讲的各个部分加以组织安排。有时可以采用拟写小标题的方式，让演讲的中心明确，条理清晰。

（3）结尾。结尾是演讲内容的自然收束。演讲稿的结尾要简洁有力。言简意赅、余音绕梁的结尾能够使听众精神振奋，并促使听众不断地思考和回味；而松散疲沓、枯燥无味的结尾则只能使听众感到厌倦，并随着事过境迁而被遗忘。有人说："演讲最好在听众兴趣到高潮时果断收束，未尽时戛然而止。"演讲稿的结尾没有固定的格式，或对全文要点进行简明扼要的小结，或以号召性、鼓动性的话收束，或以诗文名言以及幽默俏皮的话结尾。总之，原则上要给听众留下深刻的印象。

（四）落款

在演讲稿的右下方，可以署上演讲者的姓名和演讲稿撰写的日期。有的演讲稿作者把姓名写在标题下方，后面也就可以不再署名。当然，这一部分在实际演讲过程中，并不通过语言表达出来。

三、演讲稿写作的常见错误和写作要点

（一）常见错误

（1）演讲稿主题不清晰，给听众不切题之感。在许多情况下，演讲者需要就演讲稿所应对的应用情形确定其主题，思考到底是自由性的主题，还是根据通常情形下演讲比赛所确定的主题的范围来明确自己演讲稿的主题。例如，在党政思想活动方面的演讲场合中，选择"生态环境与现代生活"方面的文稿主题，离题万里，无论文章写作如何，都难以让人认可。又如在以"把根留住"为主题的演讲活动中，一些演讲者把演讲赛的主题作为自己演讲稿的主题，不能结合自己的个人经历、思想情感来确定带有个性特征的主题，思维上过于宏大，文辞中夸夸其谈，给人空洞之感。

（2）演讲稿对文辞的追求高于对其思想内容的追求。许多演讲者过于追求语言辞藻的丰富、华美，追求语言形式上的多样化表达，尤其是感性化的表达，而没有将写作的重心放在对演讲场合、演讲对象、演讲目的、演讲内容的分析与掌握方面，造成语言表象丰富而内容苍白的结果。

（3）情理不能兼备。有的演讲稿写得情感泛滥却缺少理性的控制，有的演讲稿写得理胜于辞，而没有情感的融入。这都是在写作和演讲过程中应该避免的。

（二）写作要点

（1）演讲稿的针对性要强。演讲稿是有一定主题的，往往要面对具体的议题。由于听众群体的思想状况、文化水平、兴趣爱好各不相同，因而演讲稿更要有针对性地表达有关的思想内容，这样才能有的放矢。

（2）演讲稿的观点要明确。演讲就是要表达一定观点，含含糊糊、隐晦曲折不但不能宣讲自己的主张，而且还会引起听众的不满。演讲如何才能更好地鼓动甚至影响听众，这和演讲稿观点的明确与否有很大关系。

（3）演讲稿的语言要流利畅达，通俗易懂。演讲面对的是不同群体，首先要让听众听得懂，其次要能让听众信服。演讲稿语言的通俗与否、畅达与否，很大程度上会影响听众的接受度。

四、例文

例文1

在巴黎集会上的讲话

李 洹

女士们，先生们，亲爱的中法朋友们：

你们好!

我想首先感谢巴黎人民和巴黎市警察局给了我们今天这次机会，让我们聚集于此。这是罕见的一次，也是欧洲和法国历史上最大的华人集会。

我想代表从别的城市，乘坐大巴、火车和汽车，从几百公里以外自费赶来的朋友们说几句话。很多朋友没有能与我们相聚于此，但是我想替他们表达他们与我们一样的对中国、对法国、对法国人民，以及对中法友谊的关注。

在这次对中国的妖魔化的扭曲报道事件中，我们，全世界的中国留学生，我们感觉很痛，我们的感情受到了伤害，但是我们不怪法国人民，因为造成这种结果的责任人不是你们，而是一些不负责任的媒体和职业煽动家。

像所有行业一样，记者和媒体有自己要遵守的职业道德。媒体要求公正、客观，对所报道内容的核实，以及评论的适中。无论如何，也不能诽谤和诬蔑，没有证据地责难、扭曲事实。

在对最近发生的事情的报道中，一些记者超出了他们原本的报道角色，完全变成了自认为拥有绝对真理的批判家，甚至把事件可笑地简单化。一个弱小而善良的受害者和一个巨大而残忍的暴徒，他们的角色从一开始就这样人为地被分配好了。

然后，记者们找寻各种方式和手段来证明这两个角色。比如说，选择性地阐述历史，认为中国的革命对中国不可分割的一部分是"侵略"，而故意不说95%的藏人受煎熬的黑暗的政教合一的历史；把尼泊尔的警察当成是中国警察，用几十年前的照片来说今天的事情。传播根本没有验证的信息，比如根本没有可信度的所谓死亡人数，以及选用一些别有用心的人的口述。那些外国游客的描述和他们拍到的视频，让我们看到暴徒对无辜路人进行令人发指的暴力，但没有一个媒体说这是对无辜者的施暴。更有甚者，一些不负责任的媒体制造并强迫人们接受一个根本没有任何可信和公正证据的"血腥镇压"的假设。

媒体很少邀请中国人在节目中阐述他们的观点，即使有，也是把他放在被告的位置上，而另一方的则是在数量上几倍于他的"法官"。

是，你可以批评中国政府在一段时间里不允许记者入藏，但是不能捏造不知道的事情。

这种处理西藏暴乱信息的方式，是一种媒体暴力，一种意识形态的欺骗行为，一种话语权的霸权，一种扭曲事实的宣传，一种无耻的欺骗。

首先受害者是法国人民，他们是多么具有怜悯心和博爱，他们相信媒体，可不幸的是，他们被操纵和欺骗了。

西方的信息模式本来还是人们的一种效仿模式，它现在不再是了。没有人有权力操纵大众舆论，不能在中国，也不能在世界上任何地方。这是在所谓言论自由模式中的另一种压制言论自由的方式。

还有一些作为法国精英的政客的思维惰性，让我们无比震惊。所谓人权，对某些人来说是圣战的号角和一切有政治目的不负责任的煽动的盾牌，比如说罗伯特·梅纳尔（"无疆界记者"组织主席），为什么此人在关塔那摩监狱里的酷刑不断重复，在伊拉克人被美军士兵侮辱的时候消失了？这是不是一种选择性的失明呢？

联合国教科文组织终止了对"无疆界记者"的支持，在一份公告中，联合国教科文组织解释说，无疆界记者多次在不客观地报道某些国家的过程中丧失了记者职业道德。

为什么呢？

从互联网上，同时也是我们的罗伯特先生承认的信息中，我们了解到"无疆界记者"的财政支持来源于一些与美国中央情报局关系密切的组织。

我们，海外的中国学生，我们很心痛，我们的感情受到了伤害，但是我们并不怨恨法国人。

我们是两个截然不同的世界之间经验与信息交换的桥梁，我们也是这场文化、思想，尤其是政治冲突中的最先的受害者。

在国内的中国人非常相信我们这些留学生对国外的见解。他们对于国外的认识和印象取决于这个留学生群体的感觉。

面对捏造或者说传递虚假消息的西方媒体的指责，我们这些学生中的很多人开始反击，在互联网上辩论并呼唤报道的真实性。我们都注意到，被某些媒体"喂饱了"的有些法国人对于中国有着很深的偏见。

在抵制奥运，抵制中国，所谓"自由西藏"的叫喊声中，中国人民对西方世界的审视和不信任正在增长。中国政府的努力还远没有达到尽善尽美的地步，说它是世界上最完善的和说它是世界上最差的同样可笑。但我们这一代，我们这些20～30岁的年轻人，从我们年幼时起，我们就一直生活在中国生活水平不断提高及自由度不断开放的环境中。

我们很惊讶，在这一切都向好的方面发展的时刻，在这个我们生活比以前更好的时候，国外才有越来越多的人想把我们从所谓的"世界上最大的独裁"中"拯救"出来！我想问，你们以前在哪儿？我们这些在西方求学的中国人，我们对未来充满了自信。的确，中国还有很多事情要做，而我们，我们中国人，更是对这些进步的实现有着前所未有的信心。

中国有另一种文化，另一种历史，另一个体积。社会学不是一种像数学精确的科学。

在这方面，要成为一种"普遍的典范"有太多的变数。

来中国吧！来看看一个真实的、完整的中国，一个很多西方媒体不会展现给你们的中国，来西藏吧！用你们的眼睛来见证那个所谓的"文化灭绝"，是否这种灭绝真的存在，是否藏语正在"消失"，那些喇嘛们是不是可以自由地信仰他们的宗教，西藏人是不是比在达赖的神权统治下过得更好！和那些上了年纪的西藏人聊聊，谈谈他们永远无法忘记的"佛教天堂"。我们需要直接的交流，更多的知识交换，我们会继续对此作出贡献！

我们中国留学生支持奥运，支持奥运在中国举行，这个占人类五分之一人口的国家有资格承办奥运会。

奥运是属于谁的？奥运是属于您的，属于我的，属于我们的，属于我们大家，属于全世界的人民。这不是一场政治游戏。亲爱的政客们，反对中国的那些政治势力的走卒们，请停止你们对于奥运的污染。

中国作为东道主国家，想为全世界人民送上一份最好的礼物。成千上万的中国人呕心沥血多年，就是为了这一天。他们正敞开怀抱欢迎世界各国的人们。

当奥运圣火在世界各地传递的时候，所传达的是同一条信息，那就是欢迎你们的到来，中国人民期待和你们一起庆祝这个充满人性关爱的盛会。

当有些媒体提到，这次圣火传递失败是给中国的一记耳光。当代表着爱与和平的圣火，受到一些专门抗议者的侮辱时，我认为这确实是一记耳光，但不是给中国的，而是给中国人民的，给法国人民的，给全世界所有热爱奥运的人民的。

很多法国人似乎对中国有一种恐惧，这种恐惧来自于对中国的无知。这也是为什么我们希望你们可以直接和我们沟通，通过我们，热爱并希望巩固中法友谊的桥梁，来进一步了解中国。

中国和她的文化注定了我们爱好和平的本质。自秦朝统一六国后，中国从此结束了原来分裂的状态，成为一个完整独立的国家，我们便属于一个大家庭。

我认为这是一个具有5000年历史的文化的高度。这会令人担忧？但是文化是鲜活的具有生命力的。当你们在中国饭店使用筷子的时候，中国文化正向你们充分地展开它的怀抱。

妖魔化中国只会让中国人愈发远离西方世界，只会加剧人民间的距离。

请让我们好好沟通！

我们想给你们其他一个信息。我们中国留学生，非常诚恳地希望中法人民之间不要有敌对情绪，因为不管怎样这都是不理性的，也是没用的。了解两种不同文化的我们，希望这成为两国人民的一座桥梁，一个信息沟通点。我们向你们诉说的是中国人民的真实想法和感受，我们同时也会传达法国人民对中国善意的关注。请相信我，这座桥，将会前所未有的坚固，特别是在这种极度令人遗憾的现状下。

我亲爱的法国朋友们，我们热烈欢迎你们所有人的到来，甚至那些想"在北京制造混乱"的人。我们将会帮助他们找到一个好的保险公司，为他们提供一种包括所有民事责任的保险。

让我们北京见吧，亲爱的朋友们！

谢谢，非常感谢！①

例文 2

<h1 style="text-align:center">重温共产主义理想</h1>

尊敬的各位领导、各位同志、同学们，朋友们：

今天，我的演讲题目是：重温共产主义理想。为何会选择这样一个题目？这与我们的职业定位有关。韩愈曾提出教师的职责，"传道、授业、解惑"。在 21 世纪，这"道"已经不可能是古代的孔孟之道，那么，我们这些教育工作者，传的"道"究竟应该是什么呢？

在回答这个问题前，我想提到两个月前的一则新闻。一位教授，在自己的微博上发言：学生 40 岁时没有 4000 万元，就不要来见我，也不要说是自己的学生。一石激起千层浪，辩解之辞，抨击之声，不绝于耳。但同样作为一名高校教师，我们有疑问的是，在一个自由言论的时代，为何将成功的标准仅仅等同于财富的数值？教师在学术研讨之外，真的就可以将一个时代的主流的价值观念抛诸脑后吗？

这个时候，我想起了朱德。几年前，在朱德纪念馆中，我曾看见他身为旅长时的照片。照片上的朱德身着华丽的军服，头戴高帽，手执宝剑，俨然一幅 20 年代初期标准的军阀派头，旁边还有他与姨太太的合影。用世俗的目光来看，通过讨袁战争功成名就的朱德，已经是标准的成功人士。但众所周知的是，朱德去了万里之遥的德国接受革命，不顾项上人头被悬赏的威胁，扎根南方偏僻的丛林里壮大红军。为了新中国的建设而付出，朱德不是个案，像他这样的人在中国革命史上不知有多少。一代代仁人志士奉献青春，甚至不惜牺牲生命。他们总是让身在喧嚣红尘中的我们要去回味当年他们为之奋斗的目标和理想。这，就是共产主义！

两千多年前，《礼记》曾以无限怀念和向往的口吻回忆那个"不独亲其亲，不独子其子"的公有社会，礼赞"老吾老以及人之老，幼吾幼以及人之幼"的精神文明。原始而朴素的共产主义思想代代传承，不仅表现为阶级压迫时期单纯地打土豪，分田地，更多地经过学术的提倡和政治上的实务，表现为对劳苦大众的深切关怀和同情，并发展为极具中国特色的可贵的民本思想、以天下为先的忧乐思想。"我们从古以来，就有埋头苦干的人，有拼命硬干的人，有为民请命的人，有舍身求法的人。"这些中国的脊梁所体现的，不正是朴素的共产主义思想和情感吗？

所以这才有西方的马克思主义在中国的生根发芽。中国共产党从一个只有 50 多人的组织，发展为拥有 8000 多万党员的全球最大执政党，在 90 年间，彻底改变了近代中国落后于世界先进民族的面貌。我们重温共产主义理想，不仅是因为中国的革命选择了共产主义，也是因为现实中，社会理想的崇高程度与完善程度，将决定这个社会发展的未来。

重温共产主义理想，不仅仅因为它是中国共产党为之奋斗的政治目标，也是因为它是各民主党派在参政议政中共同的政治追求。民革党章提到，总结新中国成立以来特别是改

---

① 2008 年 4 月 7 日，北京奥运火炬在法国巴黎遇袭，巴黎市政厅挂出"藏独"旗帜，引发在法及旅欧留学生的爱国热潮。4 月 19 日，在巴黎共和国广场举行的主题为"支持北京奥运 反对媒体不公"的游行示威集会上，留法学生李洹发表了该篇法文演讲。

革开放以来民革的历史经验，最根本的，头一条就是要坚持中国特色社会主义理论体系，而它的终极目标就是实现共产主义。这种共同的觉悟在执政、参政工作中的推行，才会有抛弃党争、和谐稳定的政治局面，才会有各个领域推而广之的群众路线，才会有国内发达地区向不发达地区的输血造血，才会有我们今天所看到的汶川地震后仅仅三年就出现的重建奇迹。

今天，我们重温共产主义理想，也许有人说，在这里高谈阔论，未必有多少实际意义。但人们不应该低估一个时代追求崇高社会理想的热情。两年前，电视连续剧《潜伏》的热播，以及它所激发的对于理想、对于信念的热烈讨论，不正是最好的说明吗？

古人说：勿以善小而不为。作为新世纪的教师，占据有三尺讲台，我们有更多的责任和义务向即将步入社会的青年传递共产主义的"道"，以及在困难迷惑中不断坚定的社会信念。只有不断地检视自己的思想，在名与利的世俗观念外，严于律己，行为世范，才能让我们身边的青年不断成长为拥有共产主义理想的新世纪的新青年，在一代代人成长的路途上，为中华民族的伟大复兴与和谐世界的建设而努力奋斗！①

第六节　申　　论

一、申论的概念

"申论"是现今公务员招考指定的一门考试科目，同时，很多专门机构也用其作为考核选拔人才的一种方式。申论出自孔子的"申而论之"之语。"申"有"说明"、"申述"之意，"论"有"论说"、"论述"、"论证"之意。这说明"申论"不但要求有说明、述说，还要求有论述和评论。概括说来，申论是在对给定材料阅读理解的基础上，依托材料提供的事实和观点展开分析并进行论述的一种考试应用文体。

二、申论测试的性质和目的

（一）申论测试的性质

申论测试是用来测查考生工作的能力测试，申论是测查从事机关工作应当具备的基本能力的考试科目。从这意义上来说，申论测试就是为国家选拔高素质的公务员人才的笔试。

（二）申论测试的目的

申论测试对考生综合素质的考较是相当严格的。作为选拔考试，申论测试有择优汰劣的功能，同时，还有测评考生实际工作能力的功能。考查考生是否具备一定的政治理论素养，是否能对党的政策、方针、法律法规进行正确运用和把握。由于申论所提供的背景材料一般是经过加工的半成品材料，这需要来源不一、专业背景不同的考生对此加以综合分析，归纳总结，就是对他们的阅读理解能力、分析概括能力、提炼加工能力、解决问题能力以及文字表达能力进行综合检测。

---

① 为庆祝中国共产党诞辰 90 周年，某高校在统战工作中举办"与党同心 与党同行"演讲比赛，该演讲者为民革党员。

三、申论测试的特点

（一）测试资料的广泛性

申论测试十分注重对考生的综合素质的考核。为反映这一要求，申论测试在选择背景材料时全面涵盖了政治、经济、文化、法律、教育和社会民生等各方面的内容，涉及范围极其广泛。材料的多、广，便于考查考生的阅读理解能力和分析概括能力。

（二）测试目的的针对性

申论测试主要考察考生阅读理解、分析概括、解决问题的能力，测试目的针对性强，试题设计有很强的指向性，试题为目标服务。

（三）测试方式的灵活性

申论测试一般均给出一定的材料，材料的选择充分体现了对公务员的一般要求：即不但要有广阔的视野，对社会的各种热点话题要有足够的关心，同时还要求对各种事务有相当的处置能力。在给出材料的基础上，答题的形式一般由三部分组成：一是对给出材料进行概括；二是提出自己一定的方案；三是在归纳概括的基础上展开论述。一般来说，概括部分可根据涉及内容的类型分别写成记叙文或说明文，提出方案部分一般运用应用文写作，论述部分往往是议论文写作。测试角度的灵活，测试方式的多样化，充分体现了申论对考生考核的高要求。

（四）答案的非唯一性

从实际考试来看，面对同样的内容，不同的考生观点各不相同。申论测试一般没有一个唯一的、确切的标准答案。不同的观点，只要言之成理，都可以共存。

（五）测试的国际标准性

我国申论考试借鉴了西方公务员选拔考试的一些经验。从某种程度上说，西方的公务员选拔考试制度设计得比较完善，人员的选拔直接与职位紧密结合起来，不同的岗位采用不同的试卷。作为一种新型的测试方式，在考试科目设置上，在考试形式上，我国均借鉴了西方国家的一些成熟经验，和国际接轨。

四、申论考试的大纲要求和能力考核

依照 2011 年人力资源和社会保障部发布的《中央机关及其直属机构 2012 年度考试录用公务员公共科目考试大纲》中对申论的规定：申论试卷由注意事项，给定资料和作答要求三部分组成。申论考试按照省级以上（含副省级）综合管理类、市（地）以下综合管理类和行政执法类职位的不同要求，设置两类试卷。省级以上（含副省级）综合管理类职位申论考试主要测查报考者的阅读理解能力、综合分析能力、提出和解决问题能力、文字表达能力。市（地）以下综合管理类和行政执法类职位申论考试主要测查报考者的阅读理解能力、贯彻执行能力、解决问题能力和文字表达能力。

（一）阅读理解能力

申论考试首要和基本的能力就是阅读理解能力。阅读能力是阅读者运用自己的阅读经验和一定的方法对文字进行合理有效地阅读。申论考试的资料众多，文字庞杂，要求考生在四五十分钟内完成对 5000～6000 字的文字材料的阅读理解工作，难度不可谓不大，需要考生拥有较

强的阅读能力和较快的阅读速度。

要对资料进行理解，需要考生对阅读材料中的字、词、句进行认知，对阅读信息精心消化。整个的理解过程是对语言从形式到内容全面深入的理解过程。这个过程伴随着个体对事实的判断和推理，对文字的综合和归纳，从而达到对文字材料的一个综合理解，对文字主旨的深刻理解。

（二）综合分析能力

从内容上来看，申论测试的材料有两种类型：第一种是材料集中反映社会生活中发生的有一定影响而又亟待解决的具体问题。例如，2005年中央国家机关公务员录用考试申论中的测试材料"缓解和消除贫困是中国今后一项长期的历史任务"便属于这种类型。2009年中央国家机关公务员录用考试申论中的测试材料是：关于我国经济发展模式的转型，这也是我国经济生活中迫切需要解决的现实问题。第二种是材料围绕某一社会热点话题展开。它可能是影响极大的社会突发事件，也可能是社会久积未解的社会难题。例如，2004年山东省公务员考试中，由3则综合性材料组成的申论测试材料"京城'泔水油'黑幕在国内引起的反响"便属于这种类型。市政改革是我国近年的社会热点话题，2010年重庆等11区公务员录用考试申论关注的话题就是市政公用事业改革、全民节水和水价体制改革。

对考生的综合分析能力的考核，首先要求考生弄清资料反映的问题，其次要求考生对给定的材料进行综合分析，分清问题所在，以及问题所涉及的方方面面的因素。

面对大量庞杂的资料，考生一般需要从以下两个方面去展现综合分析能力：

一是分析给定资料的量的方面，即反映的内容和问题的方面或层次。

二是分析给定材料的质的方面，分析给定资料分别表达的观点和态度。

（三）提出问题、解决问题能力

申论考试给出的材料一般多、杂，这不但影响了考生的阅读速度，更对考生提出问题的能力有了更高的要求，需要考生在认真阅读原文的基础上，提取材料中的有用信息，形成一个概括性的问题。解决问题的能力更是采用模拟公务员日常事务工作的情景，考查考生的办事能力、独立解决问题的能力。因而考生提出的意见、建议、方案、对策应当切实可行，具有一定的可操作性。

（四）文字表达能力

文字表达能力是公务员从事公务活动必须具有的基本素质，它是指运用语言文字阐明自己的观点、意见或阐述自己见解、抒发自己感情的能力。在具体的申论考试中，这就是考生将自己的决策思想和实践经验，运用文字使其具体化、系统化、逻辑化的一个过程。语言表达的基本要求就是准确、简明，有条理，有层次，文从字顺。

（五）贯彻执行能力

要求能够准确理解工作目标和组织意图，遵循依法行政的原则，根据客观实际情况，及时有效地完成任务。这意味着考生要关注实务，尤其是在实践中，在理解工作目标和组织意图的基础上，灵活机动地发挥人的能动性和创造性。

五、申论的写作要点

（一）从材料出发

从材料出发，是指答题者一定要立足材料，对材料精心分析，细心总结，得到带有一定规律性的认识，为正确地解决问题服务。这是作答申论的基本点，也是作答申论的常识。申论的本意是"申而论之"，就是要求有引申、论述，而离开材料的引申、论述无异于无的放矢。当然，立足材料也要从以下几个方面着手：

（1）忠于材料主旨。申论作答的观点或论点，考生要在对问题的实质、要害、成因、影响进行细致分析下，思考出解决问题的对策思路。而这一切必须从材料出发，忠于材料原意，不能有偏差，更不能从根本上背离，表达出与材料信息相反的观点。

（2）实事求是。作答申论，不能凭自己主观的臆测，由经验性的"规律"去推测应该怎么答。考生要仔细审题，小心揣摩、体会，准确找出有关作答要求文字表面下的潜在信息、隐含思想，准确地把握题意要求，谨慎作答。

面对不同的材料，遵循从材料出发的原则，考生通过细致的审题，精心的立意，独到的结构，完成一篇有新意、突出个性的文章，才能够在申论的考试中获得成功。

（二）从政府角度出发

从政府角度出发，是指答题者一定要站在政府的角度思考问题，从大局着眼，思维宏阔，提出的措施办法才能有的放矢。申论考试的性质决定了作答者必须站在政府的立场上去思考问题，解决问题。在作答申论试题时，考生一定要持论务正，遵循主流话语。在当前情况下，主流话语一般也凸显了中国共产党和各级政府的意志。因而，考生在作答申论时，务必要同党中央的大政方针和各级政府的政策保持一致。

政府的日常工作就是发现问题和解决问题。申论考查的也都是现实中存在的问题。因此，考生在作答申论时也要采取务实的态度：首先应客观地承认问题，承认问题的现实存在及其严重性，不能回避问题；其次，应辩证地分析问题，要分析问题产生的各种原因，总结各种有利因素和不利因素；最后，应积极地解决问题，发现问题只是开始，解决问题才是结束。对于政府来说，只有妥善解决问题，才能维护政府的公信力，切实为人民群众服务。

练习题

一、判断题

1. 申请书的重点内容侧重于以情动人。（　　）
2. 注重行文的礼仪性是求职信的重要特点。（　　）
3. 述职报告需要客观、实事求是地评价自己的工作表现和能力。（　　）
4. 在演讲比赛中，大赛的主题就是演讲稿的主题。（　　）
5. 演讲稿的开头，应该尽量把听众的注意力和兴奋点吸引过来。（　　）
6. 申论测试的就是考生能否运用文字使决策思想具体化、系统化、逻辑化的能力。（　　）

二、简答题

1. 简述个人职场文书的特点。
2. 申请书的写作应该注意哪些方面？
3. 求职信的正文一般包括哪些方面的内容？

4. 述职报告和工作报告有些什么不同？

5. 演讲稿的情感性特征表现在哪些方面？

6. 如何理解申论测试中"从政府角度出发"这一要求？

三、写作题

1.《××晚报》上刊有某公司招聘下列工作人员：办公室文员（2名）、市场营销人员（5名）、安保人员（2名）、后勤保障人员（厨师、司机各1名），请根据自己的情况和工作特长，写一则应聘书。

2. ××学院举办以"环保·新生活"为主题的演讲活动，请自拟题目，撰写一则8～10分钟的演讲稿。

3. 申论实践题

（1）阅读材料，请对材料中林老板的心态进行分析，并指出他的心态所反映的本质问题。

要求：观点明确，分析恰当，不超过200字。

东莞某鞋厂的林老板，2003年来东莞办厂前，在台湾地区打拼了20多年。他说现在很糟，最近赔了几十万元。他已经不再接美国鞋子大卖场和贸易商的订单了，觉得风险太大了。他给记者算了一笔账，2007年，受人民币升值、原材料上涨等影响，合计增加的成本超过20%。

"广东山区对我来说太陌生，我没有太大的兴趣内迁，到一个地方得从头再来，需要很多时间。补给线拉得很长，对我来说将是致命的打击。"林老板这样回应记者提出的是否借这次广东产业转移的机会，内迁到粤西北山区投资的问题。

有朋友劝他将工厂迁移到越南。但林老板看得很清楚："越南劳动力缺乏，税收各方面跟这里差不多。我一些朋友搬到那里，也没好到哪里去，做几年我估计他们也会走。"

当记者问林老板，有没有考虑走出低端化生存，增加企业的研发能力，推出高端产品，林老板有点无奈地笑着说："还没有这个能力。"

（2）阅读材料，其中提出的"四点对策"内容上表述上都存在问题。请指出这份"对策"存在的问题，并提出修改意见。要求：①明确指出存在哪些问题。②写出相关的修改意见（包括写出需要补充的内容）。③条理清楚，表达简明，不超过400字。

某学术团体为贯彻党的十七届三中全会精神，就我国粮食问题召开研讨会。在关于解决问题对策的讨论中，有人发表了"四点对策"。

其一，建议加大农业投入，以使粮食产量满足人类不断增长的需求。我国粮食生产有很大潜力，只要持续加大农业投资，我国的粮食产量就不仅完全可以在中长期内满足国内需求，而且可以保证出口。

其二，建议科学地分配全球有限的粮食。近年随着全球能源供需矛盾凸显，石油价格上涨，一些国家把粮食加工成生物燃料。当欧洲一部分人填满他们油箱的时候，很多人正为如何填饱他们的胃而苦苦挣扎。要优先满足人类最基本的需求，科学地解决全球有限粮食合理分配的问题。

其三，建议大力倡导粮食节约。据某市调查显示，该市饮食行业下单位食堂的就餐者，平均每人每天浪费大米14克，每天浪费大米多。如果在全国调查，粮食浪费一定是十分惊人的数字。要厉行节约，这是我国可持续发展能力不断增强的重要保证。

其四，建议切实加强国际合作。发达国家、国际组织要向发展中国家提供相关政策指导。世界银行和国际货币基金组织应向受到粮价攀升冲击严重的发展中国家提供近期紧急粮食援助，并对如何促进发展中国家在中长期提高粮食生产能力给予切实帮助。

（3）参考各类资料，围绕"海洋的保护与开发"，自选角度，自拟题目，写一篇文章。要求：①思想深刻，观点明确；②内容充实，结构完整，语言畅达；③总字数900～1100字。

本章参考资料

[1] 高增霞. 申论写作技巧 [M]. 北京：新华出版社，2011.

[2] 耿兴元. 美国留学申请与书信实例 [M]. 北京：社会科学文献出版社，2006.

[3] 国家公务员考试网教材编写组.2012年国家公务员考试综合教材 [M]. 南京：河海大学出版

社，2011.

[4] 黄宇征. 一次性拿下面试 [M]. 厦门：鹭江出版社，2009.

[5] [美] 戴尔·卡耐基. 演讲的技巧 [M]. 呼和浩特：内蒙古人民出版社，2003.

[6] [英] 琼·赖恩斯. 怎样写简历和求职信 [M]. 北京：对外经济贸易大学出版社，1998.

[7] 新编军队干部写作实用丛书编写组. 述职报告写作 [Z]. 济南：黄河出版社，2005.

[8] 杨京旺. 新编述职报告写作范例大全 [M]. 北京：蓝天出版社，2007.

[9] 曾湘宜. 演讲与口才 [M]. 北京：北京工业大学出版社，2006.

[10] 中文求职信—应届毕业生求职网，http://www.yjbys.com/file/zhongwenqiuzhixin.html.

第六章 传播文书

第一节 概 述

一、传播文书的概念和种类

传播是指社会信息的传递或社会信息系统的运行，是人与人之间、人与社会之间，通过有意义的符号进行信息传递、信息接收或信息反馈活动的总称。传播的根本目的是传递信息。从广义上讲，所有进行书面文字信息传递的文书都可视为传播文书，但狭义的传播文书专指在新闻传播领域借助书面文字传递信息的文书。

传播文书种类较多，有消息、通讯、新闻评论、简报、广播稿、解说词、导游词、广告、启事和海报等不同种类。部分文种在日常事务文书中已有介绍，本章专就消息、通讯、新闻评论进行介绍。

二、传播文书的作用

对于信息的发布者来说，传播文书的作用就是让公众或某一范围的群体知晓自己所发布的信息并留下深刻的印象，甚至进一步促使其思想和行为发生改变；对于信息的接收者来讲，他们通过不同媒介形式获取了大量有用的信息，并将这些信息用于日常生活、商业活动、知识学习、文化交流、娱乐消遣等活动。

三、传播文书的写作原则

(1) 内容的真实性原则。传播文书以传播信息为目的，所以不能等同于文学创作，必须客观地反映存在的事实。

(2) 文字表现的技巧性原则。传播文书不等同文学作品，但它同样需要引起受众的注意，调动他们阅读的积极性，感染受众，以此达到扩大传播范围、深化传播效果的目的。传播文书除了有限制地采用常用的文学表现方式外，更重视通过措辞、对比、呼应等隐蔽的写作技巧使语言更加灵活生动，使行文的内在思想和情感倾向更为深入人心。

第二节 消 息

一、消息的概念、特点和种类

(一) 消息的概念

消息在许多时候又称"新闻"。"新闻"一词有广义、狭义之分。从写作这一角度来讲，广义的新闻是各种新闻体裁的总称，泛指消息、通讯、新闻评论、深度调查等新闻（文体）；狭义的新闻专指消息这种新闻体裁。

消息，以简洁的文字迅速传播新近变动的事实，包括新近发生的事实、某些将要变动的事实。它是目前最广泛、最常用的一种新闻报道形式。

一条清晰而完整的消息应该具备五个要素，即 when（何时）、where（何地）、who（何人）、what（何事）、why（何故），简称"五个 W"。有的新闻写作教程还补充了一个要素：how（如何），简称 5W＋H。有时还加上一个 M，即 meaning，也就是需要在叙述中展现该事件或事物的后续影响。在五个 W、一个 H 和一个 M 几个要素中，最主要的是 what（何事）、who（何人）。对于这里的 who，在理解上不应单纯视为人，在有的新闻报道中，也可指动物、植物、客观存在的某一自然现象或社会现象。

（二）消息的特点

（1）真实可信。真实性是消息最基本的特征。消息必须完全真实地反映客观事实，用确凿的事实说话，而不允许虚构和添枝加叶。无论是构成消息要素的时间、地点、人物，事件和结果，还是所引用的背景材料、数据，都要完全真实、准确可靠。

（2）新鲜快捷。一般而言，消息在反映现实的速度方面居于各种传播文体之首，实效性强是消息一个突出特点。消息是对瞬息万变的客观现实的及时记录，贵在迅速新鲜。消息必须迅速及时地把最新的事实报告给读者，延误了的信息就失去了其新闻价值。

（3）简明扼要。消息总是用尽可能精练的文字、较小的篇幅，简明地反映新闻事实。内容言简意丰，结构短小精悍，而不是拖泥带水地娓娓道来。

（三）消息的种类

根据不同的标准，可将消息划分为不同的种类（在下文分类中，使用的"新闻"一词专指"消息"）。

（1）按事实性质分：事件性新闻和非事件性新闻。

（2）按报道内容分：政治新闻、经济新闻、军事新闻、科技新闻、体育新闻、人物新闻、社会新闻等。

（3）按篇幅长短分：简讯、一句话新闻和标题新闻。

（4）按不同的写作形式和特点分：动态消息、经验消息、综合消息和述评性消息。

（5）西方新闻界按消息的写作风格分：硬新闻、软新闻。

二、消息的写法

（一）消息的格式要素

消息一般由标题、导语、主体和结尾组成。

1. 标题

标题是消息的眼睛，有着向读者推荐的作用。标题拟写得好，可以吸引读者；标题拟写得差，一篇好消息也会许被埋没。消息的标题必须简明、准确地概括消息内容，帮助读者理解所报道的事实。在新闻标题的使用中，概括事实、揭示主要内容、说明结果，即昭示"谁"、"怎么样"的标题称为实题；交代背景、说明形势、烘托气氛和表明作者倾向的标题往往称为虚题。

单行标题应是实题，其写作必须精炼贴切，要准确简洁、新鲜醒目、生动活泼，具有感染力，能引起读者注意。例如，《"光棍堂"引来四只"金凤凰"》、《全国首支"校园 119" 20 岁了》、《洋学生在华感受中国年》、《阆中创国家 5A 级景区　11 条古街进行"整容"》等。

多行标题除了正题外，还有引题与副题。正题又可谓"主题"或者"母题"，主要用来概括与说明主要事实和思想内容。正题是标题的主体，字号要大，要醒目。一条消息可以没有引题和副题，但是一定要有正题。引题又叫"眉题"或者"肩题"，主要用来揭示消息的思想意义或交代背景、说明原因、烘托气氛。其位置在正题之上，字号比正题要小，不能与正题的字号一样大。副题又称"子题"或者"辅题"，主要用来提示报道的事实结果或作内容提要。制作多行标题，一定要使其互相配合、互相补充，做到各行题目之间虚实搭配、相得益彰。例如：

"秋老虎"又醒了（主题）

未来几天天气晴朗　"十一"长假如何实行（副题）

"苦瓜脸"在这里还待得住吗？（引题）

"南粤"重锤猛击"铁饭碗"（主题）

柜头、岗长、营业员层层聘任聘选　不被聘任或解聘的只能当见习营业员（副题）

一代名将叱咤风云　千年古墓规模庞大（引题）

关中程咬金墓发掘出珍贵文物（主题）

长篇墓志披露史实　精美壁画再现初唐气象（副题）

2. 导语

导语是指一篇消息的第一自然段或第一句话。它是用简明生动的文字，抓住事情的核心，写出消息中最主要、最新鲜的事实，吸引读者看下去。导语的写作方法多种多样，常见的有下列几种：

（1）叙述式。用凝练的语言，把消息中最新鲜、最主要的事实进行高度概括，简明扼要地写出来。这也是"倒金字塔"结构中导语最常用的方式。

（2）描写式。对消息的主要事实或某一有意义的侧面作简洁朴素而又有特色的描写，形象、简要地描述事实发生的环境、时间或人物的态度等。这在软新闻的报道中经常使用。

（3）结论式。先将从事实中得出的结论端出，然后再作进一步的陈述。即先给出一个事实的最终结果，然后再补充其新闻事件的来龙去脉等。

（4）提问式。先揭露矛盾，鲜明地、尖锐地提出问题，再作简要的回答，引起读者的关注和思考。

此外还有引导式、综合式、解释式、评论式等。

3. 主体

主体是消息的主干部分。它紧接导语之后，对导语作全面而具体的陈述，通过具体展开事实来解释、深化导语，表现全篇消息的主题思想，使新闻内容更加明确、丰富。也有的运用背景材料进行补充，使消息的根据更确凿，便于读者对与新闻事件有关的各要素的关系进行深入的理解。通常主体有两种结构类型：

一是以时间的顺序来安排材料，即开始怎样，如何发展，结果怎样。

二是依据事物的联系，也就是根据事物的主次、因果等逻辑关系，或先重后轻，或有点有面，或并列安排结构层次。

4. 结尾

结尾是消息的尾巴。它常常是一两句话，标志一条消息的结束。有的是事件的自然结尾，有的是对内容的概括，有的是呼应前文，有的甚至包含于主体之内，并无单独结尾。在消息写作中，结尾一定要自然收束。

（二）消息的结构

第一种类型是倒金字塔式，即把最重要、最新鲜、最精彩的事实放在最前面，把最次要的事实放到最后面，以事实的重要程度按递减的顺序来安排材料，即头重脚轻。也就是说，要制作好标题，写好导语，并按照新闻价值的大小安排主体内容。这种消息的写作结构起源于19世纪60年代美国"南北战争"期间。100多年来，在新闻消息的写作中，这种消息得到最为广泛的应用。

第二种是并列式，即平行排列事实。这是在综合消息和经验消息中较多采用的一种结构形态。在综合消息中，报道的具体事实不止一个，需要并列地叙述若干个新闻事实，这样就形成了并列式结构。并列式结构的层次非常清楚，每个层次都是相对独立的，层次与层次之间的关系是彼此平行的，各层之间有互补性，犹如多枝鲜花集成一束，但它们必须围绕一个更大的核心事件或一个主题而存在。

第三种是时间顺序式，它也称金字塔式结构。作者完全按照事件发生的顺序来写，事件的开头就是新闻的导语。这种结构形式适合于有生动情节、悬念意味明显的事件新闻。这种写作方式能强烈地引起读者兴趣，而且使文章波澜起伏、韵味十足。

除了上述几种基本结构，消息的结构形式还有悬念式结构、对比式结构、提要式结构、问答式结构、散文式结构等。

三、消息写作的常见错误和写作要点

（一）常见错误

（1）信手下笔。一是写作者没有选择带有新闻价值的事实，文字内容也就反映不出"新"的要求。二是写作者在没有理解事件本身和不知道要说些什么之前就开始动笔去写，不善于通过事实反映主旨。三是引用的事实模糊不清、数据不够确切，没有清晰的结构意识，写出来的东西缺乏公信力。

（2）文学色彩浓。在消息写作时过度借助文学表现手法，文辞感情色彩过于浓郁，语言不够严谨庄重，内容显得华而不实、言之无文，让读者感到晦涩难懂。

（3）主观性强。用记者的口吻大发令读者生厌的空洞的议论，主观思想和情感倾向过于明显，给人不客观、不真实之感。这违背了客观性写作原则，容易引起不同意识形态和观念差异的受众的反感。

（4）多重主题。一篇消息提炼出几个新闻主题，违背了一条新闻一个主题的写作原则，新闻主题没有很好地从新闻事实中挖掘、提炼出来。

（5）导语和标题重复。不善于用变换文字的方式表达同一事实内容。导语中的文字表达与标题相重复，这在会议消息中最为常见。

（二）写作要点

在进行具体消息写作的时候，要做到新、快、短、活。其写作要求概括如下：

（1）采写迅速及时。时效是决定新闻价值的重要因素。讲究时效是所有新闻写作活动的共同追求和显著特征。在讲究时效的同时，还要抓住发表消息的最佳时机。当然，这里有一个快和准的关系，快而不准，盲目地抢"独家新闻"，往往容易造成失实报道，并有可能造成始料不及的损失。

（2）用事实说话。新闻的本源是事实。以事实为主体、用事实说话是消息写作最基本的规律、最基本的要求。材料不真，消息就失去了存在的价值。虚假的报道会造成恶劣的社会影响，严重损害新闻单位的公信力。在写作时要善于选择和运用典型事实，并尽可能描写现场情景，给读者真实感、现场感。

（3）文章简明精要。简洁明了是消息的鲜明特色。消息无论是在标题还是内容上，都特别要求简短。它总是用尽可能经济的文字，简明地反映新闻事实，而不是拖泥带水地娓娓道来。短消息更是要用最简练的文字，写清楚最重要的事实。

（4）结构形式灵活。消息的结构最常用的是倒金字塔式结构，它的突出特点是将最新、最重要的材料放在行文的最前面，然后再按逐渐递减的顺序排列别的材料。这一点上，尤以反映事物最新变化为主的动态消息最为典型。当然，消息的结构形式除了倒金字塔式结构以外，还有许多格式。写作时，要善于根据不同的新闻事实采用恰当的结构形式，以此引发读者的兴趣和思考。

四、例文

例文 1

"天宫一号"与"神舟八号"第二次交会对接成功

本报北京 11 月 14 日电　（记者余建斌）

14 日 20 时 00 分，在北京航天飞行控制中心的精确控制下，"天宫一号"与"神舟八号"成功进行了第二次交会对接，这次对接试验成功，进一步考核检验了交会对接测量设备和对接机构的功能与性能，获取了相关数据，达到了预期目的。

19 时 24 分，北京航天飞行控制中心向组合体发送指令，4 分钟后，"天宫一号"目标飞行器与"神舟八号"飞船交会对接机构顺利解锁，组合体成功分离，"神舟八号"飞船缓缓撤离至 140 米停泊点。在地面控制下，两航天器重新逐步接近，经过接触、捕获、缓冲校正、拉回、锁紧等技术动作，最终实现二次对接，再次形成刚性组合体。

据介绍，此次试验主要目的是检验组合体分离、飞船撤离功能和交会测量设备在阳照区的工作性能，并进行"天宫一号"与"神舟八号"第二次交会对接。试验安排在飞船运行第 216 圈地面连续测控弧段进行，为充分考核光学测量设备在光照条件下的功能性能，组合体分离、飞船撤离和交会试验大部分过程在阳照区进行，对接在阴影区完成。

第二次交会对接试验完成后，北京航天飞行控制中心将继续对组合体实施精确测控，同时，认真收集空间天气监测数据等相关信息，对飞船返回前轨道参数进行修正计算，为组合体再次分离和"神舟八号"飞船顺利返回做好准备。[①]

例文 2

成都大熊猫基地又添熊猫幼仔　已迎来产仔高峰

新华网成都 8 月 5 日电　（记者孙阳）

记者 5 日从成都大熊猫繁育研究基地了解到，基地年满 10 岁的大熊猫"庆贺"4 日晚成功产下一幼仔。随着"奇珍"、"庆贺"等大熊猫陆续产仔，人工圈养大熊猫进入了今年繁育产仔高峰期。

---

① 原载于 2011 年 11 月 15 日《人民日报》。

记者了解到，今年春天，"庆贺"与基地雄性大熊猫进行了自然交配，同时也接受了人工授精。经过 100 多天的怀孕期，"庆贺"于 4 日 18:30 破羊水，并于 19:52 产下一雄性幼仔，幼仔体重为 165.8 克。目前，母子平安，健康状况良好。

"庆贺"出生于 2001 年，是当年北京申奥成功后出生的第一只大熊猫。当时，为了庆贺北京申奥成功这件喜事，成都基地特别为它取名"庆贺"。

据基地工作人员介绍，此次是"庆贺"第一次产仔，它也是迄今为止成都基地初产年龄最大的雌性大熊猫。或许是因为身为"大龄初产妇"，"庆贺"出现了其他大熊猫极其少见、却和人类相似的妊娠反应，在妊娠期间呕吐了好几次。而它的整个生产过程也非常辛苦，在反复"努责"（大熊猫临产征兆）多次后才破羊水。

随着成都、卧龙等地大熊猫陆续产下宝宝，大熊猫目前已进入今年的繁育产仔高峰期。由于从 2010 年开始，成都大熊猫繁育研究基地和卧龙大熊猫研究中心等纷纷采取了"大熊猫优生优育"的政策，严格控制人工繁育大熊猫数量，所以专家预计，2011 年大熊猫产仔量会远低于前几年的水平。

据专家称，严格按照基因图谱实施控制数量、提升质量的"优生优育"政策，虽然会在一定程度上减少大熊猫产仔量，但也会大大提高大熊猫种群的生存能力和活力，有利于大熊猫种群长期发展下去。①

例文 3

人口近亿　河南最多

"李"为我国第一大姓

本报讯　中国科学院遗传研究所研究员袁义达在他的著作《中国姓氏》一书中指出，李姓是当代中国人口最多的姓氏，当代李氏人口已达 9500 余万，为中国第一大姓，约占全国人口的 7.9%。

其研究同时证实：如果加上少数民族中的李姓和海外华裔李姓，总人数超过 1 亿，是当代世界上最大的同姓人群。袁义达和他的合作研究者张诚同时指出，汉族李姓的渊源主要来自三大支：嬴姓、姬姓和外族的改姓。根据历史考证，先秦时期，李姓的活动由河南开始；唐朝是李姓的鼎盛时期，并发展为中国第一大姓。根据研究者的统计，李姓中国的分布目前主要集中与河南、四川、山东三省，而河南为李姓第一大省。②

第三节　通　讯

一、通讯的概念、特点和种类

(一) 通讯的概念

通讯是详细、深入地报道人物、事件、工作、概貌等的新闻体裁，是对新闻事件、人物和各种见闻的比较详尽的生动报道。它比消息的内容更为详尽，还可直接抒发作者的感受，具有较强的形象性和感染力。它不仅告诉人们发生了什么事，而且交代清楚事情的来龙去脉，以及

---

① 原载于新华网：http://news.xinhuanet.com/society/2011-08/05/c_121819695.htm. 2011 年 8 月 5 日。
② 原载 2010 年 9 月 15 日《浙江日报》。

情节、细节和有关的环境气氛。

（二）通讯的特点

（1）真实性。真实的事件和人物对读者产生的亲切感、参与感和冲击力，是虚构的文艺作品所无法比拟的。这是通讯经常产生轰动效应、社会作用比较强烈的根源。

（2）完整性。消息的叙述简明扼要，一般不展开情节。而通讯则要相对完整、具体地报道人物或事物的过程，甚至是通过细节和场面的描写充分展开故事情节，详尽、具体地报道事件的经过，演绎人物的命运，其内容比消息丰富、全面，容量也比消息厚实、充足。

（3）文学性。消息在表达上主要是平面的叙述，语言追求简洁、明快、准确。通讯在报道真实的人和事的过程中，则较多借用文学手段。在客观叙述以外，兼以描写、说明、抒情、议论或再现情景，增添许多生动和形象的细节，给人以立体感、现场感。

此外，通讯虽然一般以第三人称叙述为主，但在"见闻"、"采访记"等类别中，也采用第一人称，增加了一些亲切感。不过其中的"我"主要起见证人或采访线索的作用。

总而言之，较之消息，通讯一是容量大，可以反映更多、更具体的信息内容，篇幅可以稍长；二是样式多，此点可在通讯的类型中可见一斑；三是写法活，具体又表现为结构的灵活多变，表达方式更自由，语言更形象生动。

（三）通讯的种类

1. 按内容分

按内容分，通讯一般分为四大类：人物通讯、事件通讯、工作通讯、风貌通讯。

（1）人物通讯所报道的人物既可以是各行各业的模范人物，可以是社会名流，可以是生活和工作中具有典型群体特征的普通人，也可以是反面人物，以期通过对部分人物的言行和事迹的报道，影响、教育社会。

（2）事件通讯以记事为主，报道事件发生、发展过程。事件通讯所报道的事件一般有典型意义，能够体现时代风貌，所选的事件具有较强的情节性。

（3）工作通讯往往介绍有典型意义的经验，总结工作中的教训，其目的是概括出具有规律性的东西，指导和推动各项工作的顺利开展。

（4）风貌通讯也叫概貌通讯。它主要报道某一地区、部门、单位的自然风貌、风土人情、发展变化、生活状况或某一活动的基本面貌。相对而言，它的时效性要求稍低，更讲究知识性和文学性。

2. 按形式分

按形式分，通讯可分为一般记事通讯、访问记（事件专访、人物专访）、小故事、巡礼、纪实、见闻、特写、速写、侧记、散记、采访札记等等。以下介绍其中6类。

（1）访问记。由记者出面登场，以采访活动的过程为主要线索来结构和组织材料。写作时有问有答，现场感较强，而且可以穿插各种背景材料，使通讯有一定深度。

（2）专访。访问记的一种，是就特定的问题、特定的对象进行的专门的访问，内容集中。专访以人物、现场和记者为三要素，突出"专"、"访"二字。专访涉及面一般不宜太宽，不应贪大求全。

（3）新闻小故事。或称新闻故事、小故事。通常反映一人一事，表现一个片断，内容单一，篇幅短小、线索简单，不求写繁多人物，不必横生庞杂枝节，但求精悍、生动，以小寓大。

（4）巡礼。边走边看，巡游浏览，很自由地把所见所闻写出来告诉受众；讲求动态感、现场感、亲切感；常用移步换形的方法，有较多议论和抒情。

（5）特写。是抓住社会热点中的事件、人物或现象，对新闻事实作全方位、多侧面的报道，用优美的文笔、新颖的题饰、突出的照片吸引读者的一种报道形式。有的是将生活中某个特定的画面予以放大，集中突出地描绘事件和人物的某些片断、细节和部分，给人以深刻的印象和强烈的感染。

（6）侧记。从一个侧面反映新闻事件或新闻人物的通讯。取材自由，不求反映事件全貌、全过程，但求抓住特点、扣紧受众的兴趣点、回答受众普遍关心的问题。写作时往往夹叙夹议，兼谈感受。

二、通讯与消息的区别

（1）时效上，通讯不如消息迅速及时。消息、通讯同时发表的情况比较少，因为消息内容简略，篇幅短小，采访快，出稿快。有时事发几分钟，甚至不到一分钟，媒体就开始进行消息报道。而通讯有大量的细节，篇幅一般比较长，需要比较详细的采访，写稿时间也要长一些。

（2）内容上，消息简洁单纯，通讯详细丰富。消息大多是一事一报，而且只报道新闻事件的大致情况，如果有细节也是非常少的。而通讯报道则可以是一人一事，也可以涉及众多的人物和事件。同时，通讯十分重视细节的刻画，在一篇通讯中往往有大量的细节描写。

（3）形式上，消息程式性强，通讯创造性强。从结构上看，消息是一种相对程式化的新闻文体，创造性只体现在一些局部的地方。通讯则不然，每一篇都有自己独特的结构形式。从语言上看，消息运用词语的直接含义，显得简洁朴素。而通讯表达方式丰富多样，语言常有新颖独特的创造性运用，显得流光溢彩，摇曳多姿。这也使得就风格而言，消息朴素实用，通讯生动活泼，富有文采。

（4）写作技巧上，消息手法简单，通讯手法多样。这里所说的写作技巧，含义较广，包括对比烘托、铺垫渲染、设置悬念、虚实相衬、欲露先藏、欲擒故纵、欲扬先抑等多种表现手法，也包括比喻、对偶、排比、夸张等多种修辞手法。由于消息简洁朴实的文体本性，消息对这些手法只是偶尔一用。通讯则不然，为了加强作品的感染力和生动性，它可以根据写作对象和场合，比较灵活地使用以上多种写作技巧。

三、通讯写作的常见错误和写作要点

(一) 常见错误

（1）内容安排详略不当。写作者不能根据文中的主题思想及倾向，有意识地分布文章的重心、安排材料的多少及行文的丰简，没有做到写作有淡有浓，有疏有密，有简有详。

（2）缺乏细节描写。写作者不能通过对某些细小而又能很好地表现人物思想性格的典型细节描写，使其中的人物性格丰满、活灵活现，使有关的叙事更加形象生动。文章只有一个骨架，没有丰满的血肉，让人读后索然寡味。

（3）表现手法单一。写作者未能运用多种表现手法，使新闻富有感情色彩或理论色彩；不能将巧妙的叙事、精辟的说理、犀利的见解、真挚的抒情融为一体。

（4）新闻背景材料不足。写作者未能全面掌握相关新闻事实，熟练地应用广泛而深刻的背景材料，更好地揭示新闻事实，写出有深度的新闻，提升新闻报道的影响和效果。

（二）写作要点

（1）主题要明确。有了明确的主题，取舍材料才有标准，起笔、过渡、高潮、结尾才有依据。

（2）材料要精当。按照主题思想的要求，去掂量材料、选取材料，把最能反映事物本质的、具有典型意义的和最有吸引力的材料写进去。

（3）人物要鲜活。写人物通讯固然要写人，就是写事件通讯、概貌通讯、工作通讯，也不能忘记写人。当然，写人离不开写事，离开事例、细节、情节去写人，可能就会很空洞。

（4）角度要新颖。通讯所报道的新闻事实，可以从各个不同的角度去观察，去反映，诸如正面、反面、侧面、仰望、鸟瞰、平视、远眺、俯首、近看、细察……角度不同，印象各异。若能精心选取最佳角度去写，往往能使稿件增添新意，别具一格，引人入胜。

（5）表达手法要灵活。除叙述外，可以描写、议论，也可以穿插人物对话、自叙和作者的体会、感受，既可以用第三人称的报道形式，也可以写成第一人称的访问记、印象记、书信体或日记体等。

四、例文

老布（Bruce）：苏格兰人"北京通"
——老外在北京的"美好时代"

如果在 30 年前，我们大概很难想象北京媒体会出现外籍节目主持人。一个国家面对世界的开放程度和国际化进程有许多观测指标，显而易见的是其媒体的视野和新闻的容量以及其成员的构成。在北京出版的英文报纸《中国日报》、《今日北京》、《北京周报》、《英文 21 世纪报》以及电视台、电台等各种媒体中，已经有许多外籍专家、顾问参与专职或兼职的采访、编辑和报道，为北京的新闻事业和文化建设作出了他们的贡献，同时也为向世界介绍和传播中国文化奉献了他们的才华。北京人民广播电台外语广播的外籍嘉宾主持、来自英国苏格兰的布鲁斯就是其中一位。

1. 老布到北京，一见钟情

有趣的是，作为北京人民广播电台外语广播已经享有一定知名度的节目主持人，前苏格兰高中地理教师布鲁斯在北京待了 10 多年，竟然还是不太会讲中文。而他说英文的语速很快，吐字有力，音色饱满，像苏格兰的山洞之溪奔流无可阻挡，一如他的性格热情、爽快，充满着激情和活力。

"我对北京一见钟情，我看到她第一眼，就完全彻底地爱上了她。从 1987 年的初次造访到 20 多年后在此娶妻、生子并安居，我对北京的了解越多，越被她所吸引，为她而痴迷。我在这古老的城市里走街串巷，用相机拍照，用话筒广播，用文字书写，想把我自己在这里看到的一切，古代的、现实的、传统的、现代的，特别是发展、变化着的一切都告诉我的故乡——苏格兰人，也告诉世界各地的人。"

……

布鲁斯不会汉语，记者只能用英语通过电话和电子邮件和他沟通，确定采访地点、时间和内容。我告诉布鲁斯，尽量多发给我一些介绍他的经历和背景的文字资料，他很快就回复了。当我在他发来的邮件中读到下面这句话时，立刻就被这位还未见面的被采访者——风笛故乡的热诚的苏格兰人所深深打动，甚至连长时间紧盯着计算机屏幕的干涩的眼睛都变得湿润：

"一个城市（北京），今天我称你为故乡。"

（a city which today I call Home.）

2. "老布逛北京"，一炮走红

让布鲁斯做北京电台外语广播的节目主持人和兼职记者再适合不过了。

大约 30 年前，他在苏格兰从事教育工作时，就曾在业余时间客串英国 BBC 所属苏格兰广播电台记者，制作过不少旅游休闲专题系列片。不仅如此，他本人还是一位地地道道的旅游爱好者，和他的苏格兰高地的同胞们一样，尤其喜欢户外活动。高尔夫球的发源地总是阳光明媚，即便穿花格裙也不感到寒冷。

况且，他还有着于 1992 年苏格兰政府委派的与中国进行教育领域交流项目学者的经历，曾经在广州逗留 1 年，在广东外国语言职业学校任教，并获得"友谊大使"奖。

1993 年，他加入了中国—苏格兰友好协会，并担任其分会——苏格兰城市格拉斯哥的主席，为推进中国和苏格兰之间的相互了解和友谊而倾注心血。

当 2004 年 9 月北京外语广播（Radio774）正式开播时，布鲁斯就当节目主持人，如今可算是台中元老了。

6 年来，外语广播不仅是北京现代化国际大都市的一种标志，更是连通北京与世界的一座桥梁、向世界"说明"北京的一个窗口。它的影响逐年扩大，如今已拥有外语广播频率（AM774、CABLE、FM97.8）、教学广播频率（CBBLE、FM99.4）、外语广播网络电台（www.am774.com），并覆盖 15 个国家、20 多家海外电台的中文节目落地网络。

......

3. 老布说北京，一一道来

当一个人向其他人介绍自己时或许有许多不便，或是对自身的认识存在许多盲点；同样，当一个民族和国家向世人阐述自我时，恐怕也有许多难处，或是存在一些自我审视的死角。那么结论是，最好的推荐信一般都由第三方来书写，最佳的观察人和事物的视角大概也属于局外人。但当老布告诉我，他曾多次在他的家乡苏格兰举办讲座或发表演讲或推出摄影图片展览，向长年或几代定居在苏格兰的英籍华人介绍他们不曾到访、也不很熟悉的中国时，我还是感到有些异样，有些惊讶，而更多的是为他热爱中国、传播中国信息和印象而感动。

当我们既热爱自己的祖国，又同时热爱着另一个国度时，就会对连接这两个国家的任何一条纽带倍感兴趣，甚至着迷，亦能如数家珍地罗列。老布原来在中学教授地理，却偏偏对历史非常熟悉。他在向他的同胞和英籍华人以及世界各地听众讲述中国时，也总是从苏格兰与中国的历史渊源说起。

"苏格兰人对北京的热爱至少已经延续百年。"

北京，这座仿佛时间凝滞的古老都城，也曾经是一位苏格兰人——雷金纳德·佛莱明·约翰斯顿的家。这位被中国人称做"庄士敦先生"的苏格兰人，于 1874 年生于爱丁堡，是中国末代皇帝溥仪的老师。他堪称中国 5000 年历史中唯一一位被正式任命的、向皇帝教授英语的外籍教师。1934 年他的著作《紫禁城的黄昏》出版，记述了他在北京的所见所闻。

......

4. 老布住北京，一往情深

老布居住在北京已经 10 年之久，但他依然保持着对这座城市的新鲜感和好奇心。这一方面是他的性格所致，另一方面就因他自己所说的"这里的一切变化太快"。

若用清代词人纳兰性德的诗句来说，就是"人生若只如初见"。"你住在自己心仪的城市里，便会有一种总停留在美好的初始的感觉。而这种停留的美感其实是因为它的变动和发展所造成。"

让老布尤其高兴的是，在这座一片祥和的城市里，有一个活跃的"苏格兰人社区"，虽然只有 100 多人落户于此，但每逢苏格兰传统节日，他们都要照例在位于朝阳区三里屯一个叫做"书虫"的酒吧聚会一次，大家共进晚餐，唱歌、跳舞、讲故事，喝苏格兰威士忌，每每畅饮至深夜。当然少不了合唱一首由苏格兰诗人罗伯特·彭斯作词的歌——《友谊地久天长》。

......

在北京走街串巷，让老布收获了爱情。他在南锣鼓巷的一座咖啡馆里邂逅了青岛姑娘亚楠，并和这位美丽的姑娘结婚、生子。

假日里，老布喜欢带着他只有 6 岁的儿子，像他工作日里所做的一样，走出家门去"逛北京"。"我和儿子一起看物看景，更多是去公园和博物馆。一路上，还可以互相学习语言。他总是纠正我的汉语发音，那都是他从妈妈那里刚学来的。我也可以教他英语。"

《北京日报》的记者习惯了在采访结束时问一句："说说对北京的总体印象？"

"北京是我的家。我的家人是中国人。而我是这样的一位老外：他多年以前就爱上了中国，来到这里，并且永远不想离开。"①

第四节　新闻评论

一、新闻评论的概念、特点和种类

（一）新闻评论的概念

新闻评论是针对现实生活中最近发生的新闻事件及其有关问题直接发表意见、阐述观点、表明态度的一种新闻性文体。它包括社论、评论员文章、短评、述评、杂文、编者按语、专栏评论、广播评论、电视评论等体裁，是报刊、通讯社、广播电台、电视台、互联网等新闻媒介的评论文章和节目的总称。

新闻评论与新闻报道区别在于，新闻报道是将新闻事实原汁原味地传递给受众，而新闻评论则是通过对新闻事实的评述阐明某种道理。新闻评论就其内容和性质来说，是新闻报道的延伸、拓展和深化。

（二）新闻评论的特点

1. 新闻性

新闻评论的内容是有迫切的现实意义，往往针对当前重要的新闻事实和现实生活中的问题（包括人民群众中的某些热点、难点问题）发表意见。评论要紧密结合当前的形势，及时提出问题，不失时机地对某些重要事件和问题作出即时反应或表明态度。

---

① 原载于 2010 年 5 月 14 日《北京日报》人物版，引用中有删节。

2. 思想性

新闻评论的思想性主要表现在评论者对新闻事实进行认识、判断及评价都以某种意识形态为基础，结合某种认识观以及方法论进行事实求是的分析，阐明正确的立场和主张，帮助和引导受众辨明差异、澄清是非，提高群众的思想理论水平，使社会认知向当代主流的社会价值体系靠拢。

3. 群众性

新闻评论针对的问题往往是广大群众最关心和最感兴趣的，也是同人民群众的切身利益密切相关的。因此评论者应站在广大人民群众的立场反映其要求和呼声，为人民群众服务。评论内容也应贴近生活，贴近人民群众。

（三）新闻评论的种类

（1）按评论对象的内容分类，有政治评论、经济评论、军事评论、文教评论、社会评论、国际评论等。

（2）按评论写作论述的角度和类型分类，有立论性评论、驳论性评论、阐述性评论、解释性评论、提示性评论等。

（3）按评论的形式分类，有社论、编辑部文章、本报评论员文章、编后、编者按、专栏评论、新闻述评、漫谈、短评、专论、杂感等。

二、新闻评论写作的常见错误和写作要点

（一）常见错误

（1）观点偏激，立论背离。评论者不能以辩证唯物主义和历史唯物主义的思想和方法评论认识和理解客观存在及社会现象，判断和评论时，在种族、民族、性别、党派等方面出现与社会文化和时代要求严重背离的观点。

（2）叙事拖沓，篇幅冗长。对新闻事件进行叙述时，过于沉闷、迂缓和枝蔓，不能根据文中观点量体裁衣，在行文上未能详略适度。不能着眼于新闻内容与论点的相关性进行叙述，评论缺乏针对性。没有做到把必要的叙事性内容巧妙地分散到后面的议论之中，出现叙事过长造成的节奏沉闷。

（3）一味说教，内容空泛。评论者脱离新闻事实中的叙事要素板着面孔说教，不能有效地就新闻事实进行一针见血的评论，也未能恰到好处地就所议的观点进行深入浅出、引人入耳入脑的论述，而是一味空洞地高谈阔论，泛泛而谈，内容空洞乏味、苍白无力。

（4）语言不够通俗。评论中出现大量空话、套话和各种令人厌恶的八股语言，也有的评论者语言艰深晦涩、矫揉造作，不够通俗大众化、平易近人。

（二）写作要点

新闻评论是针对新闻事实本身表明观点，发表议论。在写作中除了要符合新闻传播和接受的一般规律外，还要想办法写出新意。新意是新闻评论的"明珠"。具体说来，其写作要点表现为以下几点：

（1）观点要新。在各新闻媒体都对同一新闻事实进行关注的背景下，新闻评论贵在推陈出新。这需要对有新闻价值的事实进行入情入理的分析、细心的观察和缜密的思考，需要渗入时代新观念，表现出独特的新见解。

（2）角度要新。新闻评论要做到篇篇都有新观念、新思想、新道理，是很困难的。但受众反感千篇一律、没有新意的评论。在这种情况下，评论者选题立意要放宽视野，努力寻找新的角度、新的论题切入点。

（3）材料要新。因为有许多材料，使用的人多了，使用的频率高了，就会给人一种陈旧、老套的感觉。写作者要联系当前现实，有意识地寻找与评论事物相关的新鲜、生动的材料，才能进一步增加评论的新颖感。

三、例文

例文1

慈善"名利场"不能没有灯光

中国红十字会的信任危机还没过去，中华慈善总会的"发票门"又接踵而来。不同的是，这次的导火索不是郭美美似的"很傻很天真"，而近似于故宫丑闻连环爆中的"内部斗争"。

英雄不问出处。正是罗凡华这位内部人士，爆出了尚德电力的捐赠门，并顺带牵出了中华慈善总会的发票门。据罗凡华反映，1700多万件捐赠品被折价变卖后钱款去向不明，企业却因"慈善捐赠"享受了减免税政策；在交了5万元额外捐款后，顺利拿到慈善总会开出的捐赠发票……

慈善一地鸡毛，几方名利双收。只是，受捐赠的学校被当猴耍了，中国慈善的公信再遭蚕食。尽管后来尚德公司给予了"澄而不清"的回应，给人的感觉却是越抹越黑；尽管慈善总会的马后炮聊胜于无，换来的也只是一声叹息。

这几年，从诺而不捐、诺而少捐的明星诈捐门，到数字游戏、捆绑营销的企业慈善秀，慈善日渐成为某些人眼中的"名利场"。眼前发生的尚德捐赠门，不过是名利场中又一场蹩脚秀而已。坏就坏在有人"搅局"，戏演砸了。

也许有人会就此批评企业的动机，甚至呼吁慈善的去商业化、去名利化。这种对慈善的纯洁期待，反映了许多人的善良心理，也未尝不具有建设价值，但终非治本之策。回顾一下近年来中国慈善的点滴改革，其背后的推力，往往不是"动机拷问"，而是一次次的"偶然曝光"。

其实，如果我们抱着实事求是的态度，就应该看到，即便不认同"慈善就是交易"的极端观点，也应以放水养鱼的心态，包容并且欢迎各种慈善捐赠者。事实上，在许多慈善发达的国家，各种税收减免等优惠，往往是人们选择慈善的重要动力。因此，尚德捐赠门的问题，不在于企业的免税动机，而在于这种"空手套白狼"的行为为何能畅行无阻？

"只见来时路，不见去时踪"，恐怕是中国慈善事业的最大软肋。《2010年度中国慈善透明报告》显示，完全不披露和仅少量披露信息的慈善组织比例高达75%。当一切都在暗箱操作时，尚德捐赠门会油然而生，类似昆明红十字副会长善款玩乐、温州红十字协会出纳贪污百万元等贪腐违规行为也难称稀奇。这也是为什么各国慈善机构都把公开透明作为基本要求，为什么近日公布的《中国慈善事业发展指导纲要（2011～2015年）》，也将"推行慈善信息公开透明制度"写入其中。

慈善可以是"名利场"，却不能没有灯光。美国卡耐基基金会前主席卢塞尔曾说，慈善事业要有玻璃做的口袋。唯其透明，才有公信。不久前，为了挽回信任，中国红十字总会开通了捐款信息平台，向公开透明迈出了重要一步。如今，同样作为"独立系统"的中华慈善总会，如何平息舆论质疑，恐怕同样需要早日打开尘封的大门。①

例文 2

"天府新区"点燃中国西部经济腾飞的激情

中国需要走出一条符合国情的区域协调发展之路，催生下一个十年乃至更长时间中国现代化的"新支点"。

这些"新支点"，将彻底改变"东强西弱"，"南快北慢"的格局，造就中国现代化跑车"四轮驱动"的新时代。那么这个"支点"在哪里？

中国正在向"西"看——目光所及不是欧美发达国家，而是中国的西部地区。国际舆论注意到了这个大趋势。8 月 10 日，在四川举行贯彻实施《成渝经济区区域规划》暨规划建设天府新区工作动员大会，向我们披露了这个一直令人期待的"支点"——天府新区。

在大会上，四川省省委书记刘奇葆指出，今年 4 月，国务院正式批复实施《成渝经济区区域规划》。这是党中央、国务院着眼全国发展大局和西部地区发展需要作出的一项重大决策。四川要从国家战略层面充分认识建设成渝经济区的重大意义；要把握《规划》确定的战略定位；把握《规划》蕴涵的重大机遇，把中央的重大部署和巨大支持转化为加快发展的强大动力。

如果说成渝经济区上升为国家战略是一次重大的历史机遇，是中国推动新一轮西部大开发和西部经济发展高地建设的现代化跑车，那么这辆驶向未来的跑车，它的发动机和引擎究竟在哪里？

从《成渝经济区区域规划》里，我们可以清晰地看到该区域内两个最显赫的"核"，成都和重庆。其中尤其以"成"字头的系列发展带——成渝经济区、成绵乐发展带、成内渝发展带、成南（遂）渝发展带等，由此可见成都的"火车头"、"领头羊"作用。

从《成渝经济区区域规划》里，我们可以清晰地看到，即将崛起在中国西部的"第四极"——成渝经济区是国家实施西部大开发战略的重点区域，也是全国主体功能区规划确定的 18 个重点开发区域之一，是中国西部地区重要的经济中心、全国重要的现代产业基地、深化内陆开放的试验区、统筹城乡发展的示范区和长江上游生态安全的保障区。

从《成渝经济区区域规划》里，我们还可以清晰地看到，纳入这个大规划之中的"天府新区"，其实才是真正的"核中之核"。在动员大会的成都分会场，我们不难看出，这辆跑车也就这一天将整个车身的重量开始架在了成都的身上。从这里开始，从成都开始，从天府新区开始！

从《成渝经济区区域规划》暨规划建设天府新区工作动员大会上，其实我们不难看出四川将"天府新区"正式纳入《成渝经济区区域规划》，这一举措的含义：四川决心再造一个"产业成都"。

我们相信，此时此刻，四川又一次点燃了中国西部经济腾飞的激情，让我们振奋，因为"中国的西部像一块巨大的磁铁，吸引着全世界的眼球"。

---

① 原载于 2011 年 8 月 18 日《京华时报》。

我们相信，在未来的十年，四川用"天府新区"再造一个"产业成都"的伟大构想将更进一步丰富并升华我们对西部价值的思考。

我们相信，西部富则中国富，西部绿则中国绿，西部稳则中国稳，西部强则中国强。再造一个"产业成都"受益的，绝不仅仅是西部，而是区域共赢、举国得利。①

例文3

"汉语四六级"：走火入魔？

历时3年研制的"汉语能力测试"将于10月率先在上海、江苏、云南、内蒙古试点实施。将来，对语言文字要求较高的职业将可能采取该考试结果作为职业标准。

"汉语四六级测试"，来得着实有些突然——之前并未见媒体有多少报道，突然就试点了。教育部考试中心主任戴家干称，近年来，社会上普遍存在"外语热，母语冷"以及汉语欧化、网络语言不规范等语言文化现象，"汉语四六级测试"的意义即在于"以考促学，以评促学，推进汉语学习和应用"。

意义似乎很重大，按照戴主任说法，如果再不搞，马上很多中国人恐怕连汉语都不会准确使用了。但这似乎是杞人忧天：英语四六级在我们这里搞了这么多年，也没见过级的人英语水平有多高，甚至连最基本的口语会话能力，都低得可怜。事实上，这也不能怪考级者，考级本就只为提高就业筹码。英语应用能力差，那也没办法，考完试后根本就没机会用啊。

都说中国人考试厉害，那是因为我们有无穷无尽的实践机会；从小学到大学，有那么多唯分数论的考试。此外，还有各种各样的等级考试、职称考试，几年前甘肃甚至传出"拉面考级"的新闻……上学要考、找工作前要考、工作中还要考。中国人，似乎总在无穷无尽的考试之中。都说很多人高分低能，那是因为在他们眼里，考试和证书就是目的，你要说这是应试教育造就的"盛景"，完全可以成立。

但一些部门热衷于推动考试考级，却也不完全是应试教育的事。它的背后，是惊人的考试经济。有数据表明：目前全国各类职业技能资格证书超过1000多种，按专家估算，每年考评各类证书的经济总额超过3000多亿元。惊人的考证经济，让依附其上的考级机构赚得盆满钵满，让力推考试考证的政府部门权力大大扩张，这是"双赢"。

对那些在各个考场间疲于奔命的考生来说，花费大量精力财力，换来的只是几十张形形色色的证书。你知道，现在不仅是应聘者经常搬出几十张证书，就连几岁十几岁的孩子，在择校时往往都带着十几张各类证书。但你同样也知道，东西一旦多了就不值钱了，证书也是如此。所以你就能理解，为什么拿着几十张证书却找不到工作，为什么捧着一堆证书上不了学，为什么一些成功人士的光环背后，总有几张野鸡大学的文凭在"闪光"。

我们能停下来吗？我们能不再用一堆证书来证明自己吗？如今汉语都要四六级，都将"成为一些行业的准入门槛"，你说能不能？②

---

① 原载于2011年8月15日人民网：http://opinion.people.com.cn/GB/15417906.html。

② 原载于2011年7月28日《华西都市报》。

例文 4

指责"路人"不如践行"最美"

一位山东"最美女孩"车流中救助陌生伤者的义举，以及车祸肇事者、被救者、施救者三家人"因祸结缘"的故事，正在社会上广为流传。

这位名叫刁娜的 24 岁龙口姑娘，前不久与丈夫在下班途中，看到一位女子被撞倒在路中央。为了不让伤者被二次碾轧，"不让小悦悦悲剧重演"，刁娜与丈夫毫不犹豫地下车救人，一边拨打急救电话，一边护在伤者身前疏导交通。天色较暗，车流中的刁娜不幸被撞倒，右腿骨折。刁娜的善举也感染了车祸中的肇事者、被救者，他们用友善、谅解和诚信，续写了一段关于良知、公德与责任的佳话……

在一个民族陷入集体的道德焦虑、道德追问之时，刁娜的善行义举，各方的人性善良，既是一抹亮色，也让我们深思。

这段时间，摔倒的老人无人扶、轧伤的孩子无人救，助人为乐、见义勇为这些原本天经地义的行为成为迟疑不决的纠结。人们在问，我们是否真的患上了"路人冷漠症"？素以守望相助、急公好义著称的中华民族，是否真的集体丢弃了善意与义举？

这种道德焦虑当然有其现实基础，不过，"道德信心"不应被轻易否定。一方面，在一些媒体的"选择性报道"中，"路人冷漠症"有被过度渲染、放大之嫌；另一方面，每一次"痛心"与"焦虑"的背后，恰恰说明，如潮的向善之心从未泯灭和走远。以小悦悦事件为例，事发后，仅在新浪微博的转发与评论就多达 453 万余条，微博"小悦悦悼念堂"的关注者多达 19 万余人。这种道德渴求、对善与恶的鲜明立场，不正是道德复苏、弘扬的最坚实基础吗？

更重要的是，储存于民间向善的道德力量依然深厚博大。我们拥有像刁娜那样的"最美女孩"、拥有像杭州吴菊萍那样的"最美妈妈"，也拥有大火中为邻居架梯、救了 20 多条人命的上海"最美奶奶"朱燕珍……这些美好的人和事，让我们感动且温暖，让我们互信与互爱，让我们确信："人皆可以为尧舜。"

其实，行善本该不假思索，平凡朴实。被评为全国道德模范的朱燕珍很淡然："这有啥，谁都会这样做！"善念默默涌动在国人心中，这是助人为乐蔚然成风最深厚的民意基础。而平常的向善之心，才能激发出临危救人的勇气，让善的一闪念凝成大义大勇，温暖人间。

"大义大勇"在生活中并不多见，更多的则是举手之劳的平凡善举。拥挤的公交车上，能否为白发老人让个座？有人问路，能否耐心回答甚至送上一程？邻家没人冒出黑烟，能否及时拨打 119 并通知其他人……勿以善小而不为，人性的善良温暖就在这样的微小善举中，不断凝聚成"最美"的风景。

爱，是一次举手之劳，也应是长久温暖；是危难之下的"最美"，也是日复一日的"平常"。与其一味痛心于道德缺失，呼唤着道德复苏，还不如从自己开始，唤醒真善美的人性。从政府、媒体到每一个人，都合力凝聚真善美的力量，抑止假、丑、恶的泛起，从指责"路人"走向从我做起、走向道德践行。[①]

---

① 原载于 2011 年 11 月 14 日《人民日报》。

练习题

一、判断题

1. 我们生活在一个资讯非常发达的时代，每天都会接触到大量的新闻。这些新闻大多都是以消息的形式传播的。（　　）

2. 消息是一种比通讯详细而深入地报道新闻事实的新闻体裁。（　　）

3. 通讯在表达方式上比较灵活自由，议论、抒情的运用略多些，但通讯仍以叙述、描写为主。（　　）

4. 背景材料是就消息中有关新闻事实的历史、环境和原因等进行解释说明的材料，可有可无。（　　）

5. 新闻评论通过新闻媒体传播到新闻的受众，要适应新闻传播和接受的一些形式规律，应该着眼于是否有效率地表达了论点。（　　）

二、简答题

1. 同一个新闻事件在不同的报纸刊出时，新闻标题和写作角度往往不一样。请就日前发生的重大新闻事件，比较、分析各大报纸刊出时的标题和写作角度有何异同。

2. 简述对消息结构的理解。

3. 推荐一篇你认为很优秀的通讯稿，并分析其写作特点。

三、写作题

1. 关注身边的新闻事件，写一篇消息并就此进行评论。

2. 请根据下面提供的新闻材料写一则新闻评论。

2011 年 11 月 14 日，江苏省淮安市区一名初三学生因赖床不起，他的父亲情急之下便拨打报警电话，请派出所民警前来帮忙。

据了解，当天早晨 6：20 左右，淮安市健康路派出所的值班民警接到一居民报警电话，称已经到了儿子平时起床时间，可他想尽了各种办法都没有说服儿子起床，只好请民警帮忙。

民警来到报警人所居住的市中心某小区家里时，小孩见到了民警就急忙"告状"，称他的父亲还没有到起床时间就掀他被子拽他起床，想要父亲道歉。

这位家长称，14 岁的儿子是该市某重点中学初三学生，每天早上都是他负责叫儿子起床。可当天早晨，当他像往常一样来喊儿子起床时，儿子一会儿说喊早了，一会儿又说天太冷，就是不愿意起。眼看上学快要迟到了，着急的父亲便掀开被子想强制儿子起床。谁知道儿子的犟脾气也上来了，跳起来站在床上跟他大吵大闹，就是不穿衣服。两人吵得不可开交，甚至还动起手来。家长在情急之下拨打了 110 报警电话。

3. 为下列新闻分别拟出新闻标题或改写成一句话新闻。

A. 萧百佑被称为"中国狼爸"，只要孩子的日常品行、学习成绩不符合他的要求，就会遭到严厉的体罚。他的四个孩子中的三个被北京大学录取。他的行为遭到众多网友以及专家学者的质疑。萧百佑坚称自己是"全天下最好的父亲"，并表示"打"是家庭教育中最精彩的部分。

B. 近日，北京首批 500 余名网络保安员开始正式上岗，监控全市网吧、网站、宽带公司、病毒公司的网络安全。据了解，网络保安员目前开展的主要业务是网络、人防、技防业务。今后网络保安员将进入全市 942 家网吧及 3800 多家网络介入服务单位，每个网吧至少要安置保安员 3 名。网络保安员没有执法权，主要通过网络监控，为服务单位及时删除各种不良信息，一旦发现有人在网吧里光临黄色网站或者在网上"钓鱼"，发布虚假信息进行网络诈骗时，网络保安员将立即叫停违法行为，然后向网监部门报警。

C. 我们国家继一亿亩速生丰产林基地和"三北"、"长江中上游"、"沿海"、"平原农田"防护林体系以及全国治沙工程六大林业重点工程之后，又一个举世瞩目的大型生态建设工程，太行山绿化工程将全面启动。加快太行山绿化，能改善太行山区生态环境，保护水土，涵养水源，对华北和京津地区的建设意义重大。

D. 位于青藏高原腹地的可可西里，自然景观独特，河流纵横交错，湖泊星罗棋布。这里素有"动物天堂"的美誉，栖息着藏羚羊、野牦牛、藏野驴等珍稀动物。由于该地区是中国最大的一片无人区，受人类活动干扰较少，大部分地区仍保持着原始的自然状态。有资料显示，可可西里目前是中国动物资源比较丰富的地区之一，拥有的野生动物多达230多种，其中属国家重点保护的一、二类野生动物就有20余种。

E. 三名见义勇为救交警的的哥终于全部找到啦！14日下午，湖北武汉市公安交管局向周国华、徐永生、谢员生三位的哥赠送"见义勇为匡扶正义"的锦旗。交管局新闻发言人陈骥说："我们寻找见义勇为的哥，也是为了寻找我们民族的传统美德，弘扬正义和正气。"

10月25日凌晨1点40分左右，见习交警杨沛智在汉口中山大道南京路口巡查时发现一辆轿车逆向行驶，招手准备将其拦下。不料，该车强行闯岗，杨沛智本能地抓住敞开的右车窗，谁料被一路拖行近2公里。危急关头，三辆出租车不约而同从肇事车后包抄而来，最终逼停肇事车，及时挽救了交警的生命，酒驾和妨碍执行公务的肇事者也受到了法律制裁。救人后，三位好心的哥悄然离开。

11月7日19时许，武汉交管部门通过微博，发出寻找三名见义勇为好出租车司机的视频和文字消息。"见义勇为的三位出租车司机，你们在哪里？请接受武汉三千交警最崇高的敬礼！你们的英勇壮举，让每一个有良知的人为之动容，真切地感受到了人间正义和真情！"与此同时，交管局又通过交通广播电台、网站等多种媒体发布"寻人广告"。

视频引来大量网友关注，短短一小时内被转发440余条。网友纷纷称赞三位的哥的英勇行为，谴责肇事者的不负责任。通过热心市民提供的线索，9日，交管局找到了大通出租车公司的周国华师傅和联海出租车公司的徐永生师傅。11日晚，又有人爆料称，第三位好心的哥是天兴出租车公司的谢员生师傅。至此，三位见义勇为司机终于全部找到。

本章参考资料

[1] 李良荣. 新闻学概论 [M]. 上海：复旦大学出版社，2001.

[2] 邱沛篁. 新闻写作艺术 [M]. 成都：四川人民出版社，1992.

[3] 丁法章. 新闻评论教程 [M]. 上海：复旦大学出版社，2002.

[4] 李苓. 传播学理论与实务 [M]. 成都：四川人民出版社，2002.

[5] 李法宝. 新闻写作的艺术与技巧 [M]. 广州：中山大学出版社，2005.

[6] 丁柏铨，胡翼青. 通讯写作 [M]. 北京：中国广播电视出版社，2007.

[7] 董天策. 新闻传播学论稿 [M]. 福州：福建人民出版社，2003.

[8] 梅尔文·门彻. 新闻报道与写作 [M]. 北京：华夏出版社，2003.

第七章　教学及研究性文书

第一节　教学及研究性文书概述

一、教学及研究性文书概念

教学及研究性文书是指表达一定教学及科研内容的各种实用文体。它以教学活动领域中的现象、问题和科学研究方面的内容为研究和表述对象，反映各学科领域内某些现象的特征、本质及其规律，以说明和议论为主要表达方式。教学及研究性文书主要在各类教学、科研工作中使用。

二、教学及研究性文书的特点

（1）科学性。教学及研究性文书所依据的材料必须真实可靠，来不得半点虚假，不允许虚构杜撰，认识事物必须符合辩证唯物主义和历史唯物主义的方法论，得出的结论必须能够揭示客观规律。

（2）创造性。教学及研究性文书应该要表现出写作者在教学和科研工作中新的创造和新的见解，有自己独立的想法，为推动教学、科研工作作出有价值的探索。

（3）严谨性。教学及研究性文书的写作应该具有条理性、系统性，能够以符合人们认识的逻辑规律的方式，明白晓畅地反映出研究者的教学思路和研究思路。

三、教学及研究性文书的种类

（1）论文类。论文的主要形式有学术论文、各个层次的毕业论文（学位论文）以及高等教育中各个年级的学年论文、课程论文等。本章主要介绍学术论文、本科毕业论文（设计）。

（2）报告类。在教学和科研过程中，经常要使用到报告类文书。如开题报告、课题申报书、课题进展情况报告等。

（3）设计及心得体会类。这一类文书偏重于对教学与科研过程的设计、探索与心得。如教案、教学反思、教学或科研总结。

第二节　学术论文

一、学术论文的概念、特点和种类

（一）概念

学术论文是在专门的、系统的学术研究后，表达和总结其科研进展或成果的理论文章，又称科学论文，简称论文。它是具有认知价值的实用文章，在社会科学和自然科学领域广泛使用。

（二）特征

1. 专业性与学术性

学术论文通常由某一学术领域的研究人员撰写，在同行间以及有较高教育水平或科研兴趣的群体中交流并推广。因各学科间明显的界限，在内容上就有了鲜明的学术特征和专业特征。

2. 科学性与理论性

所谓科学性是指论文要以科学的精神和方法为原则，努力揭示和阐明新的客观规律。理论性就是要求学术论文具有严密的逻辑性和严谨的表达，要将感性认识上升到理性的高度，将科研进展或成果以理论形态表达出来。

3. 独创性与前瞻性

学术论文的独创性体现在填补空白、补充前说以及纠正通说等方面。所谓前瞻性就是站在该学术领域的最前沿，运用最新的材料、数据，揭示学科最新的发展规律，预见学科最新的发展动向，提出最新的对策方案或理论见解。

（三）种类

根据学科差异，学术论文可以分为社会科学论文和自然科学论文。

根据应用角度的不同，学术论文可以分为交流性论文和考核性论文。前者主要是为了进行学术交流，包括在各种学术刊物上发表的论文、在学术会议上宣读的论文等。后者主要用于高等学校的教学过程，作为检验学生学习水平的依据，包括课程论文、学年论文、毕业论文（学位论文）三类。

二、学术论文的写作规范

根据国家标准局发布的《科学技术报告、学位论文和学术论文的编写格式》（GB7713—87），形式完整的学术论文应包括标题、作者、摘要、关键词、绪论、本论、结论、注释和参考文献等主要构成部分。

（一）标题

标题要用最恰当、最简明的词语反映文章最重要的内容。标题一般不超过 20 字，应当以最精炼的文字表达尽可能多的信息量，但也不能过于简略，造成理解的困难。不看文章，从标题即可知道其内容要点的才是好的标题。

论文标题一般有单行标题和双行标题。单行应为实题形式，如《近几年散曲研究的新进展与相关问题思考》、《国内企业"走出去"的现状与问题》、《南水北调中线河北段工程地质问题及其防治对策》。双行标题则往往用一虚一实的形式，如《民族主义的狂想与英雄神话的升腾——宋词中英雄主义精神管窥》、《古屋中的女人和爱情——〈纪念爱米丽的一朵玫瑰花〉中的圆形叙述和时间蒙太奇》。

（二）作者

作者姓名置于标题之下，居中排列。对作者应标明其工作单位全称、所在省、城市名称及邮政编码，加圆括号置于作者署名下方。多位作者的署名之间用逗号隔开。不同工作单位的作者，应在姓名右上角加注不同的阿拉伯数字序号，并在其工作单位名称之前加注与作者姓名序号相同的数字。各工作单位之间连排时以分号隔开。如：

熊××[1]，贾××[2]，钟××[1]，刘××[1]

（1. 陕西师范大学 教育系，陕西 西安 710062；2. 陕西省教育学院 教育系，陕西 西安 710061）

（三）摘要

摘要应能客观地反映论文主要内容的信息，是文章内容不加注释和评论的简短陈述。置于标题和作者之后，正文之前。摘要是一篇结构严谨、独立性强的完整的短文，要对论文的主要内容，如研究目的、主要观点、研究的角度、方法、结论及其意义等作出概括的介绍，也应该把论文的新发现、新成果和特点介绍出来。一般不分段，不用图表和非公知公用的符号或术语。篇幅一般不超过 200 字。

（四）关键词

关键词是为了文献索引工作从论文中选取出来，用以反映论文主题内容的词或词组。一般每篇论文可选取 3～8 个词作为关键词，应尽量从《汉语主题词表》中选用。未被词表收录的新学科、新技术中的重要术语和地区、人物、文献等名称，也可作为关键词标注。关键词位置在摘要下方。

（五）绪论

绪论又称前言、导言、绪言。它是论文的开头部分，应简要说明研究工作的目的、范围、所涉及领域前人的工作进展和知识空白、理论基础和分析、研究设想、研究方法和实验设计、预期结果和意义等。比较短的论文，可以只用小段文字作为绪论。

（六）本论

本论即正文，是学术论文的核心部分、主体部分。通常采用总分结构、递进式结构、并列式结构的方式安排层次。无论是正面立论还是批驳谬误，都必须注意中心论点和从属论点、论点和论据之间的逻辑联系。

（七）结论

结论是学术论文最终的、总体的论断，是对绪论中提出的有关问题的明确回答，是全文的综合概括，是对整个论文研究结果的总判断、总评价，而不是对本论中各段小结的简单重复。结论应该明确、完整、精练。

（八）引文出处注释和参考文献

引文出处注释是对正文中征引他人的观点、数据、定义、论断、方法所作的注释。其主要作用是为论文的观点提供论据，同时为引文统计提供数据，对他人的研究成果表示尊重。常见的注释有："夹注"，是用括号形式标注于行文中的注释；"脚注"，又称页下注，是对本页中的引文的注释；"章节附注"，是一章或一节末尾相对集中的注释；"尾注"，是统一于全书或全文末尾的注释。引文出处注释必须标明资料来源的具体出处，如对资料页码、章节有明确要求。

参考文献是作者撰写论文时直接参考借鉴或引用他人文献的列表，置于文后。应限于作者直接阅读过的、最主要的、发表在正式出版物上的重要文献和最新文献。其数量在一篇论文中一般在 10 条左右。

引文出处注释也属于参考文献，但参考文献是对某一著作或论文的整体的参考或借鉴，是全文注释征引资料的来源，无须注明页码。

标注引文出处注释和参考文献时应注意以下几点：

第一，其著录应采用顺序编码制，按论文中引用文献出现的先后以阿拉伯数字连续编码，序号左顶格，置于方括号内。

第二，一种文献在同一文中被反复引用者，用同一序号标示。需表明引文具体出处的，可在序号后加圆括号注明页码或章、节、篇名，采用小于正文的字号编排。如"……[1](P22)"。

第三，文后参考文献的著录项目要齐全，每一条目的最后均以实心点结束。

第四，常用的参考文献的类型标识：M—专著，C—论文集，J—期刊文章，N—报纸文章，D—学位论文，R—研究报告，S—标准，P—专利；对于专著、论文集中的析出文献采用字母"A"标识；网上电子公告采用"EB/OL"标识；对于其他未说明的文献类型，采用单字母"Z"标识。

第五，参考文献著录格式

(1) 专著、论文集、学位论文、研究报告。[序号] 主要责任者. 文献题名 [文献类型标识]. 出版地：出版者，出版年. 起止页码（任选）. 如：

[1]周振甫：周易译注[M]. 北京：中华书局，1991.

[2]陈崧：五四前后东西方文化问题论战文选[C]. 北京：中国社会科学出版社，1985.

[3]陈桐生. 中国史官文化与《史记》[D]. 西安：陕西师范大学文学研究所，1992.

[4]白永秀，刘敢，任保平. 西安金融、人才、技术三大要素市场培育与发展研究[R]. 西安：陕西师范大学西北经济发展研究中心，1998.

(2)期刊文章。[序号]主要责任者. 文献题名[J]. 刊名，年，卷(期)：起止页码. 如：

[5]何龄修. 读顾诚《南明史》[J]. 中国史研究，1998，(3)：167～173.

(3)论文集中的析出文献。[序号]析出文献主要责任者. 析出文献题名[A]. 原文献主要责任者(任选). 原文献题名[C]. 出版地：出版年. 析出文献起止页码. 如：

[6]瞿秋白. 现代文明的问题与社会主义[A]. 罗荣渠. 从西化到现代化[C]. 北京：北京大学出版社，1990. 121～133.

(4)报纸文章。[序号]主要责任者，文献题名[N]. 报纸名，出版日期(版次). 如：

[7]谢希德. 创造学习的新思路[N]. 人民日报，1998-12-25(10).

(5)电子文献。[序号]主要责任者. 电子文献题名[电子文献及载体类型标识]. 电子文献的出处或可获得地址，发表或更新日期/引用日期(任选). 如：

[8]王明亮. 关于中国学术期刊标准化数据库系统工程的进展[EB/OL]. http://www. cajcd. cn/pub/wml. txt/980810-2. html，1998-08-16/1998-10-04.

(6)各种未定类型的文献。[序号]主要责任者. 文献题名[Z]. 出版地：出版者，出版年. 如：

[9]张永禄. 唐代长安词典[Z]. 西安：陕西人民出版社，1980.

第六，注释集中排在文末时，参考文献排在注释之后。

第七，注释为页下注时，有时也采用责任者、文献名加文献来源的形式。如：

①周振甫：《周易译注》，北京：中华书局，1991年，第78页。

②何龄修：《读顾诚〈南明史〉》，《中国史研究》，1998年第3期。

三、学术论文的写作步骤

(一) 选题

学术论文写作的第一步是要选好题。确立学术论文的选题，也就是确立研究的方向和目标。研究者要善于发现问题，解决问题。而提出问题是解决问题的第一步。俗话说，"题好一半文"。所选的学术课题应该是前人没有研究过的或没有解决的问题；前人研究过但还值得进一步挖掘、补充或修正的问题；以及学术界说法不一、值得商榷的课题。其次，还要根据自己的个人爱好、专长来选择自己有能力解决的课题，要根据自身的主客观条件选择那些在现有条件下既有能力解决也有能力解决好的课题。最后，选题宜根据具体情况确定范围大小。

（二）收集整理资料

一般来说，文科论文材料主要通过翻检资料和社会调查途径收集。要充分运用现代计算机检索技术和目录学所提供的便利条件以查阅相关的文献、书报、刊物等材料。此外，还要通过实地考察、调查问卷、采访等调查手段获取事实材料。至于理工科的论文更侧重于科学考察、实验等实践工作所获取的材料。总之，所集材料要尽可能完备，既要有理论的、正面的、一般的，也要有事实的、反面的、特殊的。特别要注意收集所研究对象的原始材料和他人在这方面研究的背景材料。

（三）确立论点

论题是论文的内容范围，论点是论文的观点和结论。研究者在对材料进行鉴别、整理、删选以及对材料进行定量和定性分析后，对研究对象的本质和规律有一定的归纳和概括。这种归纳和概括所形成的论点，集中反映了论者对论题的思考和问题的解决方向。

（四）拟定大纲

把深入研究和确立论点的思路用文字固定下来，这便是论文提纲。学术论文的结构往往包括绪论、本论、结论三部分。绪论主要用以说明研究的动机、目的和意义。本论是学术论文的主体，要求以充分有力的资料阐述观点。本论中还应包括中心论点、分论点和分论点所属的小论点，证明论点的事实或理论论据及每个段落、层次使用的论证方法等。结论一般是总结全文，强调要点，也可以对自己或他人在这一领域的研究如何进一步深入提出愿望。同时，拟定大纲也需要在论文中体现提出问题、分析问题、解决问题这一内部结构规律。

（五）展开行文

论文一般按写作提纲排列顺序执笔，先写绪论，再写本论，最后写结论。论文在具体论述过程中要注意突出论点，不要把论点淹没在琐碎的论证和论据中；要以中心论点统率分论点，分论点紧紧围绕中心论点；要既有分述，又有总述。

四、学术论文写作的常见错误和写作要点

（一）常见错误

（1）标题随意，不讲究客观性与简明性。标题中没有采用实题形式，让人不能迅速识别其研究对象或有关内容。

（2）摘要与绪论雷同。有的把摘要处理为文章开头；有的把绪论处理为摘要的注释。此外，摘要中出现了"本人"、"笔者"、"本文"等不是第三人称的表述口吻，还出现对文章过多的评价。

（3）论文的论点存在问题。有的表现为观点错误，不够实事求是；有的则表现为观点与材料不相统一，尽管在文章内容编排上有外在的因果关系，但观点与论据材料之间不存在必然的逻辑关联；还有的文章观点不清，其观点没有用完整的语句进行清晰、明确的表达。

（4）论文写作不规范。有的格式不规范，未能按照国家标准局发布的《科学技术报告、学位论文和学术论文的编写格式》（GB7713—87）来编排；有的参考文献标注不规范，不注明引文出处或不遵照参考文献写法；有的表达方式不规范，不时使用类比、拟人等过于文学化的表达方式对客观现象进行表述。

（二）写作要点

（1）选题应该少选或不选自己不熟悉的学科领域内的问题，要量力而行。论文写作应该选择自己熟悉、有兴趣、有能力、有心得、有材料的课题，研究者才会更积极、更自觉、更有热情，也更具创造力地投入到研究活动中去，才会得心应手地写出高质量的论文。

（2）在收集资料时，要尽可能多地占有资料；在写作中，则要选用必要的资料。作者占有的相关资料越多，问题的面貌就越清楚，越容易展开思路。只有在详尽的资料的基础上才能得出科学、正确的学术观点。只有材料充分，才能获得别人的认同和支持。资料收集可能会贯穿论文写作的始终。

（3）材料和观点必须统一，二者不能游离开来，更不能相互矛盾。在论文写作中，有很多初学者不太注意材料与观点的契合，往往论文中列举的材料不能证明观点，或者是材料不具有典型性，不能说明问题。

（4）论文的语言要严谨、明确、简洁。学术论文的语言应该是简洁平实、直白晓畅的，不能像文学语言那样追求朦胧、含蓄的美感，以免引起歧义和误会。更不能追求所谓的高深和玄奥，堆砌名词和术语，造成研究者与接受者之间的交流障碍。

五、例文

大众传播与制度控制：中国现代作家的创作生态论

程丽蓉

摘　要：现代大众传播的繁荣和飞速发展极大地改变了传统的文学运行机制，改变了文学的作者、文本和读者，甚至也改变了与文学密切相关的种种制度。现代作家的文学创作已远远超出了个体精神创造的意义，通过报刊、书籍等大众传媒，他们的创作不可避免地被纳入团体、政治和商业等制度的控制之下，在遵循文学的游戏规则之下，还必须遵守各种团体力量、政治力量、商业力量的办事规程和行动准则。这就是现代作家创作的特殊生态环境。

关键词：大众传播 制度 刊物 商业控制 创作生态

近代以来，随着中国传播业的发展，报刊、书籍及其出版发行逐渐组织起一个复杂的流通网络，把作家、读者、出版商、发行人、政府管理部门等越来越紧密地联系在一起。作家创作总是受到这个网络系统的制约，处于团体、商业、政治等多重制度控制之下，大众传播及制度控制在相当大程度上直接介入了作家的创作过程。关于现代作家的这种创作生态，现代文学界做了许多积极的思索与探讨，这些思想无疑是中国现代文学理论话语的重要内容，广泛地关联着现代文学生产与消费的方方面面，至今仍具有启示意义。

一、刊物及文学团体对创作的影响

朱光潜曾深有感触地说："在现代中国，一个有势力的文学刊物比一个大学的影响还要更大更深长。"[1](P429)近代以来大众传播的巨大变革，使刊物成为团结同道、形成风气的核心力量，通过刊物凝聚一批作家、编辑和读者，从而形成不同的文学社团与流派。刊物可以对作家创作形成强大的促进力，甚至可以通过批评、作品广告等手段促成一个作家的成功（像《小说月报》就曾通过批评和刊登作品系列等手段，成功地推出了冰心等作家），同时又通过论争、用稿、座谈等形式对作家及其创作造成不可忽视的约束力。

20世纪头二三十年，许多文学期刊都具有同人刊物性质，著名者如早期的《新青年》、《新潮》、《莽原》，以及创造社创办的《创造》季刊、周报和《创造日》等。同人刊物形成了一个由作家与编辑共同组成的社团。加入了社团的个人对于团体是有义务和责任的，他们必须在一些重大事情上共进退，保持观点和态度上的一致，还必须承担包括及时供稿与协同论战等在内的责任，作家本人的态度、观点及写作自然都会受到约束。为何明知是镣铐，作家们却纷纷自愿戴上？郭沫若的愤慨揭示了其中的奥秘："自己没有独立的机关，处处都要受人继母式的虐待"[2](P290)，"有朋友们的既成的刊物，能够割些珍贵的幅面来替我们发表发表，那也就恩德无量了"。[3]这正充分反映出在现代大众传播生态环境下，作家及其创作对传播媒介的依赖性。

每一种刊物都有一定的办刊宗旨和相应的用稿要求，这同样对作家及其创作构成一种比较松散的控制力，一方面促进作家成长，催生优秀新作，另一方面也可能直接影响到文本的艺术构思、主题意蕴乃至细节描写。鲁迅在《〈呐喊〉自序》和《〈阿Q正传〉的成因》等文章中，都谈到自己的创作受到报刊编辑要求的制约和规范的情况："既然是呐喊，则当然须听将令的了，所以我往往不恤用了曲笔，在《药》的瑜儿的坟上平空添上一个花环，在《明天》里也不叙单四嫂子竟没有做到看见儿子的梦，因为那时的主将是不主张消极的。"[4](P415)而对于叶圣陶的《倪焕之》，刊物用稿要求的影响更大。茅盾就曾说："但或者《教育杂志》当初是要求叶绍钧做一篇和教育有关的'教育文艺'，所以《倪焕之》的前半部全是描写乡村教育，在全体上发生了头重脚轻的毛病。这在艺术的意味，不能不说是结构上的缺憾。并且也许有人因此而误会此书是专谈教育的。"[5]正是通过这点点滴滴，一些新进作家和优秀新作才得以崭露头角，甚至成为令人瞩目的经典文本。鲁迅《〈新文学大系·小说二集〉序言》评述20年代小说创作状况时，就特别谈到文学刊物对作家群体和个体成长的影响，像台静农的《地之子》就是在《莽原》编辑韦素园的催促和鼓励下创作出的。沈从文也对此深有体会："现代文学史许多举例示范作品，当时似乎即半由编者催逼而成。弟二十年来多数作品，也多半是徐志摩、叶圣陶、徐调孚、施蛰存诸先生主持杂志编辑时，用'鸡毛文书'方式逼出。"[6](P52)

通过刊物组织的围绕某一中心话题展开的讨论、论争、座谈会等，也形成了一种较松散的约束力，引导作家的创作取向，纠正某些不良倾向。这是刊物营造某种文学风气、倡导某种文学追求的常规途径，是贯穿整个现代文学史的一种颇具影响的力量。像1941年至1942年东北沦陷区围绕通俗小说创作的讨论、1942年北平《国民杂志》关于"小说的内容与形式"问题的笔谈、上海《万象》杂志推出的"通俗文学讨论特辑"等，都对20世纪40年代通俗文学的大发展有明显的促进作用。

......

从总体而言，虽然围绕刊物自觉或自发形成的团体力量对现代文学的健康发展立下了汗马功劳，但也在一定程度上对创作造成某些负面影响，如扼杀和限制多种文学风格的追求，压制新兴文学力量，造成文学面貌的单一化等。许多作家对此深恶痛绝而又无可奈何，越是力图坚持自己独立的文学追求的作家，越是深切体味到这种无形的控制力量对自己创作个性的压抑。沈从文就是对此有切肤之痛的作家之一。在《〈石子船〉后记》中，他说到自己近来的创作形成了自己独有的特色，但却遭遇到无数次的退稿，由此，他充分意识到报刊编辑和出版发行的不良习气对文学创作、文坛风气以及读者阅读趣味培养的恶劣影响。正因如此，沈从文对"团体"并无好感，他认为"一个作家支持他地位的，是他个人的作品，不是团体"，"把一群年青作家放在一个团体里，受一二人领导指挥，他的好处我们得承认，可是他的坏处或许会更多"。[6](P40)

二、政治力量对创作的制约

现代文学史上，政府文化管理机构制定的相关政策法规，特别是对公开出版物的管理审查制度，对作家创作构成了强有力的政治控制。

1910 年 11 月，中国第一部《著作权章程》的颁布，标志着中国政府对书籍报刊的管理，除控制非法书籍出版印行之外，又增加了保护合法出版印行的功能，确立了现代版权制度。然而，由于政权更迭和政局混乱，令不能行禁不能止，加之印刷出版业的飞速发展与文学创作的难产、少产之间存在无法弥合的脱节，到民国初年，模仿、抄袭等恶性侵权现象泛滥成灾。1914 年，袁世凯政府颁行《出版法》，对出版自由和言论自由加以严厉控制，实际上是借法律之名，行摧残之实。袁世凯倒台后至 20 年代末，军阀混战，政纲松弛，中国文坛赢得了难得的自由发展空间。然而随着 1928 年国民政府《著作权法》、1930 年《出版法》的颁布与执行，创作、出版和发表的自由受到越来越严密的控制。1934 年，国民党政府出台了《修正图书杂志审查办法》，1938 年又出台了《修正抗战期间图书杂志审查标准》、《战时图书杂志原稿审查办法》，1940 年和 1944 年又颁布了新的《战时图书杂志审查办法》和《战时出版品审查办法及禁载标准》，1947 年又有《出版法修正草案》。国民政府如此频繁出台相关政策法规，虽在一定程度上维护了创作、出版的有序性和有益性，但其主要目的乃是千方百计维持其政治统治，甚至不惜使用暴力手段，对作家、编辑进行人身迫害，甚至残酷剥夺他们的生命。

这种严厉的政治控制对文学创作、发表和出版构成了严重损害。譬如沈从文的杰出长篇小说《长河》就屡经审查、删改，"作品最先在香港发表，即被删节了一部分，致前后始终不一致。去年重写分章发表时，又有部分篇章不能刊载。到预备在桂林印行送审时，且被检查处认为思想不妥，全部扣留。幸得朋友为辗转交涉，径送重庆复审，重加删节，经过一年方能发还付印"。[7] 这无疑会对作品的思想和艺术价值造成损害。茅盾在总结抗战时期长篇小说创作状况时也谈到，当时十分繁荣的长篇小说中，"企图反映抗战现实的作品就不免常常有点躲闪，含糊，有时若余意未尽，实则格格不吐"，造成这种情况最直接的原因就在于"抗战时期，忌讳特多，暴露黑暗在所不许自不待言，而赞颂光明亦因时因地因事而相应免登。加之审查标准之所谓四大原则，实太笼统而抽象，作家们每苦于无从捉摸"。[8]

……

三、商业控制对创作生态的影响

除团体控制和政治控制外，由书刊编辑、出版商、发行商及读者这些流通链条上的关键因素等构成的商业控制，对中国现代作家创作生态的影响更大。

近现代以来，文学创作已不再是一项个人独立完成的目的单纯的事业。创作被纳入到庞大的生产—流通—消费机制之中，成为这个机制中的一个小角色，在整个文学事业的背后，是商业资本这只巨臂的操控。虽然也有一些有识之士团结起来，成立非商业性的出版发行机构，编辑出版了一些非商业性的书籍报刊（如文化生活出版社及其出版物），甚至政府也采取一些经济措施，保障乃至促进某类文学创作（如所谓"民族主义"文学），但这毕竟只是现代文学大潮中的小溪流。通过大众传媒，商业与文学联姻，成为 20 世纪文化景观中最亲密的一对伴侣。

……

对读者、消费群体因素的高度重视，对商业利益的片面追逐，往往导致文学发展的不平衡。一是创作与翻译发展的不平衡。近代翻译介绍的西洋小说受到广泛欢迎，受商业利益驱动，各种杂志、书局纷纷刊载、出版翻译小说，以至竟有不少作家假译本之名而创作。这种现象之严重，甚至引发了 20 世纪前 20 年文学界对翻译与创作优劣论的持续讨论。二是文学种类之间发展不平衡。沈从文就曾指出："若从小说看，20 年来作者特别多，成就也特别多，它的原因是文学彻底商品化后，作者能在'事业'情形下努力的结果。至于诗，在文学商品化意义下却碰了头，无法得到出版商的青睐。"[11](P192) 当然，消费环境的变化对创作与出版的繁荣与否也起着至关重要的作用。20 世纪 30 年代初，在世界经济疲软不振的大背景下，上海工商界连年萧条，经济不断衰退。当时一般的书店出版社都争着出销量大、周转快的刊物杂志，而不愿意出版单行本。1934 年和 1935 年更被称做"杂志年"。而小说界则出现了译作难以出版、长篇小说和短篇小说集急剧减少的现象。到抗战时期，特别是 1938 年以后，这种状况有所改观，甚至出现了译作和长篇小说出版的繁荣，原因主要就在于读者"对于现实人生的认识之要求增强了，读者从生活中接触的问题是更加强烈而且迫切了"。[8] 商家发现和开掘了其中蕴藏的商机，作家回应了商家和读者的需求，自然就形成了一种有利于长篇小说创作和译作生长繁盛的生态环境。

如果说出版发行的商业操控造成了文学发展的不平衡状态并非绝对是一件坏事，是以市场化方式影响着文学发展的自然状态，那么，为获取更多利润而一味俯就读者趣味，甚至利用文学去释放和鼓励大众的恶劣低下趣味的做法，则直接阻碍了文学艺术的进步。

……

综上可见，现代大众传播的繁荣和飞速发展极大地改变了传统的文学运行机制，改变了文学的作者、文本和读者，甚至也改变了与文学密切相关的种种制度。现代作家的文学创作已远远超出了个体精神创造的意义，通过报刊、书籍等大众传媒，他们的创作不可免地被纳入团体、政治和商业等制度的控制之下，在遵循文学的游戏规则之外，还必须遵守各种团体力量、各路政治力量和各色商业力量的办事规程和行动准则。这就是现代作家创作的特殊生态环境。

参考文献

[1]朱光潜. 论小品文[A]. 朱光潜全集(3)[M]. 合肥:安徽教育出版社,1987.
[2]郭沫若. 创造十年续篇[A]. 郭沫若全集(12)[M]. 北京:人民文学出版社,1992.
[3]郭沫若. 关于《创造周报》的消息[N]. 晨报副刊,1925-05-12.
[4]鲁迅.《呐喊》自序[A]. 鲁迅全集(1)[M]. 北京:人民文学出版社,1981.
[5]茅盾. 读《倪焕之》[J]. 文学周报,1929,(20).
[6]沈从文. 新废邮存底[A]. 沈从文文集(12)[M]. 广州:花城出版社,1992.
[7]沈从文.《长河》题记[N]. 大公报·战线,1943-04-23.
[8]茅盾. 对于文坛的一种风气的看法:谈长篇小说需要之多及其写作[J]. 青年文艺,1945,(6).
[9]郭沫若. 从典型说起——《豕蹄》的序文[J]. 质文,1936,(1).
[10]萧乾. 小说[N]. 大公报·文艺,1934-07-25.
[11]沈从文. 对于这新刊诞生的颂辞[A]. 沈从文文集(12)[M]. 广州:花城出版社,1992.
[12]沈从文. 沈从文批评文集[M]. 珠海:珠海出版社,1998.
[13]郁达夫. 小说论[M]. 上海:光华书局,1926.
[14]杨晦. 沙汀创作的起点和方向[J]. 青年文艺,1945,(6).①

---

① 论文选自《学术研究》2007 年第 1 期,引用时有删节。

第三节 毕业论文（设计）

一、毕业论文（设计）的概念和种类

（一）毕业论文（设计）的概念

按照学历层次的不同，毕业论文（设计）有本科毕业论文（设计）和研究生毕业论文（设计）。后者在日常应用中更多的称之为硕士学位论文和博士学位论文。通常所讲的毕业论文（设计）是本科大学生在毕业前撰写的具有一定学术价值的文章。它是大学生在大学的最后一个学期，运用所学的基础课和专业课知识，独立地探讨或解决本学科某一问题的论文或设计。它与研究生毕业论文（设计）在篇幅、论点的深入论述程度上存在着阶梯性的差异。本节只针对本科毕业论文（设计）进行阐述。

（二）毕业论文（设计）的种类

由于毕业论文（设计）本身的内容和性质不同，研究领域、对象、方法、表现方式不同，因此，毕业论文（设计）就有不同的分类方法。文科类专业的学生撰写毕业论文，理工类专业的学生撰写毕业设计。这里以论文为例，按内容设计和研究方法的不同，可分为以下几种：

（1）专题型论文。这是在分析前人研究成果的基础上，以直接论述的形式发表见解，从正面提出某学科中某一学术问题的一种论文。

（2）论辩型论文。这是针对他人在某学科中某一学术问题的见解，凭借充分的论据，着重揭露其不足或错误之处，通过论辩形式来发表见解的一种论文。

（3）综述型论文。这是在归纳、总结前人或今人对某学科中某一学术问题已有研究成果的基础上，加以介绍或评论，从而发表自己见解的一种论文。

（4）综合型论文。这是一种将综述型和论辩型两种形式有机结合起来写成的一种论文。

二、毕业论文（设计）的写作步骤

（一）选题

本科生毕业论文的选题一般不宜过大，内容不太复杂，要求有一定的创见性，能够较好地分析和解决学科领域中不太复杂的问题。要考虑到是否有资料或资料来源，是否能得到教师更好的指导。题目的大小要适度，难易程度要适中。

（二）填写开题报告

（1）选题依据。选题依据一般包括：国内外目前对该论题的研究现状、水平及发展趋势简述；论文选题及论题的理论意义、现实意义及应用价值；将在哪些方面有所进展或突破及可能达到的水平等。

（2）研究内容。研究内容主要指本人对开展论题研究工作的设想，需列出具体研究内容和重点拟解决的问题。

（3）研究计划及进度安排。这部分最主要的目的是论文写作者给自己安排论文写作时间表，什么时间段应该完成什么样的工作，同时也便于指导者检查论文写作进度。

（4）主要参考文献。

（三）收集资料

大学生收集资料包括查阅报刊、图书资料、网络文献、组织社会调查，进行科学实验等各种方式和手段。在收集资料的过程中，要根据题目的需要对资料的真伪、优劣进行鉴别与核对，选择典型而新颖的材料使用。

（四）确定论文框架，拟定大纲

认真思考题目所涉及的范围，确定中心论点和分论点，并根据中心论点和所有的资料确定论证方式，如总分式、递进式等。最后以书面形式将论文的结构确定下来。

（五）展开论述，并仔细修改

论述的展开要遵循提纲来写，写每个小部分时，要注意选材与论证。初稿完成后，要认真修改，及时补充和删减材料。

（六）撰写摘要，并对其进行英文翻译

一般来说，毕业论文的摘要是在论文完成后进行写作的，这样才能更好地概括全文。摘要的英文翻译也需认真仔细，切不可马虎对待。

三、毕业论文（设计）的答辩

本科毕业论文的答辩工作一般由院或系组织，成立毕业论文工作领导小组、毕业论文答辩委员会。答辩委员会下设若干答辩小组，每组设组长1人，成员2～3人。答辩小组的工作是安排答辩工作、主持答辩、评定成绩、写出评语。答辩者需要对自己的论文有比较深入和全面的认识，包括研究内容的其他侧面都应该有所了解，作好充分的应答准备。

四、毕业论文（设计）写作的常见错误和写作要点

（一）常见错误

除了上一节学术论文的常见错误以外，对于本科毕业生而言，还容易出现以下错误：

（1）选题的范围太大或太小。一些学生在写毕业论文时，往往眼高手低，对课题范围未能加以限定。选题太大，论文不能阐述透彻或作者的时间精力不足以完成。选题范围太小，也容易出现不能深入拓展、写不下去的局面。

（2）忽略学术界对选题的研究现状。一些学生不重视前人已有的研究成果，在写作中容易出现有关内容的缺失或概述不完整，论文的思想内容不能有所创新。

（3）层次安排混乱，小标题、序号不清晰。有些学生在写论文时，常常像写其他文章一样，论文从头到尾没有形式上的层次区分，不注意小标题和序号的运用。

（4）论文散文化、口语化。学生在写作毕业论文时，往往不能把握论文的文风，容易散文化、口语化。不能与其他文体区别开来，不能保证论文的客观性，过多使用个人化表述，没用规范的书面语。

（5）不注意注释和参考文献的写法，常常忽略字体、格式、插图排版等细节问题。

（二）毕业论文（设计）的写作要点

（1）毕业论文的选题要符合专业特点和自己的特长。毕业生论文写作应该选择自己熟悉、有能力、有心得的课题，要在专业范围内找到适合自己的论文方向，不能一味从众和盲目追求热点问题。在选题时要充分考虑到自己几年来学习的兴趣和积累情况。

（2）立论要科学，观点要创新。毕业生在论文写作过程中，首先一定要认真检查自己的论文观点是否科学、正确，材料能否支撑起观点。其次要防止与别人雷同，人云亦云的论文是没有价值的。

（3）论文要符合学术论文的写作规范。毕业论文的写作格式不规范是每届毕业生论文中出现的最为常见和最为普遍的现象之一。一般来说，大多数学校对毕业论文格式从字数到打印要求都有严格规定，在写作时应以学校的毕业论文格式为准。[①]

第四节　课题申报书

一、课题申报书的概念和特点

（一）课题申报书的概念

课题申报书也叫课题立项申请书，是在科研工作中申请科研项目时填写的申报材料，包括课题申报目的、申报基础、课题的主要研究事项、研究进度、研究计划等。

课题申报书是科研设计的蓝本，实施研究的纲领。同时，它的写作也反映了申报者的学术水平、工作经验及科研能力。课题申报书撰写质量高低，是课题申报成功与否的关键环节。因此，科研课题申报书的撰写在科研中显得十分重要。

（二）课题申报书的特点

（1）目的性。课题申报书最大的特点是目的性非常明确——课题申报成功立项。

（2）创新性。评审活动对于申报的课题要求是在前人没有研究过的或是在已有的研究基础上的再创造。研究的结果应该是前人所不曾获得的方法和结论。如果课题缺乏创新性，蹈人旧辙，则没有申请的必要性。即使写作再好，也难以通过评审。

（3）科学性。申报的课题要符合客观规律，要有一定的理论根据和实践依据（即立项依据）。课题申报书需对此进行科学论证。

（4）前瞻性。申报书应充分地预测到课题内容的创新之处，以及它所蕴涵的政治价值、经济价值、文化价值和社会效应。

（5）可行性。从课题研究的内容到方法都应具有可行性，即可操作性，要考虑到承担本课题所应具备的各项条件和因素，而不能纸上谈兵、不切实际。

二、课题申报书的内容要素

（一）课题名称的表述

课题名称是对整个课题研究的高度概括，是指导课题研究的主题，贯穿全部研究的主线。一个好的科研课题要简明、扼要、具体、新颖、醒目，题名要直观反映出要研究的内容，对关键内容或技术不能含糊其辞，以免造成误解。要使人一看便知晓此课题提出什么问题，在哪些方面研究，解决什么问题，达到什么目标。

课题名称一般包括研究对象、研究的范畴和研究方法三要素。当然，有时也可以省略研究方法，如《我国典型低硒环境特征与调控研究》、《城市视觉污染的现状及治理研究》。课题名称一般不超过20个字。

（二）课题提出的背景及国内外同一研究领域的现状与趋势分析

课题提出的背景主要指特定的时代背景，为什么要进行该课题的研究，该课题的研究是根

① 本科毕业论文（设计）的写作质量与刊发出来的学术论文相比，一般还存在着相当的距离，在此不列出有关例文。

据什么、受什么启发而确定的。一般从现实需要角度去论述。

阐述研究现状与趋势时，必须采用文献资料研究的方法，通过查阅资料、搜索发现国内外近似或介于同一课题研究的现状与趋势，即有没有人研究，哪些方面已有人作过研究，取得了哪些成果，这些研究成果所表达出来的观点是否一致，如有分歧，那么他们的分歧是什么，存在什么不足，正在向什么方向发展等。把他人已有的研究成果作为自己的研究起点，从而确定自己研究的特色或突破点。另外，还应阐述本课题与他人研究成果的联系及区别，即借鉴与创新。

（三）课题研究的实践意义与理论价值

实践意义，指向操作层面，即通过课题研究可能会或一定会产生的实践效果或好处。理论价值指学术上通过研究，达到了对某一相关理论的细化和补充，或对某一理论进行了具体阐述与充实，或产生全新内涵的理论。

（四）完成课题的可行性分析

可行性，即研究课题的可实施性。例如，已有的研究成果，申报者及其团队的研究能力；已经做了哪些事情；图书、网络以及获取资料的其他形式的条件；经费和物质方面的保证；课题研究人员的信心、毅力、态度等。总体来讲，可行性要从主观和客观，内因和外因诸方面思考和撰写。

（五）研究目标、内容、过程和方法设计

课题研究的目标，是对课题研究达到理想的预设。一般从理论目标、技术目标、实际应用效果目标三个方面叙述。

研究内容是研究方案的主体，是课题研究目标的落脚点，具体回答研究什么问题，问题的哪些方面。它要求把课题所提出的研究内容进一步细化为若干小问题，从而产生课题大框架下的子课题群。

研究过程即课题研究的步骤，也就是课题研究在时间和顺序上的安排。一般划分为三个阶段：前期准备阶段、中期实施阶段、后期总结阶段。每一个阶段应有明确的时间设定、详尽的研究内容安排、具体的目标落实。

研究方法是完成研究任务达到研究目的的程序、途径、手段或操作规律，它具体反映"用什么办法做"。常用的研究方法有实验法、调查法、文献法、经验总结法、个案分析法、行动研究法、比较法等。

这一部分是课题方案设计的主体，课题研究是否有价值，目标任务如何得到研究落实，在这部分应给人一览无余的感觉。

（六）完成本课题研究的保障措施

保障措施一般是指组织保证、制度保证、经费保证、技术保证。

（七）预期成果显示

成果形式包括研究报告、实验报告、研究专著、论文、应用成果等，研究周期较长的课题，还应分别有阶段成果和最终成果。课题不同，研究成果的内容、形式也不一样。

（八）主要参考文献

上面介绍的只是撰写课题申报书的基本范式。在具体撰写时，可根据课题实际及有关主管部门所制发的课题申报表的要求，进行合理取舍、合并和增加。

三、课题申报书的常见错误和写作要点

（一）常见错误

（1）课题名称不当。有的课题范围和难易程度与研究者身份和研究能力不相匹配；课题名称中的研究对象模糊，不能明确表达要研究的对象；课题名称不够简明，出现不必要的多余修饰语。

（2）在阐述国内外研究现状时，收集资料不充分，分析不准确，不能抓住课题研究的前沿，不能准确归纳研究现状。

（3）对项目的特色和创新表述不够。申报者没有突出本人科研活动的方法、内容、结论等方面与其他人的科研成果的不同点。另外，对课题在科研方法、技术手段等方面是否更合理、更有科学价值，社会效益和经济效益是否更大，是否他人做过或已获得相应成果等方面缺乏清晰的表述，难以打动评审专家。

（4）申报者对自己课题的研究目的、内容、过程和方法理不清。申报者的研究目的分析不透彻；或是研究内容缺乏具体的细化；或是过程进展缺乏必要的时间段的划分；或是研究方法上千篇一律，没有根据各时段研究内容的不同选择不同的方法。

（5）不注意填写细节。申请者在填写申请书前没有认真阅读填写说明，没有按规范标准填写，或是书写粗心大意，数字前后不一致，经费预算超出规定，甚至出现错别字，难以进入评审程序。

（二）写作要点

（1）掌握项目申报程序。要掌握本学科、本研究领域的科技基金项目来源。目前，大多数科技基金项目申报信息都是网上发布的，有的还同时发布纸质文件。因此，课题申报人员要随时查看有关网页，及时获取科研项目申报信息，提前做好申报准备。

（2）写作前要调研，充分搜集资料。申报者一是要与科技主管部门密切联系，要及时了解国家和地方科研基金的情况和本单位科研的服务方向；二是及时了解国内外该研究领域的技术现状、动态趋势及存在的问题，并认真加以分析，根据自己的优势确定主攻方向和目标；三是要了解各种渠道的科研课题的性质特点、资助方式、资助强度及对象，从而选择适合本人特点的对口课题。

（3）课题拟研究的内容和范围要定位准确。申报者首先要善于抓住重点，把握拟研究内容的深度以及与自身的条件和能力的关系，认真判断自己是否有实力完成课题。另外，对研究的内容和范围一定要表述清晰，不能造成歧义。

四、例文

新民间文化的城市生长及其与社会的互动研究

一、本课题省内外研究现状述评，选题的意义

省内外研究现状：

目前，省内外对于民间文化的研究在对象的选择方面，从数量上集中于表现传统农业社会的社会活动形式及精神产品的有关内容，如地方信仰、民俗、节庆、仪典、歌舞、服饰、戏曲、传说等类型，地域上主要反映的是乡土领域，族性研究方面又偏向于少数民族

地区，这种研究与当下流行的对于非物质文化遗产的抢救和保护结合在一起，使得对民间文化的研究更类于民俗学的研究，因重田野文化调查及学术上的深入探讨而忽视当今社会变动下的城市新民间文化的生长，对于继承了一定传统形式的新民间文化如何应对当代社会，实现与现代文明的互动关系也缺乏充分的重视。在有限的对于城市民间文化的研究中，或偏向于单纯的现象描述，或偏向于过往历史时期的研究，至于涉及互联网技术下的有关新文化现象，则少以从民间文化的研究角度进行深入探讨。

故本课题以城市为研究的宏观背景，结合当今文化继承、现代技术的大众渗透以及政府政策的引导鼓励，来考察当代城市中新民间文化的生长及发展图景，尤其是以川北民间茶馆文化、广场歌舞文化、网络论坛文化为切入点，探讨其发育过程中与社会相关要素的互动关系，尤其是与社会公共空间的形成的关系。

选题的意义：

1. 本课题有研究对象上的突破，将民间文化的研究视野从乡土田野扩展至当代社会背景的城镇舞台上，适应了21世纪中国持续的城市化进程中的文化需求，突破了传统的民间文化研究领域。

2. 本课题有意识地结合时代变化的相关元素，如中产阶层的兴起、城市的扩大、西方文化的引入、政策的引导、网络硬件配置和技术的普及等因素，来考察城市民间文化的新形式，这对于理解城市新民间文化与社会互动的关系，有很强的认识上的意义。

3. 研究城市新民间文化，对于认识该文化场域中的社会公共空间的形成，并进一步运用相关文化形式，促进城市人文空间的革新和进步，最终实现城市文明的现代性及先进性，有积极的社会学意义。

二、本课题研究的主要思路（包括视角、方法、途径、目的），重要观点

本课题的主要思路如下：

立足于丰富的文献资料和社会实践调查，借助社会学、人类文化学、民俗学、传播学、心理学、语言文字学等诸多领域的相关理论，从城市化、现代化、地方化与当下社会存在的多元民间文化形式的契合点入手，考察以川北民间茶馆文化、广场歌舞文化、网络论坛文化为中心内容的民间文化样式，探讨它们与社会发展过程中的中产阶层兴起、城市化运动、西方文化渗透、政府政策引导、网络硬件配置和技术的普及等因素的关系，并进一步研究该种文化形式下的城市公共社区的形成及公共意见的表达，以实现非传统意义上的城市社区的人文精神的革新和进步，最终实现城市文明的现代性和先进性。

本课题的研究内容主要包含以下重要观点：

1. 一方面，川北地区的茶馆文化已脱离"茶"的本义，转向以麻将、扑克为主的棋牌文化，以社交应酬为主的群体文化、表达自由意见的休闲政治文化，形成宽松环境下的意见的自由市场，是传播学上城市公共空间的一种；另一方面，茶馆文化也对当下社会阶层有明显的分割，割裂出不同的公共社区。

2. 广场健身活动与传统的歌舞形式结合在一起，在直接和间接参与者的相互接触、融合、包含或共存的过程中，形成宽松的群体社交空间和自由氛围，有利于主流意识形态进行隐性表达和就城市公共意见进行及时反馈。

3. 基于互联网技术的多个网络社区突破了传统城市社区有形的空间，在虚拟平台上，就不同的"迷"文化、论坛文化、游戏文化形成非传统意义的新兴社区，在集合相同议题、相同兴趣等方面，实现了虚拟社区信息资源的共享和公共意见的自由表达，既加深了社会的细碎化程度，也使多元化社会的和谐共享成为可能。

三、本课题创新程度，理论意义，应用价值

创新程度：

1. 本课题突破了传统的民间文化研究领域，在研究对象上的有所创新，将民间文化的研究视野从乡土田野转移至当代社会背景的城镇舞台，适应了 21 世纪城市化进程中的文化需求。

2. 本课题在研究内容上有所创新，在考察城市民间文化的新形式时，将传统文化继承、当下政策引导、网络硬件配置和技术的普及等因素纳之于考量当中，以此作为研究城市新民间文化的生长与社会互动关系的基石，富有时代意义。

理论意义：

1 本课题将开启过去为研究者忽略的城市民间文化研究领域，对民间文化的当下内涵有进一步的拓展和深化。

2. 将民俗研究与现代研究结合以来，有利于在社会主义精神文明的建设背景下，实现城市包括社区在内的文明和进步。

应用价值：

1. 本课题的研究有社会学上的意义，有利于社会群体在积极的城市新民间文化形式的浸润下，自觉或不自觉地参与该文化场域中的社会公共空间，促进城市人文空间的革新和进步。

2. 本课题的研究也有利于地方旅游开发，对政府职能部门在寻求城市公共平台的舆论帮助和意见传达过程，也会有明显的指导作用。

四、已有相关成果，主要参考文献（限填 20 项）：

(略)[①]

第五节 教 案

一、教案的概念、特点和种类

（一）教案的概念

教案是教学方案的简称。教案即预设的教学实施计划，是教师根据教学目的、教学内容和教学对象设计并加以执行的具体方案。教案是教师的教学设计和设想的外化，充分体现了教师对于教学过程的理解。

（二）教案的特点

（1）计划性。教师对于课堂教学从什么角度切入、先讲什么后讲什么、何处提问、何时板书等都应事先有计划，进行周密地设计。教案为教师提供教学过程的基本步骤，保证教学过程按照一种合理流畅的顺序进行，保证教学过程各个环节之间的密切联系，保证课堂教学任务的完成。

（2）科学性。教师要认真贯彻新课标精神，按教材内在规律，结合学生实际情况确定教学目标、重点、难点。设计教学过程，要避免知识性错误及违反教育规律的情况。

（3）可操作性。教师在写教案时，一定从实际出发，要充分考虑实际需要，认真分析学生

---

① 课题来源于四川省哲学社会科学重点研究基地民间文化研究中心。项目编号：MJ09-09。

的接受能力，要考虑教案的可行性和可操作性，要简繁得当。

（4）开放性。教师要能"学百家，树一宗"。教师在备课时，在自己钻研教材的基础上，要广泛地涉猎多种教学参考资料，向有经验的教师请教。对别人的经验要经过一番消化、吸收，汲取精华，然后结合个人教学体会，巧妙构思，精心安排，从而写出自己的教案。另外，教师不能死扣教案，要根据教学的实际调整原先的教学计划和方法。

（三）教案的种类

（1）按照学科的类别分类，如语文教案、数学教案、物理教案等。

（2）按照编写教案的详略程度分类，分详案、略案。详案接近于讲稿，不仅写出问题解析的内容要点，还写出讲解、分析部分的表述语言。简案只列明各环节、具体步骤及其内容要点，讲述语言则从略。

（3）按照教案的构成分类，分总案、分案。总案是一个课题的总的教学计划，包括"教学目标、教学重点和难点、教学方法、教学时数、预习内容和要求"等项内容；分案又叫"分课时教案"，指每一课时的教学实施方案，主要有"教学要点、教学过程和内容、板书设计"等项目。

（4）按载体形式分类，有文字教案、多媒体教案。文字教案是传统的教案形式，是书面的，详细具体。多媒体教案集文字、声音、图画等于一体，直观形象。

二、教案的内容要素

（一）标题

标题即所教课文的题目，如《雨霖铃》，居中书写，一般不须注明课文作者姓名。

（二）教学目标

教学目标即通过教学，期望学生达到的知识能力、学习方法、情感态度方面的具体结果。即认知目标、技能目标、情感目标。教学目标要具体，忌浮泛。以语文教学目标的陈述为例，一般有四个基本要素：行为主体（可省略）、行为动词、行为条件、表现程度。教学目标陈述的是学生的学习结果，而不是陈述教师做什么。如某教师拟设《背影》的阅读教学目标：

（1）有感情地朗读课文，理解文章抒发的深沉的父子之情。

（2）体会文章朴素真挚的语言特色。

（3）学习在叙述和描写中抒发感情的方法。

（三）教学重点、难点

教学重点说明本课所必须解决的关键性问题。教学难点说明学习该课时易产生困难和障碍的知识点。针对不同情况，重点、难点可分述，亦可合一。

（四）教学方法、手段

此即该课程教学所用的主要方法。宜用规范表述，如"讲读法"。运用多种方法的，列述其主要者，如"讲读法，辅以讨论法"，不必展开说明。教学方法、手段应根据不同的课型、教学步骤的不同阶段进行选择，不能太固定和单一。

（五）课时安排

课时安排，即课程教学的计划时数，如"2课时"。

（六）教学过程

教学过程或称"课堂结构"，说明教学进行的内容、方法步骤，一般包括以下几个部分：

（1）导入新课。一般是复习哪些内容，怎样引入新课，提问哪些学生，需用多少时间等。这部分设计要新颖活泼，精当概括。

（2）讲授新课。在这部分，教师要针对不同教学内容，选择不同的教学方法。要善于提出问题，逐步启发、诱导学生。教师要教学生怎么学，因而需详细写出步骤安排。

（3）巩固练习。这部分内容应根据教学重点安排好时间，练习要设计精巧，有层次、有坡度、有密度。

（4）归纳小结。要考虑怎样进行，比如由教师还是学生归纳。

（5）作业安排。说明如何布置书面或口头作业。教师要考虑布置哪些内容，考虑到知识的拓展性、能力性，以及需不需要对作业进行提示或解释。

教师在写教学过程这部分内容时，应注意包括教学程序、教师活动、学生活动几个方面。

（七）板书设计

这是指上课时准备写在黑板上的内容。这部分可以单独作为教案的一部分，也可以将它插入教学过程的设计中。具体做法是：在写教学过程时，将页面分为两个区域，在右侧留出 1/3 宽的纵向空间，作为"板书内容"栏，列出伴随教学进程出现的板书内容。

上面介绍的只是教案的基本范式。在具体撰写时，可根据课程实际情况进行合理取舍、合并和增加。

三、教案写作的常见错误和写作要点

（一）常见错误

（1）教学目标表述不清楚。有些教案的教学目标常常写成教师做什么，而不是学生通过学习达到什么学习结果，只有教没有学；有的教学目标太大太空，不具体；有的教学目标太多，在有限的学时内，很难完成既定目标。

（2）不注重教案的生成性。同一教案连续使用几年，毫无知识的更新。教师没有根据上课的实际情况对已讲内容适时总结与修改，未将最新教研动态及时反映到教案中，不能让学生与现代知识接轨。

（3）教案灵活度不够。教师用同一教案针对不同层次的学生反复使用，没能因材施教。

（4）教学方法和手段单一化。教师没有根据不同的课型、教学步骤的不同阶段，选择不同的教学方法。

（5）多媒体教案过于花哨。在多媒体教案中，有时对声、光、色的运用压倒了对于课程知识性、人文性内容的传授和讲解，喧宾夺主。

（二）写作要点

（1）要分析学生的学习基础，把握教学起点。各年级、各班的学生的情况都是不一样的，教师应该根据学生的实际情况调整教学目标以及教学内容，以免事倍功半。

（2）注意教案的系统性。教师在写作教案时，应该注意知识的前后连贯性。教案的写作是一个系统工程，一学期、一学年甚至是几年的教案，应该具有整体性，要瞻前顾后。这在课程导入、小结的设计上要充分体现出来。

（3）准确理解和把握教学内容。教师在写作教案之前，首先是教师对知识的自我学习过程，教师只有在自己已经准确把握知识的前提下才能很好地传授知识给学生。教师对教学的重点、难点应该准确掌握。

（4）教案的知识性与能力性需并重。当代社会所需人才应该是全面的，是知识与能力并重的综合体。教师在教授知识的同时，要注意通过不同的教学方法和手段实现培养学生各种能力的目标，这在教案的写作中应该反映出来。

四、例文

《爱莲说》教案

一、学习目标

（1）通过学生的自主学习，把握作品的主题，理解本文运用"托物言志"和"正反衬托"的艺术特色。

（2）通过品味赏析，培养学生的审美情趣。

二、学习重点："托物言志"和"正反衬托"的艺术特色

三、学习难点：如何理解作品写菊与牡丹的用意和作者为何对莲花的情有独钟

四、教学手段：多媒体

五、教学方法：朗读法、讨论法、练习法

教 学 过 程

一、创设情境，导入课文

（1）由杨万里的《晓出净慈寺送林子方》导入

> 毕竟西湖六月中，风光不与四时同。
>
> 接天莲叶无穷碧，映日荷花别样红。

（2）出示课题，创设氛围

这是一篇脍炙人口的千古名篇，我们要反复诵读，在诵读中品味欣赏。

二、反复朗诵，整体感知

（1）自由诵读，注意生字词的准确读音。

（2）学生朗读，检测自读效果。

（3）老师范读，听配乐朗诵，注意朗读的节奏和情感。

三、分组自学，交流讨论

（一）分组自学

要求：1. 对照注释，利用工具书，翻译全文。

2. 不懂之处，互相讨论。

（二）汇报自学情况，不懂之处，举手提出，可指名回答。

（三）检测练习

1. 选出注音全都正确的一项

谥 蕃 濯 蔓 亵 涟

A. yi　fan　zhuo　man　xie　lian

B. shi　fan　zhuo　man　xie　lian

C. yi　fan　di　wan　zhe　lian

D. shi　fan　di　wan　zhe　lian

2. 选出解释正确的一项

A. 蕃（多）濯（洗涤）　　亵（亲近而不庄重）

B. 染（沾染）妖（美丽而不端重）亭亭净植（植物）

C. 焉（助词）鲜（新鲜）宜（应该）

D. 噫（叹词）亭亭（耸立的样子）不蔓不枝（树枝）

3. 选出与例句中有下划线的字在用法与意义上完全相同的一项。

例句：予独爱莲之出淤泥而不染

A. 花之隐逸者也

B. 水陆草木之花

C. 然虎之食人不常见

D. 马之千里者

4. 翻译下列句子（略）

四、品味赏析，把握主题

（一）作者是从哪几个角度来写出了莲花怎样的特点，反映了莲花具有哪些美好的品质？（自由讨论）

角度	特点	品质
环境	出淤泥而不染，濯清涟而不妖	洁身自好
形态	中通外直，不蔓不枝，亭亭净植	品行端正
味道	香远益清	美名远扬

注：以上问题与表格打在屏幕上，并配以出水荷花的图片

（二）作者表面写莲，其实意在写人，赞莲目的是赞人，这种手法是什么写作手法？

——托物言志。综观全文，似句句写花，而意不在花；通篇无人，却字字写人。作者以花喻人，借莲自况，以莲的清逸来比喻君子的美德和节操。

（三）作者除了写莲花外，还写了菊花和牡丹，共有几处？

——共有三处提到，请学生朗读。

A. 晋陶渊明独爱菊。自李唐以来，世人甚爱牡丹。予独爱莲……

B. 予谓菊，花之隐逸者也；牡丹，花之富贵者也；莲，花之君子者也。

C. 菊之爱，陶后鲜有闻。莲之爱，同予者何人？牡丹之爱，宜乎众矣。

陶渊明——菊——隐逸者——鲜有闻

予　　——莲——君　子——同予者何人

世人　——牡丹——富贵者——宜乎众

1. 为什么说菊是花之隐逸者？陶渊明为何对菊情有独钟？

——因为菊花不与百花争艳，而在百草凋零的季节里傲然凌霜，独吐幽香，它是那些不肯与世俗同流合污而离群索居、隐遁山林的隐士的象征。

陶渊明一生清廉，为官多年，最后因"不愿为五斗米折腰"而辞官归隐。他从复杂的宦海中挣脱出来后，回到家乡，躬耕垄亩，过起了悠然自得的隐居生活，并且写下了脍炙人口的《归园田居》和饮酒诗系列。

《饮酒》

结庐在人境，而无车马喧。

问君何能尔？心远地自偏。

采菊东篱下，悠然见南山。

此中有真意，欲辨已忘言。

（打在屏幕上，配以陶渊明的画像）

这首诗充分表现了他远离污浊的官场、喧嚣的尘世，归隐田园后的悠然自得、闲适恬淡的隐居生活。

2. 为什么说牡丹是富贵者的象征？世人甚爱牡丹反映了人们怎样的生活态度呢？

——因为牡丹绚丽浓艳，国色天香，因此它是雍容华贵的象征。唐朝初期，特别推崇牡丹，把它视为珍品，誉为国花。到贞元时，对牡丹的赏玩，更成为盛行长安的风气。暮春时节，车水马龙，权贵们不惜高价争相购买。这在古书里不乏记载：

"惟有牡丹真国色，花开时节动京城。"——唐 刘禹锡 《赏牡丹》

"三条九陌花时节，万户千车看牡丹。"——唐 徐 凝 《寄白司马》

（打在屏幕上，配以牡丹的图片）

这些诗文都描写了自唐以来世人甚爱牡丹的空前盛况，充分反映了世人追求富贵、骄奢淫逸的庸俗世风。作者用"牡丹之爱，宜乎众矣"婉曲地批判了当时趋炎附势、追求富贵的世风。

3. 作者为什么不爱菊花、牡丹，而偏爱莲呢？这反映了作者怎样的生活态度呢？

——（可让学生联系周敦颐的生平事迹来分析）

4. 作品写莲的同时，还写了菊与牡丹，这样写的用意是什么？

——作者用菊花的傲然凌霜正面衬托莲的洁身自好，用牡丹的绚丽浓艳从反面来衬托莲的质朴、自然。通过这不同角度的衬托，从而突出莲花的高洁，烘托了文章的主题。

五、归纳小结艺术特色

（1）托物言志，借物抒情。

（2）巧用衬托，突出主题。

六、再次齐读，加深理解

七、拓展阅读，迁移训练

（一）学生汇报收集的荷花名句，并略作评析。

A. 小荷才露尖尖角，早有蜻蜓立上头。——杨万里

B. 清水出芙蓉，天然去雕饰。——李白

C. 荷叶罗裙一色裁，芙蓉向脸两边开。——王昌龄

D. 菡萏香销翠叶残，西风愁起绿波间。——李璟

（二）李渔的《芙蕖》

思考：作者是以什么为顺序来描写荷花的？

——以时间为顺序，描写了荷花从萌发、生长、开花、花谢及结莲的不同生长阶段的不同的风姿。

（三）朱自清的《荷塘月色》

曲曲折折的上面，弥望的是田田的叶子。叶子出水很高，像亭亭的舞女的裙。层层的叶子中间，零星地点缀着些白花，有袅娜地开着的，有羞涩地打着朵儿的；正如一粒粒明珠，又如碧天里的星星。微风过处，送来缕缕清香，仿佛远处高楼上渺茫的歌声似的。这时候叶子与花也有一丝的颤动，像闪电般，霎时传到荷塘的那边去了。叶子本是肩并肩密密地挨着，这便宛然有了一道凝碧的波痕。叶子底下是脉脉的流水，遮住了，不能见一些颜色；而叶子却更见风致了。

思考：这段文字是从哪几个方面来写同一生长时期的荷花的？

——从叶子的形状、荷花的颜色、荷花的香气、荷叶的波痕等几个方面来细描细

绘的。

八、总结全文

九、布置作业

选择自己喜爱的一种花，运用托物言志和衬托的手法，写一篇 300 字的短文。①

第六节　教学反思

一、教学反思的概念、特点和种类

（一）教学反思的概念

教学反思是教师以教学活动过程为思考对象，对教学实践进行全面深入的质疑、冷静思考、审视、分析和总结的过程。在这一过程中，教师对于为什么教、教什么和怎么教等问题都需要进行理性地思考和选择。教学反思是一种优化教学状态、提高教育教学质量、促进教师能力充分发展的有效途径。

（二）教学反思的特点

（1）自觉性。教学反思是一种高尚的精神活动，是一种有意识和自愿努力的行为。教学反思是教师专业发展的需要，是教师的自觉行动，是教师对教学活动能动的反应，而不是外界强迫的行为。

（2）超越性。教学反思的真谛就在于教师敢于怀疑自己，敢于和善于突破、超越自我。教学反思是为了更好地总结教学的成功经验和失败教训，一步地从感性走向理性，从实践上升到理论，从经验上升到规律的活动。

（3）个性化。教学反思是教师自身自觉地把自己的教学实践作为认识对象进行反观自照，它具有别人不可替代的个性化特征，是一种个体精神活动。

（4）探索性。教学反思的过程就是教师对自己的教学实践进行理性探索的过程。它需要对教学实践重新审视、重新理解、重新优化，也需要在具体的教学实践中验证反思内容的正确性，寻找到适合自己的教学模式和教学方法，而这一过程是一个长期摸索的过程。

（三）教学反思的种类

1. 从时间角度划分

（1）教学前反思（备课反思）。要求教师在以往备课经验的基础上，借鉴他人教学的长处，对自己的教学准备、设计过程和结果进行分析，形成教学设计和准备的最优化。

（2）教学中反思（授课反思）。教师面对课堂复杂、动态的情况，根据学生反馈的信息，迅速地发现问题、作出判断，及时调节、修正自己的教学过程。

（3）教学后反思（课后反思）。教师在教学活动结束之后，对教学结果进行归纳和评价，探讨长处和不足，总结经验。

2. 从反思主体划分

（1）个体反思。个体反思指教师自己独立反思教学实践。

（2）集体反思。集体反思指与同事一起观察自己的、同事的教学实践，与他们就实践问题

---

① 选自育星教育网：http://www.ht88.com/downinfo/27692.html. 编者有改动。

进行对话、讨论，是一种互动式的活动。它注重教师之间成功的分享、合作学习和共同提高，有助于建立合作学习的共同体。

3. 从认识因素划分

从教师对教学实践的组成要素，可将教学反思划分为对教师的反思、对学生的反思、对教学环境的反思、对课本的反思和对教学过程的反思等。

二、教学反思常见的文本形式及写法

（一）教后记

1. 教后记的概念

教后记是指教师在教学之后对自己的教学理念和行为的批判性反思。它是教师上完一课之后，及时分析总结这一课的成败得失，并将自己的心得体会简明扼要地写在教案上（大多写在教案末尾）或专门卡片上的一种简洁明快的文体。

2. 教后记的写作选择点

教后记的写作选择范围广泛，既可以是宏观上对整个教学理念和教学设计的反思，也可以是微观上对某一教学片段的咀嚼。这里着重谈谈教后记的常规内容。

（1）记成功之处。如在教学过程中，教师最觉愉悦、与学生联系最密切、最投入的教学时刻；课堂教学中临时应变得当的措施；新颖精彩的导言；教学难点的成功突破；教育技术手段的成功运用，等等。教师都应详细得当地记录下来，供以后教学时参考使用，并可在此基础上不断地改进、完善、推陈出新。

（2）记不足之处。再成功的课堂教学也难免会有疏漏和失误之处，有不尽如人意的地方。如教学显得不够机智灵活、失败的教学感觉、让教学者感到焦虑的某些教学情境、情形等。如果教师能及时深入反思分析原因并寻求解决之道，日积月累，教学水平也自会提高。

（3）记教学机智。教学机智是指教师应对意外情况和偶发事件时的快速反应能力和采取恰当措施以解决问题的能力。当有外界影响干扰正常的教学秩序，或者学生所提问题超出教师备课范围和解答能力等情况时，就需要教师临场发挥并迅速解决问题。有时教师往往会因为一些偶发事件而产生瞬间灵感，若教师及时利用教后记去记录，将为自己积累宝贵的经验。

（4）记学生见解。学生是教学活动的主体，许多学生极具个性，他们有自己的看法、自己的思考、自己的感悟。他们听了教师讲课之后，可能会有不满意不同意之处，提出自己的看法与见解。这些难能可贵的见解是对课堂教学的补充与完善，可以拓宽教师的教学思路，提高教学水平。教师应给予鼓励。

（5）记再教设计。一节课下来，教师总结教法上有哪些创新、知识点上有什么发现、组织教学方面有何新招、启迪是否得当、训练是否到位等，及时记下这些得失，并进行必要的归类与取舍，考虑一下再教这部分内容时应该如何做，写出"再教设计"。这样可以做到扬长避短、精益求精，把自己的教学水平提高到一个新的境界和高度。

3. 教后记的写作要点

（1）要及时。教师在上完课后应及时做好记录，否则，教师在教学过程中的具体感悟往往很难保存在记忆之中。及时做好记录，也有利于及时发现问题和改进教学。

（2）要坚持。"积跬步以至千里，积小流以成江海。"教学经验的积累，不是靠一二节课所能完成的，而是日积月累的过程，需要教师在漫长的教学生涯中不断记录、归纳、总结和提高。为此，写好教后记必须有恒心、有毅力，想起多少记多少。哪怕是三言两语，也来之不易，只要持之以恒，必有所获。

（3）要实用。教后记要突出写作重点，选准写作的切入点，将自己感悟最深的也最有价值的东西挖掘出来，要有探究价值和借鉴意义，要为改进教学服务，为教师专业发展服务。教后记的写作即使是只言片语，也应该是从课堂教学中感受而来，而不是大话空话。

（4）要精练。教后记的写作有话则长，无话则短。教后记不是记流水账，切忌面面俱到，不分主次，要突出重点、捕捉亮点、抓住要害点。将教学后记写成课堂教学回忆录或是教案的翻版，这样就失去了写"后记"的目的和意义。

（二）教学案例

1. 教学案例的概念

教学案例是在教学实践中真实发生的含有问题或疑难情境的典型性教学事件。教学案例是教师在教学之后再回过头来对当时的教学情境回顾、反思而写成的文字。一个好的案例，就是一个生动的故事加上精彩的点评。教学案例具有真实性、典型性的特点。

2. 教学案例的结构和内容

（1）标题。标题的作用在于向读者提供相关的信息，反映本篇案例的主要内容，所以标题一定要准确、醒目、简洁。标题的确定主要有两种方法，可以用事件定标题，也可以用主题定标题。

（2）背景。案例需要向读者交代案例发生的有关情况：时间、地点、人物、事情的起因等。如介绍一堂课，就有必要说明这堂课是在什么背景下进行的，是普通班级还是实验班级，是经过准备的"公开课"还是平时的"家常课"，等等。背景介绍并不需要面面俱到。交代背景的目的，一方面让读者了解案例产生的原因，另一方面也为后文的解决方案及评价该方案是否正确提供了依据。

（3）主题。案例要有一个主题。写案例首先要考虑这个案例想反映什么问题，是想说明怎样转变差生，还是强调怎样启发思维，或者是介绍如何组织小组讨论等。动笔前要有一个比较明确的想法。

（4）细节。一般把课堂教学活动中的某一片段，像讲故事一样原原本本地、具体生动地描绘出来。描述的形式可以是一串问答式的课堂对话，也可以是概括式地叙述。通过巧妙的事件描述，把问题寓于情节中，本质寓于现象中，答案寓于故事中。

（5）结果。案例不仅要描述教学的过程，还要交代教学的结果，即这种教学措施的即时效果，包括学生的反映和教师的感受等。

（6）评析。又叫案例分析，这是案例写作的最后一个环节，也是至关重要的一个环节。它是分析问题解决的过程，总结教学方案的利弊得失，对教学行为反思，得出结论。

3. 教学案例的写作要点

（1）选择案例要真实、典型。案例素材要反映活生生的教学实际。因此，撰写的教学案例必须是真实情景，不能虚构，不能杜撰。对于事件原貌，不允许进行夸张，更不允许歪曲。为了表达的需要，可以在尊重事实的前提下，适当增删一些细节、场景等。

（2）描述案例要客观、生动，取舍恰当。教学案例在描述案例阶段只能客观地介绍典型事例，不能直接地提出问题、表述观点，不能流露感情的褒贬。教学案例通常篇幅较短，要求文字简练。因此，情景介绍的主次要分明，在写作时要围绕主题恰当取舍，尽量写好主要事件，精简那些与主题关系不大的内容。写作时要对原始材料进行筛选，突出重点，有针对性地交代特定的内容，特别是要把关键性的细节写清楚。

（3）分析案例要有理有据。撰写案例分析时，要就事论理。分析自始至终要紧扣案例，不能脱离案例本身去讲教育理论。案例分析要有求实精神，不夸大，不缩小。分析要实在，要有针对性，要讲关于这个案例的具体的道理，不要讲永远正确的空洞的大道理。

（三）教学日志

1. 教学日志的概念

教学日志，也称为"教育日志"、"研究日志"、"工作日志"或"教师日志"，是教师积极主动地对自己的教学活动中具有反思和研究价值的事件所进行的持续而真实的记录，并在此基础上对其进行批判性的分析。教学日志一般有两种形式，即记录在笔记本上的日志和网络日志（教师博客）。

2. 教学日志的写作内容

教学日志的写作范围较广，教师在日常教学生涯中的点点滴滴皆是素材，除了课堂教学和教学活动之外，教师还有大量的隐性劳动和课堂外的收获，如备课所感、读书所感、教学所感、转化差生、生活感悟等。可以说，教学日志贯穿了教师职业生涯的方方面面。

3. 教学日志的写作要点

（1）教学日志的写作应该坚持不懈。日志虽不一定硬性要求天天记录，但至少一周要记录两到三次。

（2）要有针对性和重点。日志不是对一天所有生活事件的简单罗列和记录，应该将写作重点放在那些自己感受较深、有价值的地方。日志篇幅可长可短。

（3）运用生活语言，以第一人称的叙述方式写作。教学日志是教师个人内心世界的真实反映，是关于"我"的所思、所做和所悟等，所以教师撰写日志不需要华丽的辞藻，而是尽量运用日常生活语言来表达对教学的感受。另外，以第一人称写作既能使写作者自由表达自己的感受，又能给读者带来阅读的亲切感。

三、例文

（一）教后记

《小巷深处》的教学后记

《小巷深处》是一篇优美的抒情散文。抒写养母对"我"深切的爱和"我"对养母的感情，感情真挚，富有感染力。本文的写作特点之一是通过一些生活琐事来表现了深沉的无私的母爱。同学们在阅读本文时障碍不大，况且初一年级的学生有很多是第一次离开自己的父母亲到离家较远的学校学习，有半数以上的同学是寄宿生。初次离家，让他们回味父爱、母爱是最容易的。

《语文课程标准》中提到："欣赏文学作品，能有自己的情感体验，初步领悟作品的内涵，从中获得对自然、社会、人生的有益启示。"我在上这一课文时，先设计了一个情景：让学生来说说自己的母亲平时都做了些什么事，特别为自己做了些什么事。有很多同学都积极地站起来向大家叙说自己母亲所做的事情，特别关于自己的事，有的同学在叙说过程中说得哭了。我再问，这些事情是平常小事还是惊天动地的大事。同学们都说，这是小事，而且有些单调。那么面对我们的母亲，我们该如何对待她呢？有的就说了，努力学习；还有的说平常多帮她干点活；还有的提到应该孝敬、尊敬、热爱母亲……我就趁机引导同学们阅读课文，看看文中的"莉"是不是也像我们所说的那样做了。

同学们就可以很大的热情迅速地在小组中讨论开了。几分钟后，各小组都准备好自己的答案，踊跃发言。有的组认为"莉"是个忘恩负义的人；有的则认为"莉"是个有情有义的人；有的说"莉"是个不定性的人。各小组除发表自己的意见外，还做了充分的理由说明。比如，认为"莉"是个不定性的人的小组说："'莉'在小的时候是很孝敬母亲的，在一段时间后才发生了转变，但在高中毕业后有醒悟，悔悟过来，重新孝敬母亲了。"在这一过程中，我主要让学生自己讨论，自己发言，让他们真正地在小组中合作，自主地学习。

通过这样的情景设计来导入对课文的学习，学生在学习的过程中是充满着自己的感情的，从而也领悟了作品的内涵，获得对人生的有益的启示。我觉得这就是我上这节课的成功所在。

虽然这节课上得较成功，但是在有的同学朗读课文中哭的情况下有部分同学却笑了。我对此表示困惑。课后，我去进行了调查，问那些笑的同学为什么笑，他们有的说，父母亲做这种事是天经地义的，没有什么值得哭的；还有的说，平常我们也没有经历过这种苦难。我们刚开始不理解这种感情。如何让学生能体会到他们从未体会过的情景及感情呢？我想在上课之前多设置与课文类似的情景，如再让学生唱《世上只有妈妈好》这首歌或回想台湾电视剧《妈妈》，或提问假设英姨没有收养"我"，"我"的命运会怎么样？

这样应会让大部分同学更容易体会文中所表达的感情。①

（二）教学案例
从"伯乐"与"千里马"谈起——《马说》个性化阅读课教学案例

案例背景

《马说》是一篇寓言性质的杂文，文章借伯乐相马的故事提出了"千里马常有，而伯乐不常有"的见解，讽刺了封建统治者不识人才、不重人才、摧残人才的愚昧与昏庸，表达了作者痛感"伯乐不常有"和怀才不遇的强烈愤慨。

经过一个课时的学习，学生们多数掌握了文中文言实词、虚词的用法，句式结构，疏通了文意，理解了文章蕴涵的寓意。

但我认为阅读这篇文章既要重视研究文章呈现出的共性思想，还要善于调动学生的发散性思维，从崭新的角度开拓更广阔的思想领域，得出属于自己的个性化感悟，从而体会到更多的阅读乐趣。于是，我上了一堂《马说》延伸课，要求学生从"伯乐"与"千里马"谈起。

案例描述

教师：同学们，上一节课我们已经共同研读了《马说》，现在我请大家一起背诵课文。（多数学生能够准确背诵全文。）

好的，那么现在请同学们一起回顾一下本文的寓意。

---

① 选自 http：//emuch. net/fanwen/263/35288. html。

（学生回答。在上一堂课中已归纳出来，答案统一。）

我相信同学们读了这篇文章后一定会有许多的感悟，那么，就请大家从新的视角，进入新的思想领域，去获得新的阅读感悟吧！好，我们就从"千里马"与"伯乐"谈起。

"千里马"比喻人才，"伯乐"比喻善于识别人才的人。同学们能否调动你们的积累，说一说你所知道的关于"伯乐"与"千里马"的故事呢？

（学生讨论）

学生发言：

×××：《三国演义》中刘备三顾茅庐到隆中请诸葛亮出山说的就是"伯乐"与"千里马"的故事。

×××：萧何月下追韩信。

教师：非常好！这两位同学说的是幸运的"千里马"，他们遇到了伯乐，施展了自己的才华。那么，是不是每匹"千里马"都能遇到"伯乐"呢？假如你自认为是一匹"千里马"但一直没有遇到独具慧眼的"伯乐"，你会怎么做呢？

（学生讨论，教师参与，请各个小组选派一名同学回答，归纳各小组意见。）

教师：同学们作为现代人，已经不会再有像"千里马"那样"祗辱于奴隶人之手，骈死于槽枥之间"被埋没的悲剧了，在没有伯乐的情况下，你们不会坐等机遇的到来，你们会施展才华，创造机遇，毛遂自荐。

但是，俗语说"机遇只属于有准备的头脑"。你必须是一个真正的人才，才能最终得到机遇的垂青。你是人才吗？现在就请同学们以我们所学过的文言文为依托，引经据典，谈一谈"人才应该具备哪些素质"。

（学生思考、讨论，教师参与、引导）

学生发言：

×××：从《愚公移山》中我明白了人才应具有坚忍不拔的精神和毅力。

×××：《爱莲说》告诉我们人才要有"莲"那样高洁的品质。

×××：《扁鹊见蔡桓公》中，扁鹊作为人才，在遇到桓侯的几次"不悦"、"不应"后，他非但没有想方设法去克服困难，反而选择了"逃秦"之路，这是不对的。作为人才，他应当善于发挥自身的作用。

教师：是的，真正的人才应该是一个品德高尚的人，一个意志坚强的人，一个富有才学的人。人才需要自己历练，也需要"伯乐"的成就。同学们再畅所欲言，联系生活谈谈"伯乐"在选拔人才的时候应该注意哪些问题呢？

（学生讨论。）

学生发言：

×××：要有不同的衡量人才的标准。

×××："伯乐"选拔人才要多角度、多层次。

×××："伯乐"应该擦亮眼睛，选拔出真正的人才。

教师：好！从同学们的发言中，老师感受到了你们敏锐的思维，感受到了你们对"伯乐"与"千里马"的关注。"人才"是一个永恒的主题，"伯乐"与"千里马"的故事还将一代一代地延续，还将会上演更多更精彩的剧集。

今天，我们的讨论就到这里。我相信，今天的这堂延伸课大家一定从中获得了崭新的阅读感悟，体会到了更多的阅读乐趣。请同学们在今后的阅读中也像今天这样尝试用新的眼光，新的思维去感悟文章，你将大有收获。

案例反思

可以说这是一堂引导学生进行个性化阅读的实践课。在这堂课中大部分的学生能根据老师的问题开动脑筋，调动积累，积极思考，踊跃发言。课堂气氛活跃。

我认为在今后的教学过程中，应该多鼓励学生像今天这样，阅读文章不要只停留在研究文章的共性思想上，而应该拓宽思维，联系生活，有自己独到的见解，个性化的感悟。

我会将这种个性化阅读指导课延续下去，尊重学生的个性化思维，细心捕捉学生们闪现的灵光，创新的火花。①

（三）教学日志

2007-10-11 4：57

本来安排的是学生自习，内容很简单：熟练背诵课内的一篇"宋词"：《苏幕遮》。但"奇迹"发生了！

我近期对"自主学习"的呼唤真的初见成效：课前学生其实就已经能背诵全词了！抽背4名学生后，我让他们齐背了一遍加以巩固。想及学生对《新语文读本》上的"对联"特别感兴趣，这与我近期的刻意引导有关！

于是我信手拈来《新语文读本》上的《解州关帝庙春秋楼联》和杜甫的著名"五言律诗"《登岳阳楼》引导他们在粗通"诗意"的基础上进行"情境想象式背诵"并自己当堂为学生们做了"示范"。出乎我的意料：学生们在我的感染下居然也在顷刻间获得了成功！这与我课堂上的"激情总动员"有着密切关系！

原来课堂创造有时也是教师的一种"冲动"，但大前提是他（她）必须是教学上的"实力派"，有较高的修养才行！

从此，我对所谓"特级教师"的"冲动型课堂创造"不再感到神秘！这也许可以算作我这节语文自习最大的收获吧！②

练习题

一、简答题

1. 学术论文的选题方法是什么？

2. 简述毕业论文的写作步骤。

3. 针对某个题目，可以采取哪些获取资料的方法？

4. 选定某一课题，通过多种途径查找资料，写一篇400字左右的关于该课题的研究现状的短文。

5. 根据自己所在的学科，从现行中学课本中选取相应的课文及有关训练，写作一则教案。

二、指出并分析下列选题的不当之处：《论鲁迅》

三、下面的材料出自一篇论述《穿越小说流行原因及其影响》的毕业论文，请仔细阅读，指出其论点与材料之间的不妥之处。

论点：对"被宠爱"的极度渴望和对传统家庭格局的向往，引发了读者对穿越小说的热捧。

家庭是人类社会最古老、最重要的组成部分。在任何国家，家庭都是重要的社会单位。家庭对人与人以及人与社会的关系产生着不可忽视的作用。现代女性虽然生活在物质生活空前优越的条件下，但由

---

① 选自育星教育网：http://www.ht88.com/article/article_20305_1.html。

② 选自http://780324com.blog.teacher.com.cn/archives/197930.aspx。

于社会观念、社会制度和个人价值取向等演变的原因，中国传统家庭格局受到了不同程度的冲击。冲击主要体现在两个方面：

1. 家庭结构发生变化

家庭结构是家庭成员的组合状况，它是家庭中的代际结构和人口结构的同一组合形式。其表现之一是独生子女家庭急剧增加。固然独生子女可享受到父辈乃至祖辈全心的关爱，物质生活条件也极度优越。但在其成长过程中因缺少兄弟姐妹的关爱与陪伴而可能使他们产生孤独感抑或是缺少和同龄人交往的经验等不良影响。

2. 单亲家庭急剧增长

单亲家庭形式古已有之。中国 1982 年的单亲家庭率为 12.59%，其中以分居式单亲家庭为主 (9.26%)，丧偶式单亲家庭次之 (2.95%)，离婚式单亲家庭最低 (0.38%)；1990 年单亲家庭为 7.58%，其中仍以分居式单亲家庭为主 (5.28%)，其次为丧偶式单亲家庭 (1.78)，离婚式单亲家庭仍然最低 (0.53%)。在单亲家庭中单亲母亲家庭占绝大多数，1982 年为所有单亲家庭的 79.75%（但仅分居式单亲母亲家庭比重高，占分居式单亲家庭的 91.36%，丧偶式单亲家庭接近丧偶式单亲家庭的一半，为 49.83%，离婚式单亲母亲家庭仅占所有离婚式单亲家庭的 26.32%）；1990 年为所有单亲家庭的 75.20%。（同样分居式单亲母亲家庭比重高，占分居式单亲家庭的 88.07%，丧偶式单亲母亲家庭为丧偶式单亲家庭的一半，为 50.00%，离婚式单亲家庭仅占所有离婚式单亲家庭的 32.08%。）单亲家庭总体水平的下降主要是由分居式单亲家庭大幅度降低所致，丧偶式单亲家庭的比例也在下降，可以看出离婚式单亲家庭却在上升，而且上升的幅度很大。

Lamp（1979）认为，离婚家庭的儿童往往有较高的心理失调现象，单亲家庭男孩表现出特别强的攻击性，而女孩则没有明显的差异性。来自单亲家庭的男孩表现出更多的反社会行为（Sanlroek，1975）。Shinn（1978）认为单亲家庭儿童的认知发展能力低于完整家庭的儿童。Gnidubaldi（1986）等研究证实，6~12 岁的儿童受离婚负面影响较为明显，即使离婚 6 年之后，单亲家庭中的儿童还表现出思想与行为调整上的困难。父母离异使儿童失去了正常接受教育的条件（HKo，1978）。单亲家庭的子女成人后比双亲家庭子女成功机遇小，收入低，威信低。单亲家庭对子女教育起负面影响，通过教育对经济收入有间接影响，从学龄前即开始对生活在单亲家庭的男性产生负面影响（Krein，1986）。

父母亲情和家庭关爱的缺失对独生子女和单亲家庭的子女成长造成不可忽视的影响。而在众多穿越小说中却为读者营造了一幅幅充满爱与温暖的人间家庭和乐图。如《明日风气卷残云》、《梨花满地不开门》、《琉璃般若花》、《穿越之以和为贵》、《穿越时空之生死恋》、《叶飘零》等一系列穿越小说，主人公穿越后无一不是拥有一个和睦的大家庭。以《穿越时空之生死恋》为例：主人公怜心，婴儿时阴差阳错穿越到现代成为孤儿。8 岁时被人收养，哥哥、母亲虐待她，把她当苦力，生活苦不堪言。后被人追杀穿越回古代，找回自己的亲生父母，最后和自己心爱的男生在一起，且丈夫的爸、妈、奶奶都极度宠爱她，之后又有了一对可爱的儿女，组成了一个幸福美满的大家庭。据此，穿越小说可以说在某种程度上满足了部分读者对"被宠爱"和对传统家庭格局的向往。

本章参考资料

[1] 程丽蓉，周晓琳，翟启明. 中学语文教材分析方法与实践［M］. 北京：科学出版社，2010.

[2] 国家标准局. 科学技术报告、学位论文和学术论文的编写格式［S］. 1987.

[3] 国家标准局. 文后参考文献著录规则［S］. 2005.

[4] 国家标准局. 文献类型与文献载体代码［S］. 1983.

[5] 国家标准局. 文摘编写规则［S］. 1986.

[6] 蒋永新. 人文社会科学信息检索教程［M］. 上海：上海大学出版社，2007.

[7] 中国期刊网［EB/OL］. http：//www.chinaqking.com.

[8] 中国知网［EB/OL］. http：//www.cnki.net.

第八章 经济文书

第一节 经济文书概述

一、经济文书的概念

经济文书是服务于经济运行及管理活动，为处理物质资料的生产、流通、管理，或服务于人力资源的交流等活动所使用的具有一定格式的应用文书类型。

作为应用文的重要类别，经济文书具有很强的实用性，对于具体的经济活动的运行及发展具有指导作用。此外，经济文书的制定要依据国家各项法律法规，并采用规范严密的文体格式，因此具有政策性及规范性的特征。

二、经济文书的常用类型

经济文书的种类繁多，每一行业领域都有专业化很强、系统完备的不同文种。其常用类型主要有合同、市场调查报告、招标书和投标书、商品说明书、商业广告、市场分析报告、审计报告等类型。限于篇幅，本章只介绍下面几种常用类型。

第二节 合 同

一、合同的概念、特点和种类

（一）合同的概念

根据 1999 年 10 月 1 日起施行的《中华人民共和国合同法》（以下简称《合同法》）第二条的规定："合同是平等主体的自然人、法人，其他组织之间设立、变更、终止民事权利义务关系的协议。"并明确指出："婚姻、收养、监护等有关身份关系的协议，适用其他法律的规定。"

合同有书面形式、口头形式和按照当事人的行为或者特定情形推定的形式。

现代社会提倡以文字等有形式再现内容的协议达成方式。书面合同的签订，因其有据可查，可以保证当事人按照约定履行自己的义务和行使相应的权利，更好地保护当事人的合法权益，有效地防止争议，解决纠纷，有利于社会经济秩序的稳定，促进社会各方面事业的健康发展，受到人们的普遍重视。

（二）合同的特点

（1）依法订立。合同的内容以及订立的程序均有其符合法律规范的特征。合同一经订立，便具有了法律效力。双方不得擅自变更或者解除合同。当事人权利受法律保护，当事人义务受法律监督，当事人不履行或不完全履行合同，要承担相应的法律责任。

（2）平等自愿。合同当事人双方的法律地位是平等的，都有订立与不订立合同的自由，有选择合同对方当事人的自由，有决定合同内容的自由。任何一方不得把自己的意志强加给对方，合同是双方平等协商、自愿签订的产物。

（3）权利与义务并存。订立合同的双方当事人，在享有权利的同时要履行义务，双方所取得的利益均以付出相应的代价为前提。

（三）合同的种类

《合同法》分则中列出的合同的种类有：买卖合同；供用电、水、气、热力合同；赠与合同；借款合同；租赁合同；融资租赁合同；承揽合同；建设工程合同；运输合同；技术合同；保管合同；仓储合同；委托合同；行纪合同；居间合同等15种有名合同。

《合同法》分则或者其他法律没有明文规定的合同，适用该法总则的规定，并可以参照分则或其他法律最相类似的规定。

二、合同的格式和内容

（一）合同的格式

合同种类繁多，各种合同采用的格式也不同，形式上有表格式、条文式（又称条款式）、表格条文结合式三种。但其结构相对稳定，一般包括首部、正文（或表格）、尾部和附件四个部分。

1. 首部

首部包括标题、编号以及当事人名称或姓名和住址。

（1）标题。合同的标题一般要写明合同性质、内容、类别等，越具体越好，而且要与内容紧密相连，切忌文不对题。

（2）编号。写合同编号的目的是便于管理，一般是合同当事人根据自己的合同管理制度和方法填写，如"编号：001"或"No.001"等。有时可省略不写。编号位置一般在标题下一行靠右位置。

（3）当事人名称（姓名）和住所。当事人名称应写全称。若当事人是法人、其他组织，则写其全称。若当事人是自然人，则写上姓名。当事人名称（姓名）后加括号注明简称"甲方"和"乙方"。一般把取得"标的"的一方称为甲方，交付"标的"的一方称为乙方。签订合同的双方名称或姓名和住所一般横行并列。

2. 正文

条文式合同的正文一般包括以下三个部分：

（1）双方签订合同的目的、依据或意义、希望等。

（2）双方协议内容，一般包括通用条款和专约条款。参见下文"合同的内容"。

（3）附则内容，指合同有效期、份数及保存办法等。

3. 尾部

这部分是合同生效的标记，它包括签章和签约日期两部分。

（1）双方当事人签名，盖章（若代表单位，应由法定代表人签名并加盖公章），还要写上双方法定地址、电话、开户银行、银行开户名和账号等。

（2）签约日期，即合同签订的日期、地点，位置一般在合同的最后，也有把日期写在标题右下方的。

4. 附件

它是对合同条款的相关说明材料及证明材料，是合同的组成部分，与合同具有同样的法律效力。一般在正文的主体部分需要注明附件的名称、份数。若合同正文能把有关内容说清楚，则不需要附件。

（二）合同的内容

合同的内容就是合同的条款。合同的条款是合同中经双方当事人协商一致、规定双方当事人权利义务的具体条文。合同的权利义务，除法律规定的以外，主要由合同的条款体现。合同的条款是否齐备、准确，决定了合同能否成立、生效以及能否顺利地履行、实现订立合同的目的。一般来说，合同包含以下通用条款。

1. 当事人的名称（姓名）和住所

当事人指具有法人资格的法人单位和具有公民资格的自然人。买卖双方当事人名称是指当事人依法登记或法定公文所确定的正式称谓。其中的姓名是指法人或自然人在身份证或户籍登记上的现用名。当事人的住所与合同的履行和司法管辖权有密切的联系，不可忽略。此外，在写作格式上，当事人可以标注简称，使用"甲方"、"乙方"，"买方"、"卖方"，"供方"、"需方"等词语，以示身份区别，更利于行文方便。

2. 标的

标的是合同权利义务指向的对象。没有标的，合同不能成立，所以标的是一切合同的必备条款。

合同的种类很多，合同的标的也多种多样：可以是具有价值和使用价值，并且法律允许流通的有形物，如生产资料与生活资料、种类物与特定物、可分物与不可分物、货币与有价证券等；也可以是具有价值和使用价值，并且法律允许流通的不以实物形态存在的智力成果，如商标、专利、著作权、技术秘密等；可以是不以有形财产体现其成果的劳动与服务；还可以是合同履行过程中产生的、体现履约行为的有形物或者无形物，即工作成果。

合同对标的的规定应当清楚明白、准确无误，对于名称、型号、规格、品种、等级、花色等都要约定得细致、准确、清楚，防止差错。特别是对于不易确定的无形财产、劳务、工作成果等更要尽可能地描述准确、明白。订立合同中还应当注意写明标的物的通用名称，避免因各种语言、方言以及习惯称谓的差异引发纠纷。

特别需要提出的是，一定要注意标的的合法性，国家禁止或限制流通的物品，如在买卖合同中，人口、武器弹药、毒品、受保护的文物之类就不能作为标的。

3. 数量

数量是合同的重要条款。数量条款是对合同标的量的规定，它是衡量标的的指标，是确定双方权利和义务的重要尺度，也是计算价款或酬金的依据。对于有形财产，数量是对单位个数、体积、面积、长度、容积、重量等的计量；对于无形财产，数量是个数、件数、字数以及使用范围等多种量度方法；对于劳务，数量为劳动量；对于工作成果，数量是工作量及成果数量。

一般而言，合同的数量要准确，选择使用共同接受的计量单位、计量方法和计量工具。根据不同情况，要求不同的精确度，需要注明允许的尾差、磅差、超欠幅度、自然耗损率等。

4. 质量

质量是合同标的的内在素质和外观形态相结合的综合指标。对有形财产来说，质量包括物理、化学、机械、生物等性质，亦有外观形态；对于无形财产、服务、工作成果来说，也有质量高低的标准，并有衡量的特定方法。

质量的标准、技术要求，包括性能、效用、工艺等，一般以品种、型号、规格、等级等体现出来。对质量的描述往往通过标的名称、品种、性能、规格、样式、型号、包装等体现。除可以使用文字表述外，使用表格形式也可使描述更加清晰，一目了然。

合同中应当对质量尽可能地规定得细致、准确和清楚。许多的合同纠纷多由质量引起。当事人可以约定质量检验的方法、质量责任的期限和条件、对质量提出异议的条件与期限等。

5. 价款或者报酬

价款一般是取得标的物的一方向提供标的物的一方所付代价的货币支付，如买卖合同的货款、租赁合同的租金、借款合同中借款人向贷款人支付的本金和利息等。报酬一般是指对提供劳务或者工作成果的当事人支付的货币，如运输合同中的运费、保管合同与仓储合同中的保管费以及建设工程合同中的勘察费、设计费和工程款等。

在确定价金时，应严格按照国家有关法律和国家价格政策办理，遵循国家物价管理规定。有国家定价的按国家定价执行，或按物价主管部门规定的价格执行。凡不属于国家定价的产品，应按当事人双方商定的价格执行。要明确价金的数额（包括单价和总价），还要明确计算标准，并规定价金支付、结算方式、开户银行及账号。

6. 履行期限、履行地点和方式

履行期限是指合同中规定的当事人履行自己的义务如交付标的物、价款或者报酬，履行劳务、完成工作的时间界限。履行期限可以是即时的，也可以是定时的；可在一定期限内履行，也可分期履行。期限可以非常精确，也可不十分确定。不同的合同，期限条款应当尽量明确、具体。

履行地点是指当事人履行合同义务和对方当事人接受履行的地点。履行地点有时是确定运费由谁负担、风险由谁承担以及所有权是否转移、何时转移的依据。履行地点也是在发生纠纷后确定由哪一地法院管辖的依据。

履行方式是指当事人履行合同义务的具体做法。履行可以是一次性的，可以是在一定时期内的，也可以是分期、分批的。履行方式还包括价款或者报酬的支付方式、结算方式等。

7. 违约责任

违约责任是指当事人一方或者双方不履行合同或者不适当履行合同，依照法律的规定或者按照当事人的约定应当承担的法律责任。违约责任是促使当事人履行义务，使非违约方免受损失或损失得以补偿的法律措施。

尽管法律对违约责任已作出较为详尽的规定，但为了保证合同严格按照约定履行，更好更及时地解决纠纷，可以在合同中约定违约责任，如约定定金、违约金、赔偿金额以及赔偿金的计算方法等。对违约责任的追究，可以用支付违约金、支付赔偿金、继续履行合同等方式解决。同时还可规定不违反法律规定的免责条款。

8. 解决争议的方法

解决争议的方法，是指合同纠纷发生后解决争议的途径，主要有双方通过协商和解、由第三人进行调解、通过仲裁解决、通过诉讼解决四大途径。除了通过诉讼解决不用专门进行约定，通过其他途径解决都要约定。当事人可在合同中约定解决争议的方法，如是否提交仲裁，由哪个仲裁机构仲裁等，要规定得具体、清楚。依照仲裁法的规定，如果选择适用仲裁解决，除非当事人的约定无效，即排除法院对其争议的管辖。只有仲裁裁决有问题，才可以依法申请法院撤销仲裁裁决或者申请法院不予执行。

合同的主要条款或者合同的内容要由当事人约定，一般包括这些条款，但不限于这些条款。不同的合同，由其类型与性质决定，其主要条款或者必备条款可能是不同的。比如，买卖合同中有价格条款，而赠与合同就没有。此外，在订立合同的过程中，如果一方当事人坚持合同的订立以对特定事项达成协议为条件，则在这些特定事项未达成协议前，合同不成立。

三、合同写作的常见错误和写作要点

（一）常见错误

（1）合同涉及的有关信息虚假。如合同主体的身份未得到如实表述，有关当事人的姓名、处所、有关身份信息虚假或表述错误；当事人在订立合同过程中，故意隐瞒与订立合同有关的重要事实或者提供虚假情况，违背诚实守信原则。

（2）合同内容和程序违反法律规定。合同中所列条款有悖法律、法规及善良风俗，或是损害了国家及社会的公共利益，如约定制造毒品、假钞等。还有的合同订立程序不合法，有欺诈、胁迫、侵害对方的前提存在，在订立合同时违背一方的真实意愿。

（3）合同的内容条款不全面，缺乏维系双方共同利益的文字基础。一般来说，多数合同在内容上都应有对于前文所列的通用条款的表述：当事人的名称或者姓名和住所，标的，数量，质量，价款或者报酬，履行期限、履行地点和方式，违约责任，解决争议的方法等几个方面都应该有所约定。

对于某一类别的合同，有时没有考虑专门条款。如在劳务合同中，根据职业病防治法第三十条的规定，用人单位与劳动者订立劳动合同时，应当将工作过程中可能产生的职业病危害及其后果、职业病防护措施和待遇等如实告知劳动者，并在劳动合同中写明。有的劳务合同就回避这些内容，出现有意地隐瞒和欺骗。

（4）合同语言不准确，存在歧义，容易引发合同双方对既定事实无法达成共识或产生误解。在人称上，错误地使用不明确的身份指代词，如"你方"、"我方"、"他方"，指代不明；在时间限定上，错误地使用"七月中旬左右"、"尽快"、"大约"等词语，不明确；在地点上，比如，买卖合同中仅标注交货地点"南充"，可到底是南充火车站（顺庆区），还是南充客运站（嘉陵区），还是南充高坪机场（高坪区），所指不够具体；在数量等关键问题的表述上，错误使用"大约"、"若干"、"左右"等字眼及口语中的"堆"、"伙"等含糊不清的量词。

以劳务合同为例，有的合同的有效期限不明确，无法确定合同起始时间，那么如何给付劳动报酬、经济补偿等，容易引发争议；例如，没有约定工作内容或约定的工作内容不明确，用人单位将可以自由支配劳动者，随意调整劳动者的工作岗位，难以发挥劳动者所长，也很难确定劳动者的劳动报酬，造成劳动关系的不稳定；又如工作时间，是8小时工作制还是6小时工作制，是日班还是夜班，是正常工时还是实行不定时工作制，或者是综合计算工时制，不明确的表述对劳动者的就业选择、劳动报酬等均有影响。

（二）写作要点

（1）订立合同必须合法。合同订立必须符合国家现行的法律、法规和政策，不能与之相抵触，否则为无效合同。有的合同中的标的物如果是人口、武器、毒品、受保护文物等，不仅合同不能成立，而且买卖人还要受到法律的惩处。

（2）签订合同的主体必须合法。即合同当事人双方必须具有法人资格，或属于自然人，合同内容不得超越法规允许的范围。如果当事人不具备法人资格或不是自然人，签订的合同，则为无效合同。

（3）签订合同要全面谨慎，不留漏洞。体现在结构上应该完整，首部、正文、尾部、附件中应有的内容不能缺失。

（4）合同内容要写得具体，表意要清晰，用词要准确。使用规范化的现代汉语，不得使用方言，避免使用语义模糊或容易产生歧义的词语；不要运用比喻、夸张、拟人等修辞手法；对合同一方只使用一个称呼，对合同中涉及的具体事物在称呼上要保持一致；尽可能使用主动语态的句子；尽量使用通用的普通词汇，勿创造新词；标点符号要准确。

一旦成文，不得随意涂改。如果发现必须修改，需在双方协商一致同意之后方能进行，并在修改处加盖双方印章，否则无效。

四、例文

例文1

××营销合同

购货单位（简称甲方）：_____
供货单位（简称乙方）：_____

根据《中华人民共和国合同法》等法律法规有关规定，在平等自主的基础上经甲乙双方充分协商，特订立本合同，以资共同遵守。

第一条　产品的名称、品种、规格和质量

（一）产品的名称、品种、规格

品名	型号	数量（　）	计量单位（　）	单价（元）	总价（元）	备注

（二）产品的技术标准（包括质量要求），按下列第_____项执行：

1. 按国家标准执行；

2. 按部颁标准执行；

3. 依据双方认可并封存的样品，或双方商定确定的技术要求执行。

第二条　产品的包装标准和包装物的供应与回收：包装为原厂纸箱包装，无回收。

第三条　交货方法、运输方式、到货地点

（一）交货方法：乙方送货，运费由_____承担。

（二）运输方式：_____。

（三）到货地点：_____。

（四）接货人：_____。乙方应将预期到货时间于发货当天以_____方式告知甲方，以便甲方安排接货。货物运输途中非甲方原因导致货物毁坏灭失，由甲乙双方各按照_____（责任比例）承担风险责任。

第四条　产品的交货期限

从乙方收到甲方预付款当天开始计算，乙方应在收到甲方预付款后的 10 个工作日内完成大货生产，并在 3 日内安排发货，在发货后的_____日内将货物送达指定地点。

运输途中非乙方原因造成货物未能在约定期限内到达指定地点，不属于乙方违约，无须承担违约责任。

第五条　货款的结算

本合同签订后的_____个工作日内，甲方应向乙方预付合同总价款的_____％作为预付款，剩余款项应在乙方将货物交付接货人后的_____天内付清。

第六条　验收方法

（一）验收时间：乙方出厂前验收

（二）验收手段：由乙方安排质检人员验收，并出具验收报告，乙方按照_____％的比例抽查。

（三）验收标准：按本合同第一条第二款约定的标准。

第七条　对产品提出异议的时间和办法

（一）甲方在验收中，如果发现产品的品种、型号、规格、花色和质量等不合规定，应妥为保管，并在_____天内向乙方提出书面异议；甲方怠于通知或者自标的物收到之日起过_____月内未通知乙方的，视为认同并接受该产品。

（二）甲方因使用、保管、保养不善等造成产品质量下降的，不得就质量问题向乙方提出异议。

（三）乙方在接到甲方书面异议后，应在 10 天内负责处理，否则，即视为默认甲方提出的异议和处理意见。

第八条　乙方的违约责任

（一）乙方到期不能交货的，应向甲方偿付不能交货部分货款的_____％作为违约金。

（二）乙方所交产品品种、型号、规格、花色、质量不符合规定的，如果甲方同意利用，应当按质论价；如果甲方不能利用的，应根据产品的具体情况，由乙方负责包换或包修，并承担修理、调换或退货而支付的实际费用。

（三）乙方因产品包装不符合合同规定，必须返修或重新包装的，乙方应负责返修或重新包装，并承担支付的费用。甲方不要求返修或重新包装而要求赔偿损失的，乙方应当偿付甲方该不合格包装物低于合格包装物的价值部分。因包装不符合规定造成货物损坏或灭失的，乙方应当负责赔偿。

（四）乙方逾期交货的，应比照中国人民银行有关延期付款的规定，按逾期交货部分货款计算，向甲方偿付逾期交货的违约金，并承担甲方因此所受损失费用。

（五）乙方逾期交货的，乙方应在发货前与甲方协商。甲方仍需要的，乙方应照数补交，并负逾期交货责任；甲方不再需要的，应当在接到乙方通知后_____天内通知乙方，办理解除合同手续。逾期不答复的，视为同意发货。

第九条　甲方的违约责任

（一）甲方中途退货或者擅自解除合同，无权要求乙方退回预付款，同时应向乙方偿付退货部分货款_____％作为违约金。甲方逾期支付预付款超过_____天的，乙方有权解除合同，并要求甲方支付合同总价的_____％作为违约金。

（二）甲方未安排接货人接货或者拒绝接货的，乙方可以将货物提存，同时甲方应比照中国人民银行有关延期付款的规定，按逾期接货部分货款总值计算，向乙方偿付逾期提货的违约金，并承担乙方实际支付的代为保管、保养的费用。

（三）甲方逾期付款的，应按中国人民银行有关延期付款的规定向乙方偿付逾期付款的违约金。

（四）甲方如错填到货地点或接货人，或对乙方提出错误异议，应承担乙方因此所受的损失。

第十条 不可抗力因素

甲乙双方的任何一方由于不可抗力的原因不能履行合同时，应及时向对方通报不能履行或不能完全履行的理由，以减轻可能给对方造成的损失，在取得_____机构证明以后，允许（延期履行、部分履行或者不履行合同），并根据情况可（部分或全部）免予承担违约责任。

第十一条 其他

（一）按本合同规定应该偿付的违约金、赔偿金、保管保养费和各种经济损失的，应当在明确责任后_____天内付清，否则按逾期付款处理。但任何一方不得自行扣发货物或扣付货款来充抵。

（二）本合同如发生纠纷，当事人双方应当及时协商解决，协商不成时，任何一方均有权向_____仲裁委员会申请仲裁，按照申请仲裁时该会实施的仲裁规则进行仲裁。（仲裁裁决是终局的，对双方均有约束力。仲裁费用由败诉方承担。）

（三）合同如有未尽事宜，须经双方共同协商，作出补充规定，补充规定与本合同具有同等效力。

（四）本合同一式四份，甲乙双方各执两份，经双方签字盖章后生效，传真件与正本件具有同等效力。

     甲方：（公章）   乙方：（公章）

     法定代表人：   法定代表人：

     地址：   地址：

     开户银行：   开户银行：

     账号：   账号：

     电话：   电话：

     传真：   传真：

     税务号：   税务号：

     _____年____月____日订于_____

例文 2

房屋租赁合同

承租方：_____（以下简称甲方）

出租方：_____（以下简称乙方）

根据《中华人民共和国合同法》及有关规定，为明确甲、乙双方的权利义务关系，经双方协商一致，签订本合同。

第一条 租赁房屋

乙方将自有的坐落在_____市_____街_____巷_____号的房屋_____栋_____间，建筑面积_____平方米、使用面积_____平方米，类型_____，结构等级_____，完损等级_____，主要装修设备_____，出租给甲方作_____使用。

第二条 租赁期限

租赁期共_____个月，乙方从_____年_____月_____日起将出租房屋交付甲方使用，至_____年_____月_____日收回。

第三条 租金和交纳期限、其他费用及交纳方式

甲乙双方议定月租金_____元人民币，由甲方在_____月_____日交纳给乙方，先付后用。乙方收取租金时必须出具由税务机关或县以上财政部门监制的收租凭证。无合法收租凭证时，甲方可以拒付。

签订房屋租赁合同时，甲方应向乙方交纳_____个月的房屋租金作为履约保证金和_____元人民币的室内财物押金，上述保证金和押金合同期满后，乙方须在期满后_____日退还甲方。

租赁期间房屋的房产税、营业税及附加税、个人所得税、土地使用费、出租管理费由乙方负责交纳；电话费、保安费、水电费、卫生费、电梯费、房屋管理费由甲方负责交纳。

第四条 双方的权利和义务

1. 乙方未按本合同第一、二条的约定向甲方交付符合要求的房屋，向甲方支付违约金_____元。

2. 乙方不得向甲方收取租金、履约保证金和室内财物押金以外的费用。

3. 甲方逾期未交付租金，除仍应补交欠租外，乙方每天按月租金的_____％加收滞约金。甲方有下列情形之一的，乙方可以终止合同，收回房屋，并拒绝退还履约保证金：

(1) 利用承租房屋进行非法活动，损害公共利益的；

(2) 擅自将房屋转租、分租、转让、转借、联营、入股或与他人调剂交换的；

(3) 拖欠租金达_____个月的。

4. 本合同期满时，甲方未经乙方同意，继续使用承租房屋，按约定租金的_____％，以天数计算向乙方支付。此外，在新的合同未签订前，乙方保有随时收回房屋的权利。

第五条 租赁期间的房屋修缮和装饰

修缮房屋是乙方的义务。房屋租赁期间，乙方应对出租房屋及其设备定期检查，及时修缮，做到不漏、不淹，通水、电、气、宽带，门窗完好，以保障甲方安全和正常使用。乙方修缮范围和标准按_____执行。乙方修缮房屋时，甲方应积极协助，不得阻挠施工。

甲方也不得擅自改变房屋结构和用途。如因使用需要，在不影响房屋结构的前提下，可以对承租房屋进行装饰，但其规模、范围、工艺、用料等均须事先得到乙方同意后方可施工。装饰产生的费用和租赁期满后装饰物的权属处理，双方协商议定所有权属_____方，工料费由_____方承担_____％；_____方承担_____％。

甲方因故意或过失造成租用房屋及其配套设施、室内财物毁坏的，有责任恢复房屋原状或赔偿相应的经济损失。

第六条　租赁双方的变更

1. 如乙方按法定手续程序将房产所有权转移给第三方时，本合同对新的房产所有者继续有效。因转移过程而给甲方带来的损失，由乙方承担相应的法律责任和经济赔偿责任；

2. 乙方出售房屋，须在_____天前书面通知甲方，在同等条件下，甲方有优先承租权；

3. 甲方需要与第三人互换用房时，应事先征得乙方同意，乙方应当支持甲方的合理要求。

4. 合同期满后，如乙方仍继续出租房屋的，甲方拥有优先承租权。租赁合同因期满而终止时，如甲方确实无法找到房屋，可与乙方协商酌情延长租赁期限。

第七条　免责条件

1. 该房屋如因不可抗拒的原因导致损毁，或造成双方损失的，甲乙双方互不承担责任。

2. 因市政建设需要拆除或改造已租赁的房屋，使双方造成损失，甲乙双方互不承担责任。

因上述原因而终止合同的，租金按实际使用时间计算。

第八条　争议解决的方式

本合同在履行中如发生争议，双方应协商解决；协商不成时，任何一方均可向房屋租赁管理机关申请调解，调解无效时，可向市工商行政管理局经济合同仲裁委员会申请仲裁，也可以向人民法院起诉。

第九条　其他约定事宜

本合同未尽事宜，甲乙双方可共同协商，签订补充协议。补充协议报送市房屋租赁管理机关认可并报_____部门备案后，与本合同具有同等效力。

本合同一式4份，其中正本2份，甲乙方各执1份；副本2份，送市房管局、工商局备案。

出租方：（盖章）　　　　　　　　承租方：（盖章）
法定代表人：（签名）　　　　　　法定代表人：（签名）
委托代理人：（签名）　　　　　　委托代理人：（签名）
地址：　　　　　　　　　　　　　地址：
开户银行：　　　　　　　　　　　开户银行：
账号：　　　　　　　　　　　　　账号：
电话：　　　　　　　　　　　　　电话：
时间：　　　　　　　　　　　　　时间：

例文3

劳 务 合 同

用人单位（甲方）：_____　　　职工（乙方）：_____

　　　　　　　　　　　　　　　　　　　身份证号：_____

地址：_____　　　　　　　　地址：_____

邮政编码：_____   邮政编码：_____

甲方_____因生产（工作）需要，按照国家、省、市有关劳动法律、法规、规章规定，招用（以下称乙方）为劳动合同制职工。双方根据"平等自愿、协商一致"的原则，签定本合同，确立劳动关系，明确双方的权利、义务，并共同遵守履行。

一、合同期限

本合同自_____年_____月_____日起生效。本合同有效期经甲、乙双方商定，采取下列第_____种形式：

（一）合同有效期限为_____年，至_____年_____月_____日止。

（二）无固定期限。本合同除可因甲方生产经营发生变化或在定期考核中发现乙方未能认真履行本合同规定的劳动义务而依法予以终止外，其他终止条件为：_____。

（三）合同期限至_____工作（任务）完成时终止。

其完成的标志事件是_____。新招收、调入、统一分配人员的劳动合同，自生效之日起_____个月内为试用期。

本合同由甲乙双方各存一份。鉴证时还需交鉴证机构一份，均具有同等效力。

二、工作任务

（一）乙方生产（管理）工种（岗位或部门）：_____。

（二）乙方完成甲方正常安排的生产（工作）任务。

三、工作时间

（一）甲方实行每日不超过8小时，平均每周不超过44小时的工作制度，并保证每周乙方至少不间断休息24小时。

（二）甲方可以报经劳动行政部门批准实行不定时工作制或综合计算工时工作制。

（三）甲方因生产、工作需要，经与工会和乙方协商同意，可安排乙方加班加点，但每个工作日延长工作时间不得超过3小时，每月累计不得超过36小时。

（四）有下列情形之一的，甲方延长工作时间不受第（三）项规定限制：

1. 发生自然灾害、事故或者其他原因，威胁劳动者生命健康和财产安全，需要紧急处理的；

2. 生产设备、交通运输线路、公共设施发生故障，影响生产和公共利益，必须及时抢修的；

3. 在法定节日和公休假日内工作不能间断，必须连续生产、运输或者营业的；

4. 必须利用法定节日和公休假日的停产期间进行设备检修、保养的；

5. 为完成国防紧急任务的；

6. 为完成国家下达的其他紧急生产任务的。

四、休假乙方在合同期内享受国家规定的节日、公休假日以及年休假、探亲、婚丧、计划生育、女职工劳动保护等假期的待遇。

五、劳动报酬

（一）乙方工资分配形式、标准：

1. 甲方按照政府有关企业职工工资，特别是不得低于本市最低工资标准的规定，制定本企业工资制度，确定乙方工资形式和工资标准。

2. 乙方试用期工资_____元/月；试用期满乙方起点工资定为_____元/月。甲方可按企业工资制度调整乙方工资。

（二）甲方每月如期发放货币工资。如遇节假日或休息日，应提前在最近的工作日支付工资。

（三）甲方安排乙方加班，平时和休息日加班无法安排补休的，按不低于国家（含省、市）规定的标准发给加班工资。其中：

1. 安排延长工作时间的，甲方支付不低于工资150%的加班工资，如加班时间在22时至次日6时期间的，支付200%的加班工资；

2. 休息日加班，支付200%的加班工资；

3. 法定休假日加班支付300%加班工资。但乙方实行综合计算工时工作制的，其工作时间应以一定周期综合计算，属加班时间部分，应按加班工资计发。

（四）非因乙方原因所致的停工、停产，在一个工资支付周期内的，甲方应按本条第（一）项标准支付工资；超过一个工资支付周期的，甲方按不低于本市规定的失业救济标准发给乙方生活费。

（五）乙方在法定工作时间内依法参加社会活动期间，以及依法享受年休假、探亲假、婚假、丧假、计划生育假、女职工劳动保护假期间，甲方按不低于本合同确定的乙方的工资标准支付工资。

（六）如甲方克扣或无故拖欠乙方工资，拒不支付乙方加班工资，低于本市最低标准支付乙方工资的，均应予补发，并应按国家规定支付乙方经济补偿或赔偿金。

六、保险福利待遇

（一）在合同期内，甲、乙双方需按照国家及省、市有关规定，缴纳基本养老保险、失业保险和工伤保险等社会劳动保险基金，同时甲方应定期向乙方通告缴纳社会劳动保险基金情况。

（二）甲方按国家、省、市有关规定，给予女工"五期"（经期、孕期、产假期、哺乳期及更年期）的劳保福利待遇和乙方符合计划生育子女的劳保医疗待遇。

（三）乙方患职业病或因工负伤医疗期间的保险福利待遇，甲方按本市有关社会工伤保险规定执行；医疗终结，经市医务劳动鉴定委员会确认，属完全丧失劳动能力的，由甲方按规定给予办理提前退休；属部分丧失劳动能力的，按本市有关规定执行。

（四）乙方在合同期内患病或非因工负伤，其病假工资，疾病救济费和医疗费等按不低于国家、省、市有关规定执行。

（五）乙方因工或非因工死亡的丧葬补助费、供养直系亲属抚恤费、救济费、一次性优抚金、生活补贴、供养直系亲属死亡补助费等，按国家及本市有关规定由社会劳动保险公司或甲方分别计发。

（六）非因乙方原因所致的停工、停产期间，乙方按国家规定享受的休假、劳动保险、医疗等待遇不变。

（七）乙方其他各种福利待遇、按甲方依法制定的制度执行。

七、劳动保护和劳动条件

（一）甲方执行国家有关劳动保护规定和标准，包括有关女职工、未成年工（16周岁至未满18周岁的职工）的劳动保护规定和《××省劳动安全卫生条例》，切实保护乙方在生产、工作中的安全和健康。

（二）甲方按国家"先培训后上岗"的规定对乙方进行安全生产知识、法规教育和操作规程培训以及其他的业务技术培训。乙方应参加上述培训并严格遵守其岗位有关的安全卫生法规、规章、制度和操作规程。

（三）甲方根据乙方从事的工作岗位和有关规定，发给乙方必要的劳动保护用品，按劳动保护规定定期免费安排乙方进行体检。

（四）乙方有权拒绝甲方的违章指挥，对甲方及其管理人员漠视乙方安全健康的行为，有权提出批评并向有关部门检举、控告。

八、劳动纪律及奖惩

乙方应遵守甲方依法制订的《职工守则》等各项管理制度，甲方有权对乙方履行制度的情况进行检查、督促、考核和奖惩。

九、续订、变更、解除、终止劳动合同

（一）本合同固定期限届满即自然失效，双方必须终止执行。如经双方协商同意，可以续订合同。

（二）如甲方因生产经营情况变化，调整生产任务，或者乙方因个人原因要求变更本合同条款，经合同双方协商同意，可以变更劳动合同的相关内容，并由双方签字（盖章）。如甲方订立劳动合同时所依据的客观情况发生重大变化，致使原合同无法履行，经当事人双方协商不能就变更劳动合同达成协议的，甲方可以解除劳动合同。

（三）有下列情形之一的，劳动合同即告终止：乙方已达到法定退休年龄的；乙方死亡；乙方被批准自费出国留学或出境定居的；甲方被依法撤销、解散、歇业、关闭，宣告破产；本劳动合同约定的终止条件（事件）已经出现。

（四）本合同经甲、乙双方协商一致可以解除。

（五）有下列情形之一的，甲方可解除劳动合同：

乙方在试用期内，被证明不符合录用条件的；

乙方严重违反劳动纪律及甲方依法制定的规章制度；

乙方严重失职、营私舞弊、对甲方利益造成重大损害的；

乙方的行为按照国家的法律、法规规定被追究刑事责任的；

乙方不能胜任工作，经培训或调整工作岗位仍不胜任工作的；

乙方患病或非因工负伤，医疗期届满后不能从事原工作，也不能从事由用人单位另行安排工作的。

如属完全丧失劳动能力达到残废标准一至四级的，应同时按规定办理退休或退职手续。

停工医疗期计算，按甲方制定的不低于《××市劳动局转发劳动部〈企业职工患病或非因工负伤医疗期规定〉》的标准执行。劳动合同期虽未满，但甲方因生产经营状况发生严重困难以及破产或濒临破产处于法定整顿期间，确需按有关规定裁减人员的；其他符合国家、省、市规定的可以解除劳动合同条件的。

（六）有下列情形之一的，乙方可随时解除劳动合同：

在试用期内，经国家有关部门确认，甲方劳动安全卫生条件恶劣，没有相应保护措施，严重危害乙方安全健康的；甲方不能按劳动合同规定支付劳动报酬；甲方不按规定为乙方办理缴纳退休养老保险等社会劳动保险金的；甲方以暴力、威胁或者非法限制人身自由的手段强迫劳动的；甲方故意不履行劳动合同，严重违反国家法律、法规，侵害乙方其他合法权益的。如乙方依据上款第2项至第6项规定解除劳动合同的，均可追究甲方违约责任。

（七）乙方非依据本合同规定解除劳动合同，应提前30天以书面形式通知甲方。但不免除乙方应依约承担的责任。

（八）有下列情形之一，甲方不得解除劳动合同：乙方患职业病或因工负伤，医疗终结期内，或医疗终结后经市、县级医务劳动鉴定委员确认属大部分丧失劳动能力的；乙方患病或非因工负伤，在规定的医疗期内或医疗期虽满但仍住院治疗的；符合计划生育政策的女职工在孕期、产假期、哺乳期内的；方经批准享受法定假期，在规定期限内的；符合国家、省、市有关规定不得解除劳动合同的。

（九）除试用期内或职工被违纪辞退、除名、开除及本合同另有其他特别规定等情况外，甲乙双方解除本合同，必须提前一个月书面通知对方。提前时间不足者，按相距的实际天数，以乙方当月工资收入的日平均数额计算补偿给对方。

（十）甲方应按规定为终止、解除劳动合同的职工办理填发《职工劳动手册》、转移档案等有关手续，为乙方办理待业登记、领取失业救济金提供方便。

（十一）甲方租赁、出售给乙方居住的房屋，双方应签订住房合同。甲乙双方因各种原因解除或终止本劳动合同时，有关住房问题按住房合同规定办理。

（十二）若本合同终止或解除，乙方应将合同履行期内甲方交给乙方无偿使用、保管的物品、工具、技术资料等，如数交还给甲方，如有遗失应予赔偿。

（十三）乙方符合国家规定的退休（含提前退休）条件，甲方应按规定为其办理退休手续，并按本市有关规定管理。

（十四）甲方在合同期内解除劳动合同按《××市劳动局转发劳动部〈违反和解除劳动合同的经济补偿办法〉》规定发给乙方经济补偿金、医疗补助费。属试用期内或因乙方被作违纪辞退、除名、开除导致劳动合同解除的，甲方不发给补偿金。

_____年_____月_____日

第三节　市场调查报告

一、市场调查报告的概念、特点和种类

（一）市场调查报告的概念

在商品经济时代的企业营销中，市场信息举足轻重，是除资金、原料、机器和人才外的第五项资源。市场调查是市场营销的基础，准确掌握市场信息，企业就能根据消费者的需求和市场变化，指导生产，合理定价，实施准确的促销策略，立于不败之地。

市场调查报告是在市场经济活动中，运用调查研究等科学方法，有目的、有计划地收集经济活动信息并进行整理分析，提出意见或建议的结论性书面报告。

市场调查者通常是有关经济部门、企业单位或者是受其委托的市场调查机构。获取的经济活动信息通常指市场、客观环境、消费者、产品、价格、销售渠道、促销手段、竞争状况等方面的信息。科学的市场调查报告，可以为市场预测提供准确信息，以利于经济部门形成科学决策。

（二）市场调查报告的特点

（1）客观性。市场调查报告要遵循市场运行的规律，采取科学的调查方法，进行实事求是的调查研究。调查所得的市场信息具有客观真实性，不以人的意志为转移，这是为市场经济活动提供有价值的准确信息的基础。

（2）针对性。市场调查报告必须立足于市场需求，着眼于具体问题，进行有针对性的调

查，并在整理信息、分析信息的过程中解决实际问题。

（3）前瞻性。市场调查报告要让有关经济部门、企业单位或有关读者了解最新的市场经济状况，所得结论或看问题的角度要具有一定的前瞻性，有关建议或解决问题的对策才能与时俱进，指导下一步的经济活动。

（三）市场调查报告的种类

（1）根据时间的不同，可划分为短期市场调查报告、中长期市场调查报告。

（2）根据区域的不同，可划分为小区域市场调查报告、国内市场调查报告、国际市场调查报告。

（3）根据经济环节的不同，可划分为企业生产调查报告、经营调查报告、管理调查报告、产品销售调查报告等。

（4）根据调查对象的不同，可划分为商品调查报告、消费者调查报告、销售情况调查报告、竞争情况调查报告。

商品调查报告：主要是为了改善现有产品和推出新产品。调查内容主要包括商品的设计、功用、价格、品牌（商标）、包装、售后服务及商品开发的评价、建议。

消费者调查报告：主要是为了掌握市场需求，明确定位现实的目标市场。调查内容主要包括消费者数量、消费者地区分布、消费者的购买力以及消费者的品牌偏好、购买数量、对产品的改进要求等。

销售情况调查报告：主要是为了进一步了解销售市场的现状，尝试发现潜在市场，制定营销策略。调查内容包括当前商品供应量、销售情况、市场潜在容量、进出口量、销售渠道是否合理、促销手段是否最优等。

竞争情况调查报告：主要是为了稳住并开拓产品的市场占有率。调查内容主要包括竞争对手的数量、企业经营管理实力、产品实力、销售策略等内容。

二、市场调查报告的格式

一份完整的市场调查报告，其写作格式由标题、摘要、导语、主体、结尾、附录等几部分构成。但在通常情况下，由于摘要和附录常常被省略，调查报告多由标题、导语、主体、结尾组成。

（一）标题

市场调查报告的标题要以简练的语言突出调查对象，而在标题格式上可以根据实际需要及预期读者群进行灵活调整，主要有以下两种形式：

（1）公文式标题。这种公文式标题由组织市场调查的单位名称＋调查事由＋文种构成。调查事由包括调查时间、范围、所调查的对象等。有的项目可视具体情况省略，如《青少年读物市场调查》、《中国水产业市场调查报告》、《关于当代青年消费问题的调查报告》；也可根据所强调要素的多少进行酌情增减或进行顺序调整，如《2009南方周末汽车行业顾客满意度调查报告》、《中国网上购物市场调查报告2011》。

（2）新闻式标题。采用新闻式标题的调查报告在标题形式上较为自由灵活，可以不标文种。在题目和报告内容上都带有综合新闻或新闻评论的色彩，并且具有一定的时效性。新闻式标题可以采用单行标题形式，也可采用双行标题形式，如《农村小家电市场潜力大》、《甲醛含量超标——××牌木地板被停产》。

（二）导语

导语，又叫"前言"或"引言"。导语要以清晰的思路、概括性的语言向读者传递市场调查的核心信息，如调查对象特征或现状、调查目的、调查时间及方式、调查结果。导语可以开门见山，直述观点，强化读者总体印象，也可以使用具有提示性的相关问题吸引读者注意，形成具有整体特征的逻辑思路。

（三）主体

主体部分往往围绕导语提示的相关问题依次具体展开。对核心问题多采取详细叙述的方式。

主体写作一般有纵向结构与横向结构的区别。纵向结构的写作首先把调查得来的信息（包括事例、数据、有关资料）加以叙述及说明，然后加以归纳、分析、推理，得出结论，然后提出合理的建议或对策。其内容根据事件发展的基本规律或一定的逻辑关系，依次展开，前因后果较为分明。

横向结构的写作则是把调查报告的主体分为并列的几个方面，每个方面都有说明信息、分析信息和得出结论几个环节。往往采用小标题的形式，展示问题的不同方面，内容较为全面。

除使用语言文字之外，为显示调查的客观性与科学性，市场调查报告往往在主体部分使用较多的数据、数字、图表和专业术语。具体使用的类型及数量，要根据读者群体的特征和需要进行合理安排，力求通俗易懂，一目了然。

（四）结尾

调查报告的结尾较为灵活，可以对调查结果进行总结，加强指导性；可以呼应导语，强化总体性；也可以提出新的问题或对未来进行展望，对读者具有一定的启发性。它一般没有固定的写法，有时甚至可以省略。

三、市场调查报告写作的常见错误和写作要点

（一）常见错误

（1）内容缺乏客观真实性，严重影响市调查报告的使用价值。有的是报告文字未能建立在实际调查的基础上，或凭借主观臆断想象成文，或套用已有类似调查报告的固定模板，与市场客观情况不相吻合；或者未能采用科学的调查方法，有的调查手段陈旧，导致结论片面、武断，难以令读者信服；还有的信息滞后，不能为瞬息万变的经济活动提供富有时效的经济信息。

（2）分析方法不科学，分析过程不细腻，在研究过程中未能发现当下的新动向、新问题，或者看问题时未能采用新的角度，导致调查结果不能满足市场活动对深层次的信息需求，也难以实现对有关经济活动进行指导的目的。

（3）行文缺乏通俗性。文字晦涩固然影响市场调查报告的阅读效果。在许多专业领域的市场调查报告的写作中，未加解释而使用过多的专业术语，同样也会导致该文本缺乏平易性。

（二）写作要点（可参见第三章第三节"调查报告"的写作要点）

（1）做好写作前的调查工作。

（2）在材料的取舍上要重点突出，切忌面面俱到。

（3）处理好叙述、说明与议论的关系。要用事实说话，绝不能空发议论。表达方式必须以

叙述、说明事实为主，但也必须运用议论的方式去分析问题，揭示问题的本质及其规律。

四、例文

大同市奶制品市场运行状况的调查报告

三鹿婴幼儿奶粉事件发生以后，大同市商务局十分重视，立即组织市场运行科、市场建设科等科室的工作人员成立了奶制品市场监测调查组，党组书记、局长×××亲自过问，对我市奶制品市场的生产、供应、安全进行了全面调查，并于 2008 年 9 月 19 日发出《关于认真做好奶制品市场监测确保市场正常运行的通知》，同时发出〔2008〕94 号《关于转发省商务厅关于进一步做好奶粉市场供应有关工作的紧急通知的通知》等文件，全力保障我市奶制品市场安全平稳运行，现将有关情况综合报告如下：

一、供求状况

大同市是生产鲜牛奶大市，目前全市奶牛存栏数 58 837 头，前 2 个季度共生产鲜奶 39 212 吨，日均生产 210 余吨，大同市现有哺乳期婴幼儿约 2 万多人，日消费生鲜奶 30 余吨；常年消费食用鲜奶的中老年人 3 万余人，日消费生鲜奶 30 余吨；各糕点厂家、饼屋日消费生鲜奶 30 余吨；其余生鲜奶约 120 余吨全部销往内蒙古的"蒙牛"公司和我市临近的"古城"奶厂等生产加工企业。

"三鹿"奶粉事件前，我市市场上流通的奶粉分别有"伊利"、"蒙牛"、"雅士利"、"古城"、"雀巢"等 30 多种国内外品牌，奶制品市场竞争激烈，整体呈供大于求的状态。

二、市场运行状况

大同市鲜奶和奶制品市场基本通过三个流通渠道完成生产、加工、消费的全过程。一是"蒙牛"等生产厂家在大同设立牛奶收购站点，将收集的鲜奶集中运回总厂加工，然后通过设立大同的销售点批发给各个销售网点；二是部分城市郊区养殖户采用直接送货的方式把当日生产的鲜牛奶销往各个居民生活小区；三是各大超市、商场直接从生产厂家采购进货上架销售。这种多元化的销售网络，极大地丰富了大同市奶制品的供应，为不同层次的消费提供了便利，但也造成了奶制品市场的混乱，极易产生消费安全隐患。

三鹿奶粉事件发生后大同市的各大超市立即行动，处置果断，其中：华林公司立即对所属的振兴店、振华店、地下超市经营的奶制品进行排查，于当日将 7 种涉嫌问题奶粉全部下架封存，并决定为顾客实行无障碍退货，截至 9 月 20 日华林公司奶制品退换货总数达 8207 件，退货金额达 66.48 万元。同时沃尔玛大同永泰超市也积极按照国务院《关于进一步做好婴幼儿奶粉事件处置工作的通知》要求，于 16 日当晚对商场内所有的奶粉进行排查，共下架封存三鹿奶粉 364 个包装单位、伊利奶粉 318 个包装单位、圣元 30 个包装单位、施恩 207 个包装单位、雅士利 280 个包装单位。同时将涉嫌奶粉进行退换并进行登记。截至目前大同市的各大超市商场对涉嫌奶粉基本清理完毕下架封存。同时大同市商务局及时做出了安排部署，组织七个督查组开展为期一个月的商务系统安全督查活动，对全市进行地毯式排查，全力保障市场安全健康运行。目前各大超市供应商正在积极组织合格奶粉货源，确保居民消费需求。从我市市场监测的结果显示，市场合格奶粉充足，品种繁多，完全可以满足消费者的需要。

三、存在的问题

（1）国产奶制品销量大幅下降。三鹿事件发生后，在社会上产生了一定的消极影响，部分消费者出于对奶粉安全质量的担心，改用豆浆等替代品，造成市场上奶制品消费急剧下降，我们分别对全市的商场、超市、销售网点进行询问，各销售点日营业额不及往日的 70%。

（2）"问题奶粉"让奶农养殖户损失惨重。从 9 月 18 日起许多鲜奶收购点停止收购，奶农挤下的鲜奶第二天就变质了，只好忍痛倒掉，为此大同市政府紧急出台了产奶牛补贴办法，实行每头产奶牛日补助 15 元的重大举措，（详见 9 月 20 日大同晚报 A2 版），但这一补贴措施无法弥补奶农的全部损失，同时也不能遏制为此造成的社会浪费。

（3）食品安全问题存在隐忧

大同市是煤炭重化工生产基地，典型的生活必需品消费型城市，70% 的食品需从外埠采购，巨大的消费量吸引外埠的产品通过各种流通渠道流入我市，由于供销渠道多头，个别不合格产品随之混入我市，造成执法人员很难从源头上堵截，给市场带来安全隐患，近年来我市对食品安全十分重视，多次组织规模较大的打击假冒伪劣产品行动，起到了一些效果，但由于个别不法商贩采用你进我退、你走我来的"猫腻"战术，食品安全隐患还不能说从根本上已经清除。

四、对策建议

（1）强化流通渠道，帮助奶农尽快建立新的购销合同，理顺因三鹿奶粉事件而中断的供销渠道，各有关部门通过各种关系与我国奶制品正规生产企业取得联系，尽快建立新的生鲜奶销售网络。

（2）建立长效机制，严把食品上市准入关，组织有关部门要以胡锦涛总书记提出的科学发展观为指导，对我市上市的各类食品进行全面摸底调查，分类造册，经过认真分析后，对一些可能存在安全隐患的商品严格防范，杜绝三鹿奶粉类似事件的再次发生，为全市人民营造一个放心消费的安全环境。

（3）广泛宣传食品安全常识，通过新闻媒体及时报道市场动态，努力提高广大消费者的食品安全防范意识，定期及时向全市人民公布食品安全状况，通告合格产品和不合格产品名单，引导广大消费者安全消费，营造美好和谐的社会环境。

（4）注重保护优质品牌，此次三鹿奶粉事件发生后，很多消费者不知道应该食用哪个品牌，导致国内生产的许多优质品牌奶粉销量下降，所以我们要全力保护受到冲击的合格奶粉生产企业，引导消费者科学消费。[1]

第四节　招标书与投标书

招标是招标人在承揽项目、设备购置、寻求合资及转让资产时，在一定时间期限内以一定公开程序选择应征合作者，从而确立经济关系的经济行为。与此相应，投标人根据招标书及业主的要求，在招标公告规定的时间内，提出自身所能满足的最优中标条件，以期达成共识，签订合同。这一相应经济行为称为投标。招、投标对于现代经济社会中规范市场行为、提升经济活动质量和效益、防止经济腐败具有重要意义。

---

[1]　资料来源：山西商务之窗，http：//shanxi.mofcom.gov.cn/aarticle/sjdixiansw/200810/20081005862683.html

一、招标书

(一) 招标书的概念、特点和种类

1. 招标书的概念

招标书又名"招标公告"、"招标启事",是招标方按照一定条件邀请社会各界投标时所使用的应用性文书。招标书是侧重告示作用的文书,主要提供经济业务的全面情况,便于投标方根据所提要求及自身条件和谋求的商业利益进行权衡,为下一步经济活动做好准备。

2. 招标书的特点

(1) 周知性。招标书主要通过报刊、电视及网络等大众传播媒介进行公布,具有明显的知照性特征。

(2) 时效性。招标书的内容及其所提条件,都要求投标方在一定时间段内做出决定,决定是否参与招标,并缴纳相应的保证金。

3. 招标书的种类

根据招标区域划分,有国际招标书和国内招标书。

根据招标方式及公开程度划分,有公开招标书及邀请招标书。

根据招标内容划分,有承包招标书、工程招标书、商品交易招标书等。

(二) 招标书的格式

招标书格式较为固定,一般由标题、正文、结尾三部分组成。

1. 标题

常见招标书的标题有三种。一是由招标单位名称、招标内容及文种构成,如《××公司会议大楼墙壁粉刷招标公告》;二是由招标内容、文种两项组成的标题,如《办公用品招标公告》;三是只列文种,如《招标书》或《招标公告》,仅在首行题目位置居中排列。

2. 正文

正文主要由前言和主体组成。前言部分逐一列举清楚招标依据、范围、原因、目的等因素。主体部分往往采用逐条列举的方式,全面、清晰、详细地交代出招标条件、招标方式(公开招标、内部招标、邀请招标)、招标范围、招标程序、招标内容的具体要求,双方签订合同的原则,招标过程中的权利和义务,以及其他注意事项等内容。

3. 结尾

招标书的结尾,要明确写出招标单位的名称、地址、邮政编码、电话、传真、电子信箱、联系人等,以便投标者联系。

(三) 招标书写作的常见错误和写作要点

1. 常见错误

(1) 内容上违背法律法规关于招投标活动的相关规定,招标书因此缺乏有关经济活动的行政认可及执行力,即失去效力。

(2) 结构上缺乏清晰度。有的招标书长篇累牍,不注重对所涉及的内容进行分类整理,文字胡乱罗列,内容重叠,不能突出重点,使人一目了然,影响到投标方的阅读理解。

(3) 所列条目及语言文字不够周密、严谨。有的招标书未能全面全备地列出招标条件及有

关项目，往往使双方产生误解，导致不必要的经济纠纷。文字措辞不严谨，比如使用语义模糊的词语来表达，在时间、数量、质量上表述不具体，更会令招标活动低效率，甚至使招标方陷入信任危机。

2. 写作要点

（1）内容上要求合法、全面、严谨、规范。招标活动是一种严谨的经济活动，作为签订合同依据的招标书，具有一定公告性质，也往往是招标方和投标方合同签订的前提，写作上一定要格外慎重。

（2）结构上要求清晰、简明。招标书写作往往采用条款式写法，行文中只要把所列项目简要介绍清楚，并重点突出即可，切忌堆砌。

（3）语言上要求准确、具体。如招标文书对将采购的物资设备应有翔实具体的技术参数，对工程项目的质量标准应有明确规定，要注明是国际标准、国家标准还是部颁标准。如无通用标准，则应注明按图纸或样品为准。至于有关技术参数、质量标准和技术规格，根据实际情况允许有细微差异时，其差异范围也要加以明确限定，标明允许误差的准确幅度。

（四）例文

后勤及产业集团 2011 年食品原材料招标公告

根据《××××大学后勤及产业集团大宗物资招标投标实施办法》和有关法律法规的规定，后勤及产业集团 2011 年食品原材料实行招标采购。为保证招标活动公开、公平、公正的进行，现将有关事项公告如下。

一、招标内容：

××××大学学生食堂食品原材料（主要是大米、面粉、猪肉和菜油）采购项目。

二、投标人资质要求：

1. 具有独立的法人资格，有生产或供货能力，成立三年以上时间；

2. 企业注册资金≥50 万元人民币，或有等额存款等其他资产证明；

3. 近三年企业无不良记录声明书；

4. 省教育厅公示的餐厅物资供货入围企业。

三、投标人在开标前按标段向招标人交投标保证金现金（含廉政保证金）贰万元，未中标者投标保证金于招标结束后退还（不计利息）。中标人的投标保证金签订合同后转为质量和履约保证金。

四、报名方式：凡愿参加投标者，请于 2011 年 8 月 12 日～8 月 19 日下午 5 时，持企业资质证明原件及复印件（加盖公章），到××××大学后勤及产业集团办公室，经资格审查符合条件的方可报名，并领取招投标文件。

五、投标时间：凡报名参加本次招标的投标人，于 2011 年 8 月 22 日开标前现场递交盖有单位鲜印章的投标文件。

六、投标人须有三家及以上方能开标。

七、开标时间：2011 年 8 月 22 日上午 9：00

八、开标地点：××××大学后勤及产业集团办公室

九、联系电话：×××××××；××××××××

二、投标书

（一）投标书的概念、特点和种类

1. 投标书的概念

投标书是在经济活动过程中，与招标书相呼应的经济文书。投标书是投标人为了成功签订合同，根据招标书的条款向招标人提出备选方案的文书，又被称为"投标函"。根据 1999 年制定的《中华人民共和国招标投标法》规定，投标书应当对招标书提出的实质性要求和条件作出明确具体的响应。

2. 投标书的特点

（1）竞争性。投标书在内容上总是详细地研究招标书提出的要求，并在市场经济活动中，充分、细腻地分析其他投标竞争者的有关优势和价位区间，形成最易为招标方青睐的备选方。

（2）中介性。投标书不仅是招投标最终环节中中标的依据，也是中标后签订合同的基础。

3. 投标书的种类

投标书一般分为生产经营性投标书和技术投标书。

生产经营性投标书有工程投标书、承包投标书、产品销售投标书、劳务投标书。

技术投标书包括科研课题投标书、技术引进和技术转让投标书。

（二）投标书的格式

投标书在形式上较为自由，可以根据招标书要求采取相对固定的格式，也可使用一般的写作格式。

（1）标题。投标书标题的位置居于首行正中。可以选用"投标答辩书"、"投标申请"，也可简单标为"投标书"，有的还会加上相关事由。

（2）正文。投标书正文由称谓、导语和主体构成。称谓一般使用招标方的身份称谓或对招标方的敬称。导语应强调投标依据，并明确关于签订合同的主导思想。主体部分，应全面而详细地罗列自身经营方针、经营思想、经营目标、经营措施以及自身可以达到的投标要求及外部条件等。如内容过多，也可采用附录的形式。

（3）结尾。投标文书的结尾要写明投标方的名称，并要加盖印鉴、法人代表的签章、地址、电话号码和日期等有效内容。

（三）投标书写作的常见错误和写作要点

1. 常见错误

（1）投标人未能实事求是地表达自身意愿。

（2）投标文书未能呼应招标文书中提出的问题、要求、条件，缺乏针对性。关键内容或细节陈述未得到全面陈述，必须明确的问题出现遗漏。

（3）市场分析不足，标价过高，很难在与其他投标方的竞争中中标；而标价过低，也往往使自身利益受损。

（4）表述缺乏准确度。模糊的或含有歧义的表述往往容易造成双方经济纠纷。

2. 写作要点

（1）根据招标方的要求和自身的条件，进行有效的市场调查，详尽地分析研究，制订出理想的投标方案，并以优惠的价格区间吸引招标方的关注，并赢得其认可。

（2）行文上应当对招标书提出的实质性要求和条件作出明确具体的响应。

（3）结构清晰、简明，令人一目了然。

（4）语言准确、具体，避免含糊笼统。

（四）例文

××工程建设投标书

1. 在研究了上述工程的施工合同条件、规范、图纸、工程量清单以及附件第_____号以后，我们，即文末签名人，兹报价以_____（_____），根据上述条件确定的其他金额，按合同条件、规范、图纸、工程量清单及附件要求，实施并完成上述工程并修补其任何缺陷。

2. 我们承认投标书附录为我们投标书的组成部分。

3. 如果我们中标，我们保证在接到监理工程师开工通知后尽可能快地开工并在投标书附录中规定的时间内完成合同规定的全部工程。

4. 我们同意从确定的接收投标之日起_____天内遵守本投标书，在此期限期满之前的任何时间，本投标书一直对我们具有约束力，并可随时被接受。

5. 在制定和执行合同协议书之前，本投标书连同你方书面的中标通知，应构成我们双方之间有约束力的合同。

6. 我们理解你们并不一定非得接受最低标或你方可能受到的任何投标书的约束。

附录：《××××××××××》

签字人_____职务_____

授权代表_____

地址_____

证人_____

地址_____

职业_____

_____年_____月_____日

第五节　商品（产品）说明书

一、商品（产品）说明书的概念、特点和种类

（一）商品（产品）说明书的概念

商品说明书（产品说明书）是一种用通俗平易的语言指导大众消费的应用性文书，是关于商品（产品）的性能、构造、规格、特点、用途、使用方法、维修保养及售后服务等内容的文字说明。

（二）商品（产品）说明书的特点

（1）内容的客观性。作为向消费者推介的对象，商品（产品）自身所具有的性能、构造、规格等信息是客观存在的，不允许错误的描述和虚构、夸张，也不允许以主观的感受和体验代

替客观信息。

（2）结构的条理性。商品（产品）说明书往往将自身的信息分门别类地进行排列，便于消费者迅速了解。

（3）语言的通俗性。因为要面对大众，商品（产品）说明书要求通俗直白，能直接突出商品（产品）的特征及优势。

（三）商品（产品）说明书的种类

（1）根据内容的不同，可以划分为简述性介绍说明书和阐述性解说说明书。

（2）根据篇幅的长短，可以划分为简约说明书和完整说明书。

（3）根据阅读对象的不同，可以划分为专业说明书和普通说明书。

（4）根据表达形式的差异，可以划分为文字式说明书、图表式说明书和视频式说明书。

（5）根据传播介质的不同，又可以划分为手册式说明书、插页式说明书、标签式说明书、外包装式说明书。

二、商品（产品）说明书的格式

由于商品（产品）类别及性质不同，商品（产品）说明书的格式也较为灵活，但一般都由标题、正文、落款三部分组成。

（一）标题

常见标题有三种形式：一是以商品名称加文种作标题，如《×××剃须刀使用说明书》；二是以商品名称作标题，如《××××咳速停糖浆》；三是直接以文种作标题，如《商品说明书》、《产品说明书》、《使用说明》、《使用指南》等。

（二）正文

作为商品（产品）说明书的核心部分，因商品的不同，正文需要说明的内容也不同，有的侧重于商品的使用，有的侧重于其功能，有的侧重于其构造，有的侧重于其成分。比如，家电说明书重在说明使用方法和保养方法；药品说明书重在说明构成成分、使用功能、用量及保质期。

总的来说，往往根据商品（产品）介绍的实际需要，对以下要素进行有选择或有强调性地说明。

（1）商品基本情况，包括商品名称、规格、型号、基本成分、用途、产地、制作方法等信息。

（2）商品基本属性及特色。

（3）安装、使用及操作方法，注意事项及禁忌，可配图说明。

（4）保养、维修及其他售后事宜。

（5）包装特点、内含具体物品及各部分数量、附属物品说明。

（6）厂址、经销商地址、售后及服务电话、邮箱等。

（7）附加说明。如用户意见、保修卡声明及订货邀请等。

正文的写法多样，常见的写法有概述式、条款式、短文式、图文结合式。除此以外，还有对话式、表格式、故事式、解释式等。

（三）落款

落款要写明制造厂商的名称、邮编、地址、电话、传真、E-mail 地址、产品的批号、生产日期等内容。不同的商品说明书，应根据实际需要落款。

三、商品（产品）说明书写作的常见错误和写作要点

（一）常见错误

（1）未能正确、全面、有效地介绍商品的有关信息，未能突出或强调商品（产品）的特色、优势、注意事项、禁忌等。如有的介绍只是泛泛而谈，未能在关键有特征的性能、功效上多加笔墨；有的把功效写得很笼统，误导消费者；有的介绍安装使用方法不具体，令人不得要领。

（2）用词不恰当，常因语义含混而影响表达效果。

（3）行文缺乏简洁，语句拖沓重复。

（4）有时限要求的商品（产品）未标明出厂日期或保质期，引发顾客质疑。

（二）写作要点

（1）说明内容必须围绕介绍对象，无关的信息要统统删去。

（2）说明中涉及的信息必须真实可靠，实事求是。

（3）行文中重视条文式写法，辅之以图表，力求做到文字简炼，通俗平易。

四、例文

××胃康灵

使用说明

【成　　分】白芍、白及、甘草、茯苓、延胡索、海螵蛸、三七、颠茄浸膏。

【性　　状】本品为胶囊剂，内容物为褐色粉末，味甘。

【功能主治】柔肝和胃，散瘀止血，缓急止痛，去腐生新。用于急慢性胃炎、胃溃疡、糜烂性胃炎、十二指肠溃疡及胃出血等症。

【用法用量】口服，一次4粒，一日3次，饭后服用。

【规　　格】每粒装0.4g

【贮　　藏】密封

【包　　装】吸塑铝箔板，每盒装24粒

【有 效 期】3年

【批准文号】国药准字 Z23021657

【生产企业】×××××××股份有限公司

【疗　　程】六盒一个疗程，按疗程服用，效果更佳

电话：××××××

网址：××××××

药品名称：胃康灵胶囊

批准文号：国药准字 Z23021657

产品类别：中药

剂型：胶囊剂

规格：每粒装0.4g

批准日期：2002-10-16

原批准文号：ZZ-3765-×卫药准字（1985）第 200322 号

练习题

一、填空题

1. 合同在格式上一般包括_____、_____、_____和_____几个部分。

2. 市场调查报告的标题主要有_____和_____两种形式。

3. 招标书按照招标内容可划分为_____、_____、_____等类别。

4. 商品（产品）说明书在语言上一般要求通俗直白，能直接突出商品（产品）的_____及_____。

二、判断题

1. 租赁合同内容要简洁，如修缮、转租等事宜不属于通用条款，口头约定即可，不必非在合同中出现。（　　）

2. 投标书必须呼应招标文书中提出的问题、要求、条件。（　　）

3. 市场调查报告首先要遵循市场运行的规律，进行实事求是的调查研究。（　　）

4. 商品说明书必须正确、全面、有效地介绍商品的有关信息。（　　）

三、简答题

1. 简述合同包含哪些通用条款？

2. 怎样理解合同的语言一定要准确的要求？

3. 试述市场调查报告写作中的注意事项。

4. 举例说明不同类型的商品说明书在写作中的差异。

四、实践题

1. 认真阅读本章第二节"合同"的例文3，谈谈对于劳务合同写作要点的认识。

2. 阅读下列产品说明书，指出其写作中的优点及存在的问题。

××牌健腹机说明书

产品构造：钢管，ABS，PVC包皮坐垫，PVC伸缩管，强力乳胶管，PU轮，胶棉套等。

带光盘盒英文说明书

包装重量约：7kg

外箱尺寸：54＊45＊18（CM）

AD收腹运动机豪华升级版，让减肥一步到位，摇一摇，不仅腹部脂肪就以奔跑的速度大量消耗，同时还能做瘦腰、瘦腿、瘦臀、瘦手臂运动，每天5分钟，轻松摇一摇，肥肥的水桶腰不见了、粗粗的大腿变细了，松弛的臀部紧实了！瘦身乐趣也提升了20倍！

产品功能特点：

● 结合美体塑型、有氧运动、伸展运动、舒压解乏、按摩五效合一。

● 通过背、腹、腰、手臂的配合共同运动，能多角度、全方位锻炼腰腹、臀腿、手臂各部位，雕塑身体每寸曲线。

● 靠背部的发泡棉滚轮，在锻炼过程中不仅起到支撑和保护作用，更能按摩背部，帮助消除疲劳。

● 可有效缓解腰背部因缺少运动或错误坐姿行走习惯而产生的酸痛感，减轻腰背部压力。

● 全程有氧运动，高效率锻炼腰、腹、臀、腿部肌肉群，帮你燃烧卡路里，重塑曲线。

● 不用时可以折叠起来放在床底、阳台角落，减少占用空间。

产品特性：

1. 经人体工学及机械结构设计，流线外型的设计，美观大方，使用简单；产品根据人体脂肪燃烧特性设计，轻松锻炼20分钟以上后，达到脂肪燃烧轻松塑身的目的。

2. PU滚轮、PVC耐冲塑料及钢管材质，坚固耐用且不需能源；重量轻巧，不受地形地物的限制，可随时使用；优质的选材，天然乳胶拉伸管经过连续高强度伸缩20 000次测试。

3. 不论男女老少，人人都可使用；产品体积小、重量轻、不占空间，携带收藏方便，居家外出旅行皆可使用，不需技巧体验快，轻松上手。

4. 产品外形时尚，色调稳重，时尚人士必备单品。独特外型设计，功能与质感兼具平时用仰卧起坐板，做仰卧起坐 20~30 个我们就感觉非常累了，有这款机子后一口气做 100 个都不感觉累，减少身体别的部位运动量，增加腹部运动强度，达到收腹的效果。

5. 靠背上的几个高密度 PU 软胶轮，在我们身体运动的时候，会来回滚动，可以按摩背部脊椎。

6. 可以在室内做运动，也可以户外做，随时随地。

本章参考资料

[1] 胡中柱. 金融应用文写作 [M]. 北京：中国金融出版社，2007.

[2] 江冰. 新编经济写作 [M]. 广州：广东人民出版社，2005.

[3] 李道荣. 现代经济应用写作 [M]. 武汉：湖北人民出版社，2004.

[4] 廖妍，李凡. 经济文书写作方法与技巧 [M]. 北京：中国人事出版社，2011.

[5] 刘锡庆. 经济应用文书写作 [M]. 北京：北京师范大学出版社，2008.

[6] 吴慧媛. 经济应用文写作 [M]. 成都：西南交通大学出版社，2008.

[7] 杨文丰. 现代经济文书写作 [M]. 北京：中国人民大学出版社，2008.

[8] 俞纪东. 经济写作 [M]. 上海：上海财经大学出版社，2009.

[9] 郑敬东，钱国纲. 经济与管理文书规范写作 [M]. 重庆：重庆出版社，2002.

第九章 诉讼文书

第一节 诉讼文书概述

一、诉讼文书的概念

诉讼，就是通常说的打官司。当自己的合法权益受到侵害，要依法提起诉讼就必须以诉讼文书为凭证。诉讼文书是指所有涉及法律诉讼的文书。它既包括国家司法机关依法按照诉讼程序在处理民事、行政、刑事诉讼案件中制作和发布的具有法律效力和法律意义的文书，也包括公民、法人和其他社会组织在民事案件、行政案件和刑事案件中为了维护自己的合法权益，针对具体案情，依据法律和诉讼程序的相关规定，向人民法院提出某种诉讼要求或答辩的文字材料。本章主要介绍各类案件当事人及其法定代理人经常使用的起诉状、上诉状、申诉状、答辩状和辩护词。

二、诉讼文书的特点

（一）制作的法定性

诉讼文书的主体、内容、制作时限和具体要求都必须符合相关的法律规定。例如，制作各类诉讼判决书和裁定书的主体只能是人民法院。内容上，多数诉讼文书必须具备的法定内容，包括以下几个方面：案件当事人的基本情况、案情的事实和证据、对案件性质的认识和判断、对案件的处理意见等。在案件当事人的基本情况中，除了应该有姓名、性别、民族、籍贯等要素外，还必须提供准确的年龄。特别是对 14～18 岁的涉案当事人，确切的年龄对于他们具有特定的法律意义。制作时限也需要遵照法律的规定。如对刑事案件来说，不服判决的上诉和抗诉的期限为 10 天，不服裁定的上诉和抗诉的期限为 5 天。

（二）格式的规范性

大部分应用文的格式都具有相应的要求和规范性，但是诉讼文书与其他应用文相比，具有强烈的公式化、程式化的特点。诉讼文书的写作要严格遵循固定的格式并联系一定的法律程序。诉讼状一般有比较固定的格式，即由首部、正文、尾部、附项组成。具体要素如下。

首部：标题、当事人基本情况、案由等。

正文：诉讼请求、案情事实、请求理由、证据等。

尾部：署名、日期等。

附项：附注说明。

（三）主旨的鲜明性

诉讼文书是为了通过法律解决一定的实际问题而制作的，具有明确的目的性。在阐明主旨时，必须使其在文中的表达鲜明而突出，能够一目了然、单一集中，这样才能使诉讼文书更好地发挥它所应有的法律效能。

（四）材料的真实性

诉讼文书所使用的材料必须是绝对客观、真实的材料。因为案件的基础是事实，材料则是说明事实的具体内容。所以诉讼文书的写作材料不能有半点虚假，也不能进行任何所谓的合理想象，要写清案情的真实情况，就必须选择真实典型的材料。

（五）语言的精确性

诉讼文书语言运用的一个特点是"法律语言"。由于涉及国家、集体和个人的根本利益，具有现实的法律意义，因此在诉讼文书的写作中，语言运用必须精确无误、明白清楚，不能有半点含糊其辞、模棱两可的现象出现，要做到表达严密、推理严谨而又合乎逻辑性，要具有庄重严肃的色彩。

三、诉讼文书的作用

（一）是当事人依法维权的重要工具

任何公民、法人和社会组织在自己的合法权益受到侵害的时候，都可以拿起法律武器来维护自己的合法权益。正确运用法律武器就必须要走法律程序，即向人民法院提起诉讼，要让人民法院受理诉讼请求，诉讼文书是必不可少的。因此，诉讼文书是当事人依法维护自己合法权益的重要工具。

（二）是诉讼活动顺利进行的重要保证

人民法院要受理各类刑事、民事、行政案件的诉讼请求，首先就要对案件进行审查，而审查的就是起诉书、上诉书等书面信息，所以必须凭借诉讼文书，人民法院才能受理案件的诉讼要求，这是进入诉讼程序的标志。因此，上诉需要上诉状，申诉需要申诉状。有诉讼文书，才能保证诉讼活动的顺利进行。

（三）是诉讼活动的忠实记录

诉讼活动从案件的受理、结案到法律的执行，都有着非常严密的法律过程，中间还要经过立案、侦查、批捕、起诉、判决等多个程序，每一个阶段都有与之相应的诉讼文书。诉讼文书构成了每一个案件系统的、全面的、有据可查的忠实的文字记录。

（四）是保证法律实施和监督的有效手段

由于诉讼文书能够提供整个诉讼活动的前因后果及整个审查和受理过程的文字资料，如通过查阅和分析刑事案件的立案、侦查、批捕、起诉、判决、执行等司法文书案卷，可检查用法、执法情况。因此，诉讼文书也是保证法律实施、进行法律监督的有效手段。

四、诉讼文书的写作要求

（一）格式规范，事项齐全

诉讼文书具有法定的写作格式，因此在写作诉讼文书时要严格遵循既定的写作格式，并且要按照格式的要求写全应提供的事项内容。

（二）依法制作，主旨鲜明

诉讼文书是诉讼活动顺利进行的重要保证，也是法律得以执行和实施的重要手段，因此，诉讼文书必须依照法律的要求制定，严格依照法律程序的规定以及法律要求的诉讼时效，并阐明主旨，使主旨鲜明、突出。

（三）材料真实，依法说理

制作诉讼文书使用的材料必须是客观的、真实的，来不得半点虚假。因为诉讼文书具有法定性，所以对事理的分析必须以法律为依据，严格遵循法律，做到以法诲人、以理服人。

（四）语言精确，表达严密

诉讼文书的语言运用要精确无误，不能模棱两可、产生歧义，语言表达要严谨规范，语句完整。

第二节 起 诉 状

一、起诉状的概念、特点和种类

（一）起诉状的概念

起诉状俗称"状子"，是指在民事、行政或刑事案件中，当事人（公民、法人或其代理人）为了维护自己的合法权益，依法向人民法院提出诉讼请求的书面材料。

（二）起诉状的特点

（1）起诉状内容要符合法律规定。起诉状的内容是由法律严格规定的，如诉讼请求要依法提出，事实与理由的阐述也要根据法律的规定。

（2）起诉状具有固定的格式。最高人民法院于1992年和1993年先后制定和规范了起诉状的格式，起诉状的制作必须严格按照规范的格式进行。

（3）起诉状具有严格的语言要求。因为诉讼文书的法定性，所以起诉状具有严格的语言要求。涉及叙事要明确事件的发展脉络、人物关系、重要的细节；涉及说理要引用法律条文，分析事实，严密论证。

（三）起诉状的种类

根据诉讼案件的性质分类，起诉状可以分为民事起诉状、行政起诉状和刑事自诉状。

（1）民事起诉状，是原告或其法定代理人为维护自己的合法民事权益就有关民事权利和义务的纠纷，依据有关法律和事实向人民法院提呈的书状。

（2）行政起诉状，是公民、法人或其他组织，认为行政机关和行政机关工作人员的具体行政行为侵害其合法权益，根据有关法律和事实，依法向人民法院提起诉讼所呈交的书状。

（3）刑事自诉状，是自诉人或其法定代理人，为维护自诉人的人身权益，依据有关法律和事实，直接向人民法院控告刑事被告人，要求追究被告人刑事责任或附带民事责任的书状。

二、起诉状的格式和写法

（一）起诉状的基本格式

××起诉状

原告：姓名、性别，出生年月日、民族、籍贯、职业或工作单位和职务、住址、电话等。

委托代理人：姓名、性别，××律师事务所律师。

被告：姓名、性别，出生年月日、民族、籍贯、职业或工作单位和职务、住址、电话等。

诉讼请求：

××××

事实和理由：

××××

　　此致

××人民法院

起诉人：×××

××××年×月×日

　　附：1. 本状副本：×份；

　　　　2. 证据、证人证言×份。

（二）民事起诉状的写法

民事起诉状主要包括首部、正文、尾部三部分，外加附项。

1. 首部

首部包括标题、当事人基本情况。

（1）标题。标题要写成"民事起诉状"或"刑事附带民事起诉状"。

（2）当事人基本情况。要按照先写原告人后写被告人的顺序写。如果是自然人，要依次写清楚姓名、性别、出生年月日、民族、籍贯、职业或工作单位和住址等。如果是机关团体、企事业单位或其他组织，就先写单位的名称、地址、邮编，再写法定代表人或主要负责人的姓名、职务和电话等。如果原告有代理人，应该另起一行列出代理人的称谓，并依法写明该代理人的基本情况和与原告的关系；如果是委托律师代理，那么只写律师的姓名和律师所在的律师事务所即可。

2. 正文

正文一般包括请求事项、事实和理由。

（1）请求事项。诉讼请求事项要写明请求法院解决的有关民事纠纷的具体问题，内容要具体、明确、简明并且符合法律规定，如要求被告清偿债务、赔偿损失等。

（2）事实和理由。诉讼事实和理由是正文的核心内容。诉讼事实是原告向法庭提供裁判的根据，对事实的陈述要按照叙述的六要素进行阐明，即把事情发生的时间、地点、人物、事件的起因、过程和造成的结果交代清楚，层次要分明。理由要根据事实和证据进行阐明，所列的证据要根据法律条款进行分析，使陈述的理由有理有据。此部分要重点论证原告请求的合法性以及被告应负的法律责任。

3. 尾部

尾部包括致送机关、署名、时间。

（1）致送机关，即受诉的人民法院的名称。在文章结尾另起一段空两格写"此致"，再另起一段顶格写"××人民法院"。

（2）署名。在右下方写原告人姓名或者是法定代表人和委托人的姓名并盖章。

（3）时间。时间写在署名下面，要用汉字大写写明年月日。如"二○一一年九月三日"。

4. 附项

附项应具体写明诉状副本份数、证据种类及数量、证人姓名和住址等。

（1）本状副本×份；

（2）物证×件；

（3）书证×件。

（三）行政起诉状的写法

（1）首部。首部包括标题、当事人基本情况。①标题。居中写明"行政起诉状"。②当事人基本情况。包括原告、被告以及第三人，并以此为写作顺序，要写明姓名、性别、出生年月日、籍贯、职业或工作单位、住址等具体信息。

（2）正文。正文包括诉讼请求、事实和理由。①诉讼请求。要根据具体的行政行为违法性的情况提出诉讼请求。②事实和理由。事实和理由是行政诉讼的主体部分，要按照记叙六要素把被告人的违法行为按事件的起因、经过、结果的顺序把整个事件发生过程交代清楚。

（3）尾部。同民事起诉状。

（4）附项。同民事起诉状。

（四）刑事自诉状的写法

（1）首部。首部包括标题、当事人基本情况。①标题。标题通常居中写明"刑事自诉状"，如果附带民事诉讼，则写"刑事附带民事起诉状"。②当事人基本情况。当事人包括自诉人和被告人，要写明姓名、性别、出生年月日、民族、籍贯、职业或工作单位、住址等。如果有法定代理人，在当事人的下面要写明法定代理人的情况。

（2）正文。①案由和诉讼请求。写明被告所犯的具体罪行，并请求人民法院依法追究被告人的刑事责任。如附带民事诉讼，要分条写明要求被告赔偿的具体项目和数额。②事实和理由。事实部分要写明被告犯罪行为的具体情况，按时间顺序将整个事件的起因、经过和结果交代清楚。理由部分要结合被告人的犯罪事实和触犯的法律对被告人犯罪行为的性质和罪名进行分析和认定。事实和理由的陈述要实事求是、合理合法、有理有据。③证据和来源。写明证据的名称以及证据的来源，有证人的要列出证人的姓名、地址等详细信息，以便法院查证。

（3）尾部。同民事起诉状。

（4）附项。具体写明诉状副本份数、证据种类及数量、证人姓名和住址等。

三、起诉状写作的常见错误和写作要点

（一）常见错误

（1）标题不正确。标题只写"案件性质＋文种"即可，具体是哪类案件则不需要写明。例如，"离婚起诉状"这个标题需要改成"民事起诉状"。另外，有的还仅仅写为"起诉状"、"行政诉状"或"民事起诉书"，皆为不正确的写法。

（2）原告、被告的情况事项不完整，没有列清其具体信息。

（3）请求不明确。例如，对于所要求的民事赔偿，赔付标的指代不明，或有关款项的数目不清。

（4）所陈述的事实和理由不明确。事实只是笼统的陈述，而没有具体说明，尤其是关键环节写作处理模糊。理由过于简略，事实不充分，引用法律条文不准确，另外在附项中缺乏证据支持，不足以支持诉讼请求。

（5）落款格式错误。例如，落款的"此致"没有空两格写，送致法院名称没有顶格写，时间写成阿拉伯数字等。

（6）没有列出附项。即使没有其他证据和材料，也需要写明诉状副本的份数。

（二）写作要点

（1）要区分清楚具体的文种名称。虽然民事起诉状、行政起诉状、刑事自诉状的写作格式基本相同，但是涉及写作格式的具体细节之处还是有所区别的。因此要清楚诉状的类型，严格按照相应的格式写作。

（2）要把原告、被告及其具体信息写清楚。如有两个以上的被告，则要按其责任大小的顺序先后排列。

（3）诉讼请求要合理合法。诉讼请求除了要表述得详尽、明确之外，也要符合法律的规定，切实可行。如赔付标的的数额要明确、具体，有关的执行行为是可施行的，语言表述不空洞虚渺。

（4）诉讼理由要以事实和法律为依据。陈述的理由不能是胡编乱造的，而要以发生的事实为基础，一般以时间顺序围绕中心来写。还要根据法律条文，依法来阐明被告行为的性质，奠定诉讼请求的基础。

四、例文

例文1

民事起诉状

原告：×××，男，汉族，广西××市人，生于1980年10月12日，现役军人，驻××部队。

被告：×××，女，汉族，广西××市人，生于1980年9月26日，住××市港北区中山路11号。

案由：离婚纠纷。

诉讼请求：

1. 请求人民法院依法解除原告与被告的婚姻关系；

2. 请求人民法院依法判决被告赔偿原告精神损失费6万元，判决返还婚前所有财产及其他费用14万元；

3. 请求人民法院依法判决本案的诉讼费用由被告承担。

事实和理由：

原告在部队服役期间，于2006年经他人介绍与被告×××相识并确立恋爱关系。于2008年6月6日办理了结婚登记。现原告向人民法院提起诉讼，请求依法判决原告与被告离婚。

原告由于在部队服役，双方仅凭电话交流，并且仅见面一次后便在双方父母的劝说下草率结婚，原、被告之间没有任何感情基础。同时，被告严重违背社会道德，在与原告结婚期间，竟然与他人同居，严重伤害了原告的人格，使原告在部队无法安心服役，精神上遭受到了严重打击。加之由于被告性格古怪，好吃懒做，不理解和支持部队的工作，不珍惜婚后俩人的感情，不仅在家对原告实施身体伤害，而且被告先后两次随其母亲到原告驻地部队无事生非，与原告大吵大闹，将部队配发的生活设施砸烂，并要求原告将其带入部队军事禁区，被告的行为严重影响到了部队的管理制度。由于被告的上述行为不仅严重伤害了原告与被告之间的感情，更为严重的是被告的行为严重影响到部队的各项军事训练及军队管理制度，并造成原告不能安心服役。原、被告之间的婚姻纠纷经部队连、营、团和司令部各级组织和领导多次调解无效，现原、被告双方婚姻关系已名存实亡，双方感情确已破裂。

综上所述，由于被告不履行夫妻忠诚义务，在婚姻存续期内，又与他人非法同居，使原告身心受到了严重打击而无法安心在部队服役。同时，被告与原告结婚是看中部队工资高，并没有与原告共同组建家庭的愿望，现原告和被告双方感情确已破裂。为维护原告的合法权益，根据《中华人民共和国民事诉讼法》第一百零八条之规定，特向贵院提起民事诉讼，请求维护原告的合法权益，并依法判决。

此致
××市××区人民法院

具状人：×××
二〇〇×年十二月九日

附：本诉状副本一份

例文 2

行政起诉状

原告：××超市，地址：甲市乙区东大街 129 号。

法定代理人：×××，男，汉族，××省××市人，生于 1973 年 2 月 14 日，职务：经理，电话：××××××。

委托代理人：×××，男，汉族，××省××市人，生于 1976 年 6 月 27 日，甲市××律师事务所律师。

被告：甲市工商局，地址：甲市丁区××大街××号。

法定代表人：×××，男，汉族，××省××市人，生于 1975 年 8 月 11 日，职务：局长，电话：××××××。

原告因房屋租赁合同一案，不服甲市工商局工商合字〔2007〕第 12 号违法合同处理决定书的决定，现依法提起行政诉讼。

诉讼请求：

1. 请求撤销甲市工商局工商合字〔2007〕第 12 号违法合同处理决定书第二项。

2. 请求判决甲市工商局重新作出合同处理决定，责令 E 厂返还我店向 B 厂支付的 15 000 元房租，并赔偿我方因合同无效而受到的损失×××万元。

事实和理由：

1. 我超市在 2007 年 8 月与 B 厂（该厂 2007 年 9 月已与 C 厂合并为 E 厂，现地址为甲市丙区环海路 8 号）签订房屋租赁合同时，并不知道该房屋系 B 厂未经房屋所有权人允许擅自转租的，并且在合同签订后向 B 厂支付了三个月房租共计人民币 15 000 元（有收据为证），所以我超市对合同的无效没有任何责任。经济合同无效的责任完全在 B 厂，其责任应该由合并后的E厂承担。

2. 我超市与B厂签订的房屋租赁合同虽因侵犯房屋所有权人D厂的利益而无效，但并没有因此损害国家利益或社会公共利益。

3. 甲市工商局工商合字〔2007〕第12号违法合同处理决定第二项认为我超市与B厂签订的房屋租赁合同，违反国家利益和社会公共利益，且确认我超市系故意所为，由此决定将我方付给B厂的房租予以没收。我们不服，提起复议，省工商局以工商合复字〔2007〕第7号复议决定书维持甲市工商局的处理决定。这一决定没有事实依据，适用法律错误。

根据《经济合同法》第36条第1款的规定，经济合同被确认无效后，当事人依据该合同所取得的财产，应当返还对方。有过错的一方应当赔偿对方因此所受到的损失。

综上所述，我超市认为甲市工商局工商合字〔2007〕第12号违法合同处理决定书第二款缺乏事实依据，适用法律错误，根据《行政诉讼法》第五十四条第二款之规定，请求人民法院撤销该决定书第二项处理决定，并判决被告甲市工商局重新作出具体行政行为，依法责令E厂将B厂从我厂取得的15 000元房租返还我超市，并赔偿我超市因此受到的经济损失。

此致
甲市丁区人民法院

具状人：××超市（公章）
法定代表人：×××
××××年×月×日

附：1. 本诉状副本一份；
2. A超市与B厂签订的房屋租赁合同1份；
3. 甲市工商局工商合字〔2007〕第12号违法合同处理决定书1份；
4. 省工商局工商合复字〔2007〕第7号复议决定书1份；
5. B厂向A超市出具的房租收据1份。

例文3
刑事附带民事起诉状

自诉人：李××，男，汉族，19××年×月××日出生，××市××单位，工人，住××区×马路××号，联系电话：×××××××。

被告人：张××，男，汉族，19××年×月×日出生，工作单位：××市××公司，工人，住××区×马路××号，身份证号：×××××××。联系电话：××××××。

被告人：王××，男，汉族，19××年××月××日出生，工作单位：××市××公司，工人，住××区×马路××号，身份证号：×××××××。联系电话：××××××。

诉讼请求：
1. 两名被告人共同犯故意伤害罪，请依法追究其刑事责任。

2. 请依法判令两名被告人共同对自诉人进行赔偿，向自诉人赔偿医疗费××××元、误工费××××元、交通费××××元等共计××××元。

事实与理由：

两名被告人是同事关系，两人共同在××市××公司工作，两人家住××区 ××马路××号××房和××房，与自诉人相邻，自诉人与两名被告人××时也相识。

2××× 年××月××日下午五时许，自诉人陪母亲（与自诉人同住）回家时，路经被告人张××的住处，处于醉酒状态的被告人张××大呼自诉人母亲的绰号。自诉人不满，委婉地请求其停止侮辱行为。被告人张××先对自诉人进行侮骂，继而手持木棍击打自诉人头部。站在一旁的另一被告人王××不仅不制止，反而为张××帮忙，用脚猛踢自诉人胸、腰部数下。自诉人顿时血流满面，倒地昏迷，后被邻居送往医院急救。

经诊断确诊为，自诉人左前额部软组织裂伤、锁骨骨折。经报案后，××市公安局指派法医对自诉人伤情进行了鉴定，确定自诉人所受之伤害已经构成轻伤。

综上所述，两名被告人置法律于不顾，伤害自诉人身体，后果严重，已触犯刑法第234 条之规定，构成故意伤害罪。由于被告人的犯罪行为而使自诉人遭受经济损失，依据《民法通则》之规定，被告人还应承担民事赔偿责任。为此，依照刑事诉讼法的规定，特向贵院起诉，请贵院公正判决，以维护自诉人的合法权益。

此致
××市××区人民法院

自诉人：李××
××××年×月×日

附：本诉状副本 2 份

第三节 上 诉 状

一、上诉状的概念、特点和种类

（一）上诉状的概念

上诉状，是民事、刑事和行政案件的当事人或其法定代理人，不服地方各级人民法院第一审的判决、裁定，在法定期限内，依照法定程序，请求上一级人民法院依法撤销、变更原审判决或者重新审理而提交的诉讼文书。

上诉状和起诉状在写法上有类似之处，但它们也有明显的区别。起诉状的写作没有时间限制，何时起诉由原告决定，而上诉状的写作和提呈必须在法院作出判决后，但判决仍未生效的时间内完成。提交起诉状引起的是一审程序，在一审中如果不服法院作出的判决可上诉，提交上诉状会引起二审程序。如果是终审，不能再提起上诉。起诉状主要是根据客观事实进行写作，由事实推出请求，而上诉状主要是针对原审判决的内容进行辩驳。

（二）上诉状的特点

（1）必须是地方人民法院第一审判决或裁定后，由当事人不服而提出上诉请求时才能书写。

（2）必须是有权提起上诉的人才能书写。只有经被告人同意后，被告人的辩护人和近亲

（夫、妻、子女、同胞兄弟姐妹）才可以提起上诉，所写的上诉状才具有法律效力。如果没有得到被告人的同意，其他人都无权提出上诉，提出了也不具有引起第二审程序的法律效力。

（3）必须在法定期限内上诉才具有效力。对民事上诉状和行政上诉状，对判决提起上诉的期限为15天，对裁定提起上诉的期限为10天。对刑事上诉状，不服判决的上诉和抗诉的期限为10天，不服裁定的上诉和抗诉的期限为5天。

（三）上诉状的种类

（1）民事上诉状。民事上诉状是在民事诉讼当事人在一审败诉后，为维护自己的合法权益而向上一级法院陈述理由，要求依法撤销或变更原审裁判的诉状。

（2）行政上诉状。行政上诉状是行政诉讼的当事人不服人民法院作出的未生效的第一审行政判决、裁定，在法定期限内向上一级人民法院请求重新审理、变更或撤销原审裁判、判定的法律文书。

（3）刑事上诉状。刑事上诉状是刑事诉讼当事人不服地方各级人民法院一审尚未生效的刑事判决，请求上一级法院予以撤销、变更原审裁判的诉状。

二、上诉状的格式和写法

（一）上诉状的写作格式

××上诉状

上诉人（原审×告或第三人）：姓名、性别、年龄、民族、职业或工作单位和职务、住所（或常住地）。上诉人如为单位，应写明单位名称、法定代表人姓名及职务、单位地址。

法定代理人：姓名、性别、职业或工作单位和职务、住所，与上诉人关系。

被上诉人（原审×告）：姓名、性别、年龄、民族、职业或工作单位和职务、住所（或常住地）。

上诉人因×××（写明案由，即纠纷的性质）一案不服×××人民法院（写明一审法院名称）××××年×月×日×字第×号民事（行政或刑事）判决（裁定），现提出上诉。上诉请求及理由如下：

上诉请求：

1. 撤销原判决，裁定发回重审或者依法改判为××××××；
2. 判令被上诉人承担本案诉讼费用。

上诉理由：

××××××

综上所述，上诉人认为，一审判决中事实认定不清，证据不足，且缺乏必要的法律依据。为此，特向贵院提起上诉，请依法作出公正裁判。

此致

×××人民法院

上诉人：×××（签名或盖章）

××××年×月×日

附：上诉状副本×份

（二）上诉状的写法

上诉状一般由首部、正文、尾部及附项几个部分组成。

1. 首部

(1) 标题。一般写"民事上诉状"、"行政上诉状"、"刑事上诉状"或"刑事附带民事上诉状"。

(2) 当事人基本情况。如果是刑事公诉案件只写上诉人的基本情况，如果是刑事自诉案件、民事案件、行政案件，上诉人和被上诉人的情况要分别写明，包括姓名、性别、出生年月日、民族、职业和工作单位、住址等。

(3) 事由。用程式化的语言引出上诉的请求和理由，一般行文格式是："上诉人因××一案，不服××法院××××年×月×日××法×字第×号判决，现提出上诉。"

2. 正文

(1) 上诉请求。这一部分主要陈述上诉所要达到的目的。具体表明对原审裁判不服的地方，是部分不服还是全部不服；提出明确的上诉请求，是要请求对原审裁判撤销，还是变更或部分变更原审裁判。

(2) 上诉理由。这是上诉状的核心部分，要根据一审判决在事实认定、证据、适应法律、法定程序等方面存在的问题，加以论证分析，逐一辩驳，从而证明上诉的合法性与合理性。

3. 尾部及附项

写明致送的上诉法院名称、上诉人署名或盖章、上诉日期。附项列出上诉状副本份数和证据目录。

三、上诉状写作的常见错误和写作要点

（一）常见错误

(1) 上诉人及提呈时限不符合法律规定。上诉状只有经过被告人同意后，其法定代理人才能代写，否则就没有法律效力。须在法定的时间内才具有效力，没有在法定期限内制作的上诉状就不具有法律效力。

(2) 没有写明不服一审判决的事由，让人不明白上诉人是针对哪一个案件提出上诉的。

(3) 上诉的请求不明确，没有具体标明请求法院撤销原判、变更原判或部分变更原判。

(4) 论述理由不充分，缺乏有关客观事由及法律条文的支持，不能针对原审裁判的有关内容提出合理合法的意见，以支持自己的上诉理由。

(5) 落款格式错误，没有列出附项。

（二）写作要点

(1) 上诉状的上诉理由，要根据民事、行政、刑事案件的不同特点来写。民事、行政上诉状的上诉理由，主要围绕权利和义务和有关机构的侵权行为来写，并指出原审判决、裁定援引法律条文的错误，除此之外，还要针对原审判决、裁定认定事实有误和违反诉讼程序进行上诉。刑事上诉状可以针对原审判决或裁定中认定事实有误（认定事实有出入或遗漏了重要事实，或缺乏证据，或补充新的证据）、违反诉讼程序、判决或裁定认定性质不当、量刑畸重这

四个方面进行上诉。

（2）上诉请求要清晰明确。要具体写明要求法院（全部或是部分）撤销还是变更原审判决、裁定，还是请求重新审判。

（3）要尊重格式要求。标题名称、原告和被告的基本情况、递交法院名称及上诉人签章、附注都要准确。

四、例文

例文 1

民事上诉状

上诉人：杭州××建设监理有限公司。
住所：杭州市西湖区××路××号。
法定代表人：×××，男，董事长。

诉讼请求：

1. 请求全部撤销原判决；
2. 请求由被上诉人承担诉讼费用。

上诉人因原告浙江省××××××总公司诉被告杭州××建设监理有限公司建设工程监理合同纠纷一案，不服杭州市西湖区人民法院于××××年×月××日做出的杭西民一初字第××号判决，现提出上诉。

上诉人对该判决的事实认定没有异议，但上诉人认为一审法院在适用法律上存在错误。上诉人认为就上诉人与被上诉人之间的欠款纠纷已过诉讼时效，被上诉人已丧失了胜诉权。

理由如下：

根据《最高人民法院关于民事诉讼证据的若干规定》第 2 条规定："当事人对自己提出的诉讼请求所依据的事实或者反驳对方诉讼请求所依据的事实有责任提供证据加以证明。没有证据或者证据不足以证明当事人的事实主张的，由负有举证责任的当事人承担不利后果。"上诉人承认 2002 年 12 月 20 日的函件系因原告向被告主张权利后发给原告的答复，但并没有承认原告是在 2 年的诉讼时效内向被告主张权利。原告向一审法院提供的证据只是表明了他在 2002 年 12 月 20 日之前曾口头向被告主张了权利，但原告却没有证据来表明是在 2 年的诉讼时效内提出。

由于该项诉讼请求是原告提出，因此，根据我国民事诉讼法及相关司法解释的规定，应由原告自己来承担他是在 2 年的诉讼时效内向被告主张权利的举证责任。但一审法院却对此将举证责任倒置，责令由上诉人承担举证责任，这显然违背了我国民事诉讼法及相关司法解释的规定，明显对上诉人不公正。因此，上诉人认为一审法院的判决在适用法律上存在错误。根据《中华人民共和国民事诉讼法》的第 153 条规定，请求法院依法改判，以维护上诉人的合法权益。

此致
杭州市中级人民法院

上诉人：杭州××建设监理有限公司

××××年×月×日

附：本上诉书副本2份

例文2

行政上诉状

上诉人名称：××省××县工商行政管理局。所在地址：××省××县城关镇。

法定代表人：胡××，男，局长，电话××××××。

被上诉人名称：××酒厂。所在地址：××省××县××乡。

法定代表人：王××，男，厂长，电话××××××。

上诉人因商标侵权赔偿一案，不服××省××县人民法院199×年8月31日（199×）×行初字第×号行政判决，提出上诉。

上诉请求：

1. 撤销××省××县人民法院（199×）×行初字第×号行政判决书；

2. 驳回本案原告无理诉讼请求；

3. 判决本案原告承担本案第一、第二审全部诉讼费用。

上诉理由：

××××年9月，××酿酒公司向我局举报本案原告××酒厂在白酒瓶上使用了与该公司白酒注册商标"××牌"相近似的商标，侵犯了该公司的注册商标专用权，要求××酒厂停止商标侵权行为并赔偿损失。经我局查证，××酒厂确实存在上述行为，并且给××酿酒公司造成经济损失。为此，我局于××××年12月28日作出决定，责令××酒厂立即停止商标侵权行为，并赔偿××酿酒公司经济损失10万元人民币。该决定作出后，××酒厂不服，向我局上级单位××省工商行政管理局申请复议。××××年1月17日，××省工商行政管理局将我局决定改变为××酒厂赔偿酿酒公司经济损失8万元人民币，并维持了侵权行为性质的认定。××××年1月25日，××酒厂向××县人民法院提起行政诉讼，请求撤销我局和××省工商行政管理局的决定。在一审中，我局明确提出该决定并非行政处罚，而是对××酒厂侵权行为的处理。但一审法院却以（××××）×行初字第×号行政判决书认定我局决定中的赔偿额过多，判决变更为××酒厂赔偿××酿酒公司6万元人民币。我局认为这一判决是错误的：

1. 根据《中华人民共和国行政诉讼法》第五条的规定，人民法院审理行政案件，只能对行政机关的具体行政行为是否合法进行审查。除行政处罚违法或显失××外，人民法院不应代替行政机关对行政行为是否适当作出决定。

2. 我局及上级机关作出的责令××酒厂赔偿××酿酒公司经济损失的决定不属于对××酒厂的行政处罚，而是对××酒厂侵权行为的依法处理，人民法院不能以判决的形式变更这一处理决定的内容。

综上所述，本案一审法院对本案的判决违背法律的规定，超越职权，应予撤销。

此致

××省××地区中级人民法院

上诉人：××省××县工商行政管理局

××××年×月×日

附：本上诉状副本1份。

例文3

刑事上诉状

上诉人：赵××，男，汉族，1979年9月26日生，××省××市人，住××省××市××区××乡××街××号，现在押。

上诉人因交通肇事一案，不服××市人民法院于2010年9月15日作出的"（2010）大刑初字第301号"刑事判决，现提出上诉。

上诉请求：

请求变更××市××区人民法院于2010年9月15日作出的"（2010）大刑初字第301号"刑事判决，对上诉人适用缓刑。

上诉理由：

对于该判决书判定上诉人赵××构成交通肇事罪的定性，上诉人不持异议。但上诉人认为该一审判决量刑过重，理由如下：

1. 上诉人赵××系初犯，没有前科。上诉人一贯表现良好，无违法违纪之前科。且上诉人从领取驾驶执照至事故发生前，一贯遵守交通规则，从未发生过交通事故，此次事故纯属偶然的意外。

2. 上诉人赵××归案后认罪态度好，能如实供述案件的相关事实。归案笔录显示，赵××归案前，接到公安交警部门的电话后，两次积极主动地协助公安机关的调查工作，并对事发当时的情况进行回忆，能如实供述案件的相关事实，听从公安机关的安排，表现出良好的认罪悔罪态度。

3. 上诉人赵××归案后主动要求对本案受害人的家属作出赔偿，愿意承担相关的民事赔偿责任。目前，虽然上诉人赵××处于被羁押状态，但在上诉人家属及肇事车主的努力下，已经对事故中的死者××及16名伤者中的15名伤者先行进行了民事赔付，仅有伤者尹××因锁骨骨折需在4个月复查期之后主张赔偿而尚未进行民事赔付。

4. 本案交通事故的对方驾驶员殷××存在严重的交通违法行为，对此次事故的发生负有不可推卸的责任。××市公安局交警二大队大公、交二认字（2010）第1026号交通事故认定书确定：殷××所驾驶云L16×××大型卧铺客车发生事故时的速度为77KM/h，在限速为40 KM/h的事故发生路段而言，超速达到92.50%，存在严重的交通违法行为。正是由于云L16×××大型卧铺客车驾驶员殷××的严重超速行为遇到被告人赵××的实线超车行为，才导致了致人伤亡的严重交通事故。

因此，请求上级人民法院对上诉人适用缓刑，理由如下：

1. 上诉人赵××构成交通肇事罪的行为应在三年以下有期徒刑或者拘役的量刑档考虑量刑。

2. 结合本案事实及根据上诉人赵××的实际情况，请求上级法院对上诉人赵××适用缓刑。

(1) 上诉人赵××除具备上述酌定从轻处罚情节外，还存在困难重重的家庭困难。赵××2009年离婚，带着一个9岁的女儿，家中还有没有劳动能力的将近70岁的老母亲。这样一个特殊的三口之家，赵××是唯一具有劳动能力的人，这个家庭需要上诉人赵××去支撑。

(2) 上诉人赵××不具有社会危害性，对其适用缓刑符合法律规定。上诉人具有从轻或者减轻处罚的酌定情节，又不会有危害社会的可能性，符合缓刑条件。上诉人请求上级法院综合本案事实情况，依法对上诉人适用缓刑。

综上所述，鉴于上诉人认罪态度好、又系初犯、主观恶性不深，不具有危害社会的可能性，上诉人请求法院充分考虑上诉人的一贯表现、认罪态度和愿意积极赔付相关民事损失的悔罪表现，充分考虑本案交通事故的对方驾驶员殷××存在严重的交通违法行为的事实，给予上诉人赵××从宽处罚。上诉人希望上级法院能够给予从轻、减轻处罚，给上诉人一个改过自新、重新做人的机会。

此致
××市中级人民法院

上诉人：赵××
××××年××月××日

附：本上诉书副本2份

第四节 申 诉 状

一、申诉状的概念、特点和种类

(一) 申诉状的概念

申诉状是指民事、行政、刑事案件诉讼当事人及其法定代理人、被害人及其家属或者其他公民，对已经发生法律效力的判决、裁定不服，认为存在错误，依法向人民法院或者人民检察院提出申请复查纠正的书状。

申诉状与上诉状虽然写法上大体相同，但两者之间也是有区别的。上诉状是针对未发生法律效力的判决或裁定而提出的，申诉状是针对已经发生法律效力的判决或裁定而提出的。上诉状只有当事人或经过当事人同意由委托代理人或近亲属提交，而申诉状只要是具有权益的相关人都可以提起申诉。上诉状的提交有规定的期限，申诉状则没有时间限制。上诉状递交的是原审人民法院的上一级人民法院，而申诉状递交的一般是原人民法院；上诉状可以引起二审程序发生，而提出申诉并不能停止判决、裁定的执行。

(二) 申诉状的特点

(1) 必须是针对已经发生效力的法院判决或裁定。
(2) 原判决或裁定确实有错误或不妥之处，这是申诉状制作和提呈的前提条件。
(3) 申诉人必须符合法律的规定，只要是具有权益的人都可以提起申诉。
(4) 申诉状的制作和提呈一般不受时间限制。

（三）申诉状的种类

申诉状又分为民事申诉状、行政申诉状和刑事申诉状。

（1）民事申诉状是当事人对已经发生法律效力的民事判决书和裁定不服，超过两年再审申请时效，依法向人民法院提出的要求变更或撤销原判决和裁定的一种法律文书。

（2）行政申诉状是指行政诉讼当事人和法律规定的其他人，对人民法院已经发生法律效力的裁定或判决，认为有错误而向人民法院要求复查纠正的一种法律文书。行政申诉状不受时间限制，接受申诉状的机关是原审法院或上一级人民法院。

（3）刑事申诉状是指刑事案件中的诉讼当事人或其法定代理人、被害人及其家属或其他公民，对已经发生法律效力的判决、裁定或者决定不服，向人民法院或人民检察院提出申请复查纠正的书面请求。刑事申诉状包括对生效判决的申诉、对免予起诉决定的申诉、对不起诉决定的申诉。

二、申诉状的格式和写法

（一）申诉状的格式

××申诉状

申诉人：姓名、性别、出生年月、民族、职业或工作单位和职务、住址。（申诉人如为单位，应写明单位名称、法定代表人姓名及职务、单位地址）

被申诉人：姓名、性别、出生年月、民族、职业或工作单位和职务、住址。（被申诉人如为单位，应写明单位名称、法定代表人姓名及职务、单位地址）

申诉人因×××（写明案由，即纠纷的性质）一案不服××××人民法院（写明原终审法院名称）××××××××第×××号××判决，现提出申诉。申诉请求及理由如下：

请求事项：（写明提出申诉所要达到的目的）

事实和理由：（写明申诉的事实依据和法律依据，应针对原终审判决认定事实、适用法律或审判程序上存在的问题和错误陈述理由）

此致
××××人民法院

申诉人：（签名或盖章）
××××年××月××日

附：本申诉状副本×份。
（注：民事、行政、刑事自诉各类案件的申诉状的格式基本相同。）

（二）申诉状的写法

申诉状和其他诉状的格式基本相同，也是由首部、正文、尾部和附项构成的。

1. 首部

（1）标题。根据案件的性质写明标题，如"民事申诉状"、"行政申诉状"、"刑事申诉状"，或直接写"申诉状"。

（2）当事人基本情况。要写明申诉人和被申诉人的姓名、性别、出生年月、民族、籍贯、住址等。在行政申诉状中只写申诉人不写被申诉人。

（3）案由。要写明申诉人因不服××人民法院××××年×月×日××法（或刑、民）字第××号刑事（行政、民事）判决（或裁定）书，依法提出申诉。

2. 正文

（1）申诉请求。简明概括要请求人民法院解决的问题，并明确提出撤销、变更原判还是要求查处或再审的要求。

（2）申诉理由。针对原审判（裁定）的不当之处，摆清事实，具体说明原审判（裁定）是认定事实有误，是适用的法律有误，还是违反了法定程序。要提供相应的证据，引用相应的法律条款，充分说明申诉的理由。

3. 尾部

左下方写明致送法院名称，申诉人在右下方署名盖章，写明落款时间。

4. 附项

提交附状的份数以及其他证据材料。

三、例文

例文1

民事申诉状

申诉人：（一审被告；二审上诉人）董××，男，19××年4月26日出生，汉族，无业，因唯一居住的房子被法院拍卖，现居无定所。联系电话137×××××××。

被申诉人：（一审原告；二审被上诉人）张××，女，19××年1月16日出生，汉族，××市保温瓶厂退休职工，住××市××小区1号楼3单元501室。

董××因与张××遗嘱继承纠纷一案，不服××市××区法院（2005）×民初字2009号民事判决书；××市中级人民法院于2007年9月4日作出的（2007）×民五终字第722号民事判决和××高级人民法院（2008）×民申字第334号民事裁定书，特向贵院申诉。

申诉请求：

撤销××市××区人民法院（2005）×民初字第2009号及中级法院的（2007）×民五终字第722号民事判决和××高级人民法院（2008）×民申字第334号民事裁定书，依法重审。

事实和理由：

根据《中华人民共和国民事诉讼法》第一百七十九条（二）"原判决、裁定认定的基本事实缺乏证据证明的"和（六）"原判决、裁定适用法律确有错误的"，特申诉。

具体事实与理由：自2004年11月我父亲因胃癌开始住院准备接受手术开始，就由我们兄弟两人轮流值班伺候直到去世。住院期间，父亲与我们签订了房产赠与合同并有××市××区公证处制作的《询问笔录》为佐证，也给我们留下了符合法律规定的遗嘱。但是，原审法庭却按"疑罪从有"的办法，实际上对以上书证都做了伪造的判决，并且在执行的时候，违背《中华人民共和国民事诉讼法》202、204和226条规定，对我们姐弟四人联名递交的《中止执行申请书》置之不理。致使我亲生父母生前的住房，也是我唯一的住房被强行拍卖！使我落得现在这种既无职业也无固定住所而到处上访和申诉的境地。

再审理由一：原判决、裁定认定的基本事实缺乏证据证明。原审判决的依据是原告提供的所谓我父亲的代书遗嘱、《见证书》以及司法笔迹鉴定。但是，这三个判决依据不具备证明力如下：

1. 代书遗嘱只有一个代书人，而没有见证人，不符合《继承法》"代书遗嘱应当有两个以上见证人在场见证"的规定。有找律师事务所的熟人或替身制作假代书遗嘱的嫌疑。

2.《见证书》不但没有当事人的签字属于无效见证，而且所见证的12月30日的遗嘱根本就不存在！与本案认定的遗嘱日期没有关联性、真实性。

3. 司法笔迹鉴定只能证明是同一个人的签名，却不能证明是我父亲的签名。因为原审法庭是用一审原告提供的书证既做"样本"也做"检材"搞出的司法笔迹鉴定！类似我只要以张三的名义和签名给张三的父亲写一封信，再以张三的名义写一张欠我一百万元的欠条，在司法笔迹鉴定肯定是同一个人签名的情况下，法庭就可以此判决张三确实欠我一百万元一样荒唐！

再审理由二：原判决、裁定适用法律确有错误。

1. 在听说房产的继承过户比赠与过户多交过户费用后，我父亲生前与我们签订了两份房产赠与合同并有××市××区公证处的《询问笔录》为佐证。临终前一个月还给我们留下了符合法律规定的代书遗嘱。

对以上我们提供的三份书证，原告虽然提出异议，但并没有任何"相反证据"——在这种情况下，法庭应该遵照《最高人民法院关于民事诉讼证据的若干规定》第七十条：一方当事人提出的下列证据，对方当事人提出异议但没有足以反驳的相反证据的，人民法院应当确认其证明力：（一）书证原件或者与书证原件核对无误的复印件、照片、副本、节录本。但是，因原审法庭不相信一个临终的父亲会给在医院里伺候半年的亲生子女立遗嘱的情况会发生，所以，按疑罪从有的臆想，照样对以上三份书证做了伪造的判决！

2. 30年前，我父母就腾出一套房子，作为给弟弟董强的结婚用房。房改时，由董强缴清了购房款。父亲生前也与董强签订了房产赠与合同。按照最高人民法院《关于贯彻执行〈民法通则〉若干问题的意见（试行）》第一百二十八条："赠与房屋，如果根据书面赠与合同办理了过户手续的，应当认定赠与成立；未办理过户手续的，但赠与人根据书面赠与合同已将产权证书交与受赠人，受赠人根据赠与合同已占有、使用该房产的，可以认定赠与有效，但应令其补办过户手续"的规定，且不说董×已经占有使用了该房产近30年，即便只占有使用一天，按照以上法律规定，也只存在一个"可以认定赠与有效，但应令其补办过户手续"的问题！但是，原审判决书却把法律"令其补办过户手续"的规定，说成是"××市××区××路143号3号楼3单元302室住房的房产证由被告董×保管"并分割给原告一份！

再审理由三：对审理案件需要的证据，当事人因客观原因不能自行收集，书面申请人民法院调查收集，人民法院未调查收集。因为银行和金融部门不许任何自然人查其他私人存款的客观原因，我们向法庭提交了书面的《证据保全申请》，但法庭没有依法调查，致使我们无法按反诉数额缴纳反诉费用。于是，原审判决书仅仅对被继承人的房产进行了分割，而我亲生父母辛劳一生积累的上百万元的动产至今下落不明。

再审理由四：审判人员在审理该案件时有贪污受贿，徇私舞弊，枉法裁判行为的，人民法院应当再审。

1. 我有录音证据可以证明：法官违反有关禁令，主动私自会见当事人的儿子；原告的儿子在幕后策划这场官司。该录音是当事人的儿子在电话里说漏嘴透露出来的。我曾把该录音证据刻录成光盘提交法院等有关部门举报三年之久，但至今没有任何答复。

2. 我们的委托代理人李××可以证明：是我们姐弟四人分别以书面委托书的形式委托李××为代理人的。××市××区人民法院（2005）×民初字第2009-1号民事裁定书也能证明我大姐董×是被告。但是，原审判决为了某种需要，就把我大姐的书面委托书从卷宗里人为地消失后，把我大姐董×说成是"原告"。

综上所述，一、二审和高级法院认定事实确有错误，在没有查清被继承人立遗嘱事实和动产数额的情况下，仅仅对被继承人的房产进行分割。致使被继承人的生前住房被拍卖，其60岁的申诉人在无业和生活极度困苦的情况下，还要靠租房度日。现依法申诉，望贵院在查明本案全部事实的基础上，依法支持申诉人的申诉请求。

此致

××人民法院

申诉人：董××

××××年×月×日

附：《民事起诉状》副本两份

例文2

行政申诉状

申诉人：罗××，男，××岁，汉族，××县人，医务工作者，住××县××街××号。

申诉人：陈××，女，××岁，汉族，××县人，个体工商户，住址同上，系罗××之妻。

申诉人因不服××县人民法院（××）绵法行上字第××号行政裁定，特依法向你院提出申诉。

申诉请求：

请求人民法院依法受理申诉人诉××县人民政府之不应经租房屋而经租产权纠纷一案。

事实和理由：

申诉人向××县人民法院提起诉讼的是一起落实解决私房改造遗留问题的案件。所争执之房屋现为××县××街××号（与申诉人现住房为一个房号）。该房系申诉人罗××之父罗云藻于19××年购得旧房后改建而成，面积281.76平方米。罗云藻在该房建成后因劳累过度吐血死亡。19××年，申诉人罗××之母王素容因后夫赵俊臣的成分问题与后夫一起被迫迁往农村居住。其时，申诉人罗××尚且年幼，在城里投靠亲友读书，房屋锁闭。此后，城关镇（现云溪镇）政府部门，未征得房主同意，擅自开门，先后安排东街伙食团和甜食店等单位使用，直至19××年，城关镇和县房管部门将东街17号纳入私房社会主义改造。19××年经县领导处理，该房全部退还房主，但在19×

××年申诉人一家又被强行赶出。申诉人全家 7 口无处栖身，不断申诉，要求退还私房。19××年××县人民政府以（××）××号文件决定发还其中 72.9 平方米作为补留住房。申诉人认为，东街 17 号确系申诉人一家的自住房，在私房改造前确无私人之间的租佃关系，此情况有本案一、二审代理律师的调查材料和知情的东街干部群众证明，县政府认将其纳入私改，实行经租，最后没收改房，违反了国家关于经租房屋的有关政策，也不符合××省基本建设委员会川建委发（××）城××号文件的规定，属于不符合私改条件而私改，应予纠正。故申诉人一直向县政府有关部门申诉，但均无结果，不得已向××县人民法院提起诉讼，希望能依据《中华人民共和国行政诉讼法》来保护自己的合法权益。但县人民法院在已经受理此案（已收取了案件受理费，至今尚未退还）的情况下，又以此案不属于法院审理行政案件的受理范围为由不予受理。上诉后，你院又以"最高人民法院，城乡建设环境保护部关于复查历史案件中处理私人房产的有关事项的通知精神"为由，裁定驳回上诉。

申诉人认为，你院裁定驳回上诉，维护原裁定的理由不能成立。19××年×月×日施行的《中华人民共和国行政诉讼法》开宗明义，在第 1 条中就指出了颁布行政诉讼法的目的是"为保证人民法院正确、及时审理行政案件，保护公民、法人和其他组织的合法权益，维护和监督行政机关依法行使行政职权"。全国人大常委会副委员长、法制工作委员会副主任王汉斌同志在《关于〈中华人民共和国行政诉讼法（草案）〉的说明》中也指出："根据宪法和党的十三大精神，从保障公民、法人和其他组织的合法权益出发，适当扩大人民法院现行受理行政案件的范围。"私房改造问题是个历史遗留问题，行政诉讼法当然不可能单独列出，所以该法第 11 条规定的受案范围才单列了第八项"认为行政机关侵犯其人身权、财产权"的案件，属于人民法院受案范围。根据该条该项的规定，人民法院应当受理本案，这样做，也才能体现行政诉讼法的目的。你院在（××）绵行上字第××号行政裁定中作为驳回上诉的理由提到的"最高法院，城乡建设环境保护部关于复查历史案件中处理私人房产有关事项的通知"，应该就是最高人民法院会同城乡建设环境保护部于19××年×月×日发布的法（研）发（××）××号文件《关于复查历史案件中处理私人房产有关事项的通知》。该《通知》中指出了"私房因社会主义改造遗留问题，应移送当地落实私房政策部门办理"。申诉人认为，依据这一规定来确定人民法院受理行政案件的范围也是错误的。第一，该《通知》只是提出了私房问题的一些处理方法并不是对人民法院受案范围的规定；第二，城乡建设环境保护部只是一个政府部门，既无立法权，又无司法解释权，最高人民法院会同该部下发的文件并不具有司法解释更不具有立法效力；第三，该《通知》发布于19××年×月×日，《行政诉讼法》生效于19××年×月×日，再者，本案是由县人民政府直接作出行政决定的，人民法院拒绝受理，如何能实现和保护宪法赋予公民的合法权利？

由于申诉人的私房被错误私改，申诉人一家受到了极大的损害，全家 7 口人只有一人有户口，子女入学、就业都无着落，全家仅靠申诉人摆地摊维持生计。为此，恳请贵院能依法撤销原裁定，受理本案，以保障申诉人的合法权益。

此致

××省××市中级人民法院

申诉人：×××，×××
××××年×月×日

附：1.《行政起诉状》副本两份；

2.××县人民法院民法行诉字第××号裁定书一份；

3.××市中级人民法院（××）民法行上字第××号行政裁定书一份。

例文 3

刑事申诉状

申诉人：赵××，女，××岁，汉族，××省××县人，××文化，捕前系××市××公司职工，住××市××区××路××号。现在××市××监狱服刑。

申诉人因故意杀人罪一案，不服××市高级人民法院（2001）×刑终字第××号刑事判决，特提出申诉。

申诉请求：

请求重新审理此案，撤销原判决，并依法予以改判。

申诉理由：

原判决认定申诉人系对被害人林×调戏行为不满而产生杀人之念，造成被害人身中 20 余刀而亡，并不存在防卫目的，这与事实不符。事实是申诉人与被害人素无交往，根本没有杀害被害人的动机和目的。200×年×月×日下午 2 时许，被害人应邀前来向申诉人解释申诉人男友李××之事，见李××不在，被害人遂起歹意，对申诉人进行调戏并欲行强奸。为免遭不法侵害，申诉人借口到另一房间喝水，顺手藏起一把小宝剑。出来后被害人欲再行调戏，申诉人欲行反抗，但不是被害人的对手。无奈之下，申诉人用小宝剑将被害人刺伤，被害人被刺伤后，凶相毕露，申诉人为避免被害人继续伤害，情急之中不知所措，连续捅了被害人几剑，制止了被害人的不法侵害行为。从申诉人所遭受伤害的事实来看，完全符合《刑法》第 20 条第 1 款、第 2 款的规定，属于正当防卫，原审判决将申诉人行为单纯地定为故意杀人罪而忽视了申诉人的行为是具有防卫性质的，因此，原判决定性错误，适用法律也有不当。由于对本案的定性错误以及适用法律的不当，原判决对申诉人作出的判决量刑过重。从本案来看，申诉人的行为属于正当防卫，对造成被害人的死亡，申诉人的行为超过了必要的限度，应构成防卫过当。根据我国《刑法》第 20 条第 2 款规定，防卫过当应当减轻或免除处罚。加之犯罪后申诉人主动投案，应视为自首，应当予以减轻处罚。原判决忽视了这两点，进而导致了量刑的畸重。基于以上情况，申诉人请求撤销原判决，重新审理，并依法改判。

此致

××人民法院

申诉人：赵××

××××年×月×日

附：原审判决书复印件一份

第五节　答辩状和辩护词

一、答辩状

（一）答辩状的概念、特点和种类

1. 概念

答辩是法律赋予被告人和被上诉人的诉讼权利，是应诉行为。答辩状，又叫答辩书，是指在诉讼活动中被告人或被上诉人在收到人民法院送达的起诉状或上诉状的副本后，针对起诉、上诉涉及的相关事实和理由，进行回答、辩解或反驳所用的一种应对性文书。

2. 答辩状的特点

（1）针对性。答辩是被告、被上诉人和被申诉人针对起诉人、上诉人和申诉人的指控所进行的回答，是一种应诉行为，因而具有明显的针对性。

（2）论辩性。在答辩状中，答辩人要根据原告人、上诉人和申诉人所提出的请求、所列的事实和理由提出异议，并进行辩解和驳斥。因此，答辩状也具有突出的论辩性。

3. 答辩状的种类

（1）民事答辩状。民事答辩状是指民事诉讼活动中的被告人或被上诉人，针对民事诉状的内容，依法提出的依据事实和理由进行回答和辩驳的诉讼文书。

（2）行政答辩状。行政答辩状是指行政诉讼活动中的被告人或被上诉人，根据行政起诉状的内容，针对原告提出的诉讼请求作出答复，并依据事实与理由进行回答和辩驳的诉讼文书。

（3）刑事答辩状。刑事答辩状是指刑事诉讼活动中的被告人根据刑事自诉状的内容，针对原告提出的诉讼请求做出答复，并依法提出事实理由进行辩驳的诉讼文书。

（二）答辩状的基本格式和写法

1. 答辩状的基本格式

××答辩状

答辩人：姓名、性别、出生年月、民族、文化程度、职业或工作单位和职务、住址。（答辩人如为单位，应写明单位名称、法定代表人姓名及职务、单位地址）

答辩人因（写明案由，即纠纷的性质）一案，进行答辩如下：

请求事项：（写明答辩所要达到的目的）

事实和理由：（写明答辩的事实依据和法律依据，应针对原告、上诉人、申诉人，即被答辩人提出起诉、上诉、申诉所依据的事实、法律和所提出的主张陈述其不能成立的理由）

此致

××××人民法院

答辩人：（签名或盖章）

××××年×月×日

附：本答辩状副本×份（按被答辩人人数确定份数）。

2. 答辩状的写法

答辩状由四部分组成，包括首部、正文、尾部、附项。

（1）首部。①标题。可直接写"答辩状"，也可写"民事答辩状"、"行政答辩状"、"刑事答辩状"。②答辩人基本情况。应写明答辩人姓名、性别、出生年月日、民族、职业、单位、住址。答辩人如属企业事业单位、机关、团体时，则要写明单位全称，地址和法人代表的姓名及职务，有委托代理人或法定代表人的也应写明他们的姓名、职业、单位、住址等。③答辩案由。即答辩的缘由，为何人上告何事而提出答辩。写法一般如下："答辩人因×××诉我×××一案，现提出答辩如下：……"

（2）正文。①答辩理由。这是应诉答辩状中关键的一部分，要针对原诉讼中所提出的诉讼请求、事实和理由，进行答复和论辩。答辩时要摆出充分的事实和理由，驳斥原告人或上诉人，证明他非己是，阐明自己的观点。②答辩意见。在阐释理由的基础上，提出自己的看法。指出原诉状中的错误，说明自己阐述理由的正确性与合理性，提出自己的请求，要求依法审判或裁决。

（3）尾部。包括致送法院、落款和时间。

（4）附项。包括答辩状副本份数、证据等。

（三）答辩状写作的常见错误

（1）所论述的事实不具体、不客观。主要表现在没有把案件的前因后果叙述清楚，笼统模糊，或者是在一定程度上歪曲了事实，使所叙述的事实不客观。

（2）没有进行针对性的答辩。即没有针对原诉状的具体内容进行有关客观事实或法律条文方面的逐一辩驳，澄清事实，维护自己的正当权益。

（3）援引法律条文出错。有的引用法律名称不准确，或使用不规范的简称，或引用条款不具体，或条文非原文，想当然地进行司法解释。

（四）例文

例文1

民事答辩状

答辩人：××大学，地址：××大街××号。

法定代理人：×××，职务：校长，电话：×××××××。

答辩人因××市某石膏模具厂诉某市××大学联营纠纷一案，提出答辩如下：

一、我校同××市某石膏模具厂所签合同是不成立的。其理由是：

第一，双方就在哪里生产石膏模具问题，虽然经过协议，但并未取得一致意见，到公证处办理公证手续时，双方又发生了争执，就是很好的证明。我国《合同法》第三条规定："合同当事人的法律地位××等，一方不得将自己的意志强加给对方。"第四条规定："当事人依法享有自愿订立合同的权利，任何单位和个人不得非法干预。"原告为了保守技术秘密不同意在我校生产模具，而我们又以在我校生产模具为联营的前提。这样，双方都强调自己一方的利益，都想将自己的意志强加给对方，在双方都不接受的情况下，事实上已经失去了"自愿订立合同"的前提和基础。尽管双方已加盖单位公章，但属于草率签约，并不能生效。

第二，双方既然同意去办理公证，但却未获得公证，这不仅说明公证处也认为双方当事人意思表示不一致，而且还说明双方约定的形式要件并未实现，所以该合同是不能成立的。

二、既然该合同不成立，那么，就根本谈不上违约责任，更谈不上赔偿原告的损失及支付 35％的纯利润等。

请法院依据事实和法律秉公而断。

此致

××区初级人民法院

答辩人：××大学（公章）

二○○×年七月五日

附：本答辩状副本 2 份

例文 2

行政答辩状

答辩人：王××，男，56 岁，汉族，××省××县人，农民，现住××乡××村。

答辩人因汪××和李××诉××县××镇人民政府和××县人民政府不履行法定职责行政诉讼一案答辩如下：

一、原告起诉不合条件，应驳回起诉

1. 第三人不明确。按诉讼法的规定，诉状所列全部当事人包括第三人应是明确的。起诉人在诉状中所列第三人为："杨征钦（未成年人）其父杨小东"，似乎杨征钦是第三人，杨小东是其代理人，又似乎杨小东直接就是第三人；在"事实与理由"部分的第三人似乎又是杨征钦。

2. 错列被告。《城市规划法》第 40 条和《城乡规划法》第 64 条均规定，未按照建设工程规划许可证的规定进行建设，对城市规划有影响的，执法主体是城市规划主管部门而不是人民政府。即使本案第三人有违法行为，依法应受处理，也不应直接由人民政府处理。

3. 诉讼标的已为生效判决的效力所羁束。起诉人与答辩人一方已因相邻权纠纷，已经历三次诉讼。××市中级人民法院已于 2009 年作出生效判决，确认起诉人无权就相邻权向答辩人主张权利。根据最高人民法院《关于执行〈行政诉讼法〉若干问题的解释》（法释〔2000〕8 号）第四十四条第一款第十项的规定，本案应裁定驳回起诉。

4. 起诉时间未到。法释〔2000〕8 号第 39 条规定，公民申请行政机关履行法定职现，行政机关在接到申请之日起超过 60 日不履行的，才可向法院起诉，从诉状中一看便知，显然本案不满足这一条件。

二、本案应适用《城市规划法》而不应适用《城乡规划法》

最高人民法院《关于审理行政案件适用法律规范问题的座谈会纪要》明确指出：审查具体行政行为的合法性时，实体问题适用旧法规定，程序问题适用新法规定。

《城乡规划法》从 2008 年 1 月 1 日起才施行。本案建房事实发生在此之前。能不能处罚第三人，怎样处罚显然属实体问题。依上述规定，本案应适用《城市规划法》。

三、本案正确的行政处理结果

《城市规划法》第 40 条规定，对严重影响城市规划和一般影响城市规划的行为怎样进行处理作出了规定，对不影响城市规划的行为怎样处理并没有作出规定。

1997年，湖南省人大常委会修正后的《湖南省实施〈城市规划法〉实施办法》对此予以了明确。该法规的第37条规定，不影响城市规划的可以补办手续。所以，本案正确的行政处理结果应是由城市规划主管部门责令补办手续。

四、起诉人请求不当

1. 起诉人的请求违背行政权与司法权相分离的原则。即使起诉人的要求有法律依据，其诉讼请求也只能是请求法院判决被告限期履行法定职责，而不能直接要求法院责令行政机关作出具体行政行为。这一权利，上一级行政机关可以行使，但当事人只能通过申诉的途径向上一级行政机关反映。

2. 起诉人的合法权益并没有受到侵犯。生效判决书已认定起诉人的所谓相邻权已通过给付对价的方式予以放弃，又何来相邻权受侵害一说？

五、本案不宜由中院直接审理

如前所述，××县人民政府显然为本案错列的被告；本案也不属在××市有重大影响的案件。故本案不宜由中级法院直接审理。

据此，请求法院驳回原告的起诉或驳回其诉讼请求。

此致
××市中级人民法院

答辩人：王××
××××年×月×日

附：本答辩状副本2份

例文3

刑事答辩状

答辩人：高××，女，35岁，汉族，××省××市人，××省××市××局干部，住××市政府机关宿舍×栋×号。

答辩人因陈××指控答辩人犯诽谤罪一案，现提出答辩如下：

一、答辩人的行为不构成诽谤罪。

依照刑法第145条的规定，诽谤罪指故意捏造事实并加以散布，公然损害他人人格和名誉，情节严重的行为。构成诽谤罪的主要条件，一是要有捏造并公然散布有损于他人名誉、人格的事实；二是出于故意，目的在于损害他人名誉和人格；三是必须情节严重。

从本案情况来看，首先，我没有捏造有损陈××名誉和人格的事实。××××年×月×日，陈××在办公室内与他人发生两性关系，是我单位同事刘××、胡××亲眼所见，后来向我和我处王××处长做了反映，还有胡××、王××处长的证言为证，并非我所捏造；其次，我没有有意损害陈××的名誉和人格。我是在6月25日单位党组织生活会上对陈××的生活作风问题提出批评的，目的在于希望陈××引以为戒，能够吸取教训，加以改正，做一名合格的共产党员，这是很正常的同志式的批评意见，怎能被视为故意损害他人名誉和人格呢？难道陈××犯了错误，就不能在组织内部进行批评教育吗？由于我的所作所为并不具备诽谤罪成立的条件，所以不构成犯罪。

二、陈××的行为应当受到舆论和道德的谴责，人民法院应当驳回其诉讼请求。

陈××犯了错误，本应吸取教训，注意改正，但陈××却采取恶人先告状的错误做法，向人民法院提起诉讼，请求人民法院追究我的"刑事责任"，并对他给予"精神损失赔偿"。我认为，对陈××这种知错不改、拒绝批评、一错再错的行为，应当给予舆论和道德的谴责。在这里，我请求人民法院查明事实真相，驳回陈××的诉讼请求，并给予相应的处罚，以寻求司法公正和对公民合法权益的保护。

此致

××省××市××区人民法院

答辩人：高××

××××年×月×日

附：证据和证据来源、证人姓名：

　　1. 证人胡××证言；

　　2. 证人刘××证言；

　　3. 证人王××处长证言。

二、辩护词

（一）辩护词的概念和作用

辩护词是被告或被告的辩护人为维护被告人的合法权益，根据确凿事实和法律，证明被告人无罪、罪轻或者减轻、免除其刑事责任所作的系统性发言，是辩护人对案件的结论性意见。

辩护词有利于维护被告人或被上诉人的合法权益，有利于充分揭露问题和矛盾，从而提高人民法院的办案质量。

（二）辩护词的基本格式和写法

1. 辩护词的基本格式

关于××（姓名）××××（案由）一案的辩护词

审判长、审判员：

根据中华人民共和国刑事诉讼法第32条第1款的规定，我接受×××（主要犯罪嫌疑人或被告人姓名）×××××××××××××（案由）一案的犯罪嫌疑人×××的委托，担任他的辩护人，为他进行辩护。

在此之前，我研究了××××人民检察院对本案的起诉书，查阅了卷宗材料，会见了犯罪嫌疑人，走访了有关证人，并且对现场进行了勘察，获得充分的事实材料和证据。我认为起诉书在认定事实上有重大出入（或者事实不清、定性不当等）。理由如下：×××××××××××××××。

综上所述，我认为：×××××××××××××××××。

根据中华人民共和国刑法第××条第××款之规定，请求检察机关对本案犯罪嫌疑人×××不予起诉（或请求法庭对被告人宣告无罪或免除处罚或从轻减轻、减轻处罚）。

辩护人：××

××××年×月×日

2. 辩护词的写法

在实践中，辩护词没有固定的写法，但也有约定俗成的格式。

（1）标题。可以只写"辩护词"，或者是"当事人姓名＋案由＋文种"、"关于＋当事人姓名＋案由＋文种"。

（2）称谓。在标题下面顶格写，一审写"审判长、陪审员"，二审或再审写"审判长、审判员"。

（3）正文。①引言。首先引用法律说明辩护人参加诉讼的合法性，然后简要说明辩护人在开庭前做的工作，对辩护的基本观点进行概括。②辩护的事实和理由。针对当事人提供的事实证据和在诉讼中引用的法律进行辩驳，也可以从诉讼程序是否合法等方面进行辩论。如果事实清楚、证据确凿、适用法律正确、程序合法，则可以从危害后果不严重，目的、动机等具体情况不恶劣等方面进行阐述。③结论。用"综上所述"、"总之"这类语言简要概述全文，总结辩护观点，向法庭提出合理合法的请求与建议。

（4）结尾。在右下方写明辩护人的姓名单位，并写明具体日期。

（三）例文

辩　护　词

审判长、审判员、人民陪审员：

××××律师事务所林××接受本案被告人戴××的委托，担任其一审的辩护人，参与本案的诉讼活动，通过查阅本案卷宗、会见被告人对本案案情有了全面的了解。在法庭调查的基础上，结合我国现行有效的法律规定，发表辩护意见如下：

1. 从本案的案情来看，被告人是抢夺罪而非抢劫罪。这两种罪都是以非法获取他人财物为目的，但是只有被告对死者采用暴力手段或以暴力手段相威胁的，才能转化为抢劫罪。本案中，被告并没有使用暴力手段直接对死者进行殴打，只是为了逃逸而反抗，并不构成抢劫罪。因此，认定抢夺罪比较合适。

2. 被告人在逃跑过程中随手用手中的小包回身拽在死者脸上，属于被告在逃脱过程中的反抗行为，不能认定为对死者施用暴力。而检方指控被告人施用暴力将被害人打倒在地，证据不足，不能成立。

3. 死者是在追赶被告的过程中，钻入火车底部，不慎被火车碾压致死的，并不是因为被告直接致死，与被告人的行为在法律上没有因果关系。

4. 被告人归案后，如实交代了自己的罪行，认罪态度良好，法律应给予从宽处理。

被告人从未有过犯罪记录，此次尚属初犯，同时，被告人这次失足走向犯罪与其贫困的家庭是分不开的，生存压力很大，生活没有着落，走投无路之时，被告人没能经受住考验，于是犯下了令他今天追悔莫及的错误。被告人走上犯罪道路，只是一念之差，心存侥幸所致，比起那些情节恶劣、手段残忍的犯罪分子来讲，其主观恶性并不算大。现在被告人已幡然悔悟，痛悔不已，并多次表示要改过自新，用自己的双手诚恳劳动来养活自己和家人，再也不触犯法律。在面对打工群体这个弱势群体，辩护人请求法庭给被告人一条改过自新的出路。综上所述，鉴于被告人具有以上法定和酌定的量刑情节，主观恶性不大，恳请合议庭能够对其从轻减轻处罚并建议给予缓刑考虑，给被告人一个改过自新、重新做人的机会。以上辩护意见，请法庭评议时予以采纳。

×××律师事务所

×××年×月×日

练习题

一、简答题

1. 诉讼文书有哪些作用？

2. 起诉状的写作格式是什么？写作时应注意哪些问题？

3. 写上诉状的上诉理由一般要从哪几个方面入手？

4. 上诉状主要应针对原审判决的哪些方面而提出上诉？

5. 申诉状与上诉状有哪些异同点？

6. 答辩状和辩护词有哪些作用？

二、分析下面的例文，说明其中存在哪些问题，应该在哪些方面对例文进行修改才能使其成为一篇格式正确、内容完整、符合法律规定的诉讼文书。

离婚起诉状

原告：王××，女，住××市××区××路××号。

被告：杨××，男，住××市××区××路××号。

诉讼请求：请求离婚。

事实与理由：

我与被告是夫妻关系，婚后两人经常吵架，感情不和，无法继续生活在一起，特向法院提起诉讼，请法院依法判决。

此致

××人民法院

起诉人：王××

×××年××月××日

三、根据下列案情材料，按照教材中辩护词的写作要求，拟写辩护词中辩护理由提纲。

万××，男，汉族，1988年7月9日出生，系××省××市××中学高二学生，住××省××市××街×号。万××与被害人陈××（女，汉族，41岁）系邻居，同住一个四合院内，两家××时常因生活琐事发生纠纷。2007年5月4日早上，万××在院里朗读英文，陈××下夜班回来正在熟睡，被吵醒后很不高兴，便冲到院中大声斥责万××。万××不服与其发生争执，陈××非常生气，上前一把夺走万××手中的英文课本转身回屋。为赶时间上学，万××只好忍气吞声先到学校去上课。当天下午7时许，万××放学后欲向陈××要回自己的英文课本，便来到陈××家。万××敲门入室，见陈××正在削苹果，便向陈××索要课本。陈××余怒未消，起身骂边推万××出门，此间两人发生拉扯，在拉扯的过程中，陈××手中的水果刀将万××的左手背划伤，万××见状便夺刀，水果刀划伤了陈××的颈部，陈××双手捂住伤口，刀掉在地上，万××捡起水果刀朝倒地的陈××颈部、胸部、腹部等处连续猛刺数刀后逃离现场。陈××因失血过多当场死亡。案件发生后，万××在父亲的陪同下到公安机关投案自首。

万××对犯罪事实供认不讳，对自己的行为所造成的后果追悔莫及。学校同学对此也深感震惊，认为万××性格内向，不善言语，平时表现较好，此案发生纯属意外。校方亦证明此前万××未有任何违法违纪行为。

认定案件事实的证据有：法医鉴定、证人证言、现场勘查笔录、搜查笔录、刑事科学技术鉴定书、法医活体检验鉴定书、精神科学技术鉴定书、杀人凶器、现场照片及其他相关书证。

公诉机关认为，被告人万××因生活琐事与他人发生争执而故意杀人，手段残忍，情节恶劣，后果特别严重，已涉嫌故意杀人，应依法追究其刑事责任。

备注：

①《中华人民共和国刑法》第二百三十二条规定：故意杀人的，处死刑、无期徒刑或者十年以上有期徒刑；情节较轻的，处三年以上十年以下有期徒刑。

②《中华人民共和国刑法》第十七条第三款规定：已满十四周岁不满十八周岁的人犯罪，应当从轻或者减轻处罚。

③《中华人民共和国刑法》第四十九条规定：犯罪的时候不满十八岁的人和审判的时候怀孕的妇女，不适用死刑。

④《中华人民共和国刑法》第六十七条第一款规定：犯罪以后自动投案，如实陈述自己的罪行的，是自首。对于自首的犯罪分子，可以从轻或者减轻处罚。其中，犯罪较轻的，可以免除处罚。

本章参考资料

[1] 鲍雷，刘玉民. 法院诉讼文书格式样本（最新版）[M]. 北京：人民出版社，2009.

[2] 贾成宽. 常用法律文书写作 [M]. 海口：南海出版社，2007.

[3] 刘冀民. 法律文书格式实例与练习 [M]. 成都：四川大学出版社，2006.

[4] 刘锡庆. 常用法律文书写作 [M]. 北京：北京师范大学出版社，2008.

[5] 田荔枝. 法律文书学 [M]. 济南：山东人民出版社，2008.

[6] 王楠. 法律文书写作 [M]. 昆明：云南大学出版社，2002.

[7] 张江艳. 应用写作案例与训练 [M]. 北京：北京师范大学出版社，2008.

[8] 最高人民法院. 最高人民法院《关于民事诉讼证据的若干规定》文书样式与适用说明 [M]. 北京：中国法制出版社，2003.

附　　录

附录一　　　　　　　　国务院关于发布

《国家行政机关公文处理办法》的通知

国发〔2000〕23号

各省、自治区、直辖市人民政府，国务院各部委、各直属机构：

　　现发布《国家行政机关公文处理办法》，自2001年1月1日起施行。1993年11月21日国务院办公厅发布，1994年1月1日起施行的《国家行政机关公文处理办法》同时废止。

国务院
二〇〇〇年八月二十四日

国家行政机关公文处理办法
第一章　总　　则

　　第一条　为使国家行政机关（以下简称行政机关）的公文处理工作规范化、制度化、科学化，制定本办法。

　　第二条　行政机关的公文（包括电报，下同），是行政机关在行政管理过程中形成的具有法定效力和规范体式的文书，是依法行政和进行公务活动的重要工具。

　　第三条　公文处理指公文的办理、管理、整理（立卷）、归档等一系列相互关联、衔接有序的工作。

　　第四条　公文处理应当坚持实事求是、精简、高效的原则，做到及时、准确、安全。

　　第五条　公文处理必须严格执行国家保密法律、法规和其他有关规定，确保国家秘密的安全。

　　第六条　各级行政机关的负责人应当高度重视公文处理工作，模范遵守本办法并加强对本机关公文处理工作的领导和检查。

　　第七条　各级行政机关的办公厅（室）是公文处理的管理机构，主管本机关的公文处理工作并指导下级机关的公文处理工作。

　　第八条　各级行政机关的办公厅（室）应当设立文秘部门或者配备专职人员负责公文处理工作。

第二章　公　文　种　类

　　第九条　行政机关的公文种类主要有：

（一）命令（令）

适用于依照有关法律公布行政法规和规章；宣布施行重大强制性行政措施；嘉奖有关单位

及人员。

（二）决定

适用于对重要事项或者重大行动做出安排，奖惩有关单位及人员，变更或者撤销下级机关不适当的决定事项。

（三）公告

适用于向国内外宣布重要事项或者法定事项。

（四）通告

适用于公布社会各有关方面应当遵守或者周知的事项。

（五）通知

适用于批转下级机关的公文，转发上级机关和不相隶属机关的公文，传达要求下级机关办理和需要有关单位周知或者执行的事项，任免人员。

（六）通报

适用于表彰先进，批评错误，传达重要精神或者情况。

（七）议案

适用于各级人民政府按照法律程序向同级人民代表大会或人民代表大会常务委员会提请审议事项。

（八）报告

适用于向上级机关汇报工作，反映情况，答复上级机关的询问。

（九）请示

适用于向上级机关请求指示、批准。

（十）批复

适用于答复下级机关的请示事项。

（十一）意见

适用于对重要问题提出见解和处理办法。

（十二）函

适用于不相隶属机关之间商洽工作，询问和答复问题，请求批准和答复审批事项。

（十三）会议纪要

适用于记载、传达会议情况和议定事项。

第三章　公文格式

第十条　公文一般由秘密等级和保密期限、紧急程度、发文机关标识、发文字号、签发人、标题、主送机关、正文、附件说明、成文日期、印章、附注、附件、主题词、抄送机关、印发机关和印发日期等部分组成。

（一）涉及国家秘密的公文应当标明密级和保密期限，其中，"绝密"、"机密"级公文还应当标明份数序号。

（二）紧急公文应当根据紧急程度分别标明"特急"、"急件"。其中电报应当分别标明"特提"、"特急"、"加急"、"平急"。

（三）发文机关标识应当使用发文机关全称或者规范化简称；联合行文，主办机关排列在前。

（四）发文字号应当包括机关代字、年份、序号。联合行文，只标明主办机关发文字号。

（五）上行文应当注明签发人、会签人姓名。其中，"请示"应当在附注处注明联系人的姓名和电话。

（六）公文标题应当准确简要地概括公文的主要内容并标明公文种类，一般应当标明发文机关。公文标题中除法规、规章名称加书名号外，一般不用标点符号。

（七）主送机关指公文的主要受理机关，应当使用全称或者规范化简称、统称。

（八）公文如有附件，应当注明附件顺序和名称。

（九）公文除"会议纪要"和以电报形式发出的以外，应当加盖印章。联合上报的公文，由主办机关加盖印章；联合下发的公文，发文机关都应当加盖印章。

（十）成文日期以负责人签发的日期为准，联合行文以最后签发机关负责人的签发日期为准。电报以发出日期为准。

（十一）公文如有附注（需要说明的其他事项），应当加括号标注。

（十二）公文应当标注主题词。上行文按照上级机关的要求标注主题词。

（十三）抄送机关指除主送机关外需要执行或知晓公文的其他机关，应当使用全称或者规范化简称、统称。

（十四）文字从左至右横写、横排。在民族自治地方，可以并用汉字和通用的少数民族文字（按其习惯书写、排版）。

第十一条 公文中各组成部分的标识规则，参照《国家行政机关公文格式》国家标准执行。

第十二条 公文用纸一般采用国际标准 A4 型（210mm×297mm），左侧装订。张贴的公文用纸大小，根据实际需要确定。

第四章 行 文 规 则

第十三条 行文应当确有必要，注重效用。

第十四条 行文关系根据隶属关系和职权范围确定，一般不得越级请示和报告。

第十五条 政府各部门依据部门职权可以相互行文和向下一级政府的相关业务部门行文；除以函的形式商洽工作、询问和答复问题、审批事项外，一般不得向下一级政府正式行文。

部门内设机构除办公厅（室）外不得对外正式行文。

第十六条 同级政府、同级政府各部门、上级政府部门与下一级政府可以联合行文；政府与同级党委和军队机关可以联合行文；政府部门与相应的党组织和军队机关可以联合行文；政府部门与同级人民团体和具有行政职能的事业单位也可以联合行文。

第十七条 属于部门职权范围内的事务，应当由部门自行行文或联合行文。联合行文应当明确主办部门。须经政府审批的事项，经政府同意也可以由部门行文，文中应当注明经政府同意。

第十八条 属于主管部门职权范围内的具体问题，应当直接报送主管部门处理。

第十九条 部门之间对有关问题未经协商一致，不得各自向下行文。如擅自行文，上级机关应当责令纠正或撤销。

第二十条 向下级机关或者本系统的重要行文，应当同时抄送直接上级机关。

第二十一条 "请示"应当一文一事；一般只写一个主送机关，需要同时送其他机关的，应当用抄送形式，但不得抄送其下级机关。

"报告"不得夹带请示事项。

第二十二条　除上级机关负责人直接交办的事项外，不得以机关名义向上级机关负责人报送"请示"、"意见"和"报告"。

第二十三条　受双重领导的机关向上级机关行文，应当写明主送机关和抄送机关。上级机关向受双重领导的下级机关行文，必要时应当抄送其另一上级机关。

第五章　发 文 办 理

第二十四条　发文办理指以本机关名义制发公文的过程，包括草拟、审核、签发、复核、缮印、用印、登记、分发等程序。

第二十五条　草拟公文应当做到：

（一）符合国家的法律、法规及其他有关规定。如提出新的政策、规定等，要切实可行并加以说明。

（二）情况确实，观点明确，表述准确，结构严谨，条理清楚，直述不曲，字词规范，标点正确，篇幅力求简短。

（三）公文的文种应当根据行文目的、发文机关的职权和与主送机关的行文关系确定。

（四）拟制紧急公文，应当体现紧急的原因，并根据实际需要确定紧急程度。

（五）人名、地名、数字、引文准确。引用公文应当先引标题，后引发文字号。引用外文应当注明中文含义。日期应当写明具体的年、月、日。

（六）结构层次序数，第一层为"一、"，第二层为"（一）"，第三层为"1."，第四层为"（1）"。

（七）应当使用国家法定计量单位。

（八）文内使用非规范化简称，应当先用全称并注明简称。使用国际组织外文名称或其缩写形式，应当在第一次出现时注明准确的中文译名。

（九）公文中的数字，除成文日期、部分结构层次序数和在词、词组、惯用语、缩略语、具有修辞色彩语句中作为词素的数字必须使用汉字外，应当使用阿拉伯数字。

第二十六条　拟制公文，对涉及其他部门职权范围内的事项，主办部门应当主动与有关部门协商，取得一致意见后方可行文；如有分歧，主办部门的主要负责人应当出面协调，仍不能取得一致时，主办部门可以列明各方理据，提出建设性意见，并与有关部门会签后报请上级机关协调或裁定。

第二十七条　公文送负责人签发前，应当由办公厅（室）进行审核。审核的重点是：是否确需行文，行文方式是否妥当，是否符合行文规则和拟制公文的有关要求，公文格式是否符合本办法的规定等。

第二十八条　以本机关名义制发的上行文，由主要负责人或者主持工作的负责人签发；以本机关名义制发的下行文或平行文，由主要负责人或者由主要负责人授权的其他负责人签发。

第二十九条　公文正式印制前，文秘部门应当进行复核，重点是：审批、签发手续是否完备，附件材料是否齐全，格式是否统一、规范等。

经复核需要对文稿进行实质性修改的，应按程序复审。

第六章　收 文 办 理

第三十条　收文办理指对收到公文的办理过程，包括签收、登记、审核、拟办、批办、承办、催办等程序。

第三十一条　收到下级机关上报的需要办理的公文，文秘部门应当进行审核。审核的重点是：是否应由本机关办理；是否符合行文规则；内容是否符合国家法律、法规及其他有关规定；涉及其他部门或地区职权的事项是否已协商、会签；文种使用、公文格式是否规范。

第三十二条 经审核，对符合本办法规定的公文，文秘部门应当及时提出拟办意见送负责人批示或者交有关部门办理，需要两个以上部门办理的应当明确主办部门。紧急公文，应当明确办理时限。对不符合本办法规定的公文，经办公厅（室）负责人批准后，可以退回呈报单位并说明理由。

第三十三条 承办部门收到交办的公文后应当及时办理，不得延误、推诿。紧急公文应当按时限要求办理，确有困难的，应当及时予以说明。对不属于本单位职权范围或者不宜由本单位办理的，应当及时退回交办的文秘部门并说明理由。

第三十四条 收到上级机关下发或交办的公文，由文秘部门提出拟办意见，送负责人批示后办理。

第三十五条 公文办理中遇有涉及其他部门职权的事项，主办部门应当主动与有关部门协商；如有分歧，主办部门主要负责人要出面协调，如仍不能取得一致，可以报请上级机关协调或裁定。

第三十六条 审批公文时，对有具体请示事项的，主批人应当明确签署意见、姓名和审批日期，其他审批人圈阅视为同意；没有请示事项的，圈阅表示已阅知。

第三十七条 送负责人批示或者交有关部门办理的公文，文秘部门要负责催办，做到紧急公文跟踪催办，重要公文重点催办，一般公文定期催办。

第七章 公文归档

第三十八条 公文办理完毕后，应当根据《中华人民共和国档案法》和其他有关规定，及时整理（立卷）、归档。

个人不得保存应当归档的公文。

第三十九条 归档范围内的公文，应当根据其相互联系、特征和保存价值等整理（立卷），要保证归档公文的齐全、完整，能正确反映本机关的主要工作情况，便于保管和利用。

第四十条 联合办理的公文，原件由主办机关整理（立卷）、归档，其他机关保存复制件或其他形式的公文副本。

第四十一条 本机关负责人兼任其他机关职务，在履行所兼职务职责过程中形成的公文，由其兼职机关整理（立卷）、归档。

第四十二条 归档范围内的公文应当确定保管期限，按照有关规定定期向档案部门移交。

第四十三条 拟制、修改和签批公文，书写及所用纸张和字迹材料必须符合存档要求。

第八章 公文管理

第四十四条 公文由文秘部门或专职人员统一收发、审核、用印、归档和销毁。

第四十五条 文秘部门应当建立健全本机关公文处理的有关制度。

第四十六条 上级机关的公文，除绝密级和注明不准翻印的以外，下一级机关经负责人或者办公厅（室）主任批准，可以翻印。翻印时，应当注明翻印的机关、日期、份数和印发范围。

第四十七条 公开发布行政机关公文，必须经发文机关批准。经批准公开发布的公文，同发文机关正式印发的公文具有同等效力。

第四十八条 公文复印件作为正式公文使用时，应当加盖复印机关证明章。

第四十九条　公文被撤销，视作自始不产生效力；公文被废止，视作自废止之日起不产生效力。

第五十条　不具备归档和存查价值的公文，经过鉴别并经办公厅（室）负责人批准，可以销毁。

第五十一条　销毁秘密公文应当到指定场所由二人以上监销，保证不丢失、不漏销。其中，销毁绝密公文（含密码电报）应当进行登记。

第五十二条　机关合并时，全部公文应当随之合并管理。机关撤销时，需要归档的公文整理（立卷）后按有关规定移交档案部门。

工作人员调离工作岗位时，应当将本人暂存、借用的公文按照有关规定移交、清退。

第五十三条　密码电报的使用和管理，按照有关规定执行。

第九章　附　　则

第五十四条　行政法规、规章方面的公文，依照有关规定处理。外事方面的公文，按照外交部的有关规定处理。

第五十五条　公文处理中涉及电子文件的有关规定另行制定。统一规定发布之前，各级行政机关可以制定本机关或者本地区、本系统的试行规定。

第五十六条　各级行政机关的办公厅（室）对上级机关和本机关下发公文的贯彻落实情况应当进行督促检查并建立督查制度。有关规定另行制定。

第五十七条　本办法自 2001 年 1 月 1 日起施行。1993 年 11 月 21 日国务院办公厅发布，1994 年 1 月 1 日起施行的《国家行政机关公文处理办法》同时废止。

附录二　国务院办公厅关于实施《国家行政机关公文处理办法》涉及的几个具体问题的处理意见

国办函〔2001〕1 号

各省、自治区、直辖市人民政府，国务院各部委、各直属机构：

为确保国务院发布的《国家行政机关公文处理办法》（国发〔2000〕23 号）的贯彻施行，现就所涉及的几个具体问题提出如下处理意见：

1. 关于"意见"文种的使用。"意见"可以用于上行文、下行文和平行文。作为上行文，应按请示性公文的程序和要求办理。所提意见如涉及其他部门职权范围内的事项，主办部门应当主动与有关部门协商，取得一致意见后方可行文；如有分歧，主办部门的主要负责人应当出面协调，仍不能取得一致时，主办部门可以列明各方理据，提出建设性意见，并与有关部门会签后报请上级机关决定。上级机关应当对下级机关报送的"意见"作出处理或给予答复。作为下行文，文中对贯彻执行有明确要求的，下级机关应遵照执行；无明确要求的，下级机关可参照执行。作为平行文，提出的意见供对方参考。

2. 关于"函"的效力。"函"作为主要文种之一，与其他主要文种同样具有由制发机关权限决定的法定效力。

3. 关于"命令"、"决定"和"通报"三个文种用于奖励时如何区分的问题。各级行政机关应当依据法律的规定和职权，根据奖励的性质、种类、级别、公示范围等具体情况，选择使用相应的文种。

4. 关于部门及其内设机构行文问题。政府各部门（包括议事协调机构）除以函的形式商洽工作、询问和答复问题、审批事项外，一般不得向下一级政府正式行文；如需行文，应报请本级政府批转或由本级政府办公厅（室）转发。因特殊情况确需向下一级政府正式行文的，应当报经本级政府批准，并在文中注明经政府同意。

部门内设机构除办公厅（室）外，不得对外正式行文的含义是：部门内设机构不得向本部门机关以外的其他机关（包括本系统）制发政策性和规范性文件，不得代替部门审批下达应当由部门审批下达的事项；与相应的其他相关部门进行工作联系确需行文时，只能以函的形式行文。

"函的形式"是指公文格式中区别于"文件格式"和"信函格式"。以"函的形式"行文应注意选择使用与行文方向一致、与公文内容相符的文种。

5. 关于联合行文时发文机关的排列顺序和发文字号。行政机关联合行文，主办机关排列在前。行政机关与同级或相应的党的机关、军队机关、人民团体联合行文，按照党、政、军、群的顺序排列。

行政机关之间联合行文，标注主办机关的发文字号；与其他机关联合行文原则上应使用排列在前机关的发文字号，也可以协商确定，但只能标注一个机关的发文字号。

6. 关于联合行文的会签。联合行文一般由主办机关首先签署意见，协办单位依次会签。一般不使用复印件会签。

7. 关于联合行文的用印。行政机关联合向上行文，为简化手续和提高效率，由主办单位加盖印章即可。

8. 关于保密期限的标注问题。涉及国家秘密的公文如有具体保密期限应当明确标注，否则按照《国家秘密保密期限的规定》（国家保密局 1990 年第 2 号令）第九条执行，即"凡未标明或者未通知保密期限的国家秘密事项，其保密期限按照绝密级事项三十年、机密级事项二十年、秘密级事项十年认定。"

9. 关于"附注"的位置。"附注"的位置在成文日期和印章之下，版记之上。

10. 关于"主要负责人"的含义。"主要负责人"指各级行政机关的正职或主持工作的负责人。

11. 关于公文用纸采用国际标准 A4 型问题。各省（区、市）人民政府和国务院各部门已做好准备的，公文用纸可于 2001 年 1 月 1 日起采用国际标准 A4 型，尚未做好准备的，要积极创造条件尽快采用国际标准 A4 型。省级以下人民政府及其所属机关和国务院各部门所属单位何时采用国际标准 A4 型，由各省（区、市）人民政府和国务院各部门自行确定。

国务院办公厅

二〇〇一年一月一日

附录三　　国家行政机关公文格式（GB/T9704—1999）

1. 范围

本标准规定了国家行政机关公文通用的纸张要求、印刷要求、公文中各要素排列顺序和标识规则。

本标准适用于国家各级行政机关制发的公文。其他机关可参照执行。

使用少数民族文字印制的公文，其格式可参照本标准按有关规定执行。

2. 引用标准

下列标准所包含的条文，通过在本标准中引用面成为本标准的条文。本标准出版时，所标版本均为有效。所有标准都会被修订，使用本标准的各方应探讨使用下列标准最新版本的可能性。

GB/T148—1997 印制、书写和绘图纸幅面尺寸。

3. 定义

本标准采用下列定义

3.1　字 word

标识公文中横向距离的长度单位。一个字指一个汉字所占空间。

3.2　行 line

标识公文中纵向距离的长度单位。本标准以 3 号字高度加 3 号字高度 7/8 倍的距离为一基准行。

4. 公文用纸主要技术指标

公文用纸一般使用的纸张定量为 $60g/m^2 \sim 80g/m^2$ 的胶版印刷纸或复印纸。纸张白度为 $85\% \sim 90\%$，横向折度 ≥ 15 次，不透明度 $\geq 85\%$，pH 为 $7.5 \sim 9.5$。

5. 公文用纸幅面及版面尺寸

5.1　公文用纸幅面尺寸

公文用纸采用 GB/T148 中规定的 A4 型纸，其成品幅面尺寸为 210mm×297mm，尺寸允许偏差见 GB/T148。

5.2　公文页边与版心尺寸

公文用纸天头（上白边）为：37mm±1mm

公文用纸订口（左白边）为：28mm±1mm

版心尺寸为：156mm×225mm（不含页码）

6. 文中图文的颜色

未作特殊说明公文中图文颜色均为黑色。

7. 排版规格与印刷装订要求

7.1　排版规格

正文用 3 号仿宋体字，一般每面排 22 行，每行 28 个字。

7.2　制版要求

版面干净无底灰，字迹清楚无断划，尺寸标准，版心不斜，误差不超过 1mm。

7.3　印制要求

双面印刷，页码套正，两面误差不得超过 2mm。黑色油墨应达到色谱所标 BL100％，红色油墨应达到色谱所标 Y80％，M80％。印品着墨实，均匀；字面不花、不白、无断划。

7.4 装订要求

公文应左侧装订，不掉页。包本公文的封面与书芯不脱落，后背平整、不空。两页页码之间误差不超过 4mm。骑马订或平订的订位为两钉钉锯处订眼距书芯上下各 1/4 处，允许误差 ±4mm。平订钉锯与书脊间的距离为 3～5mm；无坏钉、漏钉、重钉，钉脚平伏牢固；后背不可散页明订。裁切成品尺寸误差 ±1mm，四角成 90°，无毛茬或缺损。

8. 公文中各要素标识规则

本标准将组成公文的各要素划分为眉首、主体、版记三部分。置于公文首页红色反线（宽度同版芯，即 156mm）以上的各要素统称训眉首；置于红色反线（不含）以下至主题词（不含）之间的各要素统称主体；置于主题词以下的各要素统称版记。

8.1 眉首

8.1.1 公文份数序号

公文份数序号是将同一文稿印制若干份时每份公文的顺序编号。用阿拉伯数码顶格标识在版心左上角第 1 行。

8.1.2 秘密等级和保密期限

如需标识秘密等级，用 3 号黑体字，顶格标识在版心右上角第 1 行，两字之间空 1 字；如需同时标识秘密等级和保密期限，用 3 号黑体字，顶格标识在版心右上角第 1 行，秘密等级各保密期限之间用"★"隔开。

8.1.3 紧急程度

如需标识紧急程度，用 3 号黑体字，顶格标识在版心右上角第 1 行，两字之间空 1 字；如需同时标识秘密等级与紧急程度，秘密等级顶格标识在版心右上角第 1 行，紧急程度顶格标识在版心右上角第 2 行。

8.1.4 发文机关标识

由发文机关全称或规范化简称后加"文件"组成；对一些特定的公文可只标识发文机关全称或规范化简称。发文机关标识上边缘至版心上边缘为 25mm。对于上报的公文，发文机关标识上边缘至版心上边缘为 80mm。

发文机关标识推荐使用小标宋体字，用红色标识。字号由发文机关以醒目美观为原则酌定，但是最大不能等于或大于 22mm×15mm。

联合行文时应使用主办机关名称在前，"文件"二字置于发文机关名称右侧，上下居中排布；如联合行文机关过多，保证公文首页显示正文。

8.1.5 发文字号

发文字号由发文机关代字、年份和序号组成。发文机关标识下空 2 行，用 3 号仿宋体字，居中排布；年份、序号用阿拉伯数码标识；年份应标全称，用六角括号"〔〕"括入；序号不编虚位（即 1 不编为 001），不加"第"字。

发文字号之下 4mm 处印一条与版心等宽的红色反线。

8.1.6 签发人

上报的公文需标识签发人姓名，平行排列于发文字号右侧。发文字号居左空 1 字，签发人姓名居右空 1 字；签发人后标全角冒号，冒号后用 2 号楷体字标识签发人姓名。

如有多个签发人，主办单位签发人姓名置于第 1 行，其他签发人姓名从第 2 行起在主办单位签发人姓名之下按发文机关顺序依次顺排，下移红色反线，应使发文字号与最后一个签发人姓名处在同一行并使红反线与之的距离为 4mm。

8.2　主体

8.2.1　公文标题

红色反线下空 2 行，用 2 号小标宋体字，可分一行或多行居中排布；回行时，要做到词意完整，排列对称，间距恰当。

8.2.2　主送机关

标题下空 1 行，左侧顶格用 3 号仿宋体字标识，回行时仍顶格；最后一个主送机关名称后标全角冒号。如主送机关名称过多而使公文首页不能显示正文时，应将主送机关名称移至版记中的主题词之下、抄送之上，标识方法同抄送。

8.2.3　公文正文

主送机关名称下一行，每自然段左空 2 字，回行顶格。数字、年份不能回行。

8.2.4　附件

公文如有附件，在正文下空 1 行左空 2 字用 3 号仿宋体字标识"附件"，后标全角冒号和名称。附件如有序号使用阿拉伯数码（如："附件：1.××××"）；附件名称后不加标点符号。附件应与公文正文一起装订，并在附件左上角第 1 行顶格标识"附件"，有序号时标识序号；附件的序号和名称前后标识应一致。如附件与公文正文不能一起装订，就在附件左上角第 1 行顶格标识公文的发文字号并在其后标识附件（或带序号）。

8.2.5　成文时间

用汉字将年、月、日标全；"零"写为"0"；成文时间的标识位置见 8.2.6。

8.2.6　公文生效标识

8.2.6.1　单一发文印章

单一机关制发的公文在落款处不署发文机关的名称，只标识成文时间。成文时间右空 4 字；加盖印章应上距正文 2~4mm，端正、居中下压成文时间，印章用红色。

当印章下弧无文字时，采用下套方式，即仅以下弧压在成文时间上；

当印章下弧有文字时，采用中套方式，即印章中心线压在成文时间上。

8.2.6.2　联合行文印章

当联合行文需加盖两个印章时，应将成文时间拉开，左右各空 7 字；主办机关印章在前；两个印章均压成文时间，印章用红色。只能采用同种加盖印章方式，以保证印章排列整齐。两印章间互不相交或相切，相距不超过 3mm。

当联合行文需加盖 3 个以上印章时，为防止出现空白印章，应将各发文机关名称（可用简称）排在发文时间和正文之间。主办机关印章在前，每排最多 3 个印章，两端不得超过版心；最后一排如余一个或两个印章，均居中排布；印章之间互不相交或相切；在最后一排印章之下右空 2 字标识成文时间。

8.2.6.3　特殊情况说明

当公文排版后所剩空白处不能容下印章位置时，应采取调整行距、字距的措施加以解决，务使印章与正文同处一面，不得采取标识"此页无正文"的方法解决。

8.2.7　附注

公文如有附注，用 3 号仿宋体字，居左空 2 字加圆括号标识在成文时间下一行。

8.3 版记

8.3.1 主题词

"主题词"用3号黑体字，居左顶格标识，后标全角冒号；词目用3号小标宋体字；词目之间空一字。

8.3.2 抄送

公文如有抄送，在主题词下1行；左空一字用3号仿宋体字标识"抄送"，后标全角冒号；抄送机关间用顿号隔开，回行时与冒号后的抄送机关对齐；在最后一个抄送机关标句号。如主送机关移至主题词之下，标识方法同抄送机关。

8.3.3 印发机关和印发时间

位于抄送机关之下（无抄送机关在主题词之下）占1行位置；用3号仿宋体字。印发机关左空1字，印发时间右空1字。印发时间以公文付印的日期为准，用阿拉伯数码标识。

8.3.4 版记中的反线

版记中各要素下均加一条反线，宽度同版心。

8.3.5 版记的位置

版记应置于公文最后一页（封四），版记的最后一个要素置于最后一行。

9. 页码

用4号半角白体阿拉伯数码标识，置于版心下边缘之下一行，数码左右各放一条4号一字线，一字线距版心下边缘7mm。单页码居右空1字，双页码居左空1字。空白页和空白以后的页不标识页码。

10. 公文中的表格

公文如需附表，对横排A4纸型表格，应将页码放在横表的左侧，单页码置于表的左下角，双页码置于表的左上角，单页码表头在订口一边，双页码表头在切口一边。

公文如需附A3纸型表格，且当最后一页为A3纸型表格时，封三、封四（可放分送，不放页码）应为空白，将A3纸型表格贴在封三前，不应贴在文件最后一页（封四）上。

11. 公文的特定格式

11.1 信函式格式

发文机关名称上边缘距上页边的距离为30mm，推荐使用小标宋体字，字号由发文机关酌定；发文机关全称下4mm处为一条武文线（上粗下细），距下页边20mm处为一条武文线（上细下粗），两条线长均为170mm。每行距中排28个字。发文机关名称及双线均印红色。两线之间各要素的标识方法从本标准相应要素说明。

11.2 命令格式

命令标识由发文机关名称加"命令"或"令"组成，用红色小标宋体字，字号由发文机关酌定。命令标识上边缘距版心上边缘20mm，下边缘空2行居中标识令号；令号下空2行标识正文；正文下一行右空4字标识签发人名章，签名章左空2字标识签发人职务；联合发布的命令或令的签发人职务应标识全称。在签发人名章下一行右空2字标识成文时间。分送机关标识方法同抄送机关。其他从本标准相关要素说明。

11.3 会议纪要格式

会议纪要标识由"××××会议纪要"组成。其标识位置同8.1.4，用红色小标宋体字，字号由发文机关酌定。会议纪要不加盖印章。其他要素从本标准规定。

12. 式样

A4 型公文用纸页边及版心尺寸见图 1；公文首页版式见图 2；上报公文首页版式见图 3；公文末页版式见图 4；联合行文公文末页版式见图 5；联合行文公文末页版式见图 6。

附录四　　　　　国务院公文主题词表

（1997 年 12 月修订）

国务院公文主题词表使用说明

为适应办公现代化的要求，便于计算机检索和管理公文，特编制《国务院公文主题词表》（以下简称词表）。词表主要用于标引国务院、国务院办公厅印发的文件和各地区、各部门上报国务院及其办公厅的文件。

一、编制原则

（一）词表结构务求合乎逻辑，具有较宽的涵盖面，便于使用。

（二）词表体现文档管理一体化的原则，即词表中主题词的区域分类别词可分别作为档案分类中的大类和属类。

二、体系结构

（一）词表共由 15 类 1049 个主题，分为主表和附表两大部分，主表有 13 类 751 个主题词，附表有 2 类 298 个主题词。词表分为三个层次。第一层是对主题词区域的分类，如"综合经济"、"财政、金融"类等。第二层是类别词，即对主题词的具体分类，如"工交、能源、邮电"类中的"工业"、"交通"、"能源"、和"邮电"等。第三层是类属词，如"体制"、"职能"、"编制"等。第二层和第三层统称为主题词，用于文件的标引。

（二）1988 年 12 月和 1994 年 4 月修订的词表中曾列入本词表中而不再继续用作标引的主题词，用黑体单列在区域分类的最后部分。

三、标引方法

（一）一份文件的标引，除类别词外最多不超过 5 个主题词，主题词标在文件的抄送栏之上，顶格写。

（二）标引顺序是先标类别词，再标类属词。在标类属词时，先标反映文件内容的词，最后标反映文件形式的词，如《国务院关于加强水土保持工作的通知》，先标类别词"农业"，再标类属词"水土保持"，最后标上"通知"。

（三）一份文件如有两个以上的主题内容，先集中对一个主题内容进行标引；再对第二个主题内容进行标引。如《国务院关于在若干城市试行国有企业兼并破产和职工再就业有关问题的通知》，先标反映第一个主题内容的类别词"经济管理"，再标类属词"企业"、"破产"；然后标反映第二个主题内容的类别词"劳动"；再标类属词"就业"；最后标"通知"。

（四）根据需要，可将不同类的主题词进行组配标引。如《国务院关于"九五"期间深化科学技术体制改革的决定》，可标"科技、体制、改革、决定"。

（五）当词表中找不出准确反映文件主题内容的类属词时，可以在类别中选择适当的词标引。同时将能够准确反映文件内容的词标在类属词的后面，并在该词的后面加"△"以便区别。

（六）列在区域分类最后，用黑体标出的主题词只供检索用，不再作标引。

（七）附表中的主题词与主表中的主题词具有同等效力，标引方法相同，不同的是，如果附表中所列的国家、地区的实际名称发生了变化，使用本表的各单位可先按照变化后的标准名称进行修改和使用。国务院办公厅秘书局将定期修订附表。

四、词表管理

（一）本词表由国务院办公厅秘书局负责管理和解释，具体工作由档案数据处承办。

（二）本词表自 1998 年 2 月 1 日起执行，1994 年 4 月修订的词表同时废止。

国务院公文主题词表

01. 综合经济（77 个）

01A 计划

规划 统计 指标 分配 统配 调拨

01B 经济管理

经济 管理 调整 调控 控制 结构 制度 所有制 股份制 责任制 流通 产业 行业 改革 改造 竞争 兼并 开放 开发 协作 资源 土地 资产 资料 产权 物价 价格 投资 招标 经营 生产 转产 项目 产品 质量 承包 租赁 合同 包干 国有 国营 私营 集体 个体 企业 公司 集团 合作社 普查 工商 商标 注册 广告 监督 增产 效益 节约 浪费 破产 亏损 特区 开发区 保税区 展销 展览

商品化 横向联系 第三产业 生产资料

02. 工交、能源、邮电（69 个）

02A 工业

冶金 钢铁 地矿 机械 汽车 电子 电器 仪器 仪表 化工 航天 航空 核工 船舶 兵器 军工 轻工 有色金属 盐业 食品 印刷 包装 手工业 纺织 服装 丝绸 设备 原料 材料 加工

02B 交通

铁路 公路 桥梁 民航 机场 航线 航道 空中管制 飞机 港口 码头 口岸 车站 车辆 运输 旅客

02C 能源

石油 煤炭 电力 燃料 天然气 煤气 沼气

02D 邮电

通信 电信 邮政 网络 数据

民品 厂矿 空运 三线 通讯 水运 运费

03. 旅游、城乡建设、环保（42 个）

03A 旅游

03B 服务业

饮食业 宾馆

03C 城乡建设

城市 乡镇 基建 建设 建筑 建材 勘察 测绘 设计 市政 公用事业 监理 环卫 征地 工程 房地产 房屋 住宅 装修 设施 出让 转让 风景名胜 园林 岛屿

03D 环保

保护区 植物 动物 污染 生态 生物

风景 饭店 城乡 国土 沿海

04. 农业、林业、水利、气象（56 个）

04A 农业

农村 农民 农民负担 农场 农垦 粮食 棉花 油料 生猪 蔬菜 糖料 烟草 水产 渔业 水果 经济作物 农副产品 副业 畜牧业 乡镇企业 农膜 种子 化肥 农药 饲料 灾害 以工代赈 扶贫

04B 林业

绿化 木材 森林 草原 防沙治沙

04C 水利

河流 湖泊 滩涂 水库 水域 流域 水土保持 节水 防汛 抗旱 三峡

04D 气象

气候 预报 预测

烟酒 土特产 有机肥 多种经营 牧业

05. **财政、金融（57个）**

05A 财政

预算 决算 核算 收支 财务 会计 税务 税率 审计 债务 积累 经费 集资 收费 资金 基金 租金 拨款 利润 补贴 折旧费 附加费 固定资产

05B 金融

银行 货币 黄金 白银 存款 贷款 信贷 贴现 通货膨胀 交易 期货 利率 利息 贴息 外汇 外币 汇率 债券 证券 股票 彩票 信托 保险 赔偿 信用社 现金 留成 流动资金 储蓄 费用 侨汇 折旧率

06. **贸易（52个）**

06A 商业

商品 物资 收购 定购 购置 市场 集贸 酒类 副食品 日用品 销售 消费 批发 供应 零售 拍卖 专卖 订货 营业 仓库 储备 储运 货物

06B 外贸

对外援助 军贸 进口 出口 引进 海关 缉私 仲裁 商检 外商 外资 合资 合作 关贸 许可证 驻外企业

贸易 倒卖 外向型 议购 议售 垄断 经贸 贩运 票证 外经 交易会

07. **外事（42个）**

07A 外交

对外政策 对外关系 领土 领空 领海 外交人员 建交 公约 大使 领事 条约 协定 协议 议定书 备忘录 照会 国际 涉外事务 抗议

07B 外事

国际会议 国际组织 对外宣传 出访 出国 出入境 签证 护照 邀请 来访 谈判 会谈 会见 接见 招待会 宴会 外国人 外宾 对外友协 外国专家

涉外

08. **公安、司法、监察（46个）**

08A 公安

警察 武警 警衔 治安 非法组织 安全 保卫 禁毒 消防 防火 检查 扫黄 案件 处罚 户口 证件 事件 危险品 游行 海防 边防 边界 边境

08B 司法

政法 法制 法律 法院 律师 检察 程序 公证 劳改 劳教 监狱

08C 监察

廉政建设 审查 纪检 执法 行贿 受贿 贪污 处分

侦破

09. **民政、劳动人事（85个）**

09A 民政

基层政权 选举 行政区划 地名 人口 双拥工作 社会保障 社团 救灾 救济 募捐 婚姻 移民 抚恤 慰问 调解 老龄问题 烈士 纠纷 残疾人 基地 殡费 社区服务

09B 机构

驻外机构 体制 职能 编制 精简 更名

09C 人事

行政人员 干部 公务员 考核 录用 职工 家属 子女 知识分子 专家 参事 院士 文史馆员 履历 聘任 任免 辞退 退职 职称 待遇 离休 退休 交流 安置 调配 模范 表彰 奖励

09D 劳动

就业 失业 招聘 合同制 工人 保护 劳务 第二职业 事故

09E 工资

津贴 奖金 福利 收入

老年 简历 劳资 人才 招工 待业 补助 拥军优属 丧葬 奖惩

10. **科、教、文、卫、体（73个）**

10A 科技

科学 技术 科普 科研 鉴定 标准 计量 专利 发明 实验 情况 计算机 自动化 信息 卫星 地震 海洋

10B 教育

学校 教师 招生 学生 培训 毕业 学位 留学 教材 校办企业

10C 文化

文字 文史 文学 语言 艺术 古籍 图书 宣传 广播 电视 电影 出版 版权 报刊 新闻 音像 文物 古迹 纪念物 电子出版社

10D 卫生

医院 中医 医疗 医药 药材 防疫 疾病 计划生育 妇幼保健 检验 检疫

10E 体育

运动员 教练员 运动会 比赛

馆所 院校 校舍 地方志 软科学 社科

11. **国防（24个）**

11A 军事

军队 国防 空军 海军 征兵 服役 转业 民兵 预备役 军衔 复员 文职 后勤 装备 战备 作战 训练 防空 军需 武器 弹药 人武

退伍

12. 秘书、行政（74个）

12A 文秘工作

机关 国旗 国徽 机要 印章 信访 督察 保密 公文 档案 会议 文件 秘书 电报 提案 议案 谈话 讲话 总结 批示 汇报 建议 意见 文章 题词 章程 条例 办法 细则 规定 方案 布告 决议 命令 决定 指示 公告 通告 通知 通报 报告 请示 批复 函 会议纪要

12B 行政事务

行政 工作制度 纪念活动 庆典活动 休假 节假日 着装 参观 接待 措施 调查 视察 考察 礼品 馈赠 服务

出席 发言 转发 名单 批准 审批 信函 事务 活动 纪要 督察

13. 综合党团（54个）

13A 党派团体

共产党 民主党派 共青团 团体 工会 协会 学会 民间组织 文联 学联 妇女 儿童 基金会

13B 统战

政协 民主人士 爱国人士

13C 民族

民族区域自治 民主事务

13D 宗教

寺庙

13E 侨务

外籍华人 归侨 侨乡

13F 港澳台

香港问题 澳门问题 台湾问题

13G 综合

整顿 形势 社会 精神文明 法人 发展 其他 试点

推广 青年 政治 范围 党派 组织 领导 方针 政策 党风 事业 咨询 中心 清除

附　表

01. 中国行政区域（54个）（略）

02. 世界行政区域（244个）（略）

附录五 中华人民共和国国家标准——文摘编写规则

（GB 6447—86）

（Rules for abstracts and abstracting）

1. 引言

1.1. 本标准的目的是为了促进文摘编写的规范化。

1.2. 本标准适用于编写作者文摘，也适用于编写文摘员文摘。

2. 名词、术语

2.1. 文摘 abstracts

以提供文摘内容梗概为目的，不加评价和补充解释。简明、确切地记述文献重要内容的短文。

2.2. 报道性文摘 informative abstracts

指明一次文献的主题范围及内容梗概的简明文摘，也称简介。

2.3. 报道指示性文摘 informative-indicative abstracts

以报道性文摘的形式表述一次文献中信息价值较高的部分，而以指示性文摘的形式表述其余部分的文摘。

2.4. 作者文摘 author's abstracts

由一次文献的作者自己撰写的文摘。

2.5. 文摘员文摘 abstractor's abstracts

由一次文摘作者以外的人员编写的文摘。

3. 著录

3.1. 一次文献上的文摘，凡登载于题名与正文之间的，不加著录事项；凡刊登在文摘页上的，必须逐条带有主要的著录事项。

3.2. 检索工具上的文摘，必须逐条带有完整的著录事项。

3.3. 必须统一遵照 GB3793—83《检索期刊条目著录规则》进行著录。

4. 文摘的详简度

4.1. 文摘的详简须根据一次文献的内容、类型、学科领域、信息量、篇幅、语种、获得的难易程度和实际需要确定，其中文献内容是决定性因素。

4.2. 报道性文摘和报道指示性文摘一般以 400 字左右为宜，指示性文摘一般以 200 字左右为宜。

4.3. 英、俄、德、日、法以外语种的一次文献可适当详摘。

5. 文摘的要素

5.1. 目的——研究、研制、调查等的前提、目的和任务，所涉及的主题范围。

5.2. 方法——所用的原理、理论、条件、对象、材料、工艺、结构、手段、装备、程序等。

5.3. 结果——实验的、研究的结果，数据，被确定的关系，观察结果，得到的效果，性能等。

5.4. 结论——结果的分析、研究、比较、评价、应用，提出的问题，今后的课题、假设、启发、建议、预测等。

5.5. 其他——不属于研究、研制、调查的主要目的，但就其见识和情报价值而言也是重要的信息。

一般地说，对于报道性文摘，5.2、5.3、5.4 宜写得详细，5.1、5.5 可以写得简单，根据具体情况也可以省略；对于指示性文摘，5.1 宜写得详细；5.2、5.3、5.4、5.5 可以写得简单，根据具体情况也可以省略。

6. 编写文摘的注意事项

6.1. 要客观、如实地反映一次文献，切不可加入文摘编写者的主观见解、解释或评价。如一次文献有明显原则性错误，可加"摘者注"。

6.2. 要着重反映新内容和作者特别强调的观点。

6.3. 要排除在本学科领域已成常识的内容。

6.4. 不得简单地重复题名中已有的信息。

6.5. 书写要合乎语法、保持上下文的逻辑关系，尽量同作者的文体保持一致。

6.6. 结构要严谨，表达要简明，语义要确切。一般不分段落。

6.7. 要用第三人称的写法。应采用"对……进行了研究"、"报告了……现状"、"进行了……调查"等记述方法标明一次文献的性质和文献主题，不必使用"本文"、"作者"等作为主语。

6.8. 除非该文献证实或否定了他人已出版的著作，否则不用引文。

6.9. 要采用规范化的名词术语（包括地名、机构名和人名）；尚未规范的词，以使用一次文献所采用者为原则。新术语或尚无合适汉文术语的，可用的原文或译出后加括号注明原文。

6.10. 商品名需要时应加注学名。

6.11. 缩略语、略称、代号，除了相邻专业的读者也能清楚理解的以外，在首次出现处必须加以说明。

6.12. 应采用国家颁布的法定计量单位。

6.13. 要注意正确使用简化字和标点符号。

附录六　常用修改符号及其用法

1. 改正号：把错误的文字或符号更正为正确的。

修完

大家发挥干劲，提前完成了这条大路。

2. 删除号：用来删除字、标点符号、词、短语及长句或段落。

这是一场争夺冠亚军的决赛。

3. 增补号：在文字或句、段间增添新的文字或符号。

中国

他的研究方向是古代史。

4. 保留号：又称恢复号，用于恢复被删除的文字或符号。如果恢复多个文字，最好每个要恢复的字下面标上恢复号。

家庭服务业对改善人民生活质量、促进就业、扩大内需起到了积极的推动作用。

5. 对调号：用于相临的字、词或短句调换位置。

明天下午，全体我院党员都要参加组织活动。

6. 转移号：用于转移字、标点符号、词、句、段。

截至7月中旬，教育局共收到各学校推荐的参赛资料各学科多媒体教学课件129件，信息技术与学科整合论文66篇。

信息技术与学科教学整合课例61件，

7. 起段号：把一段文字分成两段，表示另起一段。

第三条　孔子学院的外文名称应与中文名称相符合。第四条　孔子学院为非营利性教育机构。

8. 并段号：把下段文字接在上文后，表示不应该分段。
总部设专项工作委员会，为总部提供咨询意见。

委员由总部聘任。

9. 缩位号：把一行的顶格文字缩两格，表示另起段，文字顺延后移。

此次活动的开展，进一步提高了教师整合运用教学资源的能力。

10. 前移号：把一行的文字向前移。

此次活动的开展，进一步提高了教师整合运用教学资源的能力。

11. 提示号：专用于有问题的字、词、句、段，提示作者自行分析错误并改正。

顷接贵公司 9 月 12 日函称所到之货短缺 80 件。

12. 说明号：说明性文字不需要圈起来，在其文字下打圈，表示不作为改正的文字。

设黑体

第三章　　事务文书